高等职业技术院校汽车类专业教材

汽车电气构造与维修

（第二版）

主　编　马　洁

主　审　任惠珠

中国劳动社会保障出版社

简介

本书主要内容包括：电源系、起动系、传统点火系、电子点火系、汽车照明信号系统、汽车仪表报警显示装置、汽车辅助电器、汽车空调、汽车电路等。

本书由马洁主编，陈社会、华轶、孟红、谭婷、吴勤燕参编，任惠珠主审，王蓉参审。

图书在版编目(CIP)数据

汽车电气构造与维修/马洁主编. —2版. —北京：中国劳动社会保障出版社，2014

高等职业技术院校汽车类专业教材

ISBN 978-7-5167-1333-4

Ⅰ.①汽… Ⅱ.①马… Ⅲ.①汽车-电气设备-构造-高等职业教育-教材②汽车-电气设备-车辆修理-高等职业教育-教材 Ⅳ.①U472.41

中国版本图书馆CIP数据核字(2014)第194661号

中国劳动社会保障出版社出版发行

(北京市惠新东街1号 邮政编码：100029)

*

山东韵杰文化科技有限公司印刷装订 新华书店经销

787毫米×1092毫米 16开本 17.75印张 330千字

2014年8月第2版 2025年11月第16次印刷

定价：35.00元

营销中心电话：400-606-6496

出版社网址：http://www.class.com.cn

http://jg.class.com.cn

前言

为了更好地适应全国高等职业技术院校汽车类专业的教学要求，全面提升教学质量，人力资源和社会保障部教材办公室组织有关学校的骨干教师和行业、企业专家，在充分调研企业生产和学校教学情况、广泛听取教师对现有教材反馈意见的基础上，吸收和借鉴各地高等职业技术院校教学改革的成功经验，对现有全国高等职业技术院校汽车类专业教材进行了修订（新编）。

本次教材修订（新编）工作的重点主要体现在以下几个方面：

第一，合理更新教材内容。

根据企业岗位和教学实践的需求变化，确定学生应具备的能力与知识结构，调整部分教材内容，使知识技能点的深度、难度、广度与实际需求相匹配；根据相关专业领域的最新发展，淘汰陈旧过时的内容，补充新知识、新技术、新设备、新材料等方面的内容；根据最新的国家技术标准编写教材内容，保证教材的科学性和规范性。

第二，加强实践技能的培养。

根据就业岗位对技能型人才所需能力的要求，进一步加强实践性教学内容，采用了理论知识与技能训练一体化的编写模式，以体现“做中学”“学中做”的教学理念。

第三，衔接职业技能鉴定要求。

教材编写以汽车修理工国家职业技能标准为依据，涵盖国家职业技能标准（高级）的知识和技能要求，并在配套习题册中增加了相关职业技能鉴定考试的练习题。

第四，精心设计教材形式。

在教材的呈现形式上，尽可能使用图片、实物照片和表格等将知识点生动地展示出来，力求让学生更直观地理解和掌握所学内容。

第五，提供全方位教学服务。

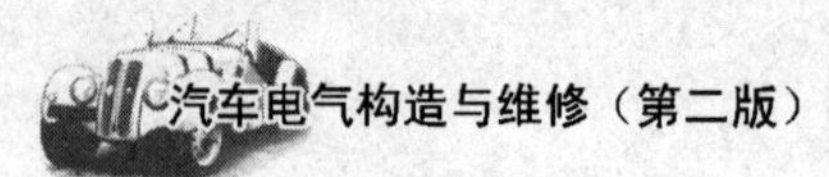

本套教材配有习题册、教学参考书、电子课件和习题册答案，电子课件和习题册答案可通过中国人力资源和社会保障出版集团网站（http：//www. class. com. cn）或职业教育教学资源和数字学习中心（http：//zyjy. class. com. cn）免费下载。

本次教材的修订（新编）工作得到了辽宁、吉林、江苏、山东、河南、广东等省人力资源和社会保障厅及有关学校的大力支持，在此我们表示诚挚的谢意。

人力资源和社会保障部教材办公室

2014 年 8 月

目录
Contents

绪论

一、汽车电气设备的发展概况

汽车自问世以来，在很长一段时间内其技术发展主要表现在机械方面，在 20 世纪 50 年代以前，电气设备在汽车上应用较少，只有一些必备的电源和用电设备。随着电子技术的进步，电子技术在汽车上的应用和发展代表了汽车技术发展的主流和趋势。

汽车电子技术始于 20 世纪 60 年代，其发展大致可分为三个阶段：

1965—1975 年，汽车电子产品是由分立元件和集成电路 IC 组成，如晶体管收音机、集成电路调节器等。

1975—1985 年，主要发展专用的独立系统，如电子控制汽油喷射、防抱死制动装置等。

1985—2000 年，主要开发可完成各种功能的综合系统及各种车辆整体系统的集中控制，这个时代称为汽车的电子时代。

目前来说，微处理器重点应用于下述几个方面：最佳点火时刻控制、最佳空燃比控制、怠速控制、废气再循环控制、安全系统、减振控制系统、操纵系统、信息交换和报警系统、汽车导航系统、语音系统等。未来的汽车设计将朝着环保、节能、操作简单、智能化的方向发展。随着新技术、新材料的不断应用，汽车电气设备将会变得体积更小、性能更高、维修更简便，更好地满足汽车用户的要求。

二、汽车电气设备的作用

汽车电气设备是汽车重要的组成部分之一，汽车的动力性、经济性、可靠性、安全性、排气净化及舒适性直接受其性能的影响。例如，各种指示仪表、信号装置和照明灯具等的正常工作可以反映汽车行驶的可靠性，安全性；电动座椅、电动车窗、汽车空调等大大提高了汽车的舒适性。

汽车电气设备一直在汽车上发挥着重要的作用，并将随着技术的发展，不断提高品质、提高性能，进一步拓展种类、扩大应用范围，继续发挥其应有作用。

三、汽车电气设备的组成

现代汽车的电气设备种类和数量都很多，但总的来说，可以大致分为 3 大部分，即电源、用电设备、全车电路及配电装置。

1．电源

汽车电源包括蓄电池、发电机及调节器。发动机不工作时由蓄电池供电，发动机起动后，转由发电机供电，同时也给蓄电池充电。调节器的作用是在发电机工作时，保持其输出电压的稳定。

2．用电设备

（1）起动系

起动系包括起动机及其控制电路，用来起动发动机。

（2）点火系

点火系主要包括点火线圈、点火器、分电器总成、火花塞等，用来产生电火花，点燃汽油机气缸中的可燃混合气。有传统点火系和电子点火系之分。

（3）照明系

照明系包括车外和车内的照明灯具，用以提供车辆夜间安全行驶必要的照明。

（4）信号装置

信号装置包括音响信号和灯光信号两类，用以提供安全行车所必需的信号。

（5）仪表及报警装置

仪表及报警装置包括车速里程表、发动机转速表、冷却液温度表、燃油表、电压（电流）表、机油压力表、气压表及各种报警灯等，用来监测发动机及汽车的工作情况，使驾驶员能通过仪表及报警装置，及时发现发动机及汽车运行的各种参数及异常情况，确保汽车正常运行。

（6）辅助电器

辅助电器包括电动风窗刮水器、风窗洗涤器、空调器、低温起动预热装置、汽车音响、点烟器、车窗玻璃电动升降器、座椅电动调节器、防盗装置等。辅助电器设备有日益增多的趋势，主要向舒适、娱乐、保障安全等方面发展。车辆的豪华程度越高，辅助电器设备就越多。

（7）汽车电子控制系统

汽车电子控制系统包括电子燃油喷射系统、电控点火系统、电控自动变速器、防抱死制动装置、电控悬架系统、自动空调等。利用计算机控制各个系统，使汽车上的各个系统均处于最佳工作状态，达到提高汽车动力性、经济性、安全性、舒适性，降低汽车排放污染的目的。

3．全车电路及配电装置

全车电路及配电装置包括中央接线盒、保险装置、继电器、电线束及插接件、电路开关等，使全车电路构成一个统一的整体。

由于现代汽车所采用的电控系统越来越多，所占的比重越来越大，且汽车电控系统往往都自成系统，将电子控制与机械装置相结合，形成了较为典型的机电一体化系统。

四、汽车电气设备的特点

汽车电气设备与普通的电气设备相比有如下的特点：

1．采用双电源

蓄电池和发电机是汽车电气系统中的两个电源，它们互相配合，协同工作。如在发电机损坏，不发电的极端条件下，光靠蓄电池供电，汽车也能行驶一定里程。

2．采用直流供电

现代汽车发动机是靠电力起动机起动的，起动机由蓄电池供电，而蓄电池放电后必须用直流电源对其充电，所以汽车电气系统为直流系统。同时，车上的发电机也必须输出直流电。

3．采用低压电源

汽车电源的额定电压有 12 V 和 24 V 两种，目前汽油发动机汽车上普遍采用 12 V 电源，重型柴油车多采用 24 V 系统。

4．采用单线制

单线制也称单线连接，是汽车电气的突出特点之一，它是指汽车上所有电气设备的正极均采用导线相互连接，而负极则直接或间接通过导线与金属车架或车身的金属部分相连。由于单线制导线用量少、线路清晰、接线方便，因此被广泛应用于现代汽车上。

5．采用负极搭铁

采用单线制时，电源的一极和用电设备的一端要与金属机体相连，这样的连接称为搭铁。对直流电系统来说，从原理的角度，电源的正极或者负极均可作为搭铁极，但按照国际通行的做法，汽车电源规定为负极搭铁。

6．采用并联连接

各用电设备均采用并联连接，即所有用电设备之间都是正极接正极、负极接负极。这样可使汽车在使用中，当某一支路用电设备损坏时，并不影响其他支路用电设备的正常工作。

7．设有保险装置

为了防止因电源短路或电路过载而损坏设备，电路中一般设有保护装置，如熔断器（短路保护）、易熔线（过载保护）等。

8．汽车导线有颜色和编号特征

为了便于区别各电路的连接，汽车所有低压线必须选用不同颜色的单色或双色线，并在每根线上编号，编号由生产厂家统一编制。

知识拓展

电动汽车

在当前全球汽车工业面临金融危机和能源、环境问题的巨大挑战的情况下，发展电动汽车，实现汽车能源、动力系统的电气化，推动传统汽车产业的战略转型，在国际上已经形成了广泛共识。目前，我国已出台许多政策，扶持和引导电动汽车行业的快速发展，政府意欲加速提高国内电动车产业的竞争力，缩短成熟期，实现对国外汽车工业的“弯道超车”。电动汽车的发展步入关键时期，机遇与挑战并存。

新能源汽车包括混合动力汽车、纯电动汽车（BEV，包括太阳能汽车）、燃料电池电动汽车、氢发动机汽车、其他新能源（如高效储能器、二甲醚）汽车等各类别产品。电动汽车是指以车载电源为动力，用电动机驱动汽车行驶。所以混合动力汽车、纯电动汽车、燃料电池电动汽车都被归为电动汽车。

电动汽车之所以成为 21 世纪技术开发的宠儿，首先是因为电动汽车直接采用电动机驱动，本身不排放污染大气的有害气体，即使按所耗电量换算为发电厂的排放，除硫和微粒外，其他污染物也显著减少。由于电力可以从多种一次能源中获得，如煤、核能、水力、风力、光、热等，可以很好地解除人们对石油资源日见枯竭的担心。其次，电动汽车能够充分利用晚间用电低谷时富余的电力充电，使发电设备得到充分利用，大大地提高了经济效益。有关研究表明，同样的原油经过粗炼，送至电厂发电、充入电池，由电池驱动汽车，其能量利用效率比经过精炼变为汽油，再经汽油机驱动汽车高，因此有利于节约能源和减少二氧化碳的排放。

模块一 电源系

课题一 蓄电池

学习目标

◆ 了解蓄电池的功用及分类。

◆ 掌握蓄电池的结构与工作原理。

◆ 掌握蓄电池的检查、充电、使用与维护、故障诊断和排除方法。

想一想

王先生出差两周，回家后发现汽车发动机无法正常起动（见图 1—1—1），将点火开关旋到 ON 挡，打开前大灯，灯光暗淡，按下电喇叭，声音也微弱沙哑。其实这是因为汽车蓄电池电压不足导致的。蓄电池出现此类问题该如何解决呢？

图 1—1—1　发动机不能起动

一、蓄电池的功用及分类

蓄电池是一种可逆直流电源，它是汽车的两大电源之一，在汽车上与发电机并联，共同向用电设备供电。

1．蓄电池的功用

（1）发动机起动时，向起动机和点火系统供电。

（2）发电机不发电或电压较低（低于蓄电池端电压）时，向用电设备供电。

（3）发电机过载时，协助发电机向用电设备供电。

（4）发电机电压高于蓄电池端电压时，将发电机多余的电能转化为化学能储存起来（即充电）。

（5）保持汽车电网电压的相对稳定，保护用电设备及电子元器件。

2．蓄电池的分类

蓄电池可分为普通蓄电池、免维护蓄电池、混合蓄电池、复合蓄电池和微电子控制蓄电池。

（1）免维护蓄电池

1）结构

现在汽车上使用的大多为免维护蓄电池。免维护蓄电池和普通蓄电池在结构上有两大不同之处：极板结构（格栅）和水的利用。免维护蓄电池除需要保持表面清洁外，不需要做其他维护工作。

2）优点

与普通蓄电池相比，免维护蓄电池的优点是：

①在极板上部能储存更多的电解液。

②有极大的抗过充电能力。

③存放寿命长。

④可带电解液大量装运，减少了事故和人员伤害的可能性。

⑤冷起动额定电流较高。

3）缺点

①蓄电池在高温下工作时，其格栅变厚，使板间距离变小。

②不能承受深度放电，深度放电就是彻底放完电后再充电。

③储备容量较低。

④预期寿命较短。

（2）混合型蓄电池

混合型蓄电池也称为可深度放电蓄电池。它综合了免维护蓄电池的优点，经受6次深度放电后，仍然能保持100％的初始储备容量。混合型蓄电池的正极板格栅包含大约2.75％的锑合金，而负极板格栅则由钙合金组成。这样就使蓄电池能够经受深度放电而储备容量不变，改善了汽车的起动性能。

混合型蓄电池和其他蓄电池不同的是其格栅上边缘中间位置有一个小凸起。格栅竖条为放射状，栅条是从公共的中心点向四周发散的。经过以上两点改造，电流阻力减少了，也缩短了电流流向小凸起的路径。这样电池能以更快的速度提供更多的电流。

(3) 复合蓄电池

1) 结构

复合蓄电池是一种比较先进的蓄电池。复合蓄电池用含胶状物质的隔板代替液态的电解液。隔板放在格栅板之间，故电阻非常低。采用这种结构，输出电压和电流比一般蓄电池高。

2) 优点

①不含酸液，外壳破裂而不会有酸液泄漏。

②能以任何状态安放。

③因为无电解液，所以基本不用维护。

④可以经受过度放电。

⑤冷起动额定电流大，可以超过 800 A。

⑥寿命比一般蓄电池长 4 倍。

(4) 微电子控制蓄电池

最近，又研制出一种微电子控制式汽车蓄电池。在具有相同输出功率的情况下，电子控制式汽车蓄电池的质量比传统电池轻约 40%，低温时的工作可靠性更高，充电速度更快。

随着汽车电子化的不断发展，汽车蓄电池也逐步向智能化发展。这种智能化的汽车蓄电池上装有集成电路块和传感器，后者探测电池的物理环境和工作条件参数，前者以此为基础而控制和监视电池的电化学反应过程。电池外壳是隔热效果极好的泡沫盒，结合使用温度调节系统（可使电池工作的环境达到恒温状态），微电子控制系统可使蓄电池的充电能力、冷起动能力及使用寿命大大提高。此外，通过数据总线或电源线，蓄电池可与发电机、车载计算机或汽车故障诊断系统进行信息交流。

二、蓄电池的结构与工作原理

1. 蓄电池的结构

现在常用的汽车电池为铅蓄电池，汽车用铅蓄电池一般由三个或六个单格电池串联而成，每个单格的额定电压为 2 V。普通铅蓄电池主要由正负极板、隔板、电解液、外壳、联条和电极柱等组成。普通铅蓄电池的结构如图 1—1—2 所示。

(1) 极板

蓄电池的极板分为正极板和负极板，均由栅架和填充在其上的活性物质组成，如图 1—1—3 所示。

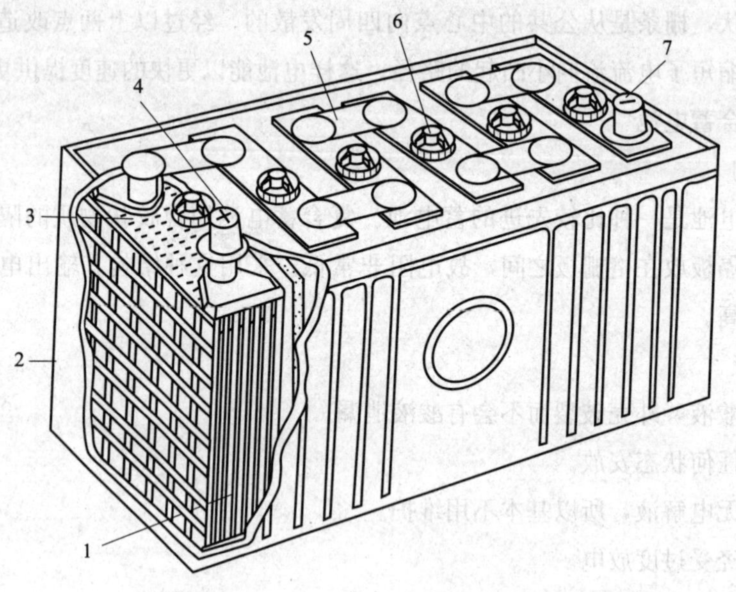

图 1—1—2　普通铅蓄电池的结构

1—极板组　2—外壳　3—隔板　4—正极柱　5—联条　6—加液孔螺塞　7—负极柱

1）栅架。栅架由铅锑合金浇铸而成，为了降低蓄电池的内阻，改善起动性能，桑塔纳轿车的蓄电池采用放射型的栅架，如图 1—1—4 所示。

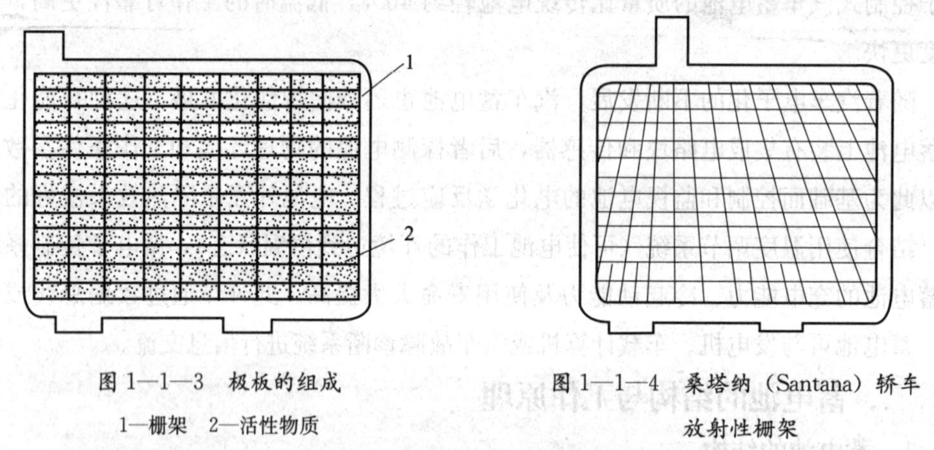

图 1—1—3　极板的组成

1—栅架　2—活性物质

图 1—1—4　桑塔纳（Santana）轿车放射性栅架

2）活性物质。正极板的活性物质是暗棕色的二氧化铅（PbO_2），负极板上的活性物质是呈青灰色的海绵状纯铅（Pb）。

3）极板组。将正、负极板各一片浸入标准密度的电解液中，便可得到 2.1 V 左右的电压。为增大蓄电池的容量，将多片正、负极板分别并联，用汇流条焊接起来分别组成正、负极板组。蓄电池极板结构如图 1—1—5 所示。汇流条上浇铸有极柱，各片极板之间留有空隙。安装时，各片正负极板相互嵌合，中间插入隔板后装入电池槽内便形成单格电池。由于正极板上的化学反应比负极板剧烈，所以正极板夹在负极板之间，可使其两侧放电均匀，防止活性物质体积变化不一致而造成极板拱曲。故在每个单格电池中，负极板总比正极板多一片。

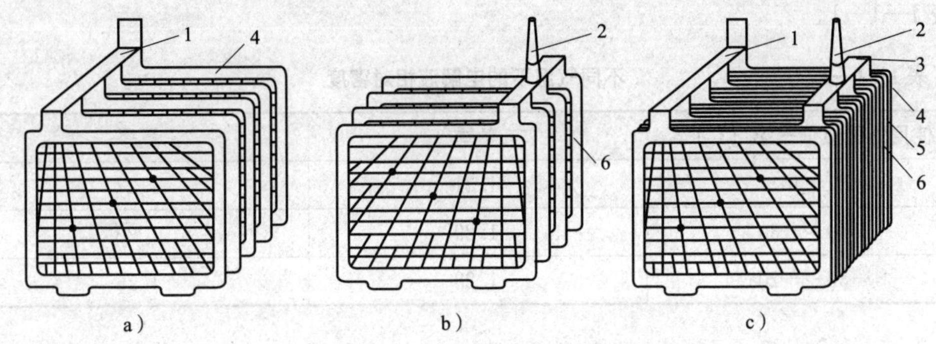

图 1—1—5 蓄电池极板结构

a) 正极板组 b) 负极板组 c) 极板嵌合情况

1、3—汇流条 2—极柱 4—负极板 5—隔板 6—正极板

国产负极板的厚度为 1.8 mm，正极板为 2.2 mm。国外大多采用厚度为 1.1～1.5 mm 的薄型极板（正极板比负极板稍厚），薄型极板对提高蓄电池的比容量（极板单位尺寸所提供的容量）和改善起动性能都十分有利。

(2) 隔板

隔板在正、负极板间起绝缘作用，使蓄电池结构紧凑、内阻降低。隔板一般用微孔塑料制成，具有多孔性，以便于电解液渗透，还具有一定的强度、化学稳定性、耐酸及抗氧化等特点。隔板通常一面带有沟槽。安装时，有沟槽面应对着正极板，且与底部垂直，以便于电解液的流通、脱落活性物质的下沉及气泡的逸出。

桑塔纳轿车 55415MF 型免维护蓄电池采用聚氯乙烯袋式隔板。使用时，正极板被隔板袋包住，脱落的活性物质保留在袋内，不仅可以防止极板短路，而且可以取消底部壳体凸起的筋条，使极板上部容积增大，从而增加了电解液的储存量。

(3) 外壳

蓄电池外壳用于盛放电解液和极板组，并使蓄电池构成一个整体。主要采用硬质橡胶和聚丙烯塑料制成。壳内间壁分成 3 个或 6 个互不相通的单格。蓄电池的单格电池之间采用铅质联条串联。串联的方法一般有传统外露式、内部穿壁式和跨越式三种。

橡胶外壳的每个单格有一个小盖，塑料外壳采用整体盖。普通铅蓄电池每单格的中间有一个电解液加液孔，平时拧装一个螺塞，螺塞上有一通气小孔，在使用时应保持其通畅。

(4) 电解液

电解液的作用是形成电离，促使极板活性物质溶离，产生可逆的电化学反应。它是由纯净的专用硫酸和蒸馏水按一定的比例配制而成。其相对密度一般在 1.24～1.31，使用时应根据当地最低气温或制造厂的要求进行选择。不同气温下的电解液相对密度见表 1—1—1。

表 1—1—1　　不同气温下的电解液相对密度

使用地区最低气温（℃）	冬季	夏季
＜－40	1.31	1.27
－40～－30	1.29	1.25
－30～－20	1.28	1.25

（5）联条

联条的作用是将单格电池串联起来，一般由铅锑合金浇铸而成。

（6）电极柱

普通铅蓄电池首尾两极板组的横板上焊有电极柱，电极柱分为圆锥形、L 形和侧孔形三种，如图 1—1—6 所示。为便于区分，正电极柱上或旁边标有“+”或“P”记号，负电极柱标有“—”或“N”记号。有些电池正极柱涂有红色油漆。

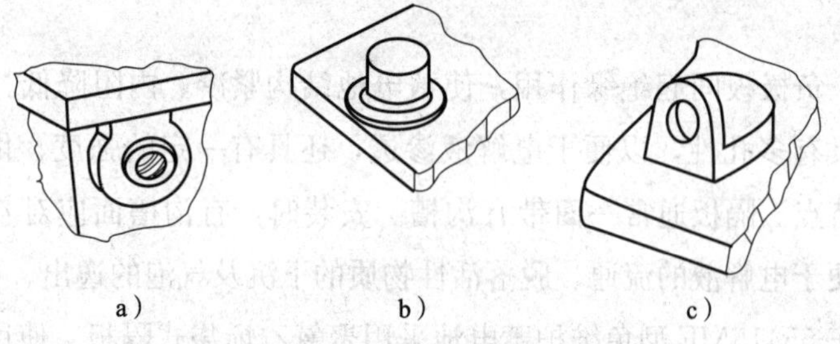

图 1—1—6　铅蓄电池电极柱外形

a）侧孔形　b）圆锥形　c）L 形

2. 蓄电池的工作原理

蓄电池的工作原理就是化学能与电能的相互转化。当蓄电池将化学能转化为电能而向外供电时，称为放电过程；当蓄电池与外界直流电源相连而将电能转化为化学能储存起来时，称为充电过程，如图 1—1—7 所示。

蓄电池充电过程和放电过程如图 1—1—8 所示。

当蓄电池充足电时（见图 1—1—9），正极板上的活性物质是二氧化铅，负极板上的活性物质是纯铅。

（1）放电过程

在电解液（纯硫酸＋蒸馏水）作用下，发生如图 1—1—10 所示的化学反应。

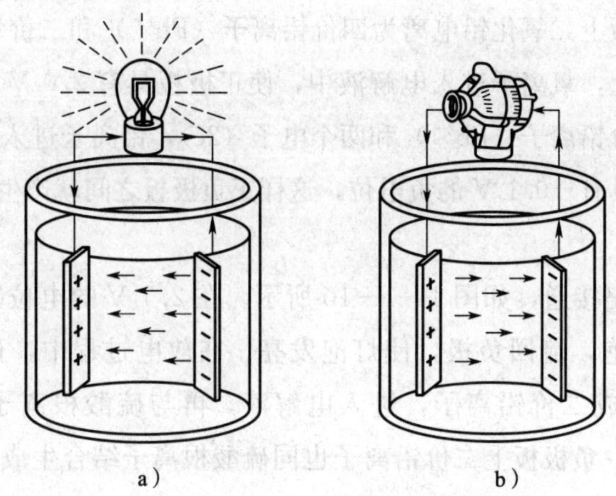

图 1—1—7　蓄电池基本工作原理

a）放电　b）充电

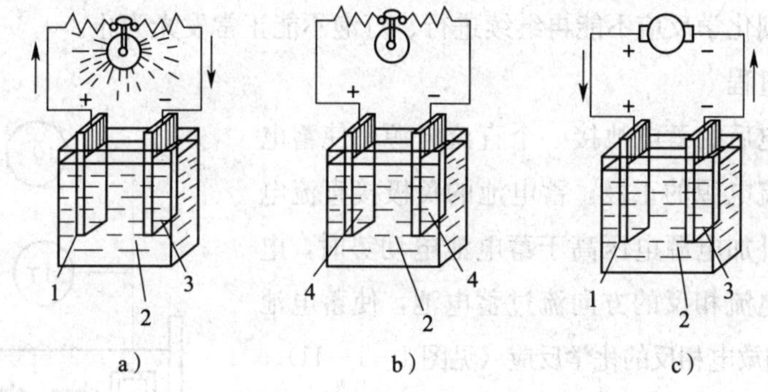

图 1—1—8　蓄电池工作过程

a）放电开始　b）放电结束　c）充电结束

1—二氧化铅　2—硫酸溶液　3—海绵状纯铅　4—硫酸铅

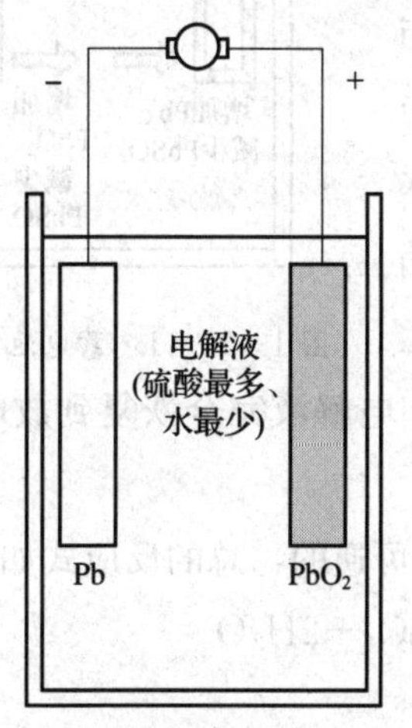

图 1—1—9　蓄电池充足电状态

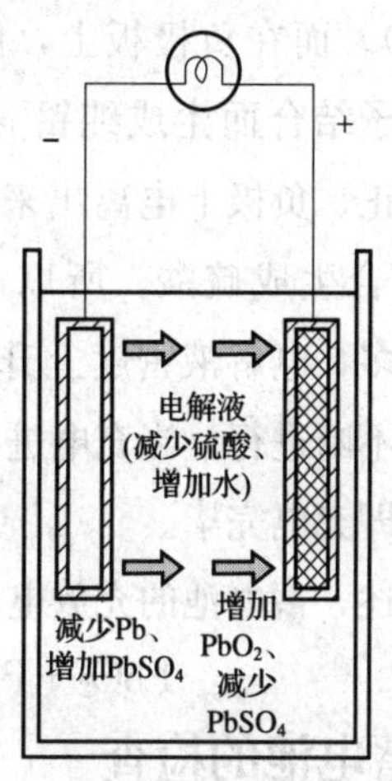

图 1—1—10　蓄电池放电过程

放电前，正极板上二氧化铅电离为四价铅离子（Pb^{4+}）和二价氧离子（O^{2-}），铅离子附着在正极板上，氧离子进入电解液中，使正极板具有 2.0 V 的正电位。负极板上的纯铅电离为二价铅离子（Pb^{2+}）和两个电子（2e），铅离子进入电解液中，电子留在负极，使负极板具有－0.1 V 的负电位，这样正负极板之间就产生了电位差，这个电位差为 2.1 V。

放电时，外电路接通，如图 1—1—10 所示。在 2.1 V 的电位差作用下，电流从正极流出，经过灯泡，流回负极，使灯泡发亮。在放电过程中，正极板上四价的铅离子与电子结合生成二价铅离子，进入电解液，再与硫酸根离子结合生成硫酸铅（附着在正极板上）；负极板上二价铅离子也同硫酸根离子结合生成硫酸铅（附着在负极板上）。

如果电路不中断，上述电化学反应将继续进行。电解液中的硫酸因氢离子和硫酸根离子的迁移而被消耗，生成了水。所以，放电后电解液的密度是逐渐下降的。这个过程一直进行到化学反应不能再继续进行、灯泡不能正常发光为止。

（2）充电过程

如果把放电后的蓄电池接一个直流电源，使蓄电池正极接上直流电源的正极，蓄电池的负极接直流电源的负极。当外加电源电压高于蓄电池电动势时，电流将沿与放电电流相反的方向流过蓄电池，使蓄电池正、负极发生与放电相反的化学反应（见图 1—1—11）。

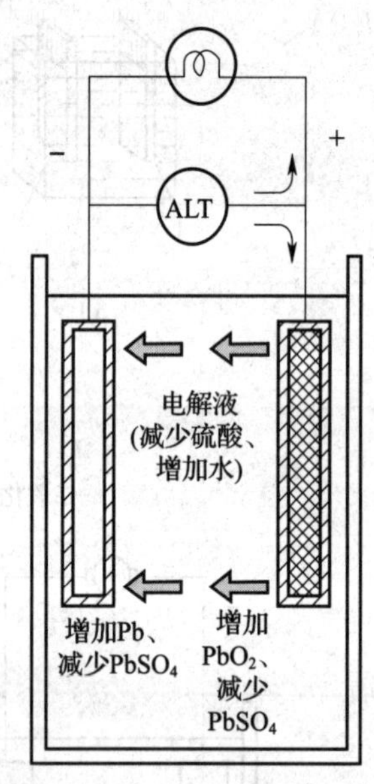

图 1—1—11　蓄电池充电过程

充电时，正极板处外加电流将两个电子经外电路输送到负极板，正极板上原二价铅离子因失去两个电子而成为四价铅离子，再与水反应生成二氧化铅（附在正极板上）。而在负极板上，由于得到两个电子与原二价铅离子结合而生成纯铅（附在负极板上）。与此同时，从正、负极上电离出来的硫酸根离子则与水中氢离子结合生成硫酸。所以，在充电时，水被消耗，硫酸增多，电解液密度上升。在充电过程中，上述化学反应不断进行。当充电进行到极板上的物质和电解液完全恢复到放电前的状态时，蓄电池即充电完毕。

综上所述，蓄电池的充放电过程中的化学反应是可逆的，总的反应式如下：

$$PbO_2+Pb+2H_2SO_4 \rightleftharpoons 2PbSO_4+2H_2O$$

三、蓄电池的检查

轿车的蓄电池一般安装在发动机室，如图 1—1—12 所示。首先应清除蓄电池表面的灰尘、氧化物等杂质，然后检查蓄电池电解液的液面高度及其放电程度。具体检查方法如下：

图 1—1—12　铅蓄电池在轿车上的安装位置

1. 蓄电池液面高度的检查

蓄电池液面高度的检查方法有：玻璃管测量法、液面高度指示线法及加液孔观察判断法三种，如图 1—1—13 所示。可以根据蓄电池的不同结构形式来选用检查方法。

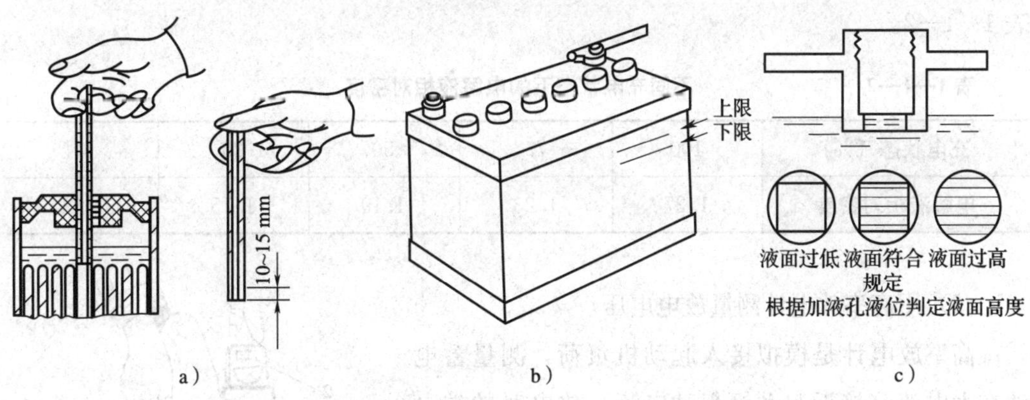

图 1—1—13　蓄电池电解液液面高度检查

a）用玻璃管检查法　b）用液面高度指示线检查法　c）加液孔液位判断检查法

（1）玻璃管测量法

如图 1—1—13a 所示，用一空心玻璃管插入蓄电池电解液内极板的上平面处。玻璃管内的电解液与蓄电池内高出极板的液面等高，用拇指按紧玻璃管上端，使管口密封。提起玻璃管，测量玻璃管内的液面高度，即为蓄电池电解液液面高出极板的高度。

（2）液面高度指示线法

对使用透明塑料容器的蓄电池，在容器壁上刻有两条高度指示线，如图 1—1—13b 所示。可以通过观察高度指示线来检查液面高度，正常液面高度应介于两线之间。

（3）加液孔观察判断法

部分进口轿车在电解液加液孔内侧的标准液面位置处开有方视孔，如图 1—1—13c 所示。液面高度应与方孔平齐。

2．蓄电池放电程度的检查

（1）用密度计测量电解液相对密度

由于充放电过程中，电解液密度会随之发生变化。通过测量电解液密度可以判断蓄电池充放电程度，并判断蓄电池的故障原因。电解液的相对密度一般用吸式密度计测定。先吸入电解液，使密度计浮子浮起，电解液液面所在的刻度即为相对密度值。在测量密度时，应同时测量电解液温度，并将测得的电解液相对密度值转换到 25℃时的相对密度值。用密度计测量电解液相对密度如图 1—1—14 所示。

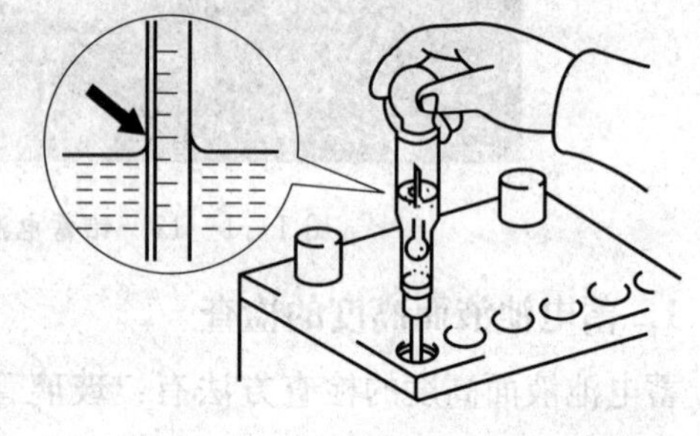

图 1—1—14　用密度计测量电解液相对密度

不同充电状态下的电解液相对密度见表 1—1—2。

表 1—1—2　　不同充电状态下的电解液相对密度

充电状态（%）	100	75	50	25	0
电解液相对密度	1.27	1.23	1.19	1.15	1.11

（2）用高率放电计测量放电电压

高率放电计是模拟接入起动机负荷，测量蓄电池在大电流（接近起动机起动电流）放电时的端电压，用以判断蓄电池的放电程度和起动能力。测量时，将放电叉紧压在单格电池的极柱上，时间不超过 5 s。单格电池的电压在 1.5 V 以上，并在 5 s 内保持稳定，说明此单格电池良好。如果在 5 s 内电压迅速下降或某一单格的电压低于其他单格电池电压 0.1 V 以上，都说明此单格电池有故障。用高率放电计测量放电电压如图 1—1—15 所示。

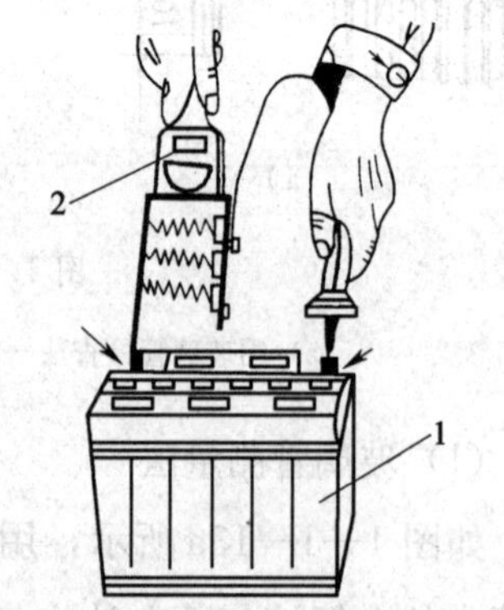

图 1—1—15　用高率放电计测量放电电压

1—蓄电池　2—高率放电计

四、蓄电池的充电

通过检查，如果发现蓄电池电解液密度低于 1.20 g/cm³ 或单格电池电压低于 1.75 V 时，会使车辆灯光暗淡、起动无力或不能起动，应对蓄电池进行充电；若是电解液液面过低，可补充蒸馏水，使电解液液面符合标准，再进行补充充电。

铅蓄电池的充电分为初充电、补充充电和快速脉冲充电三种。

1. 初充电

初充电是新蓄电池或更换极板的蓄电池在使用前的首次充电。初充电的目的是还原普通极板在存放期间被氧化的活性物质。

初充电步骤如下：

先按蓄电池制造厂的规定，加注一定相对密度的电解液（电解液加入前温度不得超过 30℃）静置 6～8 h，再将液面调整到高于极板 10～15 mm，电解液温度低于 25℃ 时才能进行充电。接通充电电路，为避免过热，第一阶段应选 $Q_e/15$ 的电流（Q_e：蓄电池额定容量），充电到电解液中开始冒气泡，单格电压上升到 2.4 V 为止；第二阶段将充电电流减半，继续充电到电解液剧烈放出气泡（沸腾），单格电压到达 2.7 V，相对密度和单格电压连续 2～3 h 稳定不变为止，全部充电时间为 60～70 h。

充电过程中应经常测量电解液温度，若温度上升到 40℃，应将电流减半，如继续上升到 45℃，应立即停止充电，并采用人工冷却，待冷至 35℃以下再充电。充电过程中，如减小充电电流，应适当延长充电时间。

初充电临近完毕时，应测量电解液相对密度，如不符合规定，应用蒸馏水或相对密度为 1.40 的电解液进行调整。调整后，应再充 2 h，若相对密度仍不符合规定，应再调整并充电 2 h，直至相对密度符合要求为止，然后将加液孔盖拧上，把蓄电池表面清洁干净。

2. 补充充电

使用中的蓄电池，由于充电电压偏低或充电机会少，而使蓄电池容量下降时，应及时进行补充充电。蓄电池存电不足的表征有：

（1）电解液相对密度下降到 1.200 以下。

（2）冬季放电超过 $25\%Q_e$，夏季放电超过 $50\%Q_e$。

（3）灯光暗淡、起动无力、喇叭沙哑。

补充充电过程和方法与初充电相同，充电第一阶段以 $Q_e/10$ 的电流充到冒气泡，电压到达 2.4 V。第二阶段将电流减半，充到“沸腾”，单格电压到达 2.7 V，电压、相对密度上升到最高值，且 2～3 h 保持不变，即充电结束。平时补充充电一般需要 13～17 h。

3. 快速脉冲充电

快速脉冲充电前，应先检查电解液相对密度，并根据其全充电状态时的密度值计算蓄电池的剩余容量，以确定充电时间，并将充电设备上的定时器调到相应时间上。多数快速充电设备都装有温度传感器，将其插入蓄电池加液口中，当电解液温度超过50℃时，设备会自动停充。快速充电时间与电解液相对密度的关系见表1—1—3。

表1—1—3　　快速充电时间与电解液相对密度的关系

电解液相对密度	剩余容量（Q_e）	充电时间（min）	电解液相对密度	剩余容量（Q_e）	充电时间（min）
全充电时相对密度1.260	100％	0	1.175～1.200	50％	30
高于1.225	75％	用小电流充电	1.150～1.175	50％	45
1.200～1.225	50％	15	低于1.150	25％以下	60

下列铅蓄电池不可进行快速脉冲充电：

（1）未经使用的新蓄电池。

（2）液面高度不正确的蓄电池。

（3）电解液相对密度各单格不均匀的蓄电池，各格电压差大于0.2 V的蓄电池。

（4）电解液浑浊并呈褐色的蓄电池。

（5）极板硫化的蓄电池。

（6）充电时电解液温度超过50℃的蓄电池。

4. 蓄电池充电注意事项

（1）充电前必须拧下所有的加液孔盖。

（2）充电场所必须保持通风、严禁明火。

（3）在充电过程中，应密切关注电解液的温度，40℃时，应将充电电流减半；45℃时，应立即停止充电。

（4）初充电时，应连续进行，不能长时间间断。

（5）配制和灌装电解液时，要严格遵守安全操作规程和器皿的使用规则。

（6）充电时应先接好导线，再开电源开关；停止充电时则应先关断充电电源。

（7）导线连接务必可靠，防止产生火花，引发事故。

（8）充电设备不应与蓄电池放置于同一工作间。

（9）充电时，要经常备有冷水、10％苏打溶液或10％的氨水溶液。

五、蓄电池常见故障的诊断与检修

铅蓄电池在使用过程中常见故障可分为外部故障和内部故障。外部故障主要有容器破裂、封口胶破裂、极柱螺栓或螺母腐蚀、蓄电池爆炸等，内部故障主要有自行放电、电解液消耗过快、蓄电池电容量降低等。

1. 蓄电池的内部故障

（1）蓄电池自行放电

1）故障现象

充足电或第一天使用良好的蓄电池，放置较短的时间即感觉存电不足，甚至无电，起动机运转无力，喇叭声音微弱且沙哑，灯光暗淡。

2）故障原因

①电解液不纯，电解液中的杂质沉附于极板上产生局部放电。

②蓄电池溢出的电解液堆积在盖板上，使正负极柱形成回路。

③蓄电池长期放置不用，硫酸下沉，下部密度比上部大，极板上下部发生电位差引起自放电等。

④极板活性物质脱落，下部沉淀物过多，使极板短路。

⑤与蓄电池相连的线路有搭铁短路现象。

3）故障诊断与排除

①检查并清洁蓄电池外表面。

②当所有电路切断时，检查是否还有某些电器元件或部件在耗用蓄电池电能。检测方法如下：

试灯法。在拆下搭铁电缆后，用小功率试灯串入蓄电池负极柱与搭铁电缆之间，若试灯发亮，说明电路有漏电。蓄电池外电路漏电测试如图 1—1—16 所示。

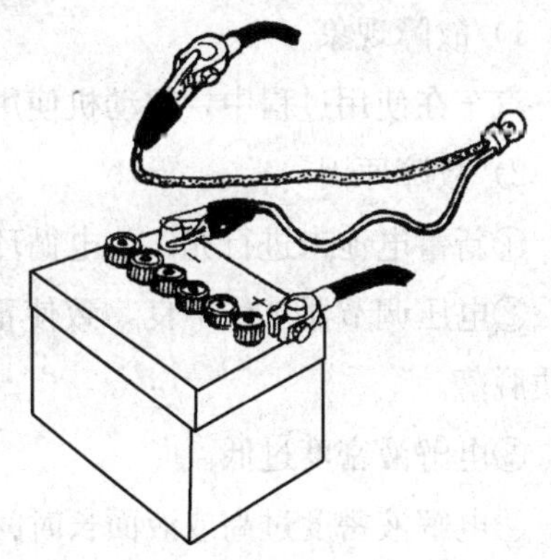

图 1—1—16　蓄电池外电路漏电测试

电压表或电流表测试。汽车上有些电子器件即使所有开关切断时也一直在耗电，但其数值很小，这些部件包括：数字钟、电子调谐（电台记忆）式收放机、发动机控制计算机的二极管。

为了检查这些电子器件在点火开关断开时的耗电情况，可用电压表、电流表进行测试。测试时，拆下蓄电池搭铁电缆，将电压表正表棒接搭铁电缆，负表棒接蓄电池负接柱，电压显示值应略小于蓄电池静止电动势，如静止电动势为 12.6 V 的蓄电池，若测出电压为 12.2 V，说明电路正常，可保证蓄电池在较长时间内不会漏完电。如用电流表测试，可先用高量程挡测量，然后视需要降到低量程挡，以读取精确读数。

用欧姆表测试。从蓄电池上拆下搭铁电缆，将欧姆表测试棒分别连接搭铁电缆与蓄电池正极电缆，其电阻值应不小于 100 Ω；否则，蓄电池漏电将过快。

③若上述检查正常，则表明故障在蓄电池内部。对蓄电池进行充电检查：若电解液的密度、温度及端电压上升缓慢或不上升，表明蓄电池内部短路，应更换蓄电池；充电正常，则表明电解液中含有杂质，应倒出所有电解液，并用蒸馏水清洗数次，再加入新电解液后重新充电。

（2）电解液消耗过快

1）故障现象

电解液面下降过快，需经常添加蒸馏水进行补充。

2）故障原因

①蓄电池外壳破裂造成电解液渗漏。

②充电电流过大，电解液蒸发或溢出。

③极板硫化或短路。

3）故障诊断与排除

①检查蓄电池外壳有无裂纹及渗漏，壳体破损应换用新蓄电池。

②电解液消耗过快的同时，经常伴有烧坏灯泡等现象，表明充电电流过大，应更换电压调节器。

③连续多次长时间使用起动机，也会造成蓄电池电解液损耗增多。

（3）蓄电池电容量降低

1）故障现象

汽车在使用过程中，起动机使用数次后即感觉起动机运转无力、起动困难。

2）故障原因

①新蓄电池未进行充、放电循环锻炼，未达到规定容量。

②电压调节器工作不良，致使蓄电池经常充电不足或过充电，引起极板上的活性物质脱落。

③电解液密度过低。

④电解液密度过高或液面长时间过低，引起极板硫化。

⑤经常长时间使用起动机，造成大电流放电，致使极板损坏。

3）故障诊断与排除

先用万用表测量蓄电池的开路电压，然后用起动机起动发动机，并检查蓄电池的端电压。电压降应不大于 3 V，表明蓄电池良好。若电压降在 4～6 V，说明蓄电池充电不足，应对蓄电池进行补充充电，并检修其电源系统。若电压降大于 6 V，说明蓄电池内部有故障，应予以更换。

2. 蓄电池的外部故障

（1）容器破裂

蓄电池容器多由硬橡胶或塑料制成，质地硬脆。造成破裂的原因有：蓄电池固定螺母拧得过紧、汽车行驶中剧烈震动、外物撞击和电解液结冰等。

检查判断时可根据电池电解液液面高度以及电池底部的潮湿情况来判断是否有裂纹存在，容器的裂纹一般在其四个角上或附近区域。蓄电池的裂纹小的可以修补，严重的要更换蓄电池。

（2）封口胶破裂

封口胶因质量低劣或受到撞击容易造成破裂，封口胶破裂后，电解液从裂缝中渗出，与杂质混合会导致蓄电池外部导通短路，引起蓄电池自放电。封口胶有轻微裂缝的，可以清洁干燥后，用喷灯喷裂纹处烤热熔封。裂缝严重的可以把封口胶清除干净，重新封口。

（3）极柱螺栓或螺母腐蚀

如果蓄电池的极柱螺栓和接线端已经腐蚀产生污物，可以用竹片将污物刮去，用抹布蘸有5%的碱液擦去残余的污物和酸液，用水清洗干净。然后在极柱和接线端的表面涂上凡士林油保护。如果腐蚀比较严重，应该更换极柱连接螺栓和螺母。

（4）蓄电池爆炸

蓄电池充电后期，电解液中的水分解为氢气和氧气。由于氢气可以燃烧，氧气可以助燃，如果气体不及时排除，并且与明火接触的话，会迅速燃烧，引起爆炸。所以为了防止蓄电池产生爆炸事故，必须使蓄电池的通气孔保持畅通，严禁蓄电池周围有明火，蓄电池内部连接处的焊点要牢固，以免松动引起火花。

六、蓄电池的使用与维护

蓄电池出现故障主要是由于使用或维护不当造成的。为了使蓄电池能处于完好状态，延长其使用寿命，应正确使用蓄电池并要注意维护。

1. 蓄电池的使用

（1）大电流放电时间不宜过长，使用起动机，每次时间应不大于5 s，相邻两次起动应间隔15 s以上。

（2）充电电压不宜过高，应充电电压增高10%～12%时，蓄电池寿命就会缩短2/3左右。

（3）尽量避免蓄电池过度放电和长期处于欠电状态下工作，放完电的蓄电池应在24 h内进行充电。

（4）冬季使用蓄电池，要特别注意保持充足电状态，以免电解液密度降低而结冰。保证不结冰的前提下，尽可能采用密度偏低的电解液，如果液面过低，需添加蒸馏水时只能在充电前进行，尽可能使水和电解液混合充分。冷起动前，注意预热发动机。

2. 蓄电池的维护

（1）经常清除蓄电池表面的灰尘、电解液及氧化物，疏通加液孔盖的气孔。

（2）经常检查蓄电池安装是否牢固可靠，蓄电池与车架间应有防震垫。

（3）应保证导线接头与电极柱连接可靠，接触良好。进行蓄电池连接时应先接火线，然后接搭铁线，拆线时的顺序正好相反。

（4）应经常（一般冬季行驶 10 天，夏季行驶 5 天）检查电解液液面的高度。电解液应高出极板 10～15 mm。注意：除非确认液面降低是由于电解液溅出所致，否则不允许加入电解液。

（5）严格执行换季节、换地区时电解液密度的调整。

（6）定期（每两个月或一个月）检查蓄电池的放电程度，超过规定时立即充电。放电程度可通过专用密度计测量电解液的相对密度，单格电池电压可采用高率放电计来测量。

教学互动

1. 在实车上找到蓄电池，观察蓄电池的组成。

2. 蓄电池的充电方法有哪几种？分别简述其操作步骤。

知识拓展

免维护电池

免维护电池由于自身结构上的优势，电解液的消耗量非常小，在使用寿命内基本不需要补充蒸馏水，与传统蓄电池相比，具有不需添加任何液体，对接线桩头、电线腐蚀少，抗过充电能力强，起动电流大，电量储存时间长等优点。现在大多数汽车厂商都给旗下的产品配备了免维护电瓶，外形简单，而且观察方便，电瓶上有一个观察孔，正常状态下为绿色，如果不是绿色而是其他颜色（各厂家的颜色不同），则表示电瓶达到寿命了，需要及时更换。免维护电池如图 1—1—17 所示。

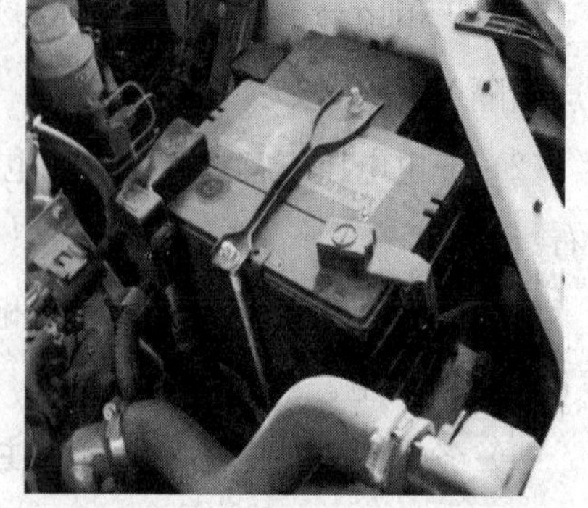

图 1—1—17　免维护电池

课题二　发电机及电压调节器

◆ 了解发电机的作用、结构与工作原理。

◆ 掌握电压调节器的作用、结构与工作原理。

◆ 掌握交流发电机和电压调节器的检修方法。

汽车起动时，仪表盘上的红色电瓶形状指示灯（见图 1—2—1）一般只在开启钥匙时会亮起，表示车辆是由电瓶供电的，而发动机启动后，供电工作交给了发电机，它同时为电瓶充电，这时电瓶指示灯熄灭。如果在车辆行驶中或发动机运转时此灯亮起，表示车辆的发电机存在故障或电瓶本身出现问题。碰到这类情况后该如何分析，准确快捷地找到故障点，修复发电机呢？

图 1—2—1　交流发电机的测试

一、发电机的作用、结构与工作原理

1. 发电机的作用与分类

车用发电机是汽车电气系统的主要电源，由发动机驱动，发电机正常工作时，给除起动机以外所有的用电设备供电，同时给蓄电池充电。

车用交流发电机具有体积小、质量轻、结构简单、维修方便、使用寿命长，发动机低速时充电性能好等优点。交流发电机按总体结构不同可分为普通型、整体式、带泵式、无刷式、永磁式等；按磁场绕组搭铁方式的不同可分为内搭铁式和外搭铁式两类。

2．交流发电机的结构与工作原理

（1）交流发电机的结构

硅整流发电机一般由三相同步交流发电机和硅整流二极管组成，三相同步交流发电机结构如图 1—2—2 所示，主要部件有转子总成、定子总成、带轮、风扇、前后端盖、电刷及调节器组件等。

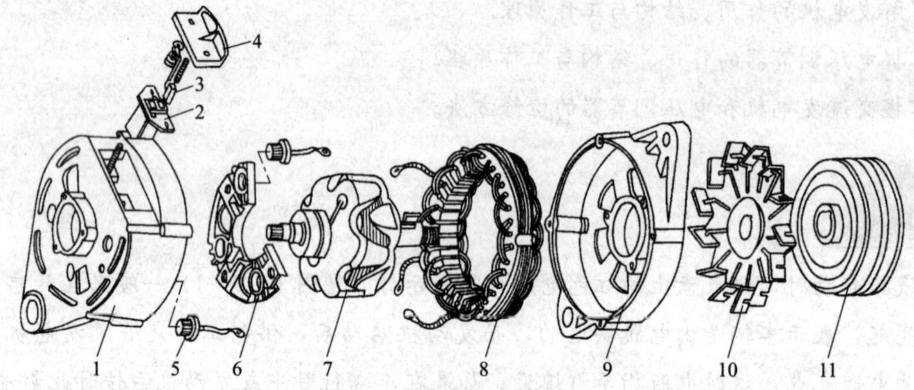

图 1—2—2　三相同步交流发电机结构

1—后端盖　2—电刷架　3—电刷　4—电刷弹簧压盖　5—硅二极管　6—元件板

7—转子　8—定子　9—前端盖　10—风扇　11—带轮

1）转子总成

转子总成的作用是产生磁场。其主要由转子轴、励磁绕组、两块爪极、集电环（又称滑环）等组成。交流发电机的转子如图 1—2—3 所示。

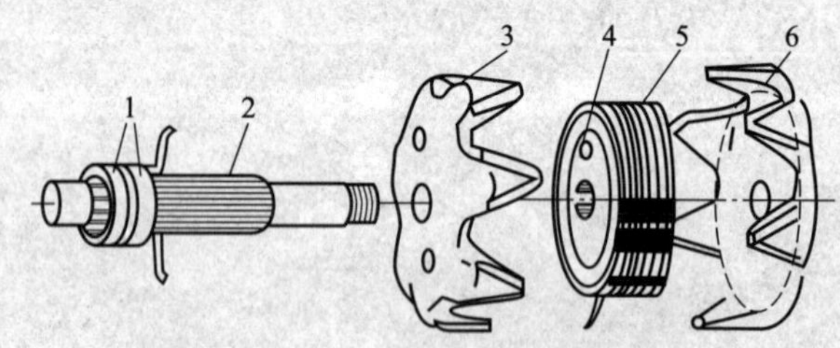

图 1—2—3　交流发电机的转子

1—集电环　2—转子轴　3、6—爪极　4—铁芯　5—励磁绕组

爪极有两块，每块爪极上有六个鸟嘴形磁极，由低碳钢制成，两块爪极压装在转子轴上，其空腔内装有铁芯，合称为磁轭，铁芯压装在转子轴上，磁场绕组绕在铁芯上。集电环由两个彼此绝缘的铜环组成，压装在转子轴的一端，并与转子轴绝缘。磁场绕组的两个引线分别焊在两个铜环上。两个铜环又分别与发电机后端盖上的两个电刷接触。当两个电刷与直流电源接通时，磁场绕组中有电流通过，并产生轴向磁通，

使一块爪极磁化为N极，另一块爪极磁化为S极，从而形成六对相互交错的磁极。

2）定子总成

定子总成的作用是产生交流电。桑塔纳轿车整体式交流发电机定子的结构如图1—2—4所示，由定子铁芯和三相定子绕组组成。定子铁芯一般由相互绝缘且内圆带嵌线槽的环状硅钢片叠成，三相定子绕组对称安放在定子铁芯槽内。三相绕组的连接方法有星形（Y形）接法和三角形（△形）接法两种，如图1—2—5所示。车用交流发电机采用星形接法居多。

图1—2—4　桑塔纳轿车整体式交流发电机定子的结构

1—中性点　2、3、4—定子绕组端子

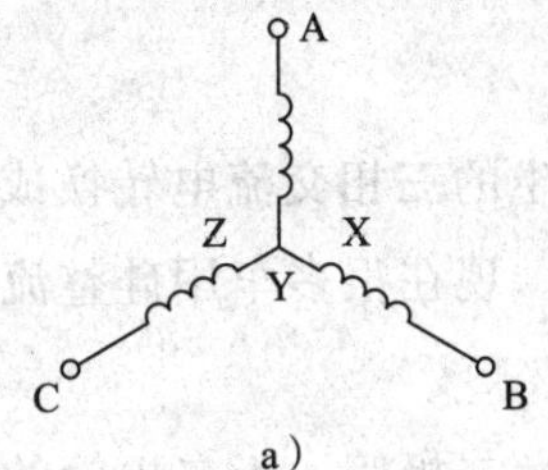

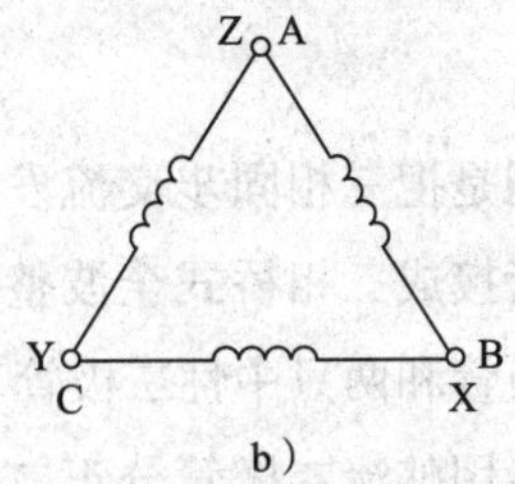

图1—2—5　交流发电机三相绕组连接方法

a）Y形连接方法　b）△形连接方法

3）传动带轮

传动带轮通常采用铸铁或铝合金制成，分单槽和双槽两种，利用半圆键装在风扇外侧的转子轴上，再用弹簧垫片和螺母紧固。

4）风扇

风扇一般用1.5 mm厚的钢板冲制或用铝合金压铸而成，并用半圆键装在前端盖外侧的转子轴上。

5）前后端盖

交流发电机的前后端盖均用非导磁性材料铝合金压铸而成，具有漏磁少、轻便、散热性好等优点，在后端盖上装有电刷架和电刷。发电机的前后端盖上通常设有通风口以便于冷却。

6）电刷与电刷架

电刷装在电刷架的方孔内，利用弹簧的压力使其与集电环保持良好的接触。电刷与电刷架的结构有外装式和内装式两种，如图1—2—6所示。

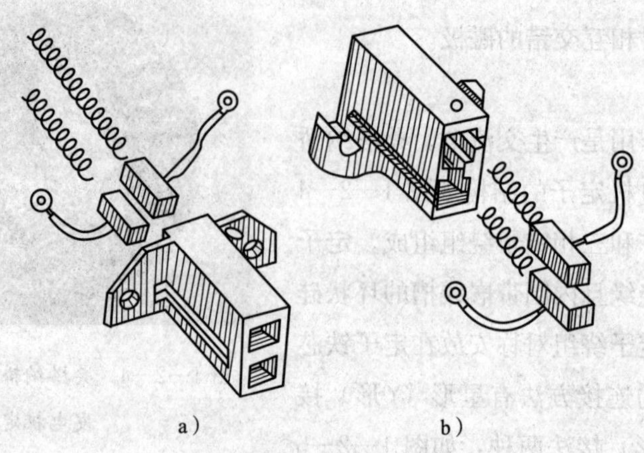

图 1—2—6　电刷与电刷架

a）外装式　b）内装式

7）整流器

整流器的作用是把三相同步交流发电机产生的三相交流电转换成直流电输出，一般由六个硅二极管接成三相桥式全波整流电路。现在很多车用硅整流发电机都装有三只小功率励磁二极管和两只中性二极管。

硅整流发电机用整流二极管分正二极管和负二极管。正二极管的中心引线为二极管的正极，外壳为负极，管壳底部一般标有红色标记。正二极管的外壳压装或焊接在元件板上，共同组成发电机的正极，由一个与后端盖绝缘的元件板固定螺栓通至机壳外，成为发电机的“电枢”接线柱 B 或“+”。负二极管的中心引线为二极管的负极，外壳为正极，管壳底部一般标有黑色标记。三个负极管的外壳压装或焊接在另一元件板上（有些压装在后端盖的三个孔内），和发电机外壳一起成为发电机的负极。硅整流二极管的安装和接线如图 1—2—7 所示。

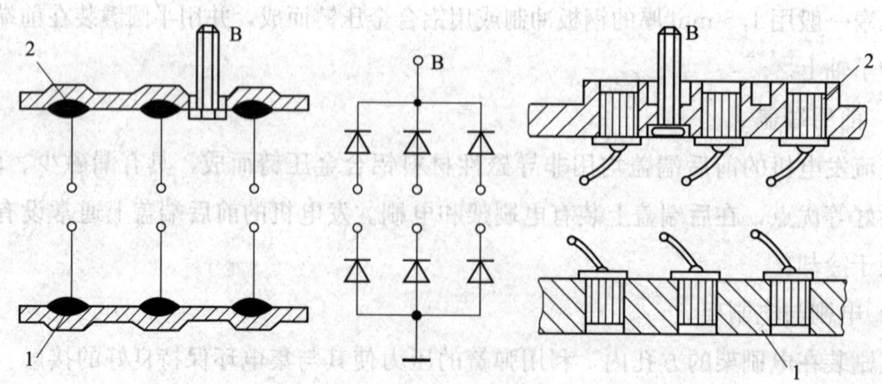

图 1—2—7　硅整流二极管的安装和接线

1—负元件板　2—正元件板

（2）交流发电机的发电原理

交流发电机产生交流电的基本原理是电磁感应原理。三相交流发电机的工作原理如图 1—2—8 所示。交流发电机的转子是一旋转磁场，当转子由发动机带轮带动旋转时，由于定子绕组与磁感应线有相对切割运动，所以在三相绕组中产生交流电动势。交流发电机定子绕组内感应电动势的大小与每相绕组串联的匝数及转子的转速有关。匝数越多，转速越高，感应电动势越高。

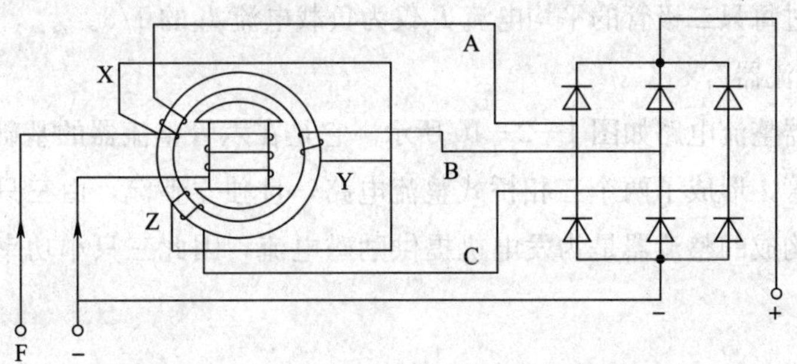

图 1—2—8　三相交流发电机的工作原理

（3）交流发电机的整流原理

1）三相桥式整流器工作原理

在如图 1—2—9a 所示三相桥式全波整流电路中，三个正极二极管 VD1、VD2、VD3 的负极（外壳）通过元件板连接在一起，它们的正极则分别与三相绕组的首端相联。这三只管的导通条件是，在某一瞬间，哪一相的电压最高（相对其他两相而言），则该相的二极管导通。三个负极二极管 VD4、VD5、VD6 的负极也与三相绕组的首端相联，其正极（外壳）通过元件板或端盖连接在一起。这三支管的导通条件是：在某一瞬间，哪一相的电位最低（相对其他两相而言），则该相的二极管导通。

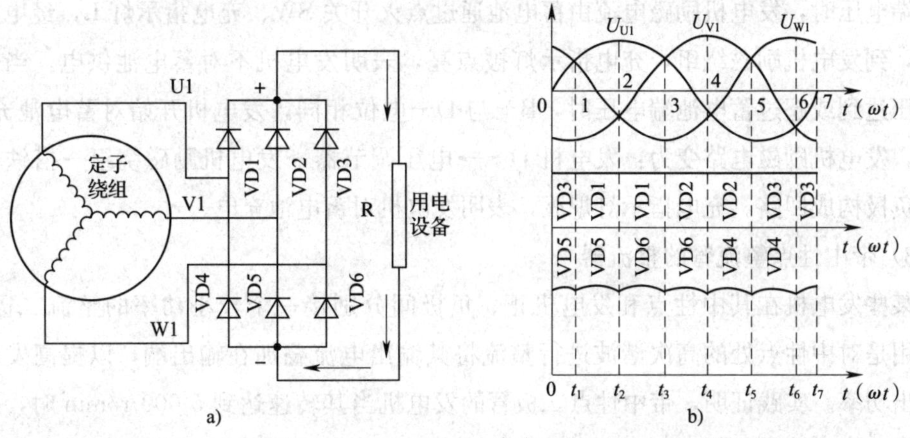

图 1—2—9　三相桥式整流电路及电压波形

在硅整流发电机运转过程的每一个时间区间，总是一相电压最高，一相电位最低，整流器的六只整流二极管中，始终保持有两个管子导通（一个正极管、一个负极管），负载 R 两端得到的是两相间的线电压。这样依此类推，循环反复，六只二极管中两只两只轮流导通，在负载 R 上得到一个较平稳的脉动直流电压，每个周期内有六个波形，如图 1—2—9b 所示。

在三相桥式整流电路中，由于交流电每个周期内，每只二极管只有三分之一时间导通，所以流过每只二极管的平均电流 I_D 仅为负载电流 I_R 的 1/3。

2）九管整流器

九管整流器整流电路如图 1—2—10 所示。它是在六管整流器的基础上增加了三只小功率的正极管，形成了两个三相桥式整流电路，且独立整流，由三只小功率正极管与三只负极管构成的整流器是为发电机提供励磁电流，因此三只小功率正极管被称为励磁二极管。

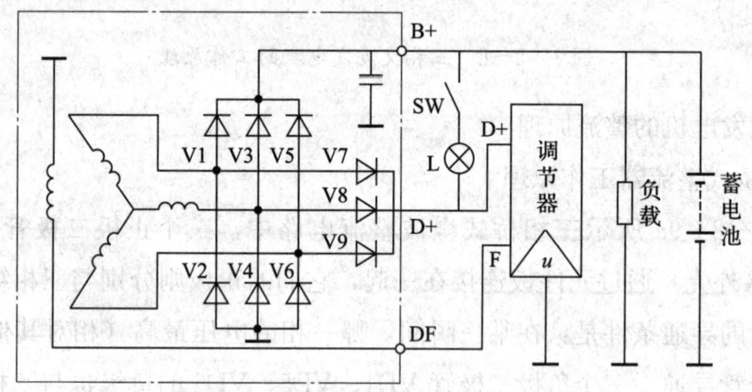

图 1—2—10　九管整流器整流电路

九管整流器还能用来控制充电指示灯，其原理是：发电机不发电或其电压低于蓄电池端电压时，发电机励磁电流由蓄电池通过点火开关 SW、充电指示灯 L，经电压调节器，到发电机励磁绕组，充电指示灯被点亮，表明发电机不对蓄电池供电。当发电机电压达到或超过蓄电池端电压时，B＋与 D＋电位相同，发电机开始对蓄电池充电，这时，发电机励磁电路变为：发电机 D＋→电压调节器→发电机励磁绕组→搭铁→发电机负极构成回路。充电指示灯熄灭，表明发电机对蓄电池充电。

3）带中性点整流管的整流器

某些发电机在其中性点和发电机正、负极间分别接一个较小功率的整流二极管，其作用是对中性点处的高次谐波进行整流将其输出电流叠加在输出端，以提高发电机的输出功率。实践证明，带中性点二极管的发电机当其转速达到 5 000 r/min 时，功率可提高 10%～15%。桑塔纳整体式交流发电机电路图如图 1—2—11 所示。

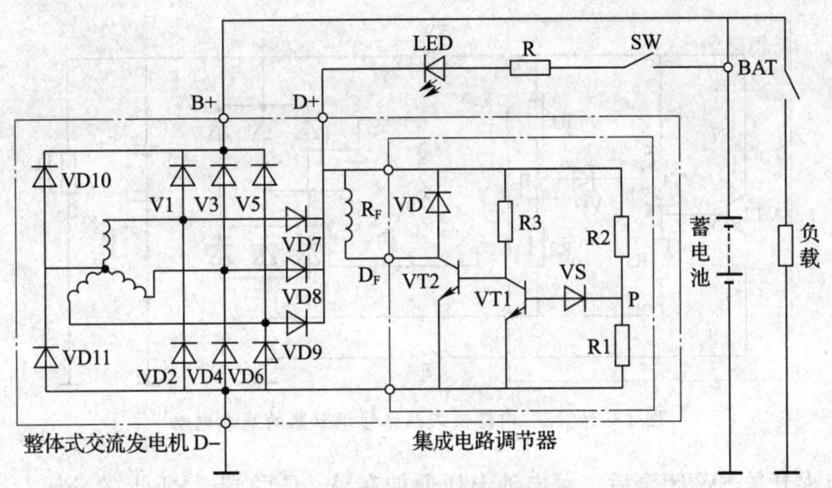

图 1—2—11　桑塔纳整体式交流发电机电路图

二、电压调节器的作用、结构与工作原理

1. 电压调节器的作用、特点和分类

由于交流发电机是由发动机曲轴按固定传动比驱动旋转，其转速随着发动机转速的变化而变化。根据发电机的发电原理可知，发电机输出电压也会随着其转速的升高而升高。但是汽车上的用电设备要求供给恒定电压，因此交流发电机还需配备电压调节器，使其输出电压恒定。

现代汽车基本使用电子式电压调节器。电子调节器具有体积小、工作频率高、调节效果好、可靠性高、使用寿命长等优点。

电压调节器按其结构特点和工作原理大致可分为电磁振动式电压调节器和电子式电压调节器。

2. 电压调节器的结构及工作原理

(1) 晶体管调节器

晶体管电压调节器是利用晶体三极管的开关特性制成的，即将晶体三极管作为一只开关串联在发电机的励磁电路中，根据发电机输出电压的高低，控制晶体三极管的导通和截止，以调节发电机的励磁电流，使发电机输出电压稳定在规定的范围之内。晶体管调节器有内搭铁式和外搭铁式之分。

1) 内搭铁式晶体管调节器

内搭铁式晶体管调节器的基本电路如图 1—2—12 所示。VT1 为小功率开关管，VT2 为大功率管，VD 为稳压二极管。

内搭铁式晶体管调节器的工作原理如下：

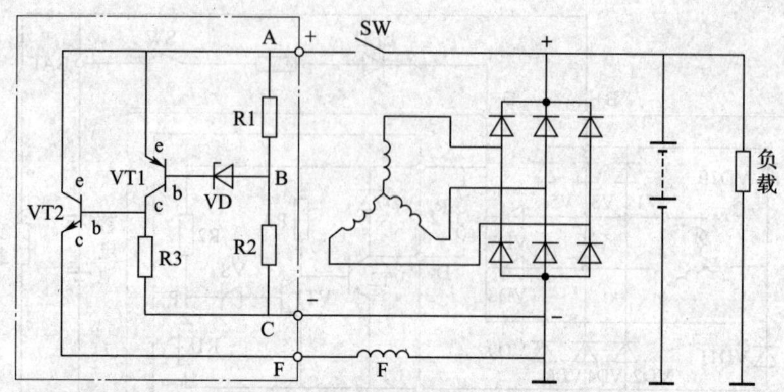

图 1—2—12　内搭铁式晶体管调节器的基本电路

当点火开关SW闭合后，蓄电池电压便加在A、C两端，R1上的分压U_{AB}通过晶体管VT1的发射极加到稳压管VD上，此时由于蓄电池电压低于发电机的规定电压值，故加到稳压管上的电压值低于稳压管的反向击穿电压U_{VD}，稳压管VD截止，VT1无基极电流而截止。VT2由R3提供偏置电流而处于饱和导通状态，蓄电池便经VT2给发电机励磁绕组提供励磁电流，电流路径如下：

蓄电池“+”→点火开关SW→调节器接线柱“+”→ VT2（e，c）→调节器“F”接线柱→发电机“F”接线柱→发电机励磁绕组→搭铁→蓄电池“-”。

若此时发电机运转，发电机输出电压就会随转速的升高而升高。当发电机输出电压升到蓄电池端电压时，发电机开始自励发电。当发电机输出电压超过规定值时，通过R1的分压加到稳压管VD上的电压超过稳压管VD的反向击穿电压，稳压管导通，VT1获得基极电流而导通。VT1导通后，VT2的发射极被短路，故VT2截止，从而切断发电机的励磁电流，使得发电机输出电压迅速下降。

当发电机电压降到低于规定值时，加到稳压管VD上的电压又低于其反向击穿电压，稳压管重新截止，使VT1也截止，VT2重新导通，接通发电机的励磁电路而使发电机输出电压又升高。如此反复，发电机的输出电压便稳定在规定的调节范围内。

2）外搭铁式晶体管调节器

外搭铁式晶体管调节器的基本电路如图1—2—13所示。其特点是功率三极管串联在发电机励磁绕组的搭铁端，即发电机励磁电路是通过调节器的功率三极管来搭铁的，因此，必须与外搭铁的交流发电机配套使用。另外，其功率三极管以NPN型为主。

外搭铁式晶体管调节器也是由功率三极管、信号放大和控制电路、电压信号的检测电路三部分组成，其工作原理与内搭铁式基本相同。

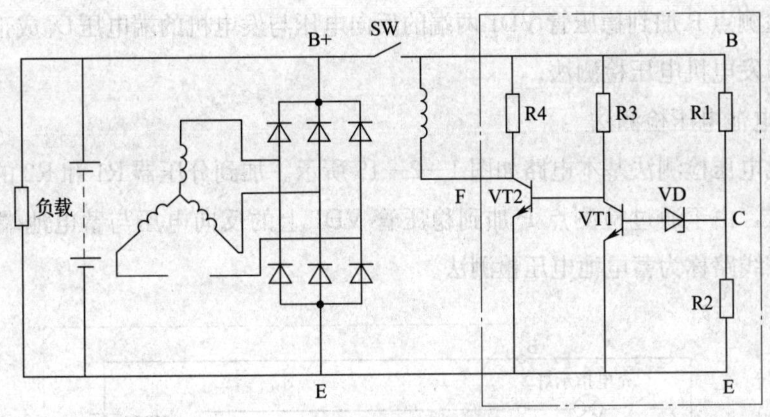

图 1—2—13　外搭铁式晶体管调节器的基本电路

（2）集成电路调节器

集成电路调节器是利用集成电路（IC）组成的调节器，工作原理与晶体管调节器完全一样。除具有晶体管调节器的优点外，还有体积小、质量轻、性能可靠、耐高温、耐振动、使用寿命更长等优点。现代汽车大量采用集成电路调节器，如 JT151 型、JT152 型混合集成电路调节器已与国产发电机配套使用，这种发电机称为整体式交流发电机。

集成电路调节器装在发电机上，可直接检测发电机的输出电压，也可通过导线检测蓄电池端电压的变化，来调节发电机的输出电压。因而根据其电压检测点的不同，可分为发电机电压检测法和蓄电池电压检测法两种。

1）发电机电压检测法

发电机电压检测法基本电路如图 1—2—14 所示。加在分压器 R1 和 R2 上的电压是磁场二极管输出端 L 的电压 U_L，U_L 和发电机 B 端的电压 U_B 相等，检测点 P 的电压为：

$$U_P = U_L R_2 / (R_1 + R_2) = U_B R_2 / (R_1 + R_2)$$

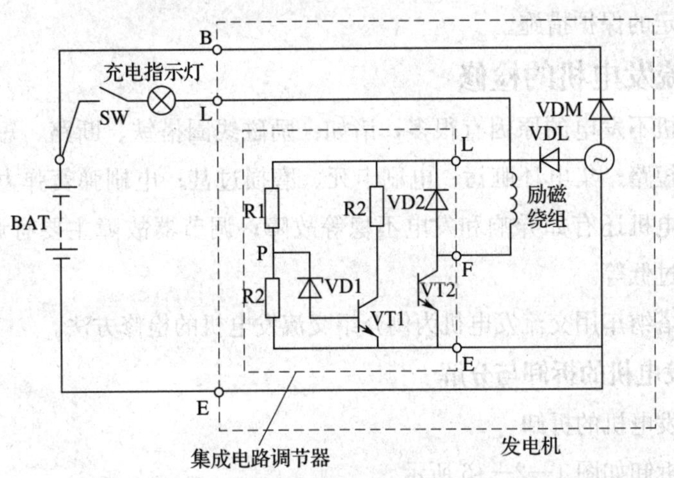

图 1—2—14　发电机电压检测法

由于检测点 P 加到稳压管 VD1 两端的反向电压与发电机的端电压 U_B 成正比，所以该线路称为发电机电压检测法。

2）蓄电池电压检测法

蓄电池电压检测法基本电路如图 1—2—15 所示。加到分压器 R1 和 R2 的电压为蓄电池端电压，由于通过检测点 P 加到稳压管 VD1 上的反向电压与蓄电池端电压成正比，所以该线路称为蓄电池电压检测法。

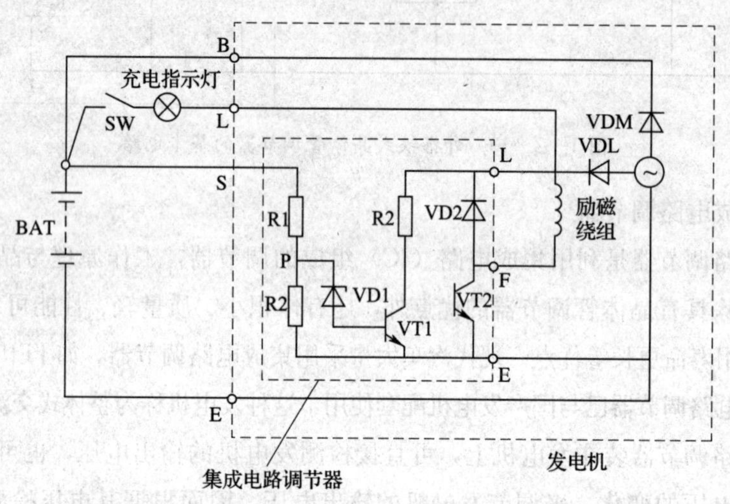

图 1—2—15　蓄电池电压检测法

上述两种基本线路中，采用发电机电压检测法时，发电机的引线可以少一根，但缺点是当 B 到 BAT 接线柱之间的电压降较大时，蓄电池的充电电压将会偏低，使蓄电池充电不足。故大功率发电机一般采用蓄电池电压检测法。但检测时，如“B”—“BAT”之间断线就不能检测到发电机的端电压，发电机电压将会失控。因此须在调节器内部采取一定的保护措施。

三、交流发电机的检修

交流发电机不发电的原因有很多，诸如：励磁线圈搭铁、断路、短路；电枢绕组搭铁、断路、短路；集电环脏污；电刷卡死、磨损过甚；电刷弹簧弹力不足等。除此之外，交流发电机还有如异响和发电不稳等故障；调节器故障主要有调节器不工作、调节电压过高过低等。

下面以桑塔纳车用交流发电机为例介绍交流发电机的检修方法。

1．交流发电机的拆卸与分解

（1）交流发电机的拆卸

发电机的拆卸如图 1—2—16 所示。

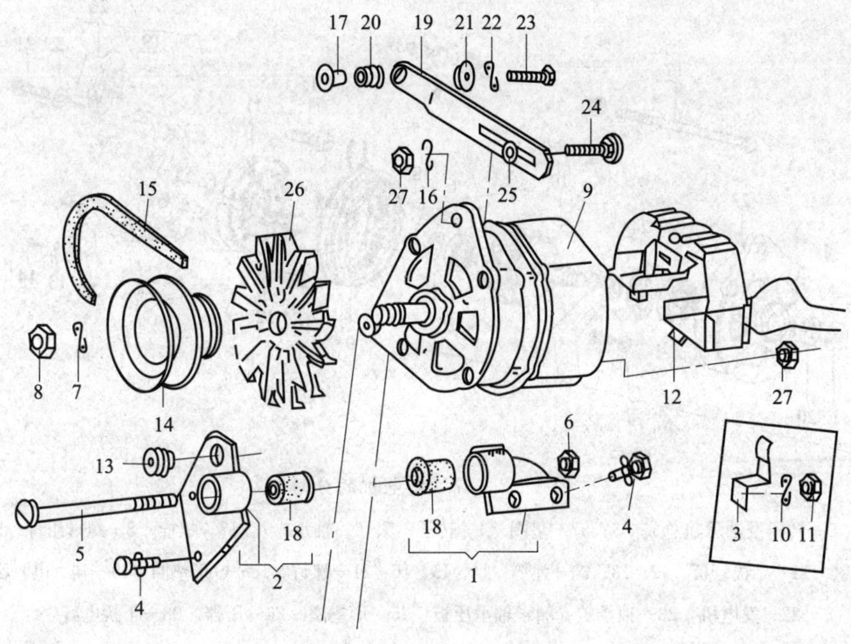

图 1—2—16　发电机的拆卸

1—发电机后支架　2—发电机前支架　3—卡子　4、5、23、24—螺栓　6、8、11、27—螺母　7、10、16、22—弹垫　9—发电机　12—罩　13—橡胶塞　14—V 带轮　15—V 带　17　螺母套　18—缓冲垫圈　19—调整吊臂　20—轴套　21、25—垫圈　26—风扇

1）旋松螺母 27，使 V 带 15 变松后，取下 V 带。

2）旋下螺栓 24，从发电机 9 上取下调整吊臂 19，旋下螺母 6，取出螺栓 5，从支架 1 和 2 上取下发电机 9。

3）旋下螺母 11，取下卡子 3 后，从发电机上取下罩 12。

（2）发电机的分解

发电机的分解如图 1—2—17 所示。

1）拆卸发电机 V 带轮，将发电机固定在台虎钳上，用专用扳手固定 V 带轮，拧下紧固螺母，取下 V 带轮。

2）拆下轴承座架与外壳的连接螺栓，使轴承座架、转子与外壳分离，用专用拉具将转子从轴承座上取下。

3）旋下二极管底板与外壳的连接螺钉，将二极管底板与定子一起从外壳内取出。用大于 300 W 的电烙铁熔开二极管底板与定子线圈的焊接点，使两者分离。熔开时，为避免电子元件过热，应用尖嘴钳夹住线头帮助散热。

4）从外壳上拆下碳刷架、调压器和抗干扰电容。

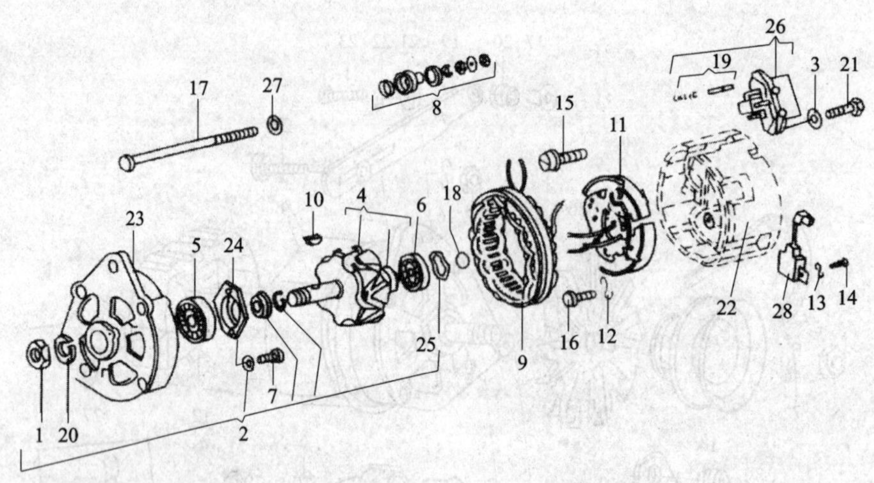

图 1—2—17　发电机的分解

1—螺母　2—转子及轴承盖总成　3、27—垫圈　4—转子　5、6—轴承　7、17—螺栓　8—螺母组件　9—定子　10—半圆键　11—二极管板　12、13、20—弹垫　14、15、16、21—螺钉　18—O形垫圈　19—碳（电）刷及弹簧　22—发电机　23—轴承盖　24—轴承压板　25　形垫圈　26—压器　28—干扰电容

2．交流发电机的检修

（1）转子总成的检修

1）励磁绕组短路、断路检查。如图 1—2—18 所示，用万用表检测两集电环间的电阻，其值应为3～4 Ω。大于4 Ω或为无穷大，说明有断路故障；小于3 Ω，说明有短路故障。有故障的转子应修理或更换。

2）搭铁检查。如图 1—2—19 所示，用万用表检测集电环与转子轴之间的阻值，应为无穷大。否则，有搭铁故障，应予修理或更换。

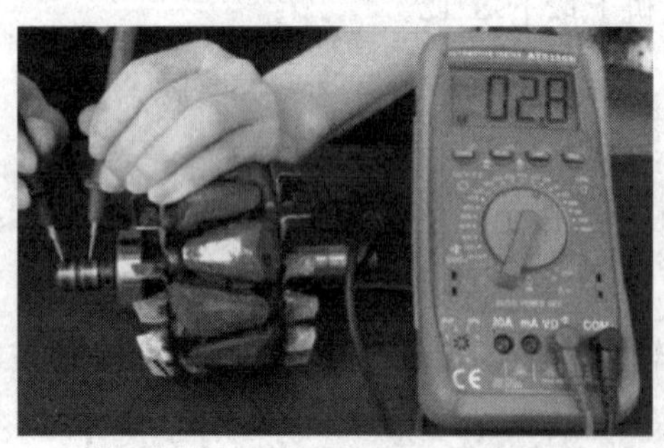

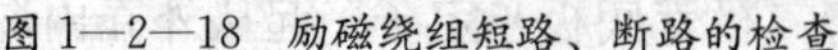
图 1—2—18　励磁绕组短路、断路的检查

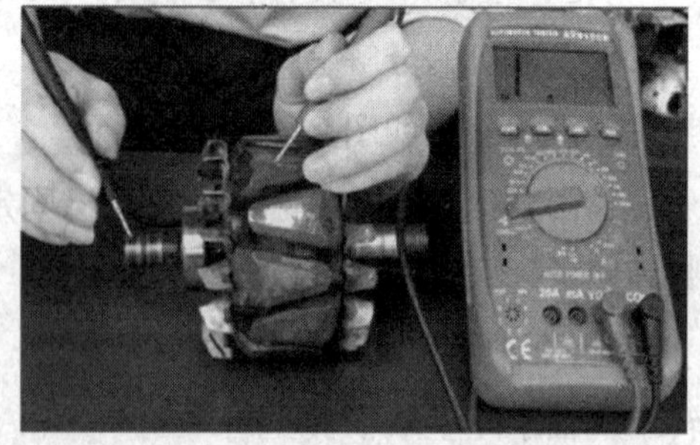

图 1—2—19　励磁绕组搭铁的检查

3）转子铁芯及转子轴的检测。转子铁芯不得有松动的现象；转子轴的直线度检查，轴外圆与滑环的径向圆跳动应不大于 0.10 mm，否则应进行校直，如图 1—2—20 所示。

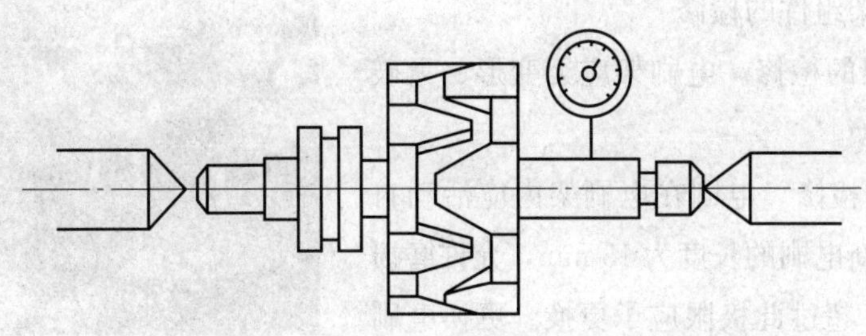

图 1—2—20　转子铁芯及转子轴的检测

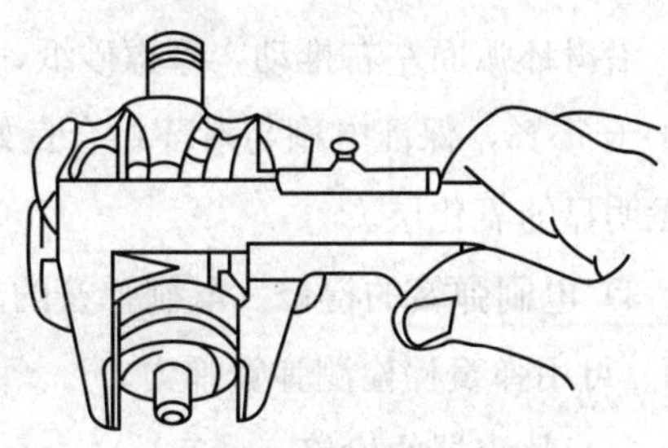

图 1—2—21　集电环的检测

4）集电环的检测。仔细检查集电环表面，应光滑平整，若有划伤或沟槽，应用“00”号砂纸磨光；用游标卡尺测量集电环的外径，其值不得小于标准直径 0.5 mm，否则应更换；测量集电环的厚度应不小于 2 mm。集电环的检测如图 1—2—21 所示。

（2）定子总成的检修

1）定子总体检查。电枢绕组表面不得有刮痕，导线表面不得有碰伤、绝缘剥落等现象，绕组不得有搭铁、断路、短路等现象。

2）定子绕组搭铁检查。如图 1—2—22 所示，将中性点烫开，使三相绕组导线分离，用万用表分别测试定子铁芯与绕组各端之间的电阻值，其值应为无穷大，否则表明有搭铁故障，应予修理或更换。

3）定子绕组断路检查。如图 1—2—23 所示，用万用表分别测试每两个绕组端头之间的电阻，其值应接近零。否则电路有断路故障，应更换新品。

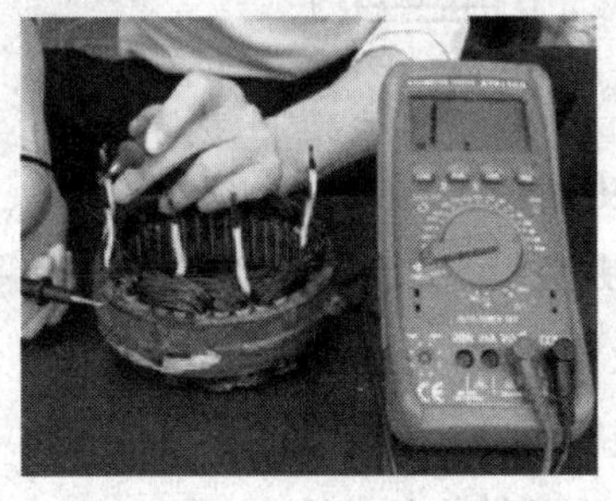

图 1—2—22　定子绕组搭铁检测

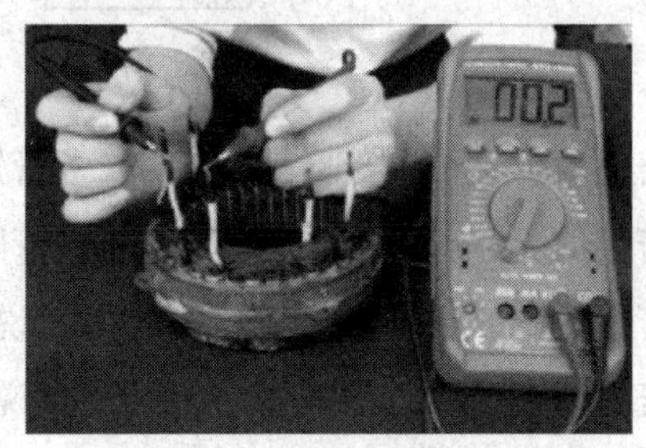

图 1—2—23　定子绕组断路检测

4）定子绕组绝缘检查。检查绕组的表面，看有无漆包线变成焦糊色或严重脱漆皮，若闻到有严重的焦糊味，说明定子绕组有短路故障。如图 1—2—24 所示，用万用表分别检测定子铁芯与各绕组首端间的电阻，阻值应为无穷大，否则绕组有短路，应重新绕组或更换新品。

（3）电刷架组件的检修

1）电刷架的检修。电刷架应无变形、无破损，否则应更换。

2）电刷的检修。电刷在电刷架内应活动自如，无卡滞。新电刷的长度为 13 mm，允许磨损极限为 5 mm，超过此极限应予更换。更换电刷时，应用“00”号砂纸覆在滑环上，用手按住电刷，沿滑环弧面左右推动，摩擦砂纸，使电刷磨出与滑环吻合的弧面，其接触面积应不小于 75%，保证电刷与滑环贴合良好。电刷与滑环接触的表面应无油污，滑环表面应无明显的氧化层。

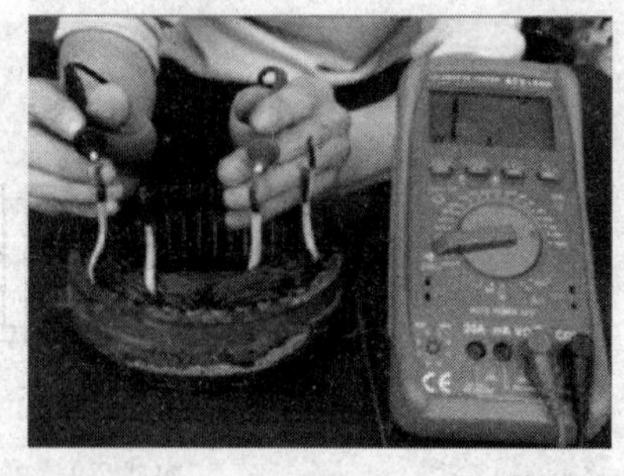
图 1—2—24　定子绕组绝缘检测

3）电刷弹簧的检修。电刷弹簧的自由长度应符合维修使用说明要求，弹力为 1~2 N。可用弹簧秤检测弹簧弹力。

（4）整流器的检修

硅整流二极管的检测如图 1—2—25 所示，将万用表调到 $R\times1$ 挡，红表笔接元件板，黑表笔接二极管的引线，测得阻值应为 R；将万用表调到 $R\times10\text{k}$ 挡，并且将两表笔对换，测得的阻值为 r。

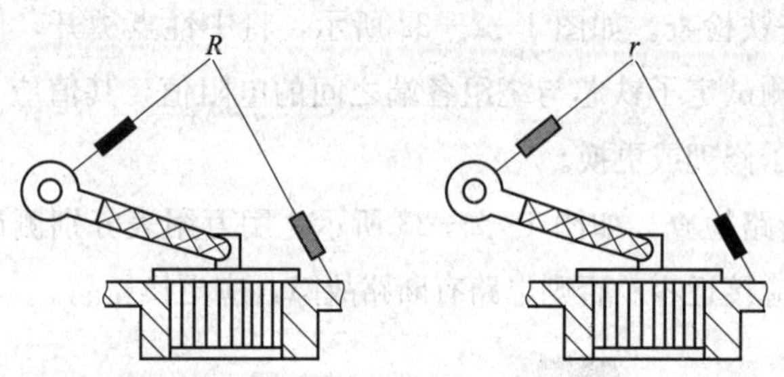

图 1—2—25　硅整流二极管的检测

若阻值 R、r 均接近零，说明二极管短路，应更换。

若阻值 R、r 均为∞，表明该二极管断路，应更换。

若阻值 R 为 8~10 Ω、r>10 kΩ，说明该二极管正常，且为正二极管。

若阻值 R>10 kΩ、r 为 8~10 Ω，说明该二极管正常，且为负二极管。

更换二极管时应注意：保证元器件的规格、极性及性能的一致。

（5）前后壳体、端盖及轴承的检修

1）前后壳体、端盖的检修。发电机端盖不允许有裂纹，且安装孔不能过于松动，否则应做镶套处理。端盖上的轴承孔与轴承外径一般为 0.01~0.02 mm 的过盈量。

2）轴承的检修。轴承应转动灵活，无明显的杂音，滚珠与滚道上应无斑点，轴承的轴向、径向间隙应不大于 0.2 mm，否则应更换。

3．交流发电机的装配及其注意事项

发电机的装配可按解体的相反顺序进行，在装配过程中应注意以下几个问题：

（1）各绝缘衬套及绝缘垫圈不得漏装。

（2）发电机前、后端盖及定子铁芯应按装配标记对正装合。

（3）各螺栓应按规定力矩拧紧。

（4）装合后，转子在定子内应转动灵活，无碰擦现象。否则，应拧松前、后端盖紧固螺栓，边转动转子，边用木质器具轻轻敲击发电机端盖边缘，直至转子转动灵活时，再将紧固螺栓均匀拧紧。

（5）硅整流发电机的所有接线必须连接正确，并谨防各接头接地；蓄电池必须负极搭铁；各线路连接好之前，不要转动发电机，以防烧坏二极管、熔丝及线路。

（6）发电机装车后，应检查其传动 V 型带张力。用拇指以 39.2～49 N 的力按压 V 型带中间部位时，V 型带的挠度应为 8～12 mm。否则，应将木棒放在发电机前盖处撬动调整，直至符合要求（不得在后盖处撬动，以防后盖变形损坏元件）。调好后，将紧固螺栓锁紧。

四、电压调节器的检修

1．晶体管电压调节器的常见故障与检修

（1）晶体管电压调节器由于使用不当或质量不佳，可能出现以下故障：

1）发电机不发电。原因为大功率三极管断路，稳压管或小功率三极管损坏，使功率三极管一直处于截止状态。

2）发电机电压过高，充电电流过大，蓄电池电解液沸腾，消耗快。原因是大功率三极管短路，稳压管或小功率三极管损坏，使功率三极管一直处在导通状态。

（2）若出现上述故障，对调节器进行检查的方法如下：在调节器“F”和发电机“F”接线柱之间，串联一只量程为 10 A 的直流电流表，用以测量励磁电流和转速之间的变化关系。起动发动机，观察电流表的指针。晶体管调节器的检查如图 1—2—26 所示。

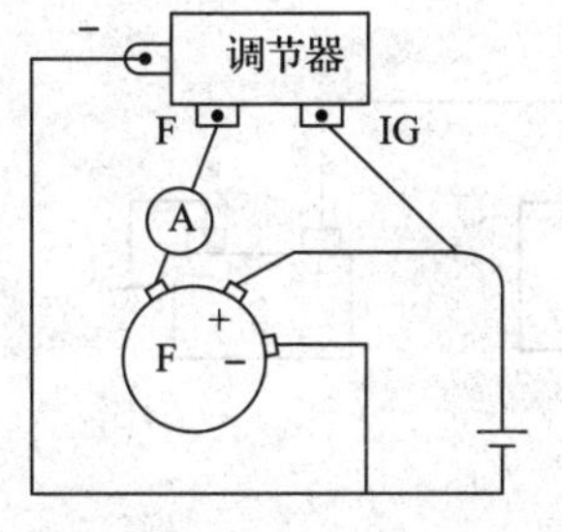

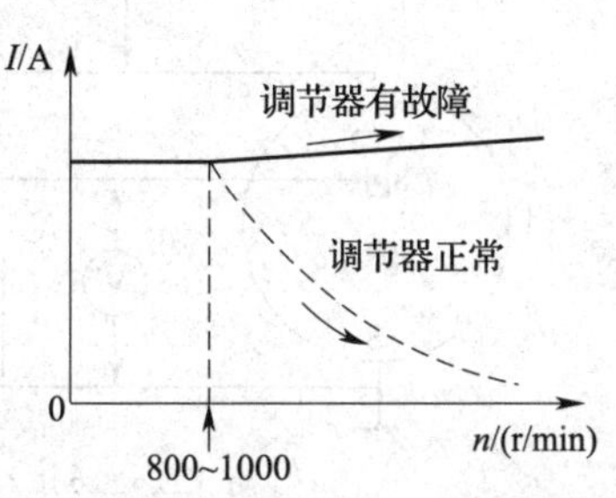

图 1—2—26 晶体管调节器的检查

1）若电流表指针指示为 0，多为 VT 断路故障，应更换新品。

2）若电流表在低转速时有较稳定的指示，而在转速升高到 800～1 000 r/min 之后，指示值随转速的升高而加大，则为 VT2 短路或 VD、VT1 断路，应更换新品。

3）若电流随转速的升高而减小，如图 1—2—26 中虚线所示，表示调节器良好。

另外，晶体管电压调节器应按要求做相应的性能测试，如不符合标准可加以调整，若调整后调节电压还不能满足要求则只能报废。

2. 集成电路电压调节器的检修

集成电路调节器为全密封不可拆结构，其损坏和失效后只能更换新产品，无法修复和调整，故只需确认调节器好坏即可。判断其好坏最简单的方法就是就车检查，检查之前要清楚集成电路调节器与外部连接端子的含义。集成电路调节器用以下端子符号（通常在发电机端盖上标注）表示。

“B+”为发电机输出端子，用一根较粗的导线连至蓄电池正极或起动机上。

“IG”通过线束接至点火开关（有的发电机无此端子）。

“L”为充电指示灯连接端子，该端子通过线束接仪表板上的充电指示灯或充电指示继电器。

“S”（或“R”）为调节器的电压检测端子，用一根稍粗的导线通过线束直接连接蓄电池正极。

“E”为发电机和调节器的搭铁端子。

就车检查时，首先拆下发电机上的所有连接导线，在蓄电池正极和交流发电机“L”接线柱之间串联一只 12 V、20 W 车用灯泡（对于 24 V 调节器可用 24 V、25 W 的车用灯泡）。再将可调直流稳压电源的“+”极接至交流发电机的“S”接头，“−”极与发电机外壳或“E”相接。调节稳压电源，使电压缓慢升高，直到灯泡熄灭，该直流电压值就是集成电路调节器的调节电压值，如该值在 13.5～15 V，说明调节器正常，否则说明该集成电路调节器有故障，应更换新品。集成电路调节器检查如图 1—2—27 所示。

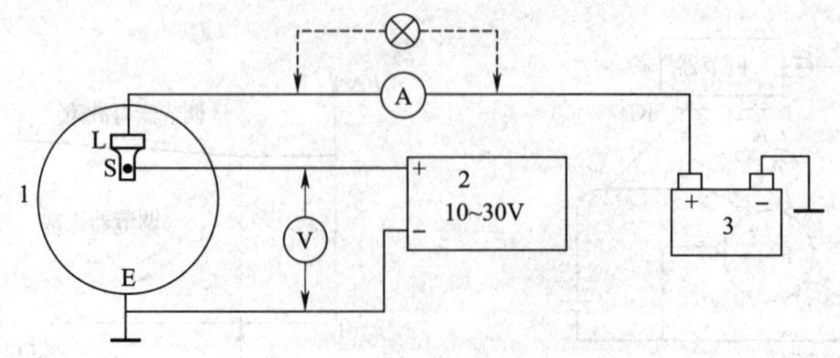

图 1—2—27　集成电路调节器检查

1—交流发电机　2—可调稳压直流电源　3—蓄电池

五、硅整流发电机使用的注意事项

1. 蓄电池必须负极搭铁，不得接反。否则蓄电池将通过整流二极管短路放电，烧坏整流二极管。

2. 发电机运转时，不能采用刮火法检查发电机是否发电，否则容易损坏调节器触点和发电机的二极管。

3. 若发现发电机不发电或充电电流很小，应及时找出故障点并予以排除，不能继续使用。

4. 整流器的六只二极管与定子绕组相连时，禁止用兆欧表或 220 V 交流电源检查发电机的绝缘性能，否则将击穿二极管。

5. 发动机自行熄火时，应将点火开关断开，否则蓄电池将长期经历电池绕组和调节器放电。

6. 发动机运转时，不得随意切断发电机与蓄电池之间的导线，以免产生过电压，烧坏元器件。

7. 与专用调节器配套使用，并确保连线正确可靠。

为什么不使用直流发电机

汽车上的电气设备都采用直流供电，而发电机却采用了交流发电机。那为什么不直接在汽车上使用直流发电机呢？原因是汽车上使用直流发电机成本较高，而交流发电机使用成本较低、故障率低。并且，根据汽车的特点，只要汽车发动机起动以后，发动机就可以直接带动交流发电机工作，在行驶过程中不断为蓄电池充电。

教学互动

1. 观察实车仪表盘，找到反映电源系统的指示灯，观察它在什么情况点亮。

2. 将发电机解体，并对其进行检测，记录下检查过程及结果。

课题三　电源系电路

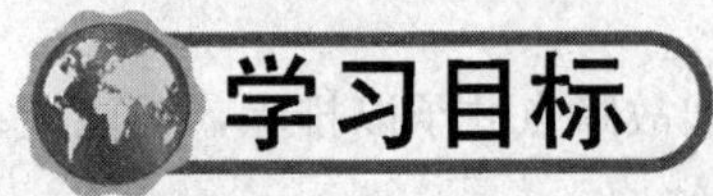

◆ 了解电源系电路的工作原理。

◆ 掌握电源系常见故障的诊断与排除方法。

如图 1—3—1 所示，一辆轿车在中速行驶状态时，充电指示灯时亮时灭，不断闪烁。由故障现象可以初步判定为汽车电源系故障，电源系的常见故障现象还有很多种，如充电指示灯不亮、常亮等。应如何诊断与排除汽车电源系常见的故障？

图 1—3—1　充电指示灯时亮时灭

一、电源系电路的工作原理

各种车型的电源系电路各有不同之处，但其基本原理是相通的。下面结合桑塔纳 2000 轿车电源系电路图来说明电源系统的工作过程。

桑塔纳 2000 系列轿车采用整体式交流发电机，电源系电路如图 1—3—2 所示。

整体式交流发电机的 3 只正极管与 3 只负极管组成一个三相桥式全波整流电路，称为输出电流整流电路。其输出端 B+用红色导线与起动机 30 端子连接。3 只磁场二极管与三只负极管也组成一个三相全波整流电路，称为磁场电流整流电路。其输出端 D+用蓝色导线经蓄电池旁边的单端子连接器 T1 后与中央线路板 D 插座的 D_4 端子连接，再经中央线路板内部电路与 A 插座的 A_{16} 端子相连。点火开关 30 端子用红色导线经中央线路板上的单端子插座 P 与蓄电池正极连接，点火开关 15 端子用黑色导线与仪表盘左下方 14 端子黑色插座的 14 号端子连接，经仪表盘的印制电路上的电阻 R1、R2 和充电指示灯（R2 和充电指示灯串联后再与 R1 并联）和二极管接回到 14 端子黑色插座的 12 号端子，再用蓝色导线与中央线路板 A 插座的 A_{16} 端子连接。

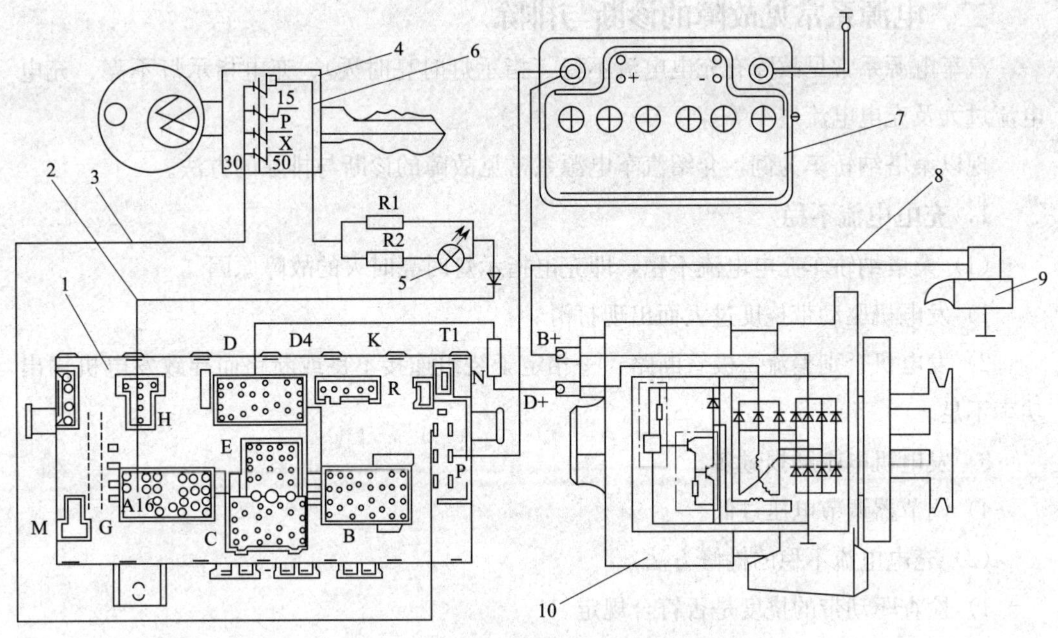

图 1—3—2 桑塔纳系列轿车电源系电路

1—中央线路板 2—蓝色导线 3、8—黑色导线 4—点火开关 5—充电指示灯 6—红色导线 7—蓄电池 9—起动机 10—整体式交流发电机

由图 1—3—2 可知，当点火开关置于 1 挡，发动机转速低于 1 200 r/min 时，发电机输出电压低于蓄电池的端电压，发电机不给蓄电池充电，蓄电池向用电设备供电，同时也为发电机提供励磁电流，其电流路径为：蓄电池“+”→红色导线→中央线路板单端子插座 P 端子→中央线路板内部→中央线路板单端子插座 P 端子→点火开关 30 端子→点火开关→点火开关 15 端子→黑色导线→仪表盘下方 14 端子黑色插座的 14 号端子→仪表盘印制电路→电阻 R2 和充电指示灯（发光二极管）→14 端子黑色插座的 12 号端子→蓝色导线→二极管→中央线路板 A_{16} 端子→中央线路板内部线路→中央线路板 D_4 端子→单端子连接器 T1（蓄电池旁边）→交流发电机 D+端子→发电机的励磁绕组→电压调节器功率管→搭铁→蓄电池“—”。此时充电指示灯有电流通过，故充电指示灯亮。

当发动机转速达到或高于 1 200 r/min 时，发电机输出电压高于蓄电池端电压，发电机给用电设备供电，3 只励磁二极管的共阴极端子 D+直接同时向励磁绕组供电，同时发电机给蓄电池充电，充电电流路径为：交流发电机电枢 B+端子→起动机电磁开关 30 接线柱→蓄电池“+”端子→蓄电池“—”端子→搭铁。此时中央线路板 A_{16} 端子的电势高于点火开关 15 端子的电势，由于二极管的单向导电性，故充电指示灯无电流通过，充电指示灯熄灭，指示发电机工作状况良好。

二、电源系常见故障的诊断与排除

汽车电源系常见故障有充电电流不稳（指示灯时亮时灭）、充电指示灯不亮、充电电流过大及充电电流过小等。

现以桑塔纳轿车为例，介绍汽车电源系常见故障的诊断与排除的方法。

1. 充电电流不稳

（1）桑塔纳轿车充电电流不稳，即充电指示灯时亮时灭的故障原因

1）发电机驱动带挠度过大而出现打滑。

2）发电机个别整流二极管断路、一相定子绕组连接不良或断路而导致发电机输出功率不足。

3）发电机电刷磨损过多。

4）调节器调节电压过低。

（2）充电电流不稳的检修方法

1）检查驱动带的挠度是否符合规定。

2）拆下调节器和电刷组件总成，并按前述 IC 调节器与电刷组件检修方法进行检修。如果调节电压过低（低于 13.5 V）或电刷高度过低（低于 5 mm），则应更换新品。

3）如果调节器和电刷组件良好，说明发电机二极管、定子绕组断路，需拆下发电机总成进行试验与检修充电电流不稳故障诊断与排除程序如图 1—3—3 所示。

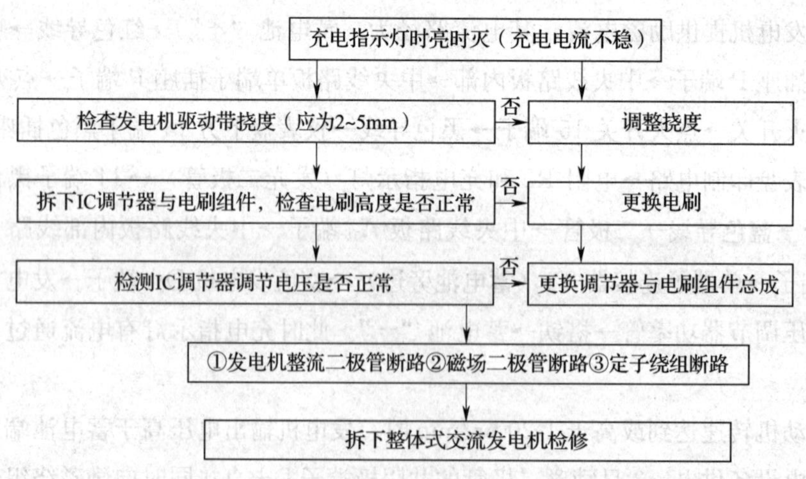

图 1—3—3　充电电流不稳故障诊断与排除程序

2. 充电指示灯不亮

（1）电源系充电指示灯不亮的原因是充电指示灯线路断路或线路中的零部件存在

故障。桑塔纳轿车充电指示灯不亮的具体原因如下：

1）充电指示灯坏或与之串联的电阻 R2 断路。

2）指示灯线路断路或线路中的二极管断路。

3）点火开关故障。

4）发电机不发电。

5）IC 调节器故障。

（2）充电指示灯不亮的检修方法

在诊断和排除桑塔纳轿车电源系统故障时，可参考图 1—3－2 和全车线路附图进行。

在预励磁电路中，由于充电指示灯与电阻 R2 串联后又与电阻 R1 并联，且指示灯 LED 或 R2 断路时，流过 R1 的电流仍能使发电机预励磁发电，因此在排除指示灯不亮故障时，应分为发电机能发电与发电机不发电两种情况进行排除。

如果接通点火开关时充电指示灯不亮，起动发动机后发电机又能发电，说明磁场电路能接通，电流经电阻 R1 向发电机预励磁，故障原因是充电指示灯坏或电阻 R2 断路。

如果接通点火开关充电指示灯不亮，起动发动机后发电机又不发电，则排除故障的方法如下：

1）断开点火开关，检测 30 端子与发电机壳体间的电压，如果电压为 12 V 左右，则继续检查；如 30 端子电压为零或过低，说明该端子至蓄电池正极柱之间的连线断路、端子松脱或蓄电池故障。检查断路故障时，可用 12 V 试灯（该车仪表灯也可）一端搭铁，另一端接检测部位进行检查。试灯发亮为线路良好；试灯不亮说明有断路故障。

2）接通点火开关（发动机不起动），检测 30 端子与发电机壳体间的电压，如果电压为 12 V 左右，则继续检查；如果 15 端子电压为零，说明点火开关故障，应予检修或更换。

3）点火开关 15 端子与发电机端子“D＋”之间串接一只 12 V/2 W 左右的试灯，如果试灯发亮，说明点火开关 15 端子与发电机端子“D＋”之间线路断路；如果试灯不亮，说明磁场绕组断路或调节器故障，应予修理或更换发电机总成。充电指示灯不亮故障诊断与排除程序如图 1—3—4 所示。

3．充电电流过小

（1）充电电流过小主要有发电机和调节器两方面的原因。

1）发电机方面的原因有：V 型带过松；个别二极管断路；定子绕组有一相连接不良或断路；电刷磨损过度及滑环油污使电刷与滑环接触不良等。

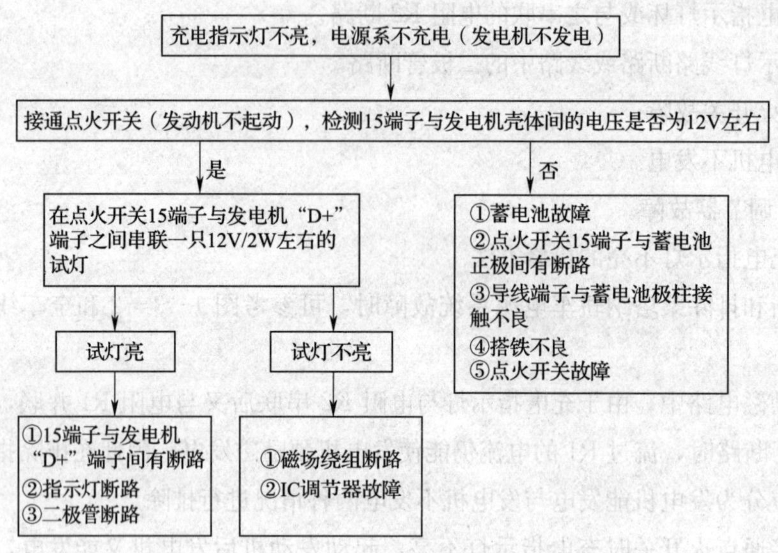

图 1—3—4　充电指示灯不亮故障诊断与排除程序

2）电压调节器方面的原因有：低速触点烧蚀、脏污等造成接触不良；电压调节过低。

（2）充电电流过小的检修方法

汽车电源系充电电流过小的检修方法如图 1—3—5 所示。

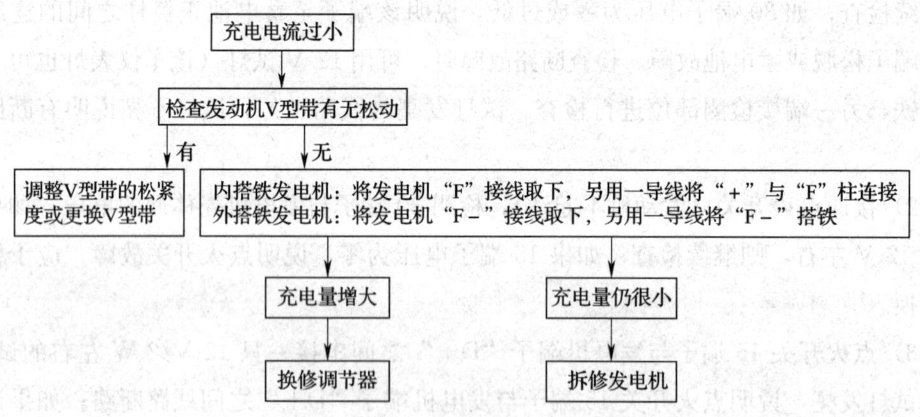

图 1—3—5　汽车电源系充电电流过小的检修方法

4．充电电流过大

充电电流过大，多是由于调节器有故障，如电压调节过高、调节器低速触点烧结、调节器磁化线圈补偿电阻烧断以及调节器搭铁不良。对于晶体管调节器或集成电路调节器应更换新品。

思考与练习

1. 蓄电池充电不足的表现有哪些?
2. 如何处理蓄电池电解液消耗过快现象?
3. 简述交流发电机整流器的工作原理。
4. 如何用万用表判断定子绕组的好坏?
5. 简述桑塔纳轿车充电电流不稳故障的检修方法。
6. 简述桑塔纳轿车充电指示灯不亮故障的检修方法。

模块二 起动系

课题一 概 述

学习目标

◆ 了解汽车起动系的作用。

◆ 掌握汽车起动系的组成。

◆ 了解对汽车起动系的要求。

想一想

发动机就像是人的心脏，给汽车带来动力。但发动机需借助外力从静止状态过渡到自由运转的状态。想一想，这个“外力”来自哪里呢？

一、起动系的作用

汽车发动机必须依靠外力带动曲轴旋转后才能进入正常工作状态。发动机常用的起动方式有人力起动、辅助汽油机起动与电力起动三种形式，其中电力起动是由直流电动机通过传动机构将发动机起动，操作简便，起动迅速，具有重复起动能力，并且可以远距离控制，被现代汽车广泛采用。

汽车由电力起动时，起动系的作用是通过起动机将蓄电池的电能转换成机械能，并通过驱动机构将机械能传递给发动机飞轮，使发动机曲轴转动，直到发动机能在自身动力作用下自行运转为止。

二、起动系的组成

如图 2—1—1 所示，汽车电力起动系由蓄电池、起动机、起动控制电路等组成。

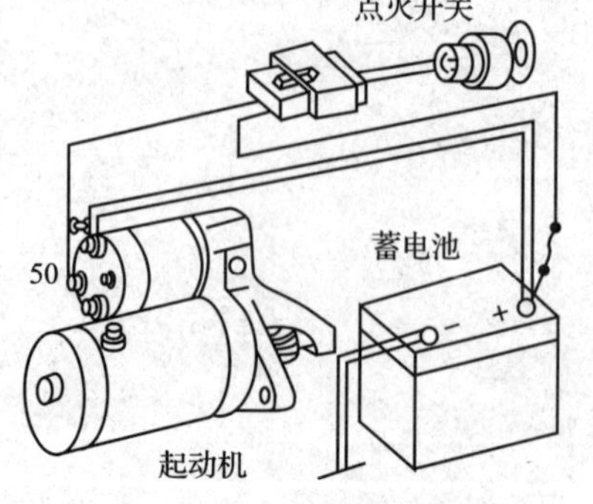

图 2—1—1 起动系的组成

如图 2—1—2 所示为起动系统电路图，其中五个基本组成部件及其作用如下：

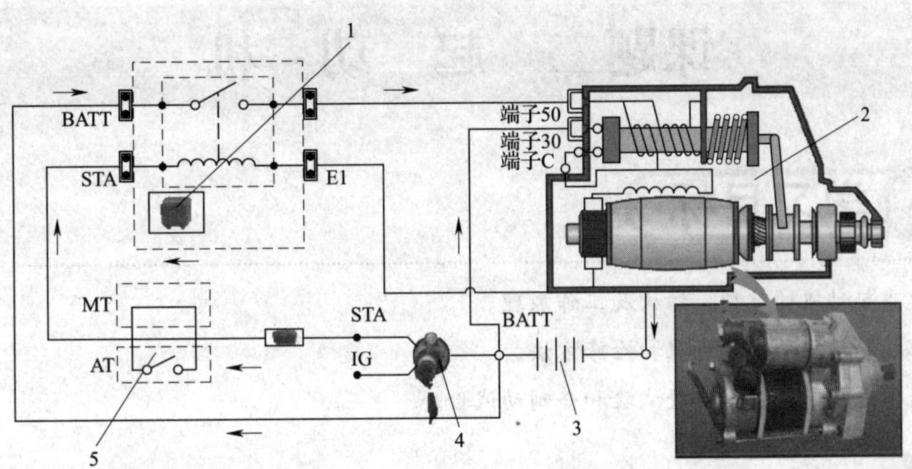

图 2—1—2 起动系统电路图

1—起动复合继电器 2—起动机（带电磁开关） 3—蓄电池 4—点火开关 5—空挡起动开关

1. 起动复合继电器

起动复合继电器用小电流电路控制大电流电路，保护起动开关和起动机。

2. 起动机（带电磁开关）

接通直流电动机电路，直流电动机将电能转化为机械能并通过驱动机构将机械能传递给发动机飞轮。

3. 蓄电池

蓄电池为起动系统提供电能。

4. 点火开关

点火开关控制起动复合继电器的电路。

5. 空挡起动开关

空挡起动开关防止变速器不在“P（驻车）”挡或“N（空挡）”位置时汽车被起动。

三、对起动系的要求

1. 起动机的齿轮与发动机的飞轮齿圈啮合要容易，尽量不发生冲击现象。

2. 发动机起动后，起动机的小齿轮应能自动打滑或脱离啮合，以免发动机起动后，飞轮带动起动机高速旋转，损坏起动机。

3. 起动系统应结构简单、工作可靠。

4. 发动机在工作中，起动机的小齿轮不能再进入啮合，防止发生冲击。

课题二　起　动　机

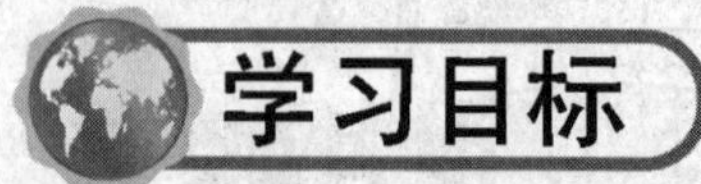

学习目标

◆ 熟悉起动机的类型、结构及工作原理。

◆ 掌握起动机的拆装步骤和检修方法。

◆ 能够进行起动机的空载试验和全制动试验。

想一想

通常看到起动发动机的方式有钥匙起动、无钥匙起动（电子智能钥匙）或是指纹起动（见图 2—2—1），无论使用什么方式起动，都是借助起动机将蓄电池的电能转化成机械能的，它们是如何工作的呢？

a)

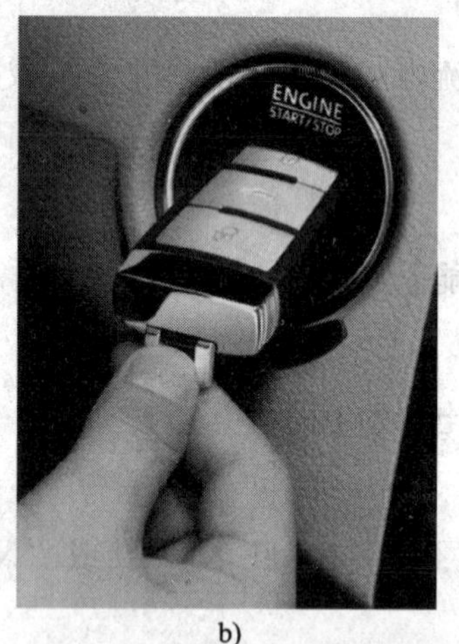

b)

c)

图 2—2—1　起动发动机的方式

a）钥匙起动　b）无钥匙起动　c）指纹起动

一、起动机的类型、结构及工作原理

1. 起动机的类型

起动机的类型很多，主要从其总体结构、控制方式和啮合方式三方面进行分类。

（1）按总体结构不同分类

按总体结构不同，起动机可分为普通起动机、永磁起动机、减速起动机。

普通起动机：无特殊装置与结构。如东风 EQ1090 型汽车配用的 QD124 或 QD1212 型、解放 CA1090 汽车配用的 QD1215 型、桑塔纳轿车配用的 QD1225 型起动机。

永磁起动机：电动机的磁极用永磁材料制成，没有磁场线圈，体积小，质量轻。如奥迪 100 型轿车配用的起动机。永磁减速起动机如图 2—2—2 所示。

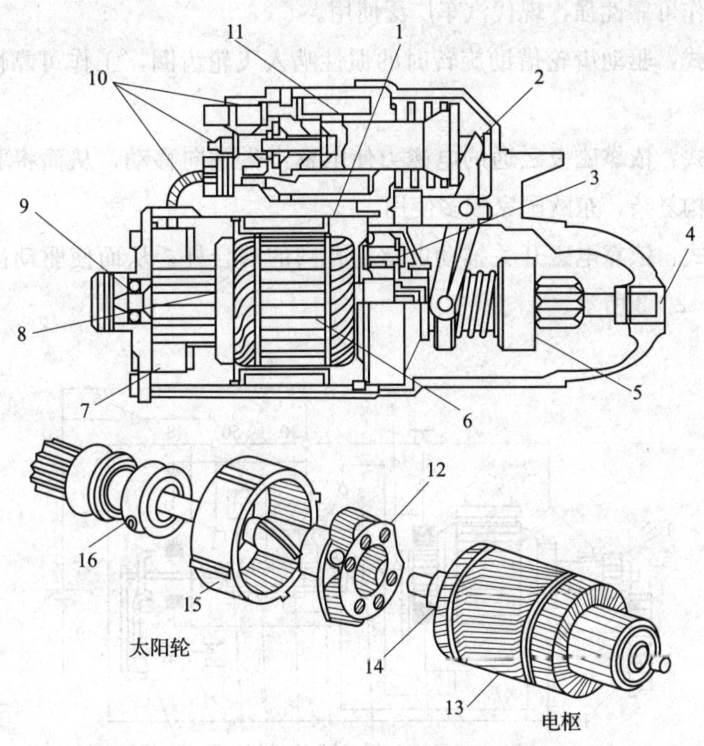

图 2—2—2　永磁减速起动机

1—永久磁铁　2—起动机构　3—行星齿轮减速器总成　4—单向离合器　5、13—电枢　6、12—行星齿轮架　7—电刷　8—焊接连接　9—密封的球轴承　10—气体保护焊连接　11—活动铁芯　14—太阳轮　15—不动的齿环　16—DR－115 型起动机构

减速起动机：传动机构设有减速装置的起动机，质量与体积比普通起动机小，但结构和工艺相对复杂，如奥迪 100 型轿车 5 缸发动机用起动机。

(2) 按控制方式不同分类

按控制方式不同，起动机可分为机械控制式和电磁控制式。

机械控制式（直接操纵式）：由手拉杠杆或脚踏联动机构直接控制起动机的主电路开关来接通或切断主电源。该控制方式因操作不方便已很少采用。

电磁控制式（电磁操纵式）：通过点火起动开关或按钮控制电磁铁，再由电磁铁控制主电路开关来接通或切断主电路。该控制方式可远距离控制，操作方便，现代汽车广泛采用。

（3）按啮合方式不同分类

按啮合方式不同，起动机可分为强制啮合式、惯性啮合式、电枢移动式和齿轮移动式。

强制啮合式：依靠电磁力或人力拉动杠杆机构，拨动驱动齿轮强制啮入飞轮齿圈。该控制方式工作可靠性强，现代汽车广泛使用。

惯性啮合式：驱动齿轮借助旋转时的惯性啮入飞轮齿圈，工作可靠性差，现已很少使用。

电枢移动式：依靠磁极磁通的电磁力使电枢产生轴向移动，从而将驱动齿轮啮入飞轮齿圈，结构复杂，东欧国家较多使用。

齿轮移动式：依靠电磁开关推动电枢轴孔内的啮合杆，从而使驱动齿轮啮入飞轮齿圈，如图 2—2—3 所示。

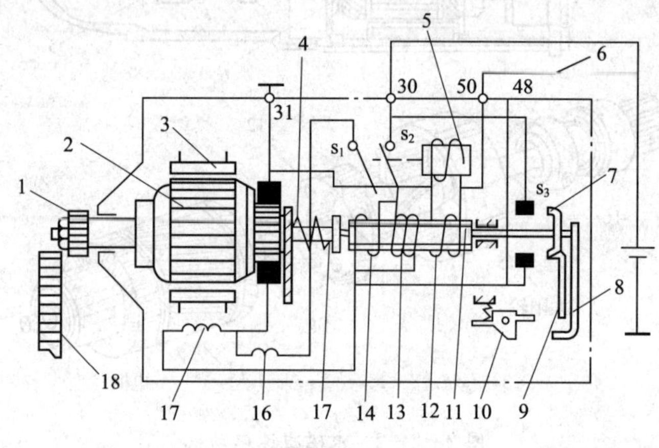

图 2—2—3　齿轮移动式起动机

1—驱动齿轮　2—电枢　3—磁极　4—复位弹簧　5—控制继电器　6—起动开关　7—接触盘　8—释放杆　9—挡片　10—扣爪　11—活动铁芯　12—保持线圈　13—阻尼线圈　14—吸引线圈　15—啮合杆　16—制动绕组　17—磁场绕组　18—飞轮

S_1—常闭触头　S_2—常开触头　S_3—电磁开关主触头

将不同的控制方式和啮合方式组合，就可成为不同类型的起动机，如永磁减速起动机、电磁控制强制啮合式起动机等。

2．起动机的结构及工作原理

汽车电力起动机主要由直流电动机、传动机构、控制开关构成。如图 2—2—4 所示为一典型起动机的外形结构。

直流电动机的作用：将蓄电池输入的电能转换成机械能，产生电磁转矩，传给发动机曲轴。

图 2—2—4　典型起动机的外形结构

传动机构（啮合机构）的作用：在发动机起动时，使起动机驱动齿轮啮入飞轮齿圈，将起动机的转矩传给发动机曲轴，当发动机起动后，使驱动齿轮打滑或与飞轮齿圈自动脱开。

控制装置的作用：接通或切断电动机与蓄电池之间的主电路，并使驱动小齿轮进入或退出。

（1）直流电动机

直流电动机主要由机壳、磁极、电枢、换向器、电刷和电刷架六部分组成，如图 2—2—5 所示。

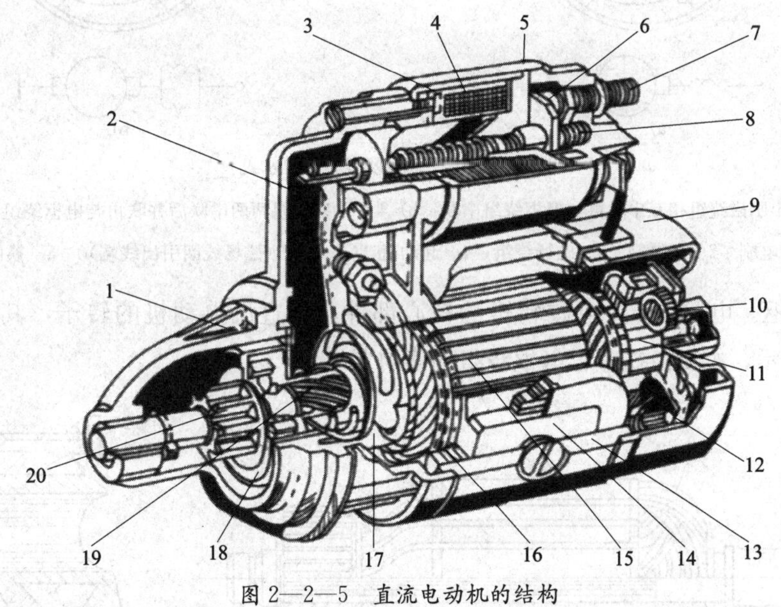

图 2—2—5　直流电动机的结构

1—后端盖　2—拨叉　3—保持线圈　4—吸引线圈　5—电磁开关　6—触点　7—接线柱　8—接触盘　9—前端盖　10—电刷弹簧　11—换向器　12—电刷　13—机壳　14—磁极　15—电枢　16—励磁绕组　17—移动齿轮　18—单向离合器　19—电枢轴　20—驱动齿轮

1）机壳。机壳是用铸铁浇铸或钢材卷焊成的，一端开有窗口，作为观察电刷与换向器之用，平时用防尘箍盖住。在壳体上还设有一引出线，与励磁绕组的一端连接。

2）磁极。磁极的作用是产生磁场。电磁式起动机的磁场为电磁场，其磁极主要由铁芯和励磁绕组两部分组成。铁芯是用低碳钢制成马蹄形，并用螺钉固定在电动机壳体的内壁上；磁场绕组套装在铁芯上。当磁场绕组接通电流时，铁芯就会产生电磁场。

起动机用直流电动机的最大特点就是磁极多、磁场绕组的横截面积大，其目的是增大起动机的电磁转矩。一般采用4个磁极，每个磁极上套装有励磁绕组，磁场绕组采用矩形裸体铜线绕制，并与电枢绕组串联，如图2—2—6所示。4个磁场绕组的连接方式有两种：一种是4个磁场绕组相互串联后再与电枢绕组串联，如图2—2—6a所示；另一种是4个励磁绕组先两两串联后再并联再与电枢绕组串联，如图2—2—6b所示，桑塔纳轿车QD1225、QD1229型起动机采用的就是这种连接方式。无论采用哪种连接方式，4个励磁绕组通电后产生的磁极必须是N、S极相间排列的。

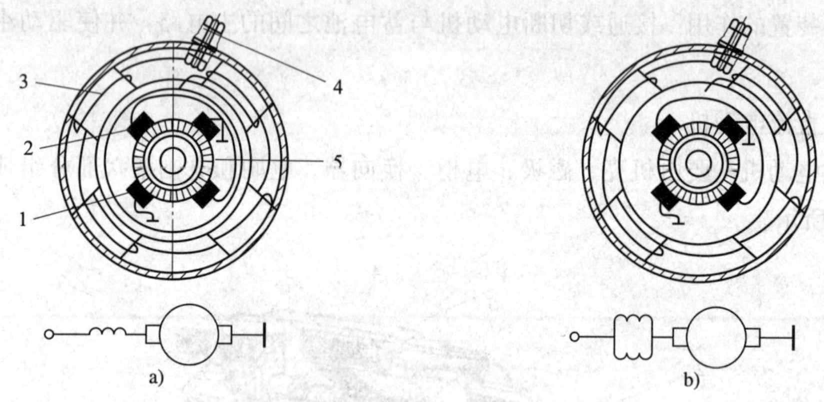

图2—2—6　磁场绕组连接方式

a）4个励磁绕组相互串联再与电枢绕组串联　b）4个励磁绕组两两串联后并联再与电枢绕组串联

1—负电刷　2—正电刷　3—磁场绕组　4—起动机“C”端子（磁场线圈引出线端）　5—换向器

3）电枢。电枢是产生电磁转矩的核心部件，是直流电动机的转子，其结构如图2—2—7所示，主要由铁芯、电枢绕组和换向器组成。

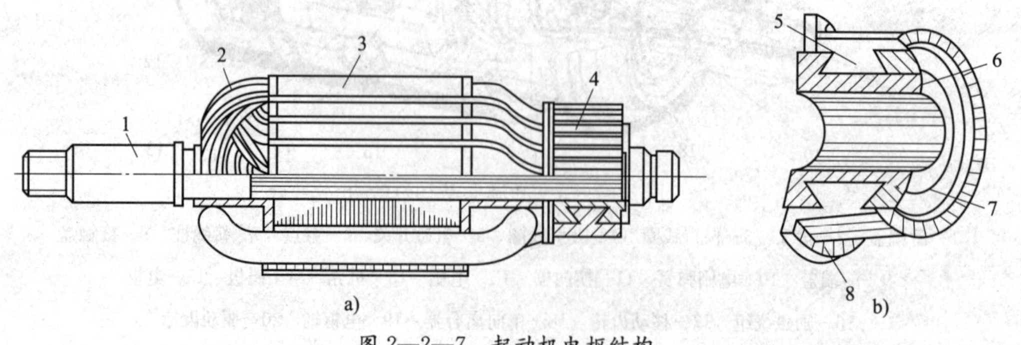

图2—2—7　起动机电枢结构

a）电枢轴　b）换向器结构

1—电枢轴　2—电枢绕组　3—铁芯　4—换向器　5—换向片　6—轴套　7—压环　8—焊线凸缘

电枢铁芯是由外圆带槽的硅钢片叠成。电枢绕组绕制在电枢铁芯的线槽内，绕组两端分别焊在换向器的连接铜片上。为了能获得较大的电磁转矩，流经电枢绕组的电流需很大（小功率的起动机也需要在 300 A 以上），因此电枢绕组也采用横截面积较大的矩形或圆形的裸体铜线绕制。

4）换向器。换向器的作用是连接励磁绕组、电枢绕组和电源，并保证电枢绕组产生的电磁力矩方向不变，从而使电枢按一定的方向旋转。换向器的结构如图 2—2—7b 所示，主要由截面呈燕尾形的铜片合围而成。燕尾形的铜片称为换向片，换向片与换向片之间以及换向片与轴套、压环之间均采用云母绝缘。

5）电刷及电刷架。电刷和电刷架的作用是将直流电源引入电动机。电刷组件结构如图 2—2—8 所示。电刷一般用 80%左右的铜粉和 20%左右的石墨粉模压而成。一只起动机一般有 4 只或 6 只电刷，桑塔纳轿车采用 4 只电刷，其中两只电刷架与端盖绝缘称为绝缘电刷架，另两只与端盖直接铆合，称为搭铁电刷架。电刷安装在电刷架内，借电刷弹簧的弹力紧压在换向器上，电刷弹簧的弹力一般为 12～15 N。

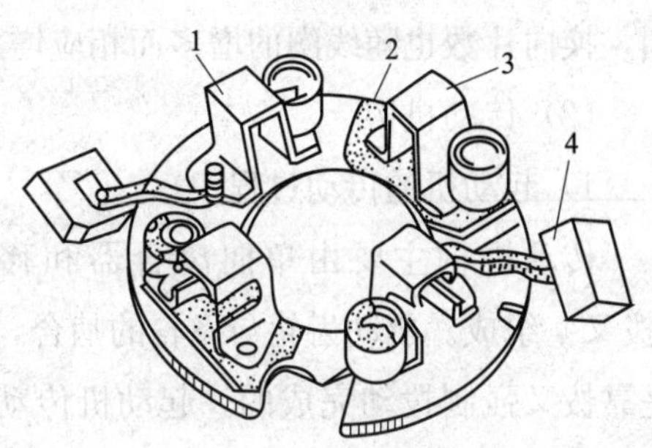

图 2—2—8　电刷组件结构

1—搭铁电刷架　2—绝缘垫
3—绝缘电刷架　4—搭铁电刷

直流电动机是根据载流导体在磁场中会受到电磁力的作用而发生运动的原理进行工作的。直流电动机工作原理如图 2—2—9 所示。

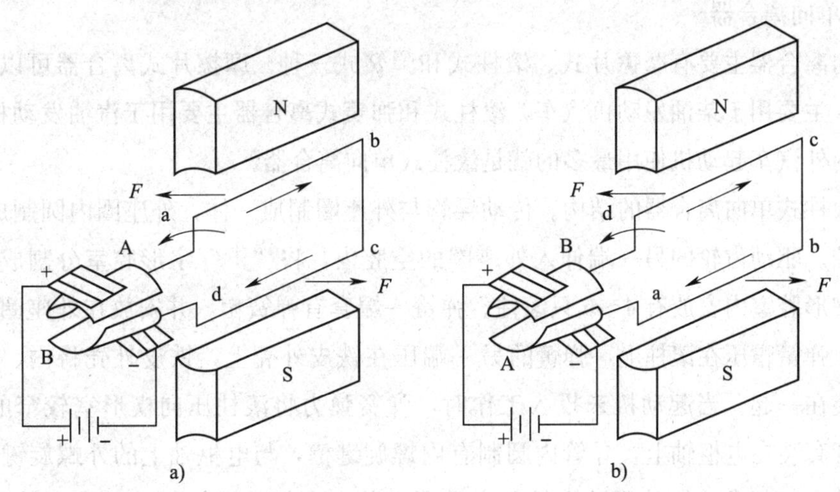

图 2—2—9　直流电动机工作原理

a）线圈的电流方向为 a→d　b）线圈的电流方向为 d→a

电动机的电刷与直流电源相接，电流由正电刷和换向片 A 流入，从换向片 B 和负电刷流出，如图 2—2—9a 所示。此时绕组中的电流方向为 a→d，按左手定则可确定导线 ab 受向左的电磁力 F，导线 cd 受到向右的电磁力 F，于是整个线圈受到逆时针方向的转矩而转动。当电枢转过半周时，如图 2—2—9b 所示，换向片 B 与正电刷相接触，换向片 A 与负电刷相接触，线圈中电流的方向改变为由 d→a，因而在 N 极和 S 极下面导体中的电流方向保持不变，电磁转矩的方向也就不变，使电枢仍按原来的逆时针方向继续转动。

由于一个线圈产生的转矩太小，且转速不稳定，故实际使用的电动机绕有很多线圈，换向片数也随线圈的增多而相应增加。

（2）传动机构

1）起动机的传动过程

传动机构主要由单向离合器和移动叉（拨叉）组成。驱动齿轮与飞轮的啮合，一般是靠拨叉强制拨动完成的。起动机传动机构简图如图 2—2—10 所示。

起动机传动机构是单方向传递力矩，即起动发动机时将起动机的转矩传给发动机的曲轴（传递动力），而当发动机起动后，它又能自动打滑（切断动力），不使飞轮齿圈带动起动机的电枢旋转，以免损坏起动机。

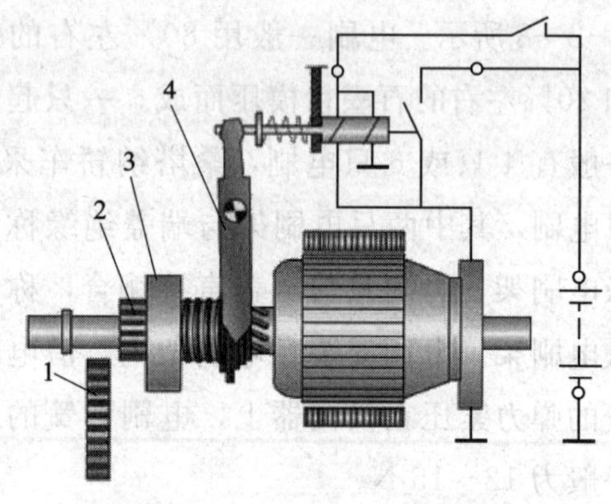

图 2—2—10　起动机传动机构简图

1—飞轮　2—驱动齿轮　3—单向离合器　4—拨叉

2）单向离合器

单向离合器主要有摩擦片式、滚柱式和弹簧式三种。摩擦片式离合器可以传递较大转矩，主要用于柴油发动机汽车，滚柱式和弹簧式离合器主要用于汽油发动机汽车，目前国内外汽车起动机使用最多的就是滚柱式单向离合器。

①滚柱式单向离合器的结构。传动导管与外座圈制成一体，外座圈内圆制成“十”字形空腔。驱动齿轮的另一端伸入外座圈的空腔内，将“十”字形腔室分割成楔形腔室。在楔形腔室内安放有 4～6 只滚柱。弹簧一端套有弹簧帽，并安放在外座圈的径向小孔中。弹簧帽压在滚柱上，弹簧的另一端压在铁皮外壳上，铁皮外壳将内、外座圈卷压包装在一起。当起动机未投入工作时，弹簧弹力将滚柱压向楔形室较窄的一端。传动导管套装在电枢轴上，导管内圆制有内螺旋键槽，与电枢轴上的外螺旋键槽配合而传递动力，制成一体的驱动齿轮和内座圈套装在电枢的光轴部分，既可轴向移动，也可绕轴转动。滚柱式单向离合器结构如图 2—2—11 所示。

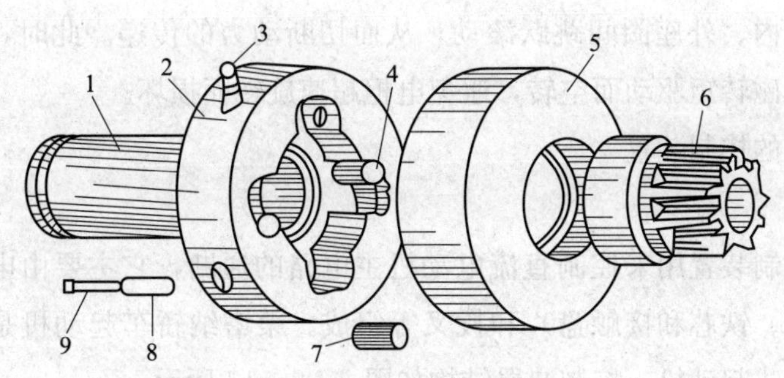

图 2—2—11 滚柱式单向离合器结构

1—传动导管 2—外座圈 3、9—弹簧 4、7—滚柱 5—外壳 6—驱动齿轮与内座圈 8—弹簧帽

②滚柱式单向离合器的工作原理。起动发动机时，接通点火开关，在控制装置（电磁开关）的作用下，拨叉下端便拨动离合器，使驱动齿轮与发动机的齿圈啮合。滚柱式单向离合器工作原理如图 2—2—12 所示。

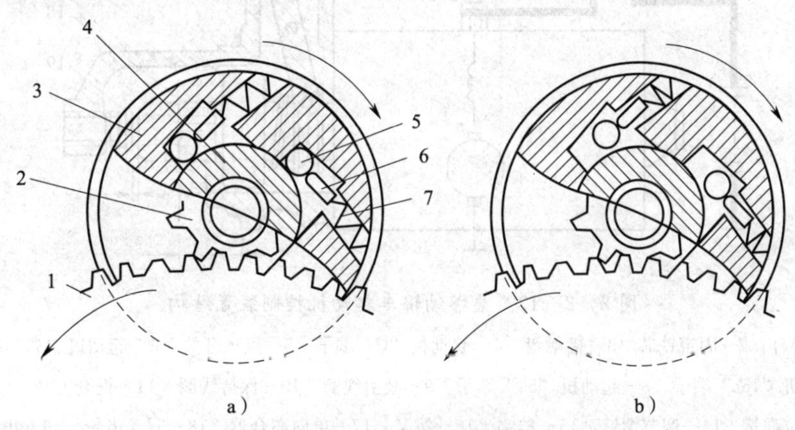

图 2—2—12 滚柱式单向离合器工作原理

a）传递动力 b）切断动力

1—发动机飞轮 2—驱动齿轮 3—外座圈 4—内座圈 5—滚柱 6—弹簧帽 7—弹簧

当电动机的驱动转矩小于发动机的阻力矩时，电枢轴仅带动传动导管与外座圈转动，在外座圈与滚柱之间的摩擦力矩和弹簧力矩的作用下，滚柱向楔形室较窄侧压去并将内座圈与外座圈卡成一体，如图 2—2—12a 所示，动力经过电枢轴、传动导管、外座圈、滚柱、内座圈和驱动齿轮传递到发动机的飞轮齿圈。

当电动机驱动转矩达到或超过发动机阻力矩时，驱动齿轮便带动飞轮旋转，直到发动机被起动为止。此时，驱动齿轮为主动件，飞轮为被动件。

发动机起动后，曲轴在活塞的作用下高速旋转，飞轮为主动件，驱动齿轮为被动件。由于飞轮齿圈与驱动齿轮之间的传动比较大，因此发动机一旦被起动，飞轮就会带动驱动齿轮飞速旋转。此时，驱动齿轮的转速远远高于电枢轴的转速，因此内座圈与滚柱之间的摩擦力矩便使滚柱克服弹簧力矩滚向楔形室较宽的一侧，如图 2—2—12b

所示，滚柱将在内、外座圈间跳跃滚动，从而切断动力的传递。此时，电枢轴仅由电枢绕组产生的电磁转矩驱动而空转，避免电枢超速旋转而损坏。

（3）起动机的控制装置

1）组成

起动机的控制装置用来控制直流电动机主电路的通断，它主要由电磁开关（吸引线圈、保持线圈、铁芯和接触盘）和拨叉等组成。桑塔纳轿车起动机是广泛使用的电磁操控强制啮合式起动机，控制装置结构如图 2—2—13 所示。

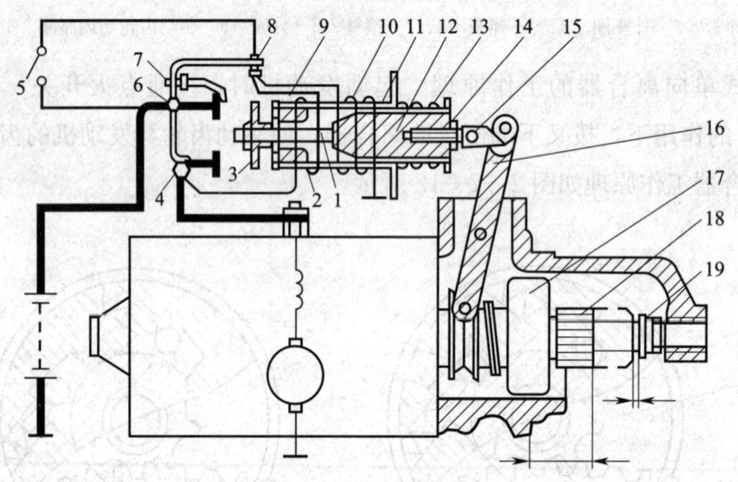

图 2—2—13　桑塔纳轿车起动机控制装置结构

1—推杆　2—固定铁芯　3—接触盘　4—起动机“C”端子　5—点火开关　6—起动机“30”端子　7—起动机“15a”端子　8—起动机“50”端子　9—吸引线圈　10—保持线圈　11—铜套　12—活动铁芯　13—复位弹簧　14—调节螺钉　15—挂钩　16—拨叉　17—单向离合器　18—驱动齿轮　19—止推垫圈

2）工作过程

起动机不工作时，电磁开关中的接触盘 3 与各触点分开，驱动齿轮与飞轮齿轮脱开啮合位置。

当点火开关置于起动挡时，吸引线圈 9 和保持线圈 10 有电流通过。

吸引线圈的电流路径为：蓄电池正极→起动机 30 端子→点火开关→起动机 50 端子→吸引线圈→起动机“C”端子→磁场绕组→电枢绕组→搭铁→蓄电池负极。

保持线圈的电流路径为：蓄电池正极→起动机 30 端子→点火开关→起动机 50 端子→保持线圈→搭铁→蓄电池负极。

由右手螺旋定则可知，此时两线圈产生的磁感应线方向相同，电磁力叠加，吸引活动铁芯 12 向左移动，带动拨叉 16 绕支点转动，拨叉下端便拨动滚柱式单向离合器 17 向右移动，使驱动齿轮与飞轮齿圈啮合，并使推杆上的接触盘将 30 端子和“C”端子接通，从而将电动机电路接通，其电流路径为：蓄电池正极→起动机 30 端子及其触点→接触盘→起动机“C”端子及其触点→磁场绕组→电枢绕组→搭铁→蓄电池负极。

当驾驶员松开点火钥匙，点火开关自动从起动挡回到点火挡瞬间，起动挡断开。

此时，接触盘仍将30端子和“C”端子接通，吸引线圈和保持线圈的电流路径为：蓄电池正极→起动机30端子及其触点→接触盘→起动机“C”端子及其触点→吸引线圈→起动机50端子→保持线圈→搭铁→蓄电池负极。由右手螺旋定则可知，此时两线圈产生的磁感应线方向相反，电磁力相互削弱，在复位弹簧的弹力作用下，活动铁芯复位，推杆上的接触盘也复位，切断30端子和“C”端子，从而切断电动机电路。与此同时，拨叉也绕支点转动，其下端带动滚柱式单向离合器向左移动，使驱动齿轮与飞轮齿圈分离，起动工作结束。

教学互动

1. 在理解起动机工作原理的基础上，想想发电机、电动机是基于什么原理工作的。

2. 驾驶员转动点火开关起动的时间为多少？为什么不能长时间起动？

齿轮的传动比

在机械传动系统中，传动比（见图2—2—14）是始端主动轮与末端从动轮的角速度或转速的比值，即瞬时输入速度与输出速度的比值。对于啮合传动，传动比可用主动轮和从动轮的齿数之比表示。发动机一旦被起动，飞轮为主动件，驱动齿轮为被动件。飞轮齿轮与起动机驱动齿轮的传动比一般为1∶10～1∶15，高传动比使飞轮带动驱动齿轮飞速旋转，驱动齿轮的转速远远高于电枢轴的转速，若不及时将起动机与发动机分离，切断动力，会导致电枢绕组从电枢槽中甩出，造成“飞散”事故，导致电枢损坏。

图2—2—14　$i=z_{主}/z_{从}$

二、起动机的拆装与检修

1．起动机的拆装

QD1229型起动机的分解如图2—2—15所示。

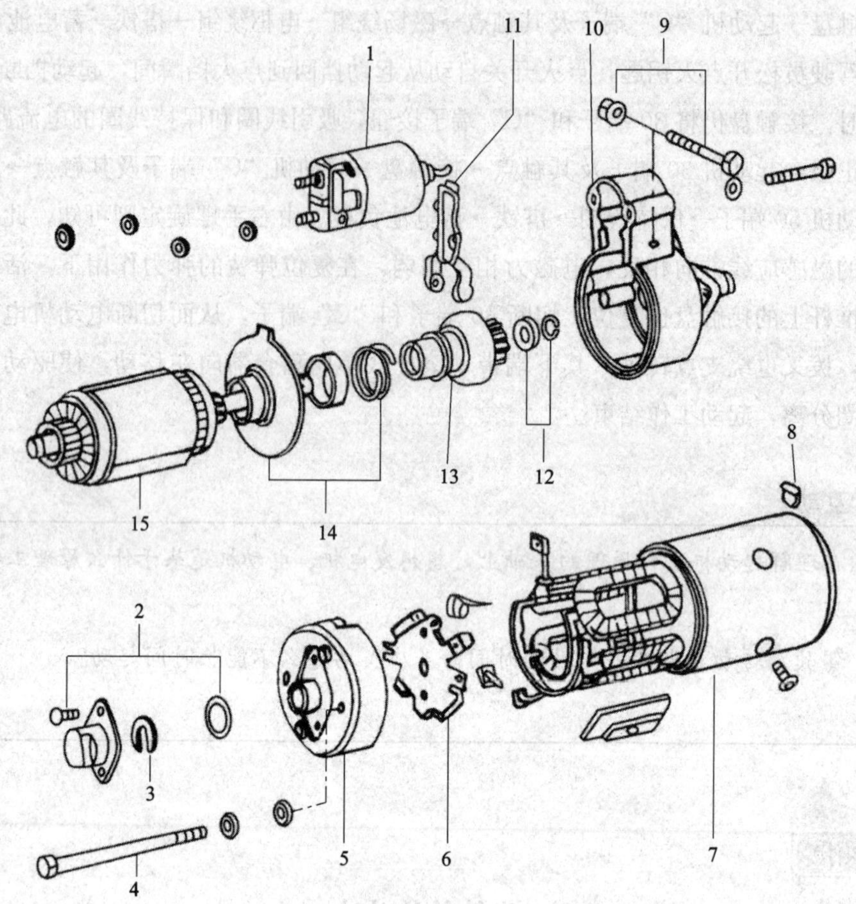

图 2—2—15 QD1229 型起动机分解图

1—电磁开关 2—轴承盖和 O 型密封圈 3—锁片 4—穿心螺栓 5—电刷端盖 6—电刷架
7—电动机壳体 8—橡胶密封圈 9—拨叉支点螺栓和螺母 10—驱动端盖 11—拨叉
12—止推垫圈和卡环 13—单向离合器 14—中间轴承 15—电枢

拆卸起动机时，应首先拆下蓄电池搭铁线，然后再拆下起动机的各连接线。

教学互动

想一想：为什么要先拆下蓄电池搭铁线呢？

（1）从车上拆下起动机

拆下蓄电池负极电缆→举升汽车→拆下起动机控制连接导线→拆下起动电缆→从发动机上拆下起动机。

（2）拆下电磁开关与电动机的连接线

（3）拆下电磁开关

(4) 拆下轴承盖的两个螺钉，取下轴承盖、锁片、O形密封圈

(5) 拆下穿心螺栓，取下电刷端盖、驱动端盖、拨叉等

(6) 从电刷座上拆下电刷架，取出电刷、弹簧

(7) 分离定子与转子（电枢）

(8) 撬开止推垫圈压片，拆下卡环，取出止推垫圈、驱动小齿轮与单向离合器

2. 起动机的检修

(1) 磁场绕组的检修

1) 磁场绕组搭铁的检修，如图 2—2—16 所示。

正常状态：

用万用表检测磁场接柱与外壳间的电阻，阻值应为无穷大。

异常状态：

若阻值非无穷大，则说明磁场绕组搭铁。

处理办法：应更换新品。

2) 磁场绕组短路及断路检修，如图 2—2—17 所示。

图 2—2—16 *磁场绕组搭铁的检修*

图 2—2—17 *磁场绕组短路及断路的检修*

正常状态：

用万用表检测磁场接柱与绕组碳刷间的电阻，两次阻值应相同且接近零。

异常状态：

若两次阻值不相同，但接近零，说明有短路故障；若阻值为无穷大，则说明有断路故障。

处理办法：出现短路或断路故障时均应更换新品。

(2) 电枢的检修

1）电枢绕组搭铁的检查，如图 2—2—18 所示。

用万用表或 220 V 交流试灯检查，两只表笔分别连接电枢铁芯与换向片，万用表不导通或试灯不亮，说明电枢绕组搭铁，要更换电枢总成。

2）电枢绕组的断路与短路检查，如图 2—2—19 所示。

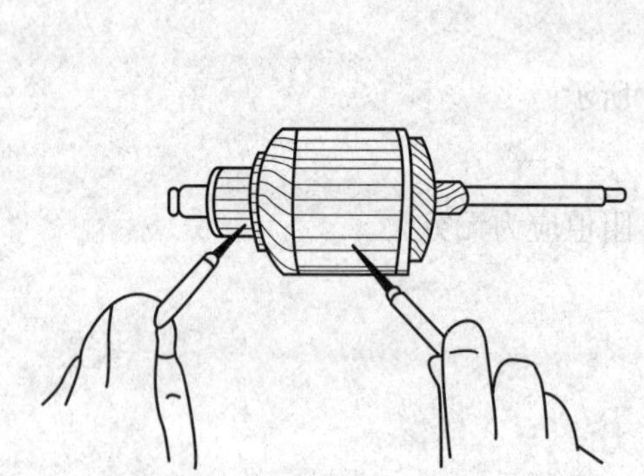
图 2—2—18　电枢绕组搭铁的检查

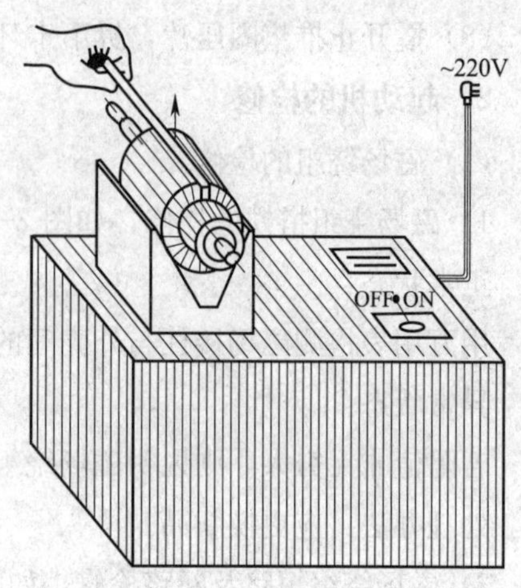

图 2—2—19　电枢绕组短路的检查

电枢绕组采用矩形截面导线绕制，一般不易发生断路故障。

如果有断路故障，通过外观检查即可发现。发现断路时，用电烙铁焊好即可。

将电枢放在电枢检验仪的“U”形铁芯上，并在电枢上放一钢片（如锯条），然后接通检验仪电源，再缓缓转动电枢一周，钢片应不跳动。如果钢片跳动说明电枢绕组有短路故障，应更换电枢总成。

3）电枢轴的跳动检查，如图 2—2—20 所示。

电枢轴的跳动检查：电枢轴的跳动量应不大于 0.08 mm，否则应校正电枢轴或更换电枢总成。

4）换向器的检修

①换向器表面的检修，如图 2—2—21 所示。

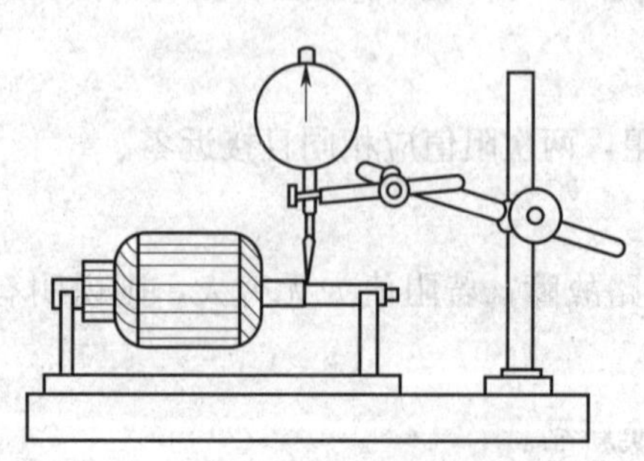
图 2—2—20　电枢轴的跳动检查

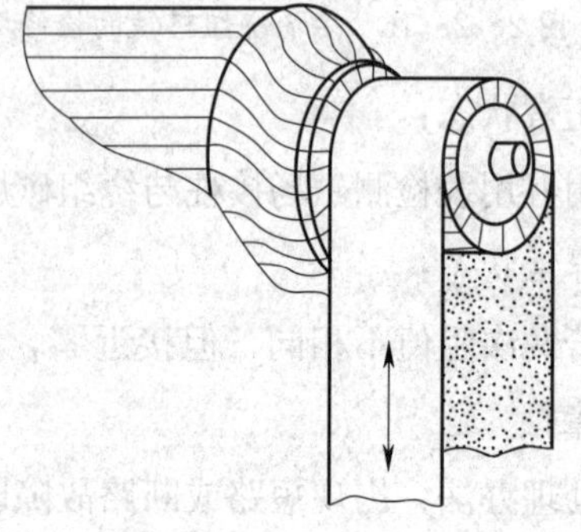
图 2—2—21　用砂纸打磨换向器表面

a）若表面有脏污，可用棉纱沾少量汽油擦拭干净。

b）若表面不平或有轻微烧蚀，可用“00”号砂纸打磨。

c）若表面严重烧蚀或有沟槽，可选择尽可能小的加工余量车削。当换向片的厚度小于 2 mm 时，应更换换向器或电枢总成。

②换向器失圆的检修，参见图 2—2—20。

换向器失圆的检修：将百分表的表头置于换向器表面，转动电枢，径向圆跳动（百分表显示的最大值与最小值之差）应不大于 0.05 mm，若不符合要求，应车削复圆。

③换向器绝缘（云母）片的检修，如图 2—2—22 所示。

图 2—2—22　换向器绝缘片的检修

绝缘（云母）片的深度为 0.5～0.8 mm，最浅应不小于 0.2 mm。太高应使用锉刀进行修整。

（3）电刷组件的检修

1）电刷架的检修如图 2—2—23 所示。

用万用表检查电刷架的绝缘情况。

检查绝缘电刷架；检查搭铁电刷架；检查电刷架与后盖。

2）电刷弹簧的检修如图 2—2—24 所示。

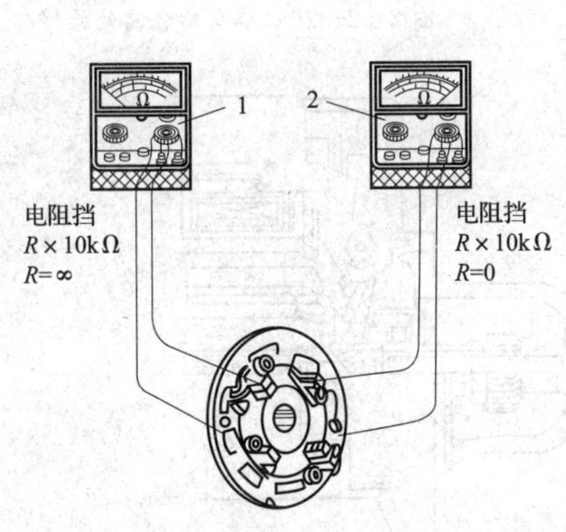

图 2—2—23　电刷架的检修

1—检查绝缘电刷架万用表　2—检查搭铁电刷架万用表

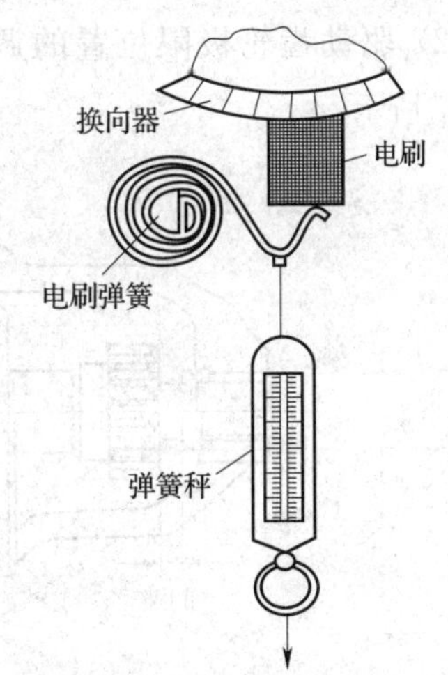

图 2—2—24　电刷弹簧的检修

用弹簧秤检测电刷弹簧的压力，不同型号起动机的弹簧压力不同，一般为 11.7～14.7 N，若不符合要求，应更换电刷弹簧。

3）电刷的检修。新电刷的高度如图 2—2—25a 所示，研磨方法如图 2—2—25b 所示。

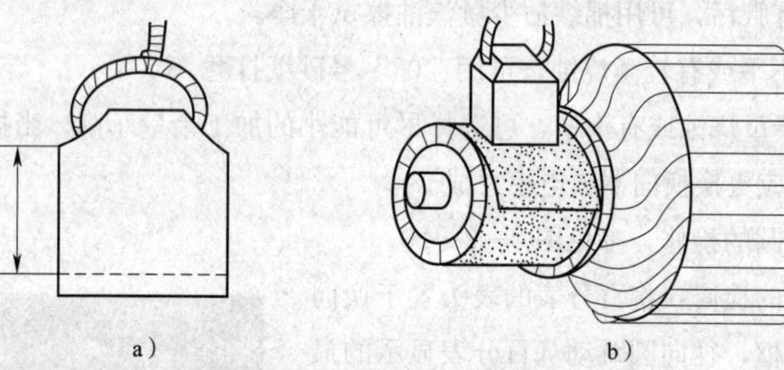

图 2—2—25　电刷高度与接触面的研磨

a）新电刷的高度　b）电刷的研磨

电刷的高度低于原高度的 2/3（新电刷的高度一般为 14 mm）时，更换新品。待装的新电刷应研磨其接触面，研磨后的接触面积应大于 75％。

（4）传动机构的检修

1）单向离合器的检修。检查单向离合器的方法如图 2—2—26 所示。

一只手捏住离合器壳体，另一只手顺时针转动驱动齿轮时应被锁止，逆时针转动驱动齿轮时应能灵活自如地转动，否则就应更换新品。

2）驱动齿轮极限位置的调整如图 2—2—27 所示。

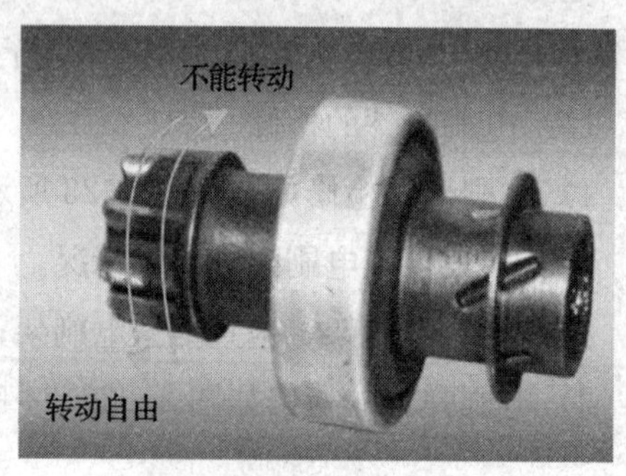

图 2—2—26　单向离合器的检修

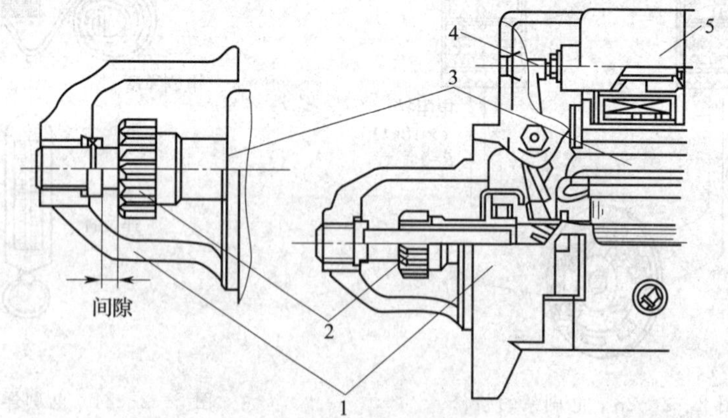

图 2—2—27　驱动齿轮极限位置的调整

1—驱动端盖　2—驱动齿轮　3—电枢　4—调整螺母　5—电磁开关

将驱动齿轮推到最远的位置上，检查驱动齿轮与驱动端盖内端面的间隙，应在 0.3～2.5 mm。

若不符合要求，应调整电磁开关滑动阀上的调整螺母，或增减电磁开关与驱动端盖之间的垫圈。

（5）控制装置（电磁开关）的检修（见图2—2—28）

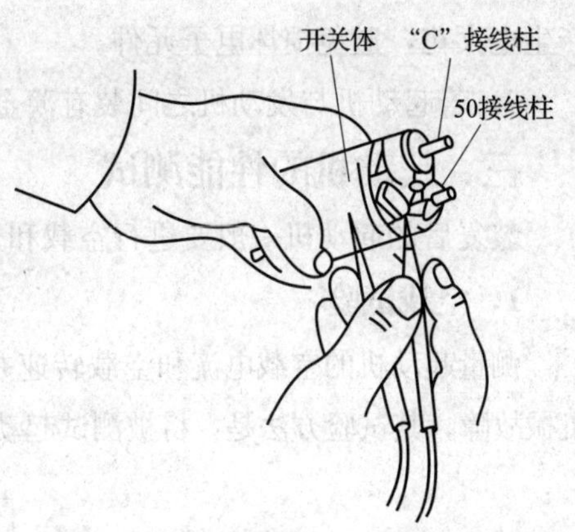

图 2—2—28 电磁开关的检修

1）吸引线圈的检修：用万用表 $R\times1$ 挡测量电磁开关 50 与“C”端子之间的电阻，阻值应为 0.3～0.5 Ω，若测量值小于标准值或为无穷大，说明吸引线圈有故障，应予更换。

2）保持线圈的检修：用万用表 $R\times1$ 挡测量电磁开关 50 与外壳间的电阻，阻值应为 1.0～1.2 Ω，若测量值小于标准值或为无穷大，说明保持线圈有故障，应予更换。

3．起动机的装复

（1）桑塔纳 2000GSi QD1229 型起动机的装复顺序如下：

1）安装驱动齿轮和单向离合器

①将驱动齿轮和单向离合器套入电枢轴。

②套入止推垫圈（注意方向）。

③使用 14 mm 套筒扳手装入卡环。

④将止推垫圈压在卡环上。

2）安装电刷

①将电枢轴套入定子内，电刷座套在换向器上。

②将弹簧放在电刷架内，再放入电刷。

③将电刷架装在电刷座上，并确保卡牢。

④其余电刷也按上述方法安装。

3）装上电刷端盖，调整垫片及锁片。

4）测量电枢轴轴向间隙，轴向间隙应符合标准值。若间隙与标准值不符，用调整垫片厚度的方法加以调整。

5）安装轴承盖，在盖内补充适当的润滑油。

6）安装驱动端盖、传动杆，按规定力矩拧紧穿心螺栓。

7）安装电磁开关。

（2）起动机装复的注意事项

1）不要用汽油或溶液清洗定子和转子，可用压缩空气吹净或用干净的擦布擦净此

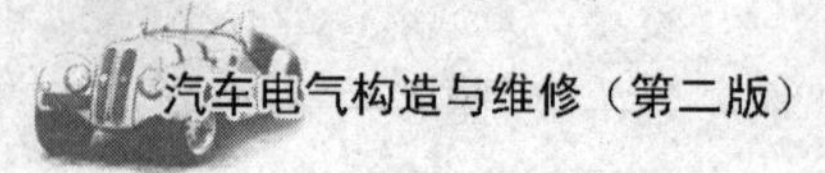

类部件。

2）从车上拆下起动机前应首先切断点火开关，拆下蓄电池搭铁电缆，以防操作时产生电火花，避免损坏电子元件。

3）若起动机与发动机之间装有薄金属垫片，在装配时应按原样装回。

三、起动机的性能测试

装复后的起动机一般要进行空载和全制动两项性能测试。

1．空载试验

测量起动机的空载电流和空载转速并与标准值比较，以判断起动机内部有无电路和机械故障。其试验方法是：将被测试起动机夹在台虎钳上，按如图 2—2—29 所示接线。

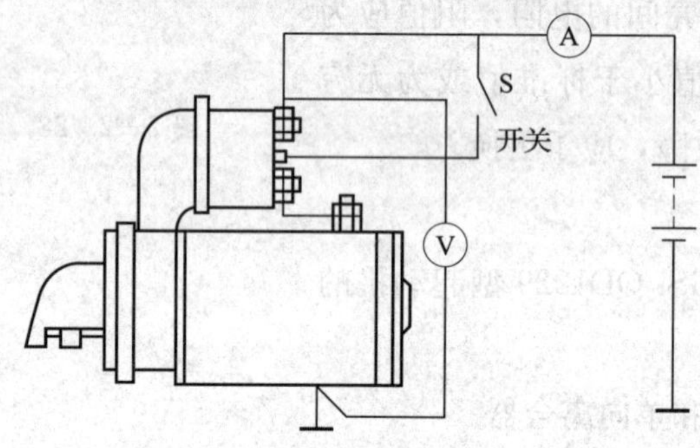

图 2—2—29　起动机空载试验电路

接通起动机电路（每次试验不得超过 1 min，以免起动机过热），起动机应转速均匀、电刷下无火花。记录电流表、电压表的读数，并用转速表测量起动机转速，其值应符合规定。若电流大于标准值，而转速低于标准值，表明起动机装配过紧或电枢绕组和励磁绕组内有短路或搭铁故障。若电流和转速都小于标准值，则表示起动机线路中有接触不良的地方，如电刷弹簧压力不足，换向器与电刷接触不良等。常用车型起动机的主要技术参数见表 2—2—1。

表 2—2—1　　常用车型起动机主要技术参数

<table>
<tr><th rowspan="2">型　号</th><th colspan="2">额定值</th><th colspan="3">空载特征</th><th colspan="3">全制动特征</th><th rowspan="2">适用车型</th></tr>
<tr><th>电压(V)</th><th>功率(kW)</th><th>电压(V)</th><th>电流≤(A)</th><th>转速≥(r/min)</th><th>电压(V)</th><th>电流≤(A)</th><th>转矩≥(N·m)</th></tr>
<tr><td>QD124</td><td>12</td><td>14.7</td><td>12</td><td>90</td><td>4 700</td><td>8</td><td>650</td><td>29.4</td><td>EQ1090</td></tr>
<tr><td>QD124H</td><td>12</td><td>14.7</td><td>12</td><td>90</td><td>5 000</td><td>8</td><td>650</td><td>29.4</td><td>CA1091</td></tr>
<tr><td>QD1215</td><td>12</td><td>2</td><td>12</td><td>90</td><td>5 500</td><td>6</td><td>700</td><td>24</td><td>CA1092</td></tr>
<tr><td>QD1229</td><td rowspan="2">12</td><td rowspan="2">0.95</td><td colspan="3">最大负载时</td><td rowspan="2"></td><td rowspan="2">480</td><td rowspan="2">13</td><td rowspan="2">上海
桑塔纳</td></tr>
<tr><td>QD1225</td><td></td><td>260</td><td>1 500</td></tr>
</table>

续表

型　　号	额定值		空载特征			全制动特征			适用车型
	电压(V)	功率(kW)	电压(V)	电流≤(A)	转速≥(r/min)	电压(V)	电流≤(A)	转矩≥(N·m)	
KB24V6.5	24		23	6.5～9.5	3 900～4 900	8	1 260～1 430		奔驰 2026
QDY1211	12	1.1							帕萨特
SM—4420	12	1.4	12	80	2 600	8.5	380		本田雅阁
DW1.4 永磁式起动机	12		空载特征			冷起动试验			北京切诺基
			11.5	75	2 900	9.6	160		

2. 全制动试验

全制动试验应在空载试验的基础上进行，空载试验不符合规定的起动机不必进行全制动试验就应检查和修理。全制动试验的目的是测量起动机在完全制动时所消耗的电流（即制动电流）和制动力矩，以判断起动机主电路是否正常，并检查单向离合器是否打滑，其试验方法如下：将起动机夹持在实验台上，使杠杆的一端夹住起动机驱动齿轮的 3 个齿，如图 2—2—30 所示，电路连接与空载试验完全相同。按下开关 S，起动机通电，呈现制动状态。观察单向离合器是否打滑，并迅速记下电压表、电流表的读数。

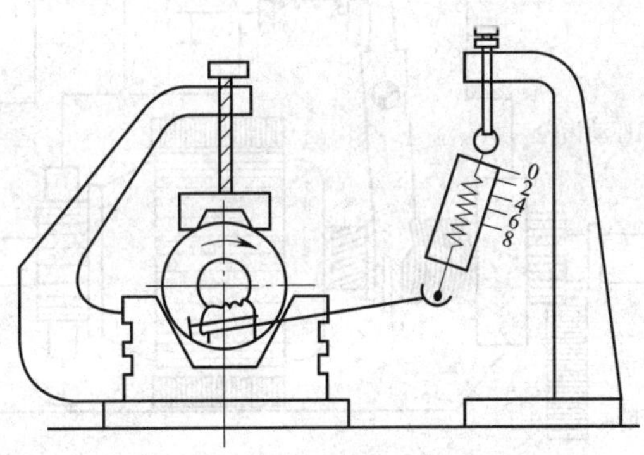

图 2—2—30　起动机全制动试验

将所得参数与其标准值进行比较，若制动力矩小于标准值而电流大于标准值，表明磁场绕组或电枢绕组中有短路和搭铁故障；若力矩和电流均小于标准值，表明线路中接触电阻过大；若驱动齿轮锁止而电枢轴有缓慢转动，则说明单向离合器打滑。

全制动试验时应注意：每次通电时间应不大于 5 s，以免损坏起动机和蓄电池；试验时操作人员应避开弹簧秤夹具，防止发生人身安全事故。

课题三　起动系电路

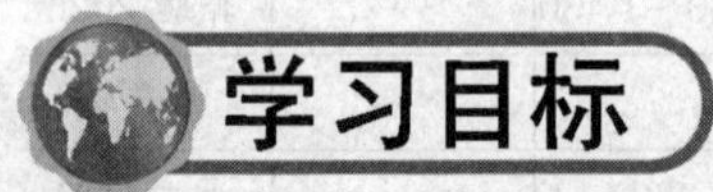

学习目标

◆ 熟悉无起动继电器式起动控制电路及其工作过程。

◆ 熟悉带组合继电器式起动控制电路及其工作过程。

◆ 掌握起动系常见故障的诊断与排除方法。

想一想

如图 2—3—1 所示，一辆 EQ1090E 型货车起动发动机后，放松点火开关，起动机的驱动齿轮与发动机飞轮齿圈仍然啮合，导致起动机一直处于高速运转状态。这是汽车起动系的常见故障之一，应该怎样排除呢？

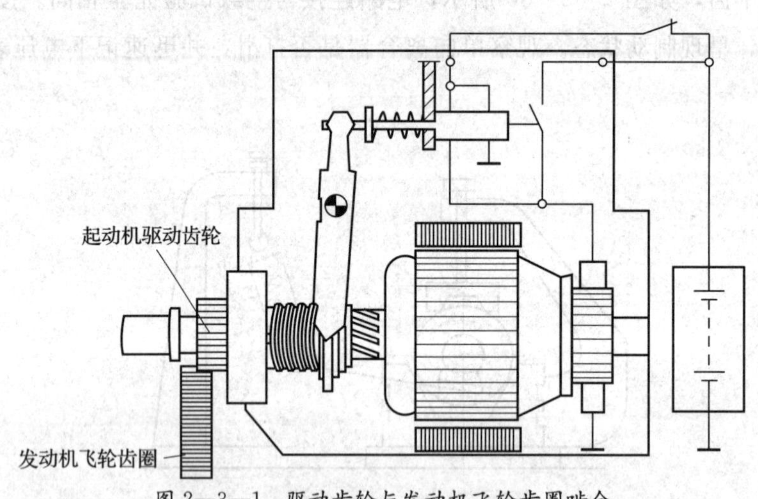

图 2—3—1　驱动齿轮与发动机飞轮齿圈啮合

起动系还有很多的常见故障，要顺利地排除这些故障，不但要对汽车起动系的组成、工作原理、各部件的作用、结构及其检修方法有一定的了解，还要熟悉汽车起动系电路特点，掌握起动系常见故障的检修方法。

一、起动控制电路及工作过程

起动系的控制电路一般可分为无起动继电器（直接）控制式、带组合继电器控制式及带起动继电器控制式三种，其中，前两种控制方式应用比较广泛。

1．无起动继电器式起动控制电路

无起动继电器直接控制式起动控制电路具有结构简单、工作可靠的特点。桑塔纳轿车 QD1225 型起动机采用的无起动继电器的起动控制电路如图 2—3—2 所示。点火开关 30 端子接电源，由红/黑色导线从点火开关 50 端子接到中央线路板 B8 插孔，通过中央线路板内部电路到其 C18 插孔，再接到起动机电磁开关 50 端子。用黑色导线连接蓄电池正极与起动机 30 端子。

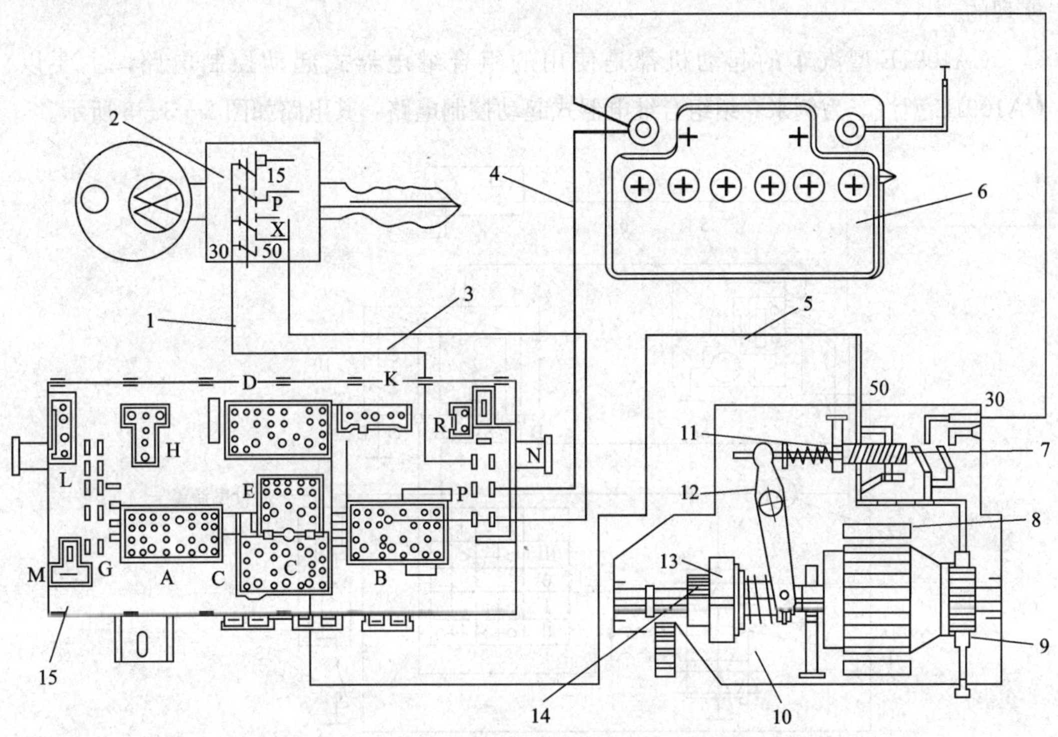

图 2—3—2　桑塔纳系列轿车起动控制线路

1、4、5—红色导线　2—点火开关　3—红黑双色导线　6—蓄电池　7—电磁开关　8—磁极　9—电枢　10—起动机总成　11—复位弹簧　12—拨叉　13—单向离合器　14—驱动齿轮　15—中央线路板

QD1225 型起动机的工作过程如下：

点火开关旋到第 2 挡，其 30 端子与 50 端子接通，使起动机的电磁开关通电，使起动机进入工作状态。其电流路径为：蓄电池“+”→中央线路板 P 端子→中央线路板内部电路→中央线路板 P 端子→红色导线→点火开关 30 端子→点火开关 50 端子→红/黑双色导线→中央线路板 B8 端子→中央线路板内部电路→中央线路板 C18 端子→起动机 50 端子→电磁开关（吸引线圈、保持线圈）→搭铁到蓄电池“－”。

吸引线圈和保持线圈通电流后产生同向的磁场，电磁开关接通起动机的主电路，电动机工作，其电流路径为：蓄电池“+”→起动机电磁开关 30 端子→电磁开关接触盘→直流电动机→搭铁→蓄电池“－”。

2. 带组合继电器式起动控制电路

在发动机运转的情况下防止起动机被误接入使用，即当发动机起动后，若驾驶员未及时释放起动开关，就会造成单向离合器的磨损和蓄电池电能的消耗。发动机工作时，若不慎将起动开关再次接通，就会造成起动机驱动齿轮与发动机齿圈撞击，加速齿轮的损坏。

现代汽车的保护电路都是依靠交流发电机的中性点电压以及相应的继电器控制来实现的。

CA1091E 型汽车的起动机都是使用的组合继电器式起动控制电路，主要以 CA1091E 型汽车为例来介绍组合继电器式起动控制电路，其电路如图 2—3—3 所示。

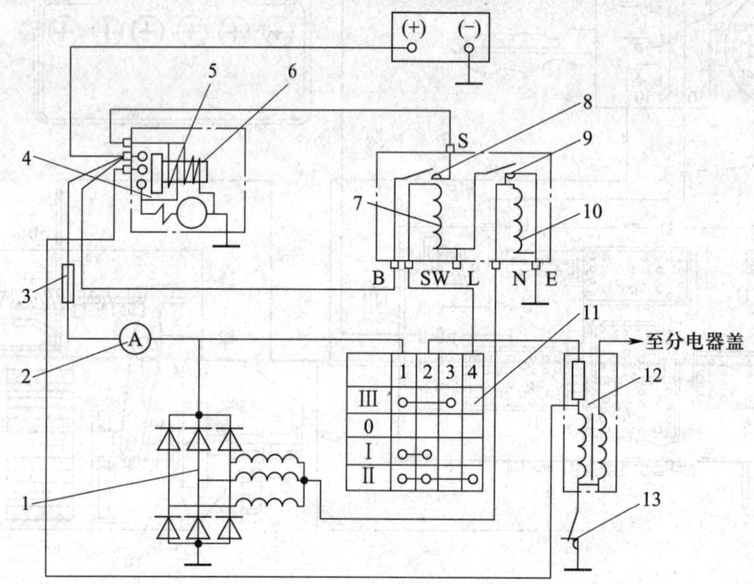

图 2—3—3 CA1091E 型汽车起动系控制电路

1—发电机 2—电流表 3—熔断器 4—起动机 5—吸引线圈 6—保持线圈 7—起动继电器线圈 8—起动继电器触点 9—保护继电器触点 10—保护继电器线圈 11—点火开关 12—点火线圈 13—熔断器

其工作过程如下：

(1) 当点火开关置于起动挡时，起动继电器线圈通电，电流回路为蓄电池“+”熔断器→电流表→点火开关起动触点→起动继电器线圈→保护继电器常闭触点→搭铁→蓄电池“−”。

起动继电器线圈通电使起动继电器的常开触点闭合，接通了起动机电磁开关电路，使起动机进入起动状态。

(2) 发动机起动后，松开点火开关，钥匙自动返回点火挡，起动继电器触点打开，切断了起动机电磁开关电路，电磁开关复位，起动机停止工作。

（3）发动机起动后，如果点火开关没能及时返回到点火挡，这时组合继电器中保护继电器线圈由于承受交流发电机中性点的电压，使常闭触点断开，自动切断了起动继电器线圈的电路，触点断开，使起动机电磁开关断电，起动机便自动停止工作。发动机起动后，由于触点的断开，也切断了充电指示灯的搭铁电路，充电指示灯熄灭。

（4）在发动机运行时，如果误将点火开关置于起动挡，由于在此控制电路中，保护继电器的线圈总有交流发电机中性点电压，常闭触点处于断开状态，起动继电器线圈不能通电，起动机电磁开关不能动作，避免了发动机在运行中使起动机的驱动齿轮进入与飞轮齿圈的啮合而产生的冲击，起到了保护作用。

有的汽车起动继电器线圈通过防盗系统搭铁，发动机起动时，只有防盗系统发出起动信号后，继电器线圈才能搭铁，如果防盗系统没有发出起动信号，则继电器线圈中无电流，起动机就不能工作，实现了防盗功能。

汽车的起动系包括蓄电池、起动机、继电器、连接导线等，其故障主要有电器和机械两个方面。以桑塔纳和 EQ1090E 型汽车为例，如何根据起动系常见故障的现象，来分析诊断故障原因，找到排除方法呢？

二、起动系常见故障的诊断与排除

1. 常见故障一：起动机不能停转

（1）故障现象

发动机起动后，放松点火开关，起动机仍与飞轮结合在一起转动不停。

（2）故障原因

1）点火开关不回位。

2）电磁开关触点烧结在一起，不能分离。

3）电磁开关活动触点回位弹簧过软或折断。

4）单向离合器在转子轴上卡滞，使驱动齿轮不能退出啮合状态。

（3）故障诊断与排除

出现此故障时，应迅速拆除蓄电池搭铁线，然后进行检修，以防起动机被烧坏。

1）检查在放松点火开关后，能否由起动挡自动跳回第二挡，不符合要求时应换用新件。

2）用万用表 $R\times1\ \Omega$ 挡，检查电磁开关蓄电池接线柱与励磁绕组接线柱间的电阻值，判断其活动触点能否分离（非起动状态，其电阻值应为无穷大），不能分离时，应换用新件。

3）单向离合器在转子轴上轴向运动不灵活时，应查明原因，予以排除。

2. 常见故障二：起动机不转动

(1) 故障现象

接通起动开关，起动机不转。

(2) 故障原因

1) 蓄电池严重亏电。

2) 蓄电池正、负极柱上的电缆接头松动或接触不良。

3) 起动机开关触点严重烧蚀或两触点高度调整不当而导致触点表面不在同一平面内，使接触盘不能将两个触点接通。

4) 换向器严重烧蚀而导致电刷与换向器接触不良。

5) 电刷弹簧压力过小或电刷在电刷架中卡死。

6) 电刷引线断路或绝缘电刷（即正电刷）搭铁。

7) 磁场绕组或电枢绕组有断路、短路或搭铁故障。

8) 电枢轴的铜衬套磨损过甚，使电枢轴偏移而导致电枢铁芯“扫膛”（即电枢铁芯与磁极发生摩擦或碰撞）。

(3) 检修方法

接通起动开关起动机不转时，可按如图 2—3—4 所示故障诊断与排除程序进行排除。

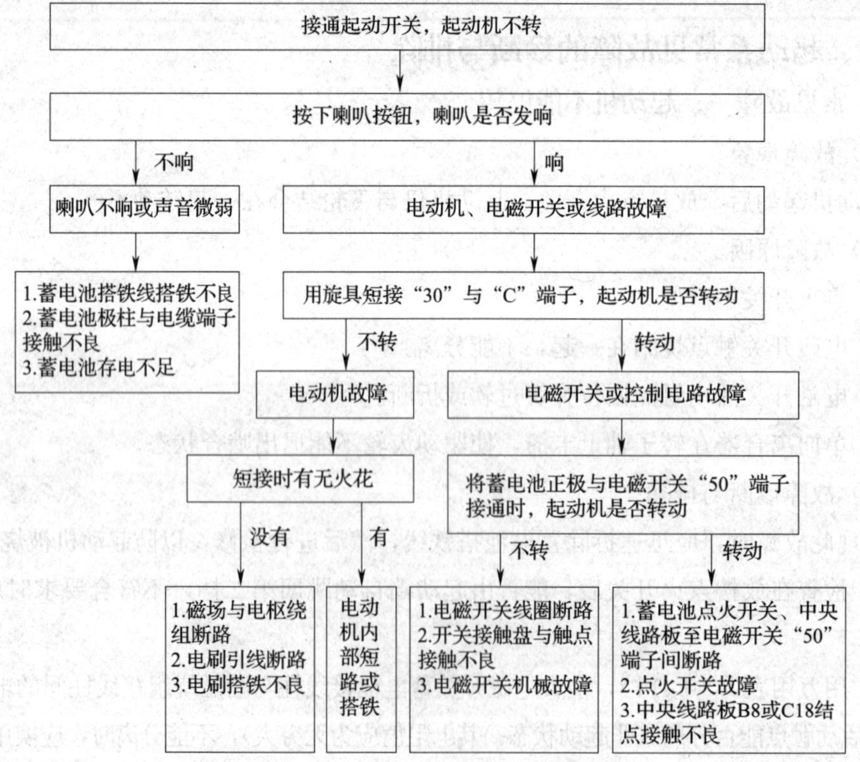

图 2—3—4 起动机不转故障诊断流程图

首先应检查蓄电池存电情况和导线，特别是蓄电池搭铁电缆和火线电缆的连接情况，然后再检查起动机和开关。

1）接通汽车前照灯或喇叭，若灯发亮或喇叭响，说明蓄电池存电较足，故障不在蓄电池；若灯不亮或喇叭不响，说明蓄电池或电源线路有故障，应检查蓄电池搭铁电缆和火线电缆的连接有无松动以及蓄电池存电是否充足。

2）若灯亮或喇叭响，说明故障发生在起动机、开关或控制电路。可用旋具将起动机“30”端子与“C”接通，使起动机空转。若起动机不转，则电动机有故障；若起动机空转正常，说明电磁开关或控制电路有故障。

3）诊断电动机故障时，可根据旋具搭接“30”端子与“C”时产生火花的强弱来辨别。若搭接时无火花，说明磁场绕组、电枢绕组或电刷引线等有断路故障；若搭接时有强烈火花而起动机不转，则起动机内部有短路或搭铁故障，须拆下起动机进一步检修。

4）诊断是电磁开关还是控制电路故障时，可用导线将蓄电池正极与电磁开关“50”端子接通（时间不超过 5 s），如果接通时起动机不转，说明电磁开关故障，应拆下检修或更换电磁开关；如果接通时起动机转动，说明“50”端子至蓄电池正极之间线路断路或点火开关有故障。

5）排除电磁开关“50”端子至蓄电池正极之间线路或点火开关故障时，可用 12 V/2 W 试灯逐段进行诊断排除。将试灯一个引线电极搭铁，另一个引线电极接点火开关“30”端子，如果试灯不亮，说明蓄电池正极至点火开关间的线路断路，一般是中央线路板单端子插座 P 处插头松脱；如果试灯发亮，说明该段线路良好，继续下述检查。

6）将试灯引线电极接点火开关“50”端子，点火钥匙转到起动位置，如果试灯不亮，说明点火开关故障，应予更换；如果试灯发亮，说明点火开关良好，故障发生在点火开关“50”端子至中央线路板 B8 结点之间的红黑色导线，或起动机“50”端子至中央线路板 C18 结点之间的红黑色导线或中央线路板，逐段检查即可排除。

3．常见故障三：起动机转动无力

（1）故障现象

起动机转动缓慢无力，带动发动机运转困难；或接通点火开关起动挡后，起动机就发出“咔嗒”一声响，但不能转动。

（2）故障原因

1）蓄电池存电不足或其电缆线与极柱接触不良。

2）电磁开关触点烧蚀，接触不良。

3）整流器脏污、电刷磨损严重、弹簧过弱，致使电刷与整流器接触不良。

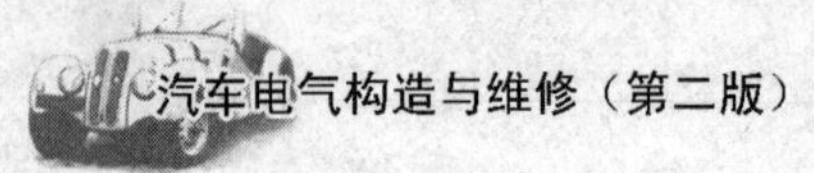

4）励磁绕组或电枢绕组短路。

5）转子轴衬套磨损严重，与轴配合松动；或转子轴弯曲变形，致使电枢与磁极相碰。

（3）故障的诊断与排除

起动机转动无力的故障诊断方法与起动机不转基本相同。其诊断与排除方法如下：

1）开前照灯及按喇叭检查，若蓄电池存电量不足或出现连接松动，应对蓄电池进行充电及检修，并连接好电缆线。

2）用旋具或导线连接起动机蓄电池接线柱与励磁绕组接线柱，此时，若起动机转动良好，表明电磁开关接触不良，应更换电磁开关或起动机总成。

3）连接电磁开关蓄电池接线柱与励磁绕组接线柱后，若起动机仍转动无力，表明故障在起动机内部，应对起动机进行解体检修或换用新件。

思考与练习

1. 简述起动系的作用及组成部分。
2. 简要说明起动机的拆装步骤。
3. 简述起动机的检修方法。
4. 简述桑塔纳轿车起动系工作时的电流路径。
5. 简述起动机不转故障的检修方法。

传统点火系

课题一　传统点火系部件

- 了解传统点火系的组成与工作原理。
- 了解点火线圈、分电器总成、火花塞的内部结构与工作原理。
- 掌握火花塞的热特性对发动机工作的影响，能正确选用火花塞。
- 能对传统点火系的主要部件进行拆装与维护。

火花塞（如图 3—1—1 所示）是点火系的部件之一，当其积碳后，不能产生电火花，导致气缸不能正常工作，汽车动力下降，发动机发抖。火花塞出现故障后，需要分析判断故障原因，根据实际情况进行检修。传统点火系由许多部件组成，如点火线圈、分电器、高压线、附加电阻等，当这些部件出现故障时，如何快速准确地进行检修呢？

图 3—1—1　火花塞电极烧蚀

一、传统点火系统的组成与工作原理

汽油发动机中，气缸内的混合气是由高压电火花点燃的，而高压电火花是靠点火系统产生的。点火系统的作用是按照汽油发动机工作要求，适时点燃气缸内的工作混合气，燃烧后产生强大动力可推动活塞运动，使发动机完成做功过程。而适时在气缸的燃烧室内产生电火花的装置，称为点火系统。

传统点火系统是由蓄电池或发电机供给低压电能，借点火线圈和分电器将它转变为高压电，再由分电器经高压线送到发动机气缸燃烧室中的火花塞上，在其两电极间产生电火花。

1. 组成

传统点火系的组成如图 3—1—2 所示。

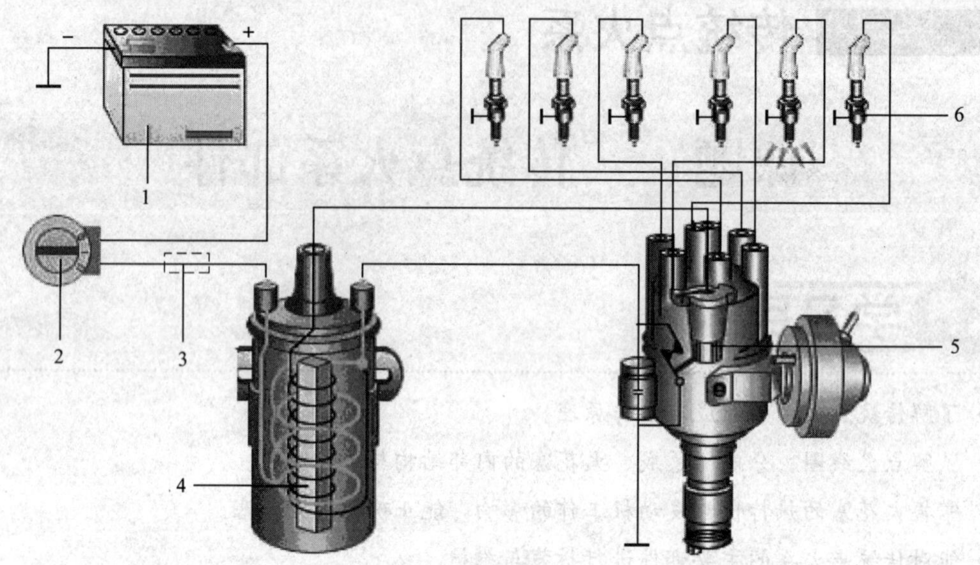

图 3—1—2 传统点火系的组成

1—蓄电池 2—点火开关 3—附加电阻 4—点火线圈 5—分电器 6—火花塞

（1）电源

电源由蓄电池和发电机组成。起动时点火系由蓄电池提供低压电能；起动后，当发电机电压高于蓄电池电压时，点火系由发电机提供低压电能。

（2）点火线圈

点火线圈（见图 3—1—3）的作用是将电源提供的低压电转变为 15～20 kV 的高压电，其基本结构是由硅钢片叠成的铁芯上绕有一个初级绕组和一个次级绕组。

（3）分电器

分电器（见图 3—1—4）由断电器、配电器、电容器和点火提前调节机构组成。通过断电器接通与切断点火线圈的初级绕组电路，由配电器将点火线圈产生的高压电，按发动机的工作顺序输送至各缸火花塞。为减小断电器触点的火花，延长触点的使用寿命和提高次级电压，在其触点并联装有电容器。为适应发动机随转速、负荷和汽油辛烷值变化而随时获得最佳点火提前角，装有点火提前调节机构。

（4）火花塞

火花塞（见图 3—1—5）的作用是将高压电引入气缸燃烧室并产生电火花点燃工作混合气。

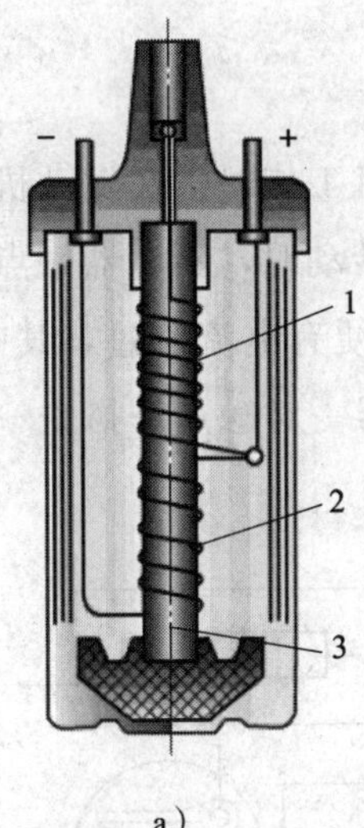

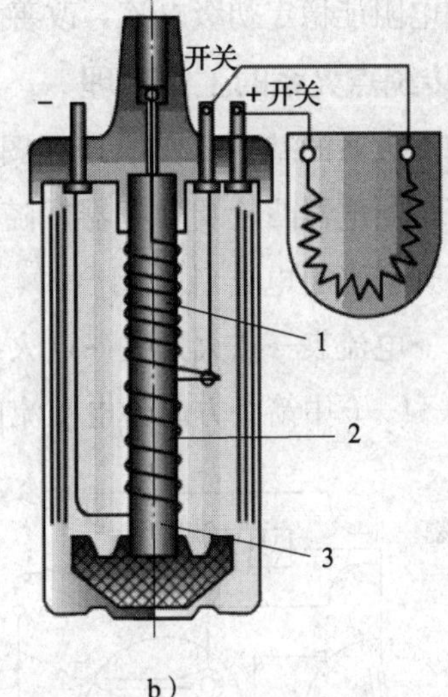

图 3—1—3　开磁路式点火线圈

a）两接线柱式点火线圈　b）三接线柱式点火线圈

1—次级绕组　2—初级绕组　3—铁芯

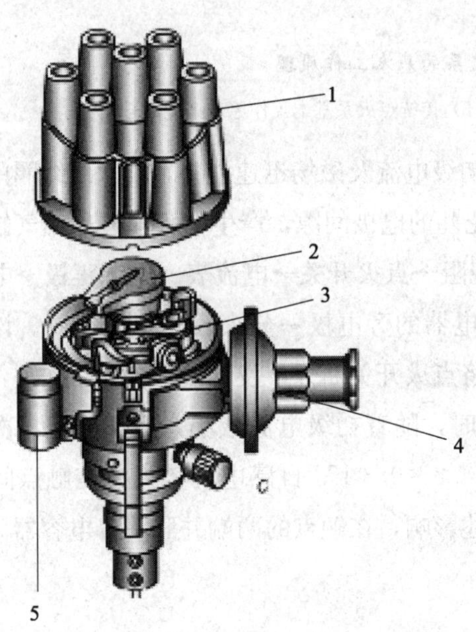

图 3—1—4　分电器结构

1—分电器盖　2—分火头　3—断电器

4—真空提前调节装置　5—电容器

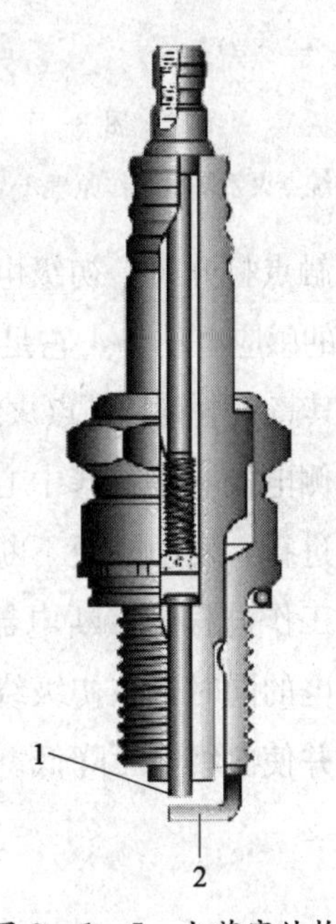

图 3—1—5　火花塞结构

1—中心电极　2—侧电极

（5）点火开关

点火开关控制点火系低压电路的通断，控制发动机的起动和熄火。

（6）附加电阻

附加电阻能稳定初级电流，改善点火性能和起动性能。

2. 传统点火系的工作原理

传统点火系的基本工作原理如图 3—1—6 所示，发动机工作时，在发动机凸轮轴的驱动下，断电器凸轮及分电器轴随之旋转。断电器凸轮转动时，断电器触点交替地闭合和打开。当断电器触点闭合时，点火线圈初级绕组中便有电流流过，其电路是：电源正极→电流表→点火开关→点火线圈初级绕组→断电器一对触点→搭铁→电源负极。图 3—1—6 中箭头方向为电流流向。

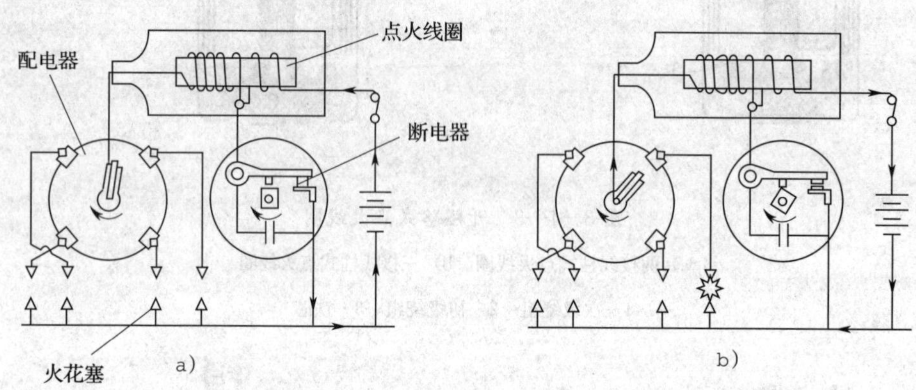

图 3—1—6　传统点火系的基本工作原理

a）传统点火系基本工作原理 1（低压电路）　b）传统点火系基本工作原理 2（高压电路）

当凸轮将触点打开时，初级电路断路，初级电流及磁场迅速消失，在次级线圈中产生 15～20 kV 的感应电动势，它足以击穿火花塞的电极间隙，产生电火花，点燃气缸内工作混合气。其高压电路是：点火线圈次级绕阻→点火开关→电流表→电源正极→电源负极→火花塞侧电极→火花塞中心电极→配电器的旁电极—分火头→点火线圈。该过程周而复始地进行，发动机便不断地工作。将点火开关断开，发动机即停止工作。

点火系统工作过程中，断电器触点打开时，随着初级电流减小，磁场变化，次级绕组产生高压电的同时，在初级绕组中产生 0.2～0.3 kV 自感电动势，将在触点间隙处产生火花，并使次级电压降低。为消除上述影响，在触点的两端并联一个电容器。

知识拓展

汽车不管采取何种点火系，都必须满足发动机对点火系统的基本要求：

1. 足够击穿火花塞间隙的高压电
2. 电火花具有足够能量
3. 适应工作情况
4. 工作可靠

二、传统点火系主要部件的结构与工作原理

1. 点火线圈与附加电阻

点火线圈由初级绕组、次级绕组和铁芯等组成。按磁路的结构形式不同，可分为开磁路式点火线圈和闭磁路式点火线圈，如图 3—1—7 所示。

a）

b）

图 3—1—7　点火线圈

a）开磁路式　b）闭磁路式

（1）开磁路式点火线圈

如图 3—1—8 所示，开磁路式点火线圈又可分为二接线柱式（不带附加电阻）和三接线柱式。

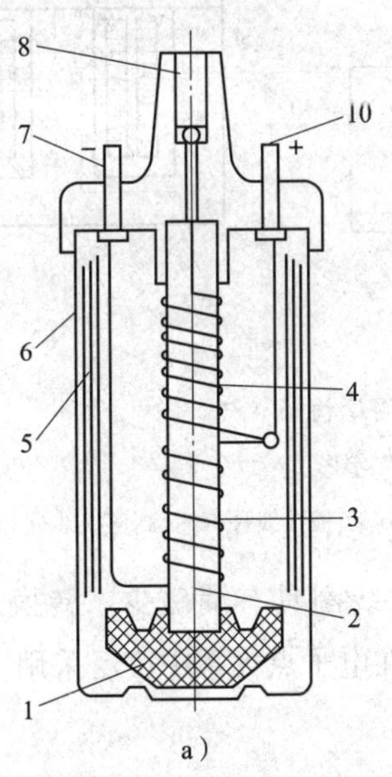

a）

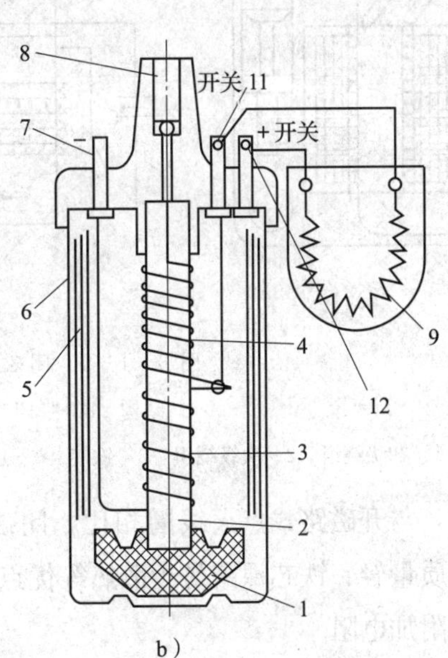

b）

图 3—1—8　开磁路式点火线圈

a）二接线柱式（不带附加电阻）　b）三接线柱式

1—瓷座　2—铁芯　3—初级绕组　4—次级绕组　5—导磁钢套　6—外壳　7—“—”接线柱　8—高压接线柱　9—附加电阻　10—“+”接线柱　11—“开关”接线柱　12—“点火开关”接线柱或“+开关”接线柱

点火线圈的中心是用硅钢片叠成的铁芯，在铁芯外面套上绝缘的纸质套管，纸质套管上绕有直径为 0.06～0.10 mm、11 000～23 000 匝的次级绕组；初级绕组用直径为 0.5～1.0 mm、绕 230～370 匝的高强漆包线，绕在次级绕组的外面，以利于散热。绕组和外壳之间装有导磁钢套，底部有瓷质绝缘支座，上部有绝缘盖，外壳内充满沥青或变压器油等绝缘物，加强绝缘并防止潮气侵入。

三接线柱式与二接线柱式点火线圈的区别在于三接线柱式带附加电阻，而二接线柱式不带附加电阻。三接线柱式点火线圈的绝缘盖上有“－”“开关”“＋开关”三个接线柱，分别接断电器、起动机附加电阻短路接线柱、点火开关“IG”接线柱或“15”接线柱。附加电阻接在标有“开关”和“＋开关”的两接线柱上，与点火线圈的初级绕组串联。

（2）闭磁路式点火线圈

闭磁路式点火线圈的结构如图 3—1—9 所示，有“口”字形和“日”字形之分。与开磁路式点火线圈不同的是铁芯内绕有初级绕组，而次级绕组绕在初级绕组外面。绕组在铁芯中的磁通，通过铁芯形成闭合磁路，故称为闭磁路式点火线圈。

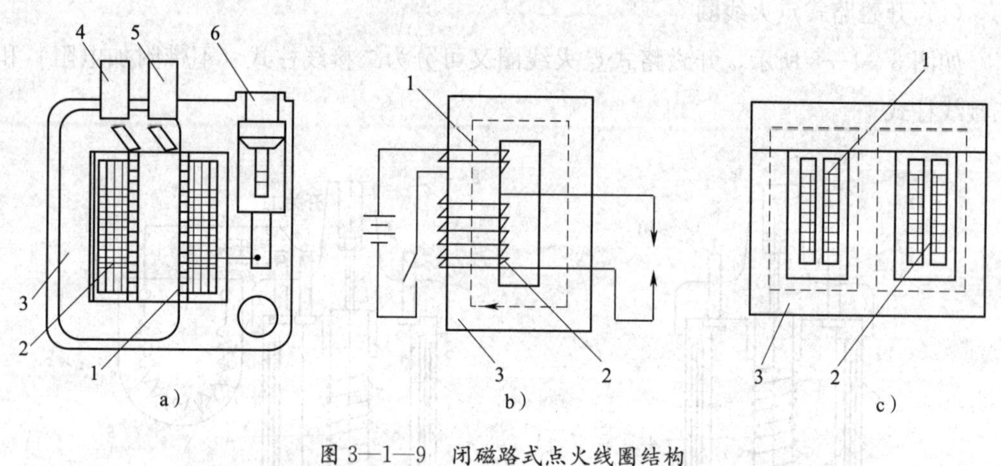

图 3—1—9　闭磁路式点火线圈结构

a）结构　b）“口”字形　c）“日”字形

1—初级绕组　2—次级绕组　3—铁芯　4—正极接线柱　5—负极接线柱　6—高压接线柱

此外，与开磁路式点火线圈相比，闭磁路式点火线圈具有漏磁少、转换效率高、体积小、质量轻、铁芯裸露易于散热等优点，目前已在电子点火系中广泛采用。

（3）附加电阻

附加电阻是一种正温度系数的热敏电阻，一般用低碳钢丝、镍铬丝或纯镍丝制成，具有受热时电阻值迅速增大，而冷却时电阻值迅速降低的特性。起动时将附加电阻短路，增大点火线圈初级电路电流，增强起动时火花塞的跳火能量。现代点火线圈能量较高，附加电阻已基本取消。

2．分电器

传统分电器由断电器、配电器、电容器和点火提前机构等组成。

（1）断电器

断电器由固定在断电器底板上的断电器触点和断电器凸轮组成。断电器的触点一般由钨合金制成，一个触点及支架固定在底板上且直接搭铁，并可借助转动固定触点支架的偏心螺钉调整触点间隙；另一个触点为活动触点，在触点臂回位弹簧的作用下，向固定触点靠近。断电器的结构如图 3—1—10 所示。

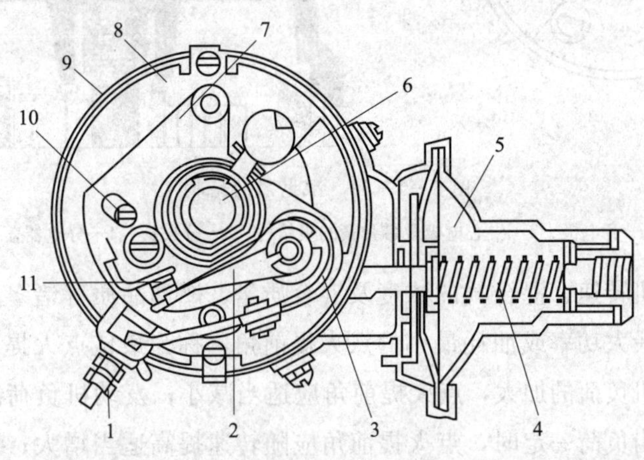

图 3—1—10　断电器的结构

1—接线柱　2—活动触点　3—弹簧片　4—弹簧　5—真空提前调节机构　6—凸轮　7—活动底板　8—固定底板　9—外壳　10—偏心螺钉　11—固定触点

（2）配电器

配电器（见图 3—1—11）安装在断电器的上方，它由用胶木制作的分电器盖和分火头组成。分电器盖的中央有一高压线插孔（中央电极，其内装有带弹簧的炭精柱，压在分火头的导电片上）。分电器盖的四周均匀分布着与发动机气缸数相等的旁电极（各缸高压线插孔），可通过分缸高压线与各气缸火花塞相连。分火头装在断电器凸轮的顶端，随凸轮一起旋转。当断电器触点断开时，分火头上的导电片总是正对某一旁电极，此时来自点火线圈的高压电经中心高压线引入到分火头上，跳过分火头与旁电极之间较小的气隙到旁电极，再由分缸高压线引入到各缸火花塞上跳火，点燃气缸内的可燃混合气而使发动机做功。

（3）点火提前调节机构

点火时刻是用点火提前角来表示的。压缩行程中，从点火开始到活塞运行到上止点时曲轴所转过的角度，称为点火提前角。

最佳点火提前角对发动机的功率、稳定性及排放污染有较大的影响。最佳点火提

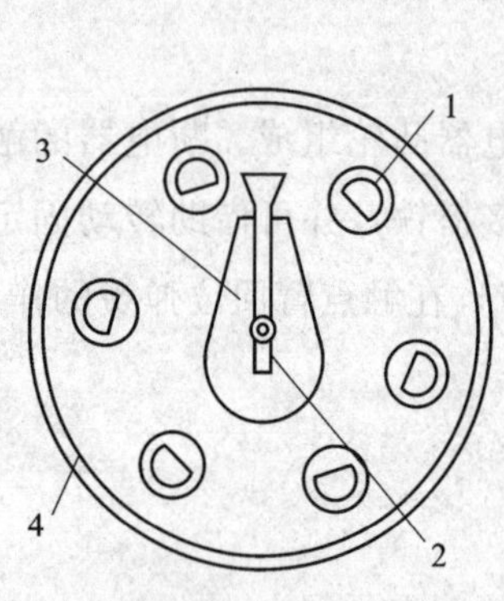

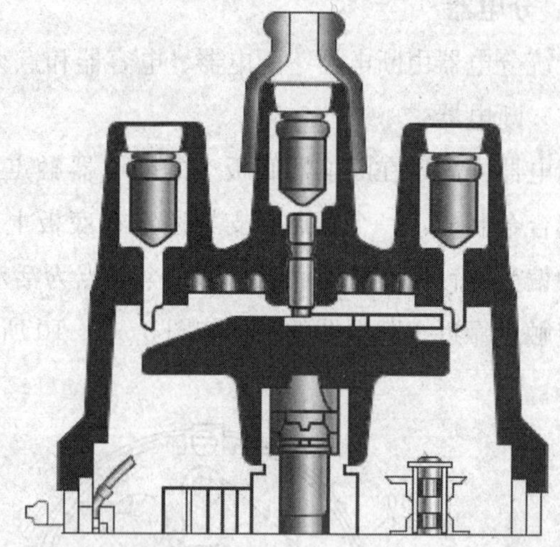

图 3—1—11　配电器的结构

1—旁电极　2—中心电极及带弹簧的炭精柱　3—分火头　4—分电器盖

前角应根据发动机转速、混合气的浓度及混合质量、燃油品质等诸多因素来确定。一般把发动机发出最大功率或油耗最小的点火提前角，称为最佳点火提前角。当转速一定时，随着发动机负荷的加大，点火提前角应适当减小；发动机负荷减少时，点火提前角应当加大。当负荷一定时，点火提前角应随转速提高适当增大；当使用高辛烷值汽油时，因其抗爆性好，点火提前角应适当增大。

分电器的点火提前机构一般设有两套，如图 3—1—12 所示：一套是能随发动机转速的变化而自动调节点火提前角的离心式点火提前机构，另一套是按发动机负荷不同而自动调节点火提前角的真空式点火提前机构。

a）

b）

图 3—1—12　分电器的点火提前机构

a）离心式点火提前机构　b）真空式点火提前机构

教学互动

随发动机工况（转速和负荷）的改变，点火提前角应怎样变化?

3. 火花塞

火花塞的工作条件极其恶劣，它要受到高压、高温以及燃烧产物的强烈腐蚀。因此，要求火花塞必须具有足够的强度、能够承受冲击性高压电的作用，能承受剧烈的温度变化且具有良好的热特性，并要求火花塞的材料能抵抗燃气的腐蚀。

（1）火花塞的结构

火花塞的结构如图 3—1—13 所示。在钢制壳体的内部固定有高温氧化铝陶瓷绝缘体，这样使得中心电极与侧电极之间保持足够的绝缘强度。绝缘体内的上部装有导电的金属螺杆，通过接线螺母与高压导线相连，下部装有中心电极。螺杆与中心电极之间用导电玻璃密封。中心电极由镍锰合金制成，具有良好的耐高温、耐腐蚀和导电性能。壳体下部的螺纹与气缸盖螺纹端面结合处配有密封垫圈，保证壳体与缸盖之间密封良好。

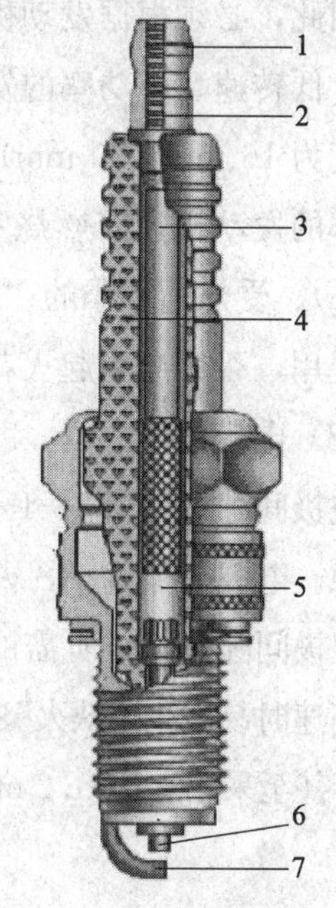

图 3—1—13　火花塞的结构

1—螺母　2—连接螺纹　3—螺杆　4—绝缘体　5—导电密封玻璃　6—中心电极　7—侧电极

（2）火花塞的分类

根据火花塞裙部绝缘体的长度可以将火花塞分为热型、中型、冷型三类，如图 3—1—14 所示。

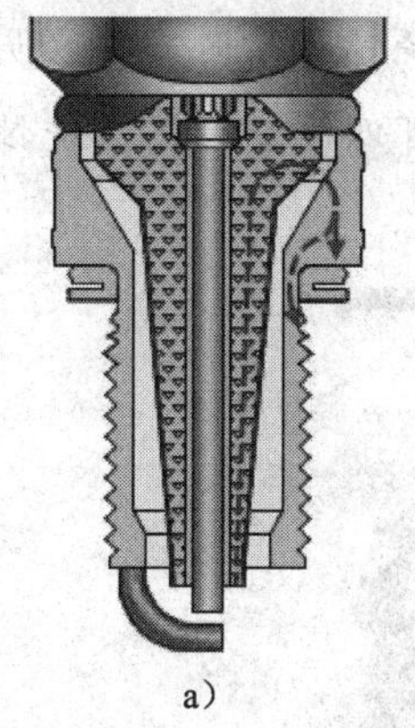

a）

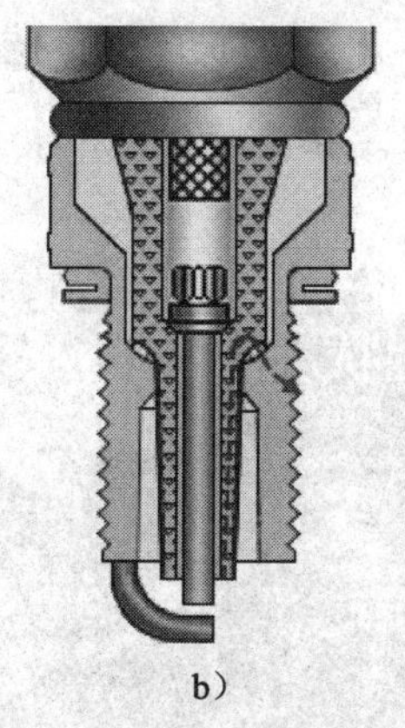

b）

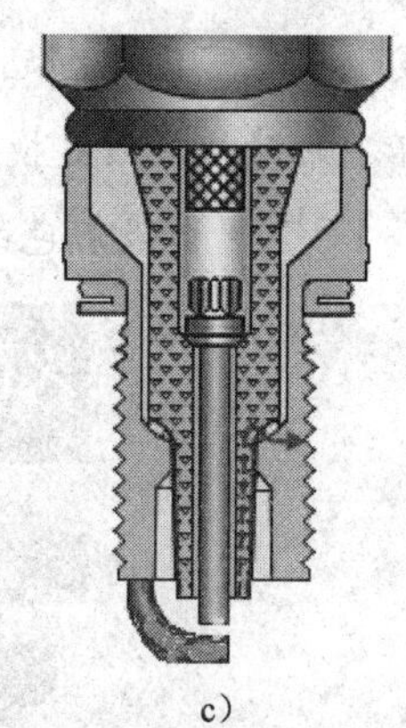

c）

图 3—1—14　火花塞的分类

a）热型　b）中型　c）冷型

火花塞裙部温度的高低对发动机的工作影响很大。当火花塞裙部温度为500～700℃时，火花塞工作条件最好，不易产生积碳，这一温度称为自净温度。当裙部温度高于自净温度时，炽热的火花塞裙部会在正常点火之前直接点燃混合气，引起早燃、爆燃甚至活塞顶烧熔；当裙部温度低于自净温度时，又易于使油雾聚积、火花塞积碳而不能自净，导致高压电泄漏，使火花塞点火困难。

因此，必须根据发动机气缸工作温度及火花塞的热特性来选用火花塞。对于低压缩比、低转速、小功率的发动机，因其燃烧室工作温度较低，应先用裙部尺寸长（裙部长度为16 mm、20 mm）、受热面积大的“热型”火花塞；对于高压缩比、高转速、大功率的发动机，因燃烧室工作温度较高，应选用裙部尺寸短（裙部长度为8 mm、11 mm）、受热面积小的“冷型”火花塞。这一点应引起注意，不可混用，否则会引起火花塞积碳和发动机爆燃。

（3）电极间隙

电极间隙（见图3—1—15）指的是中心电极与侧电极之间的间隙。电极间隙过小，火花微弱，并且容易因产生积碳而漏电；电极间隙过大，所需的击穿电压增高，发动机不易起动，且在高速时易发生“缺火”。一般的电极间隙为0.6～0.8 mm，有的汽车甚至采用1.0～1.2 mm，可以改善发动机排气净化效果。

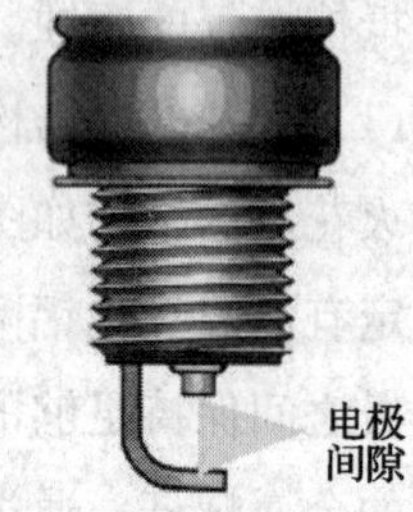

图3—1—15　火花塞的电极间隙

火花塞故障需及时处理，烧蚀很危险

通常情况下，火花塞的使用寿命为15 000 km，长效火花塞的使用寿命也不超过30 000 km。然而不少车主的火花塞常常出现这样那样的问题，达不到其正常使用寿命。

当发现火花塞顶端有疤痕或是破坏，电极出现熔化、烧蚀现象时，都表明火花塞已经毁坏，此时就应该更换火花塞。在更换过程中，车主可以检查火花塞烧蚀的症状（见图3—1—16）以及颜色的变化。

图3—1—16　火花塞烧蚀

火花塞故障的现象及诊断方法见表 3—1—1。

表 3—1—1　　火花塞故障的现象及诊断方法

故障现象	诊断方法
现象 1： 电极熔化且绝缘体呈白色	这种现象表明燃烧室内温度过高。这可能是燃烧室内积碳过多，从而造成气门间隙过小，进一步引发排气门过热或是冷却装置工作不良造成的。在火花塞未按规定力矩拧紧时也会造成电极熔化，绝缘体呈现白色的现象
现象 2： 电极变圆且绝缘体结有疤痕	这就表明发动机早燃，可能是点火时间过早或者汽油辛烷值过低、火花塞热值过高等原因造成的
现象 3： 绝缘体顶端碎裂	一般来说，爆震燃烧是绝缘体破裂的主要原因。而点火时间过早、汽油辛烷值低、燃烧室内温度过高，都可能导致发动机爆震燃烧
现象 4： 绝缘体顶端有灰黑色条纹	这种条纹的出现表明火花塞已经漏气，需要更换新件

4. 点火开关

点火开关（见图 3—1—17）主要用来接通和切断点火电路，同时还可以控制起动机、发电机励磁、收放机、空调、刮水器、点烟器、仪表、信号灯、进气预热和其他电气设备电路。

点火开关的操纵端通常做成锁的形式。通常分仪表台安装式和转向柱安装式两种。轿车点火开关常配有主、副钥匙及钥匙编码标签。主钥匙通常与汽车油箱盖锁、汽车门锁、行李厢锁通用；副钥匙仅与门锁通用；用户钥匙丢失后，可凭编码标签向厂方索配。转向柱式点火开关常用挡位如图 3—1—18 所示。

图 3—1—17　点火开关

图 3—1—18　转向柱式点火开关常用挡位

（1）钥匙在 LOCK 位置，为断电且转向器联锁机构锁止位置。将钥匙插入点火开关后，旋转钥匙由 LOCK 转到 ACC 位置，左右轻轻转动转向盘，就可解除转向器联锁机构锁止。

（2）旋转钥匙至 ACC 位置，可接通收放机和点烟器电路。

（3）旋转钥匙至 ON 位置，可接通仪表和点火系统、暖风装置、刮水器、转向灯电路。

（4）旋转钥匙至 START 位置（有弹性），可接通起动机电路，起动发动机后自动回到 ON 位置。

（5）旋转钥匙至 LOCK 位置，可将钥匙拔出，转向器联锁机构跳出，将转向器锁止以防盗窃。

教学互动

1. 火花塞的热特性对发动机的工作有何影响？

2. 什么叫火花塞电极间隙？一般为多少？

三、点火系主要元件的拆装与维护

1. 分电器的拆装（以 CA1091 型汽车分电器为例）

（1）分电器的拆卸（从车上拆下，如图 3—1—19 所示）

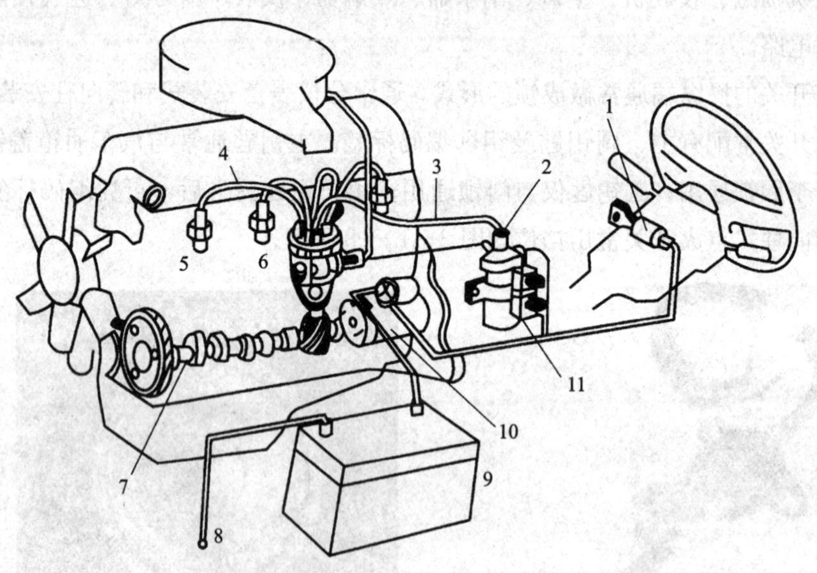

图 3—1—19　CA1091 型汽车点火系组成

1—点火开关　2—点火线圈　3—中央高压线　4—分缸线　5—火花塞　6—分电器　7—凸轮轴　8—搭铁
9—蓄电池　10—起动机　11—附加电阻

1）拆下蓄电池搭铁电缆。

2）拆下分电器提前调节机构的真空连接管和导线。

3）拆下高压线。

4）拆下分电器凸缘固定螺栓，从分电器座上拆下分电器总成。

（2）分电器的分解（见图 3—1—20）

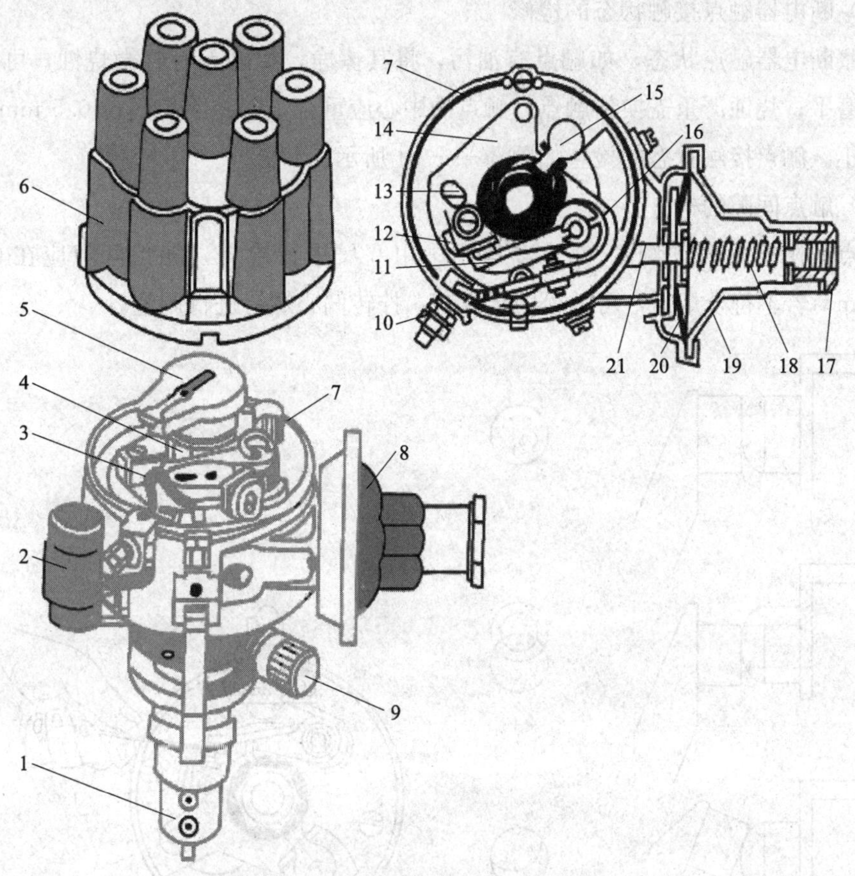

图 3—1—20　CA1091 型汽车分电器结构

1—下联轴节　2—电容器　3—触点及断电器底板总成　4—凸轮　5—分火头　6—分电器盖　7—分电器壳体　8—真空提前调节器　9—油杯　10—接线柱　11—活动触点臂　12—固定触点及支架　13—偏心螺钉　14—活动底板　15—油毡　16—触点臂弹簧片　17—螺母　18—弹簧　19—真空提前调节器外壳　20—真空提前调节器膜片　21—拉杆

1）扳开分电器盖两卡扣，拆下分电器盖。

2）拆下电容器（对于传统点火系统）。

3）拔下分火头。

4）拆下断电器底板固定螺钉，取下断电器底板及低压接线柱绝缘支架；用旋具拆下分电器顶端固定螺钉，取下断电器凸轮。

5）拆下离心式点火提前调节机构的粗、细弹簧。

6）拆下离心重块。

（3）分电器的组装

组装的顺序与分解时的顺序相反。

2. 分电器的检修

（1）断电器触点接触状态的检修

观察断电器触点状态，如触点有油污，将其擦净，如触点有轻微烧蚀，可用 0 号细砂纸磨平；烧蚀严重需换新触点。触点的中心应重合，偏差不得超过 0.5 mm，如不符应校正。触点接触状态的检查如图 3—1—21 所示。

（2）触点间隙的检查

触点间隙的检查如图 3—1—22 所示。用塞尺进行检查，触点间隙应在 0.35～0.45 mm，若不符合规定，可放松固定螺钉，拧转偏心螺钉进行调整。

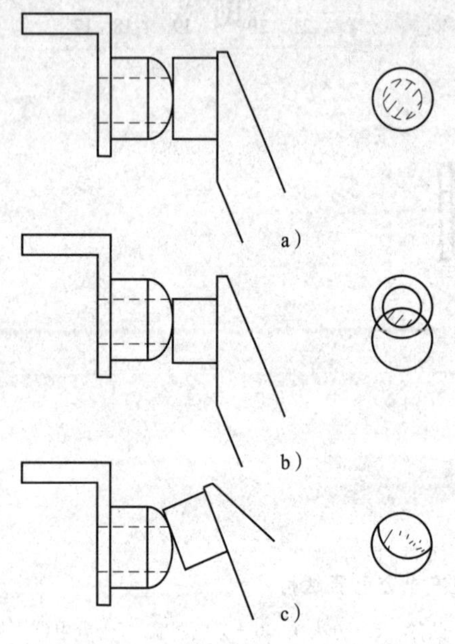

图 3—1—21 触点接触状态的检查

a）接触面平整（对正） b）接触面偏心

c）接触面不平整

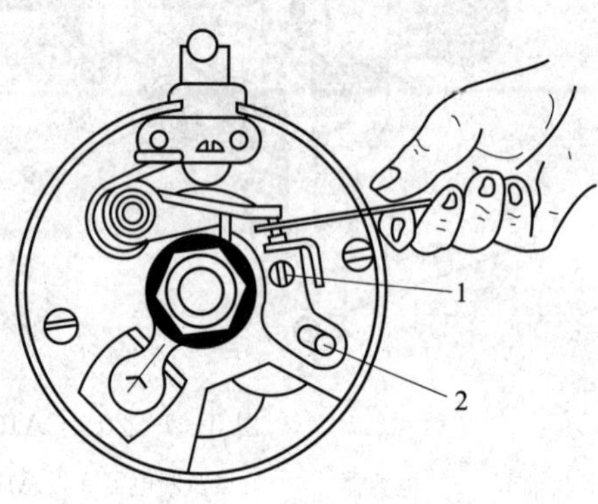

图 3—1—22 触点间隙的检查

1—固定螺钉 2—偏心螺钉

（3）触点臂弹簧张力的检查

触点闭合时，用弹簧秤的挂钩钩在活动触点臂的一端，沿着触点的轴向拉动弹簧秤。当触点刚刚分开时，弹簧秤的读数应为 4.9～6.9 N（0.5～0.7 kgf）；若张力过小，则需更换。触点臂弹簧张力的检查如图 3—1—23 所示。

（4）分电器轴与衬套之间间隙的检查

分电器轴与衬套的正常配合间隙为 0.02～0.04 mm，最大不得超过 0.07 mm。

（5）分火头和分电器盖漏电的检查

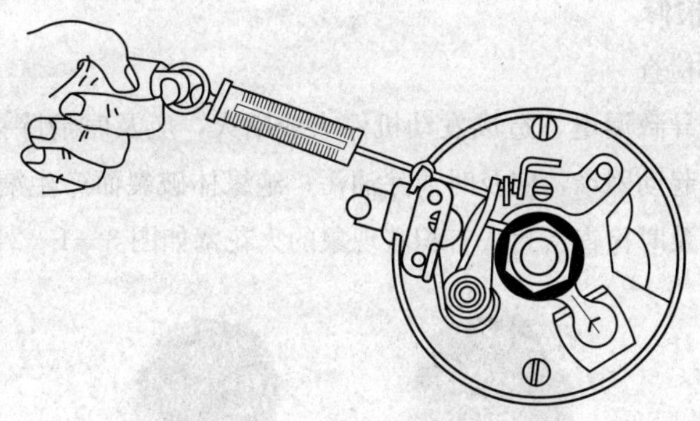

图 3—1—23　触点臂弹簧张力的检查

可在汽车上利用点火线圈的高压电进行跳火试验，确定分火头和分电器盖是否漏电，有漏电应更换。

(6) 电容器的检查

电容器常见的故障有绝缘被击穿、内部引出线短路等。电容器有故障需更换。

3. 点火线圈的检修

(1) 观察点火线圈的外表，如有绝缘盖破裂或外壳破裂现象应更换。

(2) 用万用表测量点火线圈的初级绕组、次级绕组及附加电阻的电阻值，应符合表 3—1—2 的规定，否则说明有故障，应予更换。

表 3—1—2　点火线圈（12 V）初级绕组、次级绕组及附加电阻的电阻值

型号	初级绕组（Ω）	次级绕组（kΩ）	附加电阻	适用机型
DQ122B	3.1～3.62	6.2～7.3	无	各型 4～6 缸汽油发动机
DQ124	3.6	7.3	无	各型 4～6 缸汽油发动机
DQ125	1.5	7.3	不自带电阻时串 1.7 Ω	东风 EQ1090 系列各型 4～6 缸汽油发动机
DQ125T	1.5	7.3	自带电阻 1.5 Ω	微型汽车
DQ130	1.8～2.0	6.5	自带电阻 1.4～1.5 Ω	各型 4～6 缸汽油发动机
DQ130U	1.5	7.3	自带电阻 1.5～1.7 Ω	解放 CA1091 系列各型 4～6 缸汽油发动机
DQ132A	1.5	7	另配 1.7 Ω	尼桑、丰田、三菱、奔驰、道奇、雪佛兰
DQ170	0.65	3	无	无触点 4～6 缸
JDQ171	0.52～0.76	2.4～3.5	无	桑塔纳轿车
JDQ172	0.7～0.8	3～4	无	解放 CA1091、1092
	1.13～1.23	7.7～9.3	无	切诺基

4．火花塞的检修

（1）火花塞的检查

火花塞积碳可导致漏电，造成发动机停火或断火，应及时清除；火花塞积油可导致击穿电压增高，起动困难，应及时清除油污；绝缘体破裂而产生漏电，需及时更换；如有漏气现象，应及时检查密封。有积碳现象的火花塞如图 3—1—24 所示。

a）

b）

c）

d）

图 3—1—24　有积碳现象的火花塞

a）正常燃烧　b）积碳严重　c）黑色油迹　d）呈白色

清洁火花塞的主要内容有：清理螺纹积垢、清洗火花塞表面和清除火花塞积碳等。

（2）火花塞间隙的检查与调整

火花塞间隙一般为 0.7～0.9 mm。检查、调整前应先了解被检查火花塞的有关数据，测量时应用钢丝式专用量规，不得使用普通塞尺。

课题二　传统点火系的检测与调整

学习目标

- 了解点火正时的概念及点火波形。
- 掌握传统点火系的检测和调整方法。
- 掌握常见的点火波形畸形的故障诊断方法。
- 能够正确使用点火系检测仪器（示波器、点火正时灯）。
- 能够对传统点火系进行基本维护。

想一想

一辆传统点火系的汽车在起动时明显感到阻力大，曲轴转动困难，怠速时有严重爆震声，有时有敲缸声，运转不平稳，容易熄火。出现上述故障后必须对点火系进行检测、调整。那么如何进行检测调整，以及如何使用示波器对常见的点火波形畸形进行故障诊断呢？同时为了尽可能避免传统点火系出现故障，在平时应该如何对传统点火系进行维护呢？怠速时熄火如图 3—2—1 所示。

图 3—2—1　怠速时熄火

一、点火正时的认知

1. 点火正时的概念

往发动机上安装分电器或更换燃油品种时，要靠人工调整来确定初始的点火提前角，这一工作被称为点火正时。

点火正时是发动机工作的基本要求，是保证在发动机的压缩冲程终了，活塞达到行程的顶点时，点火系统向火花塞提供高压火花以点燃气缸内的压缩混合气做功。点火正时失准，将会导致发动机工作不正常，出现众多故障，使发动机动力下降，油耗升高，甚至造成零部件损坏等后果。在汽车维护时必须检查调整点火正时。

点火过早会造成：发动机爆震、过热、油耗增加、功率下降。

点火过迟会造成：功率下降、发动机过热、排气管放炮冒黑烟。

2. 点火正时灯

用闪光法制成的点火正时灯，是利用闪光与一缸点火同步的原理测出发动机的点火提前角，一般由正时灯（氖灯或氙灯）、传感器、中间处理环节和指示装置等组成。该种仪器，国外于 20 世纪 40 年代开始应用，国内于 20 世纪 70 年代已有厂家生产，目前在汽车维修企业应用比较广泛。点火正时灯如图 3—2—2 所示。

正时灯是一种频率闪光灯，每闪光一次，表示一缸的火花塞发火一次，因此闪光与一缸点火同步。当正时灯对准发动机一缸压缩终了上止点标记，并按实际跳火时间进行闪光时，可以看到运转中的发动机在闪光的照耀下，其转动部分（飞轮或曲轴带盘）上的标记还未到达固定指针，即一缸活塞还未到达压缩终了上止点。此时若调整正时灯电位器，使闪光时机推迟至转动部分上的标记正好对准固定指针之时，那么推迟闪光的时间就是点火提前的时间。

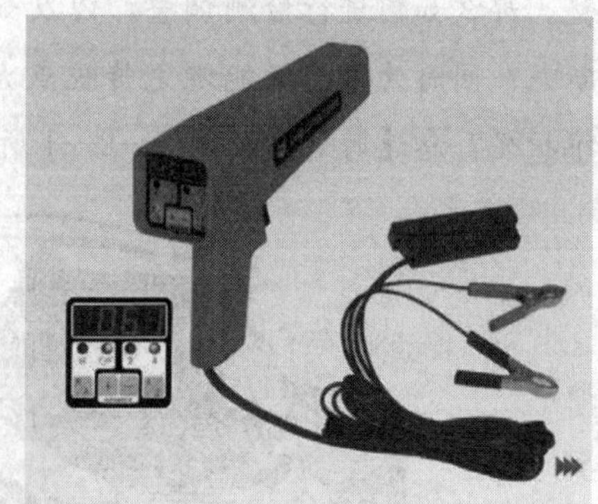

图 3—2—2　点火正时灯

二、对点火波形的认知

1．点火示波器简介

点火示波器可显示电压随时间变化的波形，是一种多用途的检测设备。点火示波器显示信号的速度比一般电子检测设备要快得多，是唯一能即时显示瞬态波形的仪器。现代点火示波器多为故障扫描和汽车专用示波器为一体的手持式多功能诊断仪，如图 3—2—3 所示。

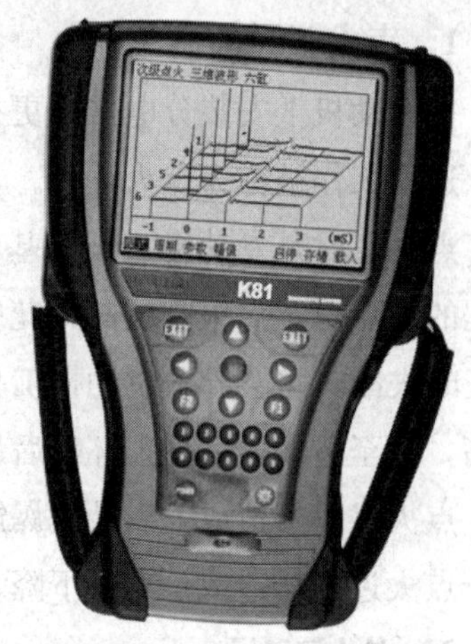

图 3—2—3　汽车多功能诊断仪（专用示波器）

使用汽车专用的点火示波器可以查看点火系统的工作波形，并根据点火的波形判断点火系统的故障。当点火示波器连接在运转的汽油机点火系电路上时，示波器屏幕上将显示出点火系中电压随时间变化的曲线，即点火波形。点火示波器屏幕显示的波形，在垂直方向上表示电压，在水平方向上表示时间，基线的上方为正电压，下方为负电压。

2．点火波形的形成原理

如图 3—2—4 所示为传统点火系统的正常点火波形，上面为次级波，下面为初级波。图 3—2—4 中 A 为触点开启段；B 为触点闭合段，为点火线圈的充磁区。

单缸次级电压点火波形一个周期内可分“两个阶段、四个区”。两个阶段是指触点开启段和触点闭合段，四个区是指跳火区、燃烧区、振荡区和闭合区。每个区由一条相应规律曲线所对应，即跳火线、火花线、振荡线、闭合线（见图 3—2—4）。

a 区为跳火区：此时断电触点将初级电流切断，线圈铁芯磁通骤然消失使得初级绕组自感出 200～300 V 电动势。由于次级绕组匝数多，因此感应出 15 000～20 000 V 的高压电。由于正常间隙下的火花塞击穿电压仅为 5 000～8 000 V，因此跳火期次级电压

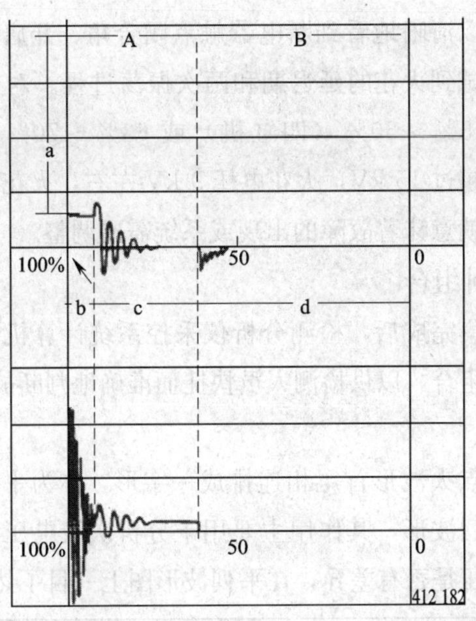

图 3—2—4　传统点火系点火波形

仅上升到 5 000～8 000 V 便不再继续上升。波形曲线中这段垂直升降线，通常称跳火线。跳火线实质上是次级回路中分布电容能量释放的结果。此时放电时间极短，仅为 1 μs 左右，但放电电流可达几十安培。

b 区为燃烧区：继跳火线（分布电容大电流放电）后，火花塞电极间混合气已充分电离形成了电火花通道，电极间维持电火花的电压显著下降，仅需 1～2 kV，点火线圈的其余能量就沿着电离了的火花塞间隙缓慢放电，形成电感放电期。波形曲线的这一平台线常称火花线，这时期放电时间较长，达几毫秒；放电电流较小，约为几千毫安。实验证明，电感放电的持续时间越长，点火性能越好。与此同时，断电触点灭弧电容与初级绕组构成一衰减振荡回路，随着点火线圈能量的耗散，振荡曲线的振幅逐渐衰减，直到火花熄灭为止。

c 区为振荡区：燃烧区后，电弧中断，点火线圈剩余能量从初级绕组与灭弧电容组成的衰减振荡回路中释放掉。此时初级波形与次级波形相似，减幅振荡波可见脉冲至少有 5 个（高能量点火线圈系统多达 8 个）。这些振荡曲线属低频振荡曲线，低频振荡完毕，低压波形指示出灭弧电容承受的蓄电池或发电机电压。

d 区为闭合区：触点闭合，低压波形由电容电压突变到零。初级形成电流，此过程初级绕组产生了与蓄电池电压方向相反的感应电压，次级绕组感应出 1 500～2 000 V 的电动势（不能击穿火花塞间隙），随着初级电流按指数规律上升到稳定值，次级电压也从正方向最大值按指数趋势减少到零。在此变化过程中因次级绕组与分布电容构成衰减振荡回路，因此次级波形变化区段有振荡形状存在。

从这一波形图上可以清晰地看到断电器触点闭合角、开启角以及击穿电压和火花电压的幅值，并可以测试到火花的延迟期和两次振荡过程。对于无故障点火系统，触点闭合角为全周期的 45%～50%（四缸机）或 63%～70%（六缸机），八缸机为 64%～71%，击穿电压超过 15 kV，火花电压 9 kV 左右，火花时间大于 0.8 ms。当这些数值或波形异常时，就意味着故障的出现或系统需要调整。

3．点火波形的各种组合

当气缸点火波形采集完成后，检测分析仪采控系统计算机软件将捕获的点火波形进行不同类别的排列与组合，以供检测人员快捷而准确地判断故障的成因。

（1）平列波

按点火次序将各缸点火波形首尾相连排成一字形，称为平列波。如图 3—2—5 所示为一四缸发动机的平列波形，其作用主要用于分析次级电压的故障，各缸次级击穿电压是否均衡，火花电压是否有差异，在平列波形图上一目了然。

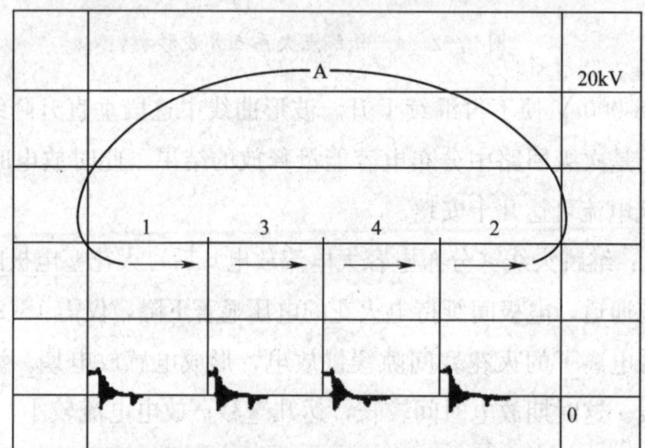

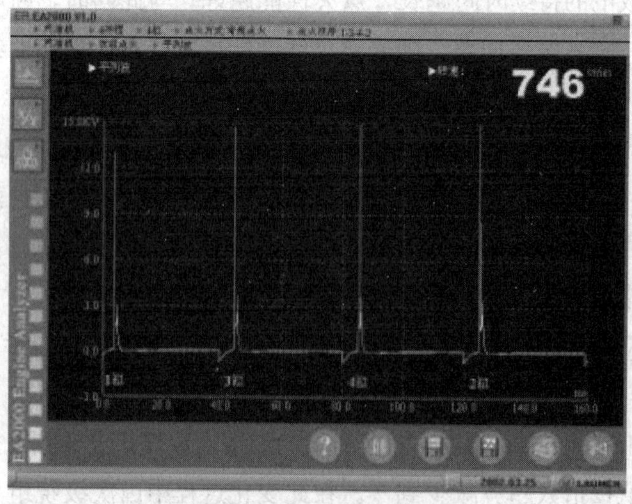

图 3—2—5　四缸次级电压平列波

（2）并列波

如将各缸的点火波形始点对齐，由下而上按点火次序排列就形成并列波，如图3—2—6 所示为一个四缸发动机的次级电压并列波形。这一波形图可以看到各缸直列波的全貌，分析各缸闭合角和开起角以及各缸火花塞的工作状态十分方便。如使用 TDC 传感器或频闪灯将上止点信号标于一缸电压波形上则可以检测到点火提前角。

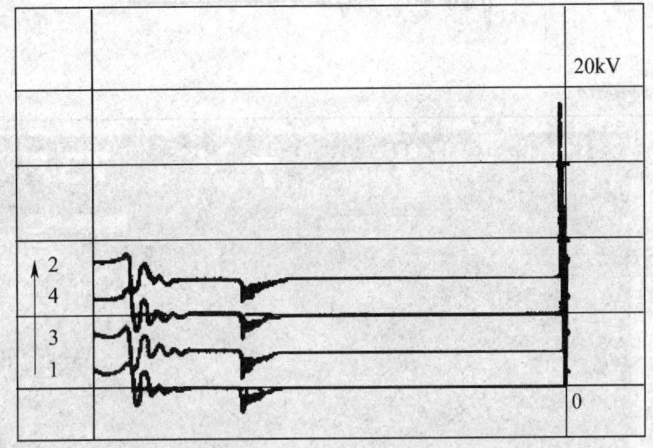

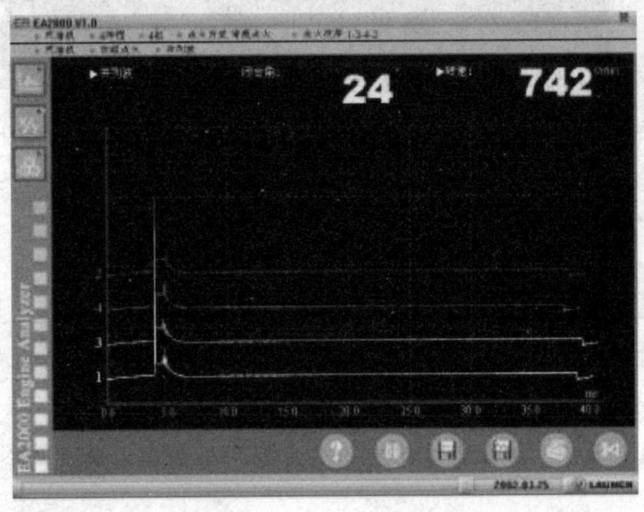

图 3—2—6　四缸次级电压并列波

（3）重叠波

将各缸的点火波形起始点对齐，全部重叠在一个水平位置上称为重叠波。四缸次级电压重叠波如图 3—2—7 所示。如果触点式点火系统的分电器凸轮磨损不均匀或凸轮轴磨损严重将会造成波形重叠不良，一般重叠角不能超过周期的 5%。

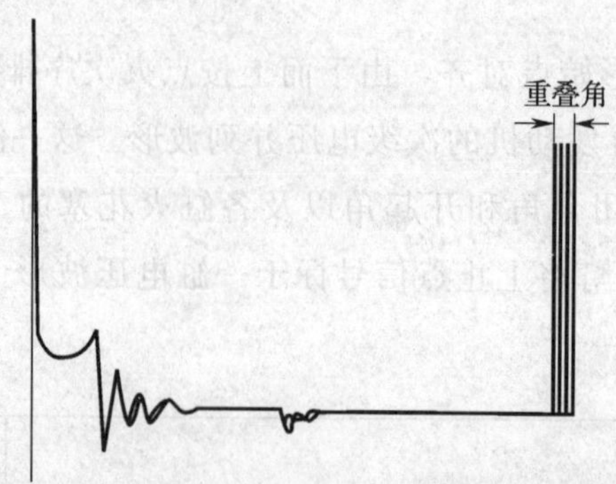

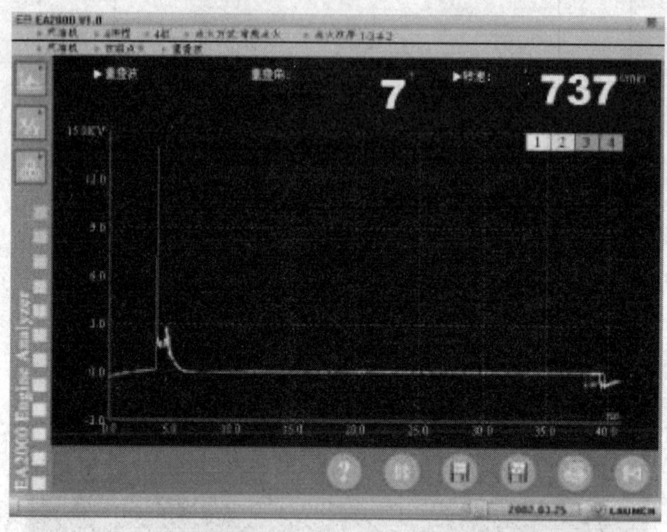

图 3—2—7　四缸次级电压重叠波

教学互动

1. 为何要对发动机进行点火正时调整？点火过早或过迟对发动机有什么影响？

2. 什么叫点火波形？单缸次级电压点火波形一个周期内的“两个阶段、四个区”如何理解？

三、点火正时的检测及调整

1. 确认或调整断电器触点间隙应符合要求

方法：拆下分电器盖及分电器座固定螺钉，转动分电器外壳使断电器触点处于最大张开位置，用塑料塞尺（若用钢塞尺，应将点火开关置于 OFF 位置）检查断电器触点间隙，应为 0.35～0.45 mm。如不符合要求，松开紧固螺钉，转动调整螺钉进行调整，符合要求后再将紧固螺钉拧紧。断电器触点间隙的调整如图 3—2—8 所示。

2．确认第一缸压缩上止点位置

确认第一缸是否处于压缩上止点位置的方法很多，很多资料上均有介绍。例如，对准曲轴带轮或飞轮上的正时记号，再看分火头的指向即可确认第一缸压缩是否处于上止点位置。如图 3—2—9 所示为发动机曲轴带盘处的点火正时标记。

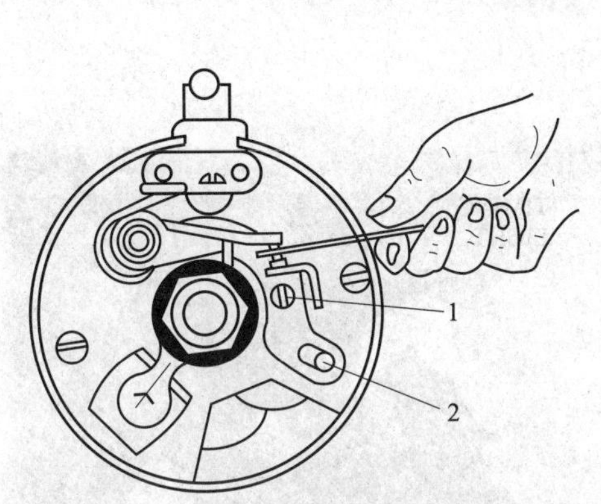

图 3—2—8　断电器触点间隙的调整

1—紧固螺钉　2—调整螺钉

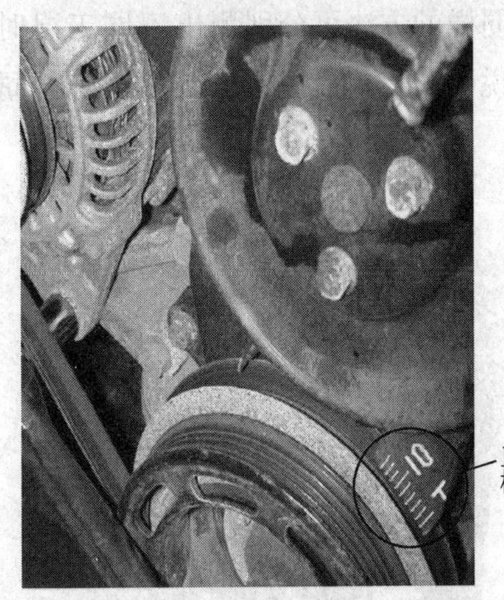

图 3—2—9　点火正时标记

3．确认断电器触点刚刚打开时刻

拆下分电器盖及分电器座固定螺钉，打开点火开关到 ON 位置，顺着分火头旋转方向转动分电器外壳使断电器触点处于闭合状态（初级电路被接通），将中心高压线的分电器一端拔下对准搭铁，并与搭铁保持 3～4 mm 间隙（跳火法），此时，逆着分火头旋转方向慢慢转动分电器外壳，到中心高压线刚刚跳火时刻，即为断电器触点刚刚打开时刻。固定好分电器座，安装好分电器盖，按点火次序连接好各缸高压线。

4．检查点火正时

（1）无点火正时灯时，采用人工经验法

起动发动机，在发动机达到正常工作温度时（冷却液温度 70～80℃），发动机怠速旋转时突然加速。如转速不能迅速提高，感到“发闷”，或在排气管中有突突声，则为点火过迟。如出现金属敲击声，则为点火过早。在“想一想”中的故障现象是点火过早的典型表现。点火过早时，应顺着分火头旋转方向转动分电器壳体可调迟；过迟时，则逆向转动分电器壳体可调早。

（2）使用点火正时灯

1）正确连接点火正时灯。如图 3—2—10 所示，正极接线夹连接到蓄电池正极，负极接线夹连接到蓄电池负极，再将传感器插接在一缸火花塞与高压线之间。

2）事先擦拭飞轮或曲轴带盘上一缸压缩终了上止点标记，最好用粉笔或油漆将标记描白。置发动机于怠速下稳定运转，打开正时灯并对准飞轮壳或机体前端面上的固定指针。调正时灯电位器，使飞轮或曲轴带盘上的标记逐渐与固定指针对齐，此时表头的读数即为发动机怠速运转时的点火提前角。检查点火正时如图 3—2—11 所示。用同样的方法可分别测出不同工况时的点火提前角。若测出的点火提前角符合规定，说明初始点火提前角调整正确，同时说明离心式调节器和真空式调节器工作正常。

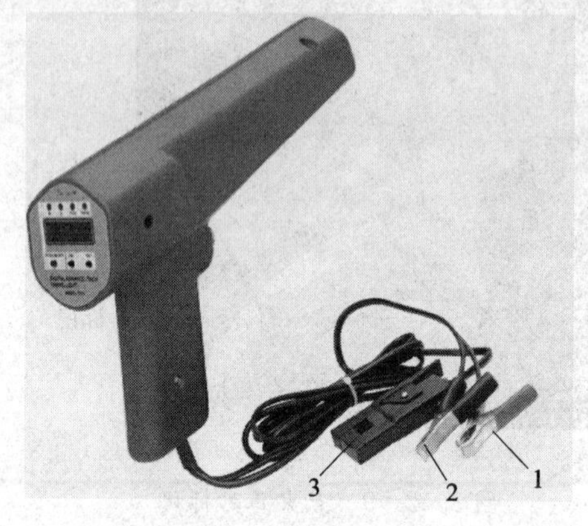

图 3—2—10　连接点火正时灯

1—正极接线夹　2—负极接线夹　3—传感器

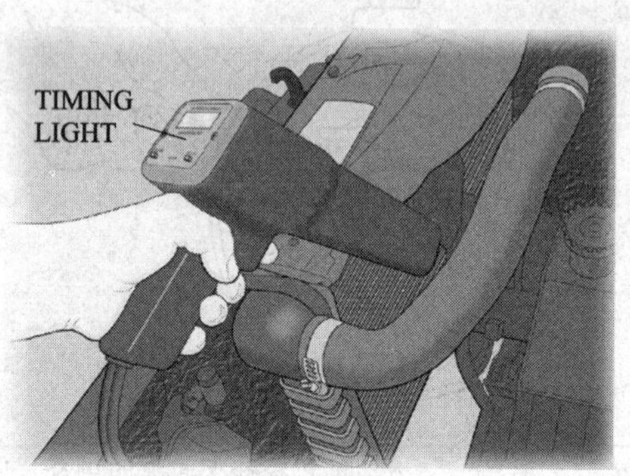

图 3—2—11　检查点火正时

教学互动

观察右图，1、2、3 三个点中，哪个是 T 点，即为对正时所用。

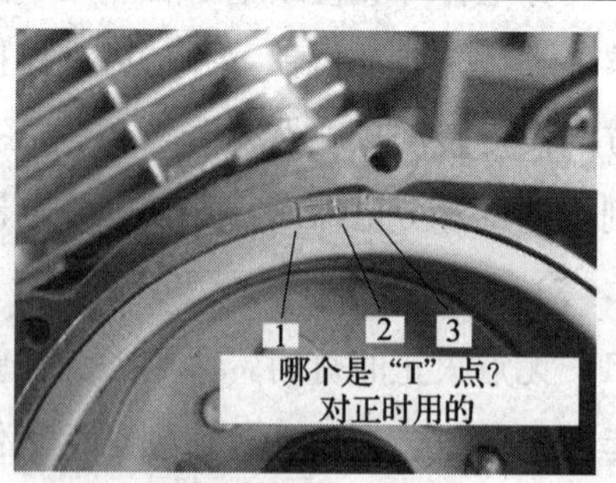

四、示波器的使用及常见点火波形畸形的故障诊断

1. 示波器的使用

在进行测试时，先按如图 3—2—12 所示将示波器的信号线和电源线接好，打开示

波器电源，调整示波器上的上下、左右旋钮，使屏幕上的光点位于屏幕的中央，然后起动发动机，使发动机的转速保持在 1 500 r/min。调整各旋钮，使各气缸直列波形显示在坐标刻度内。

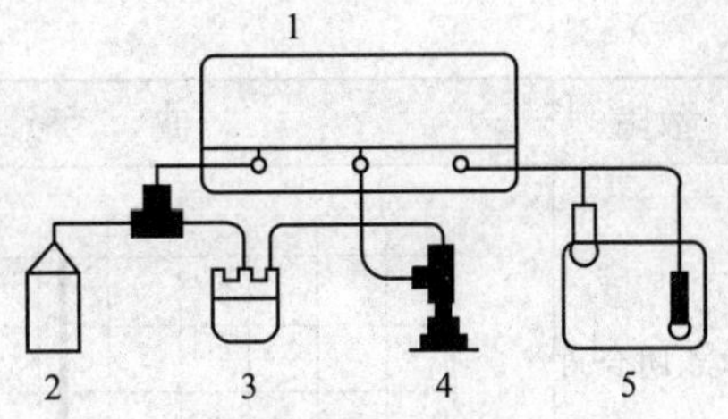

图 3—2—12　示波器与点火系的接线
1—示波器　2—点火线圈　3—分电器
4—火花塞　5—蓄电池

2. 几种常见点火波形畸形的故障诊断

(1) 初级电压故障波形

常见点火波形畸形的故障诊断（初级电压）见表 3—2—1。

表 3—2—1　常见点火波形畸形的故障诊断（初级电压）

故障	波　形	说　明
触点烧蚀的波形	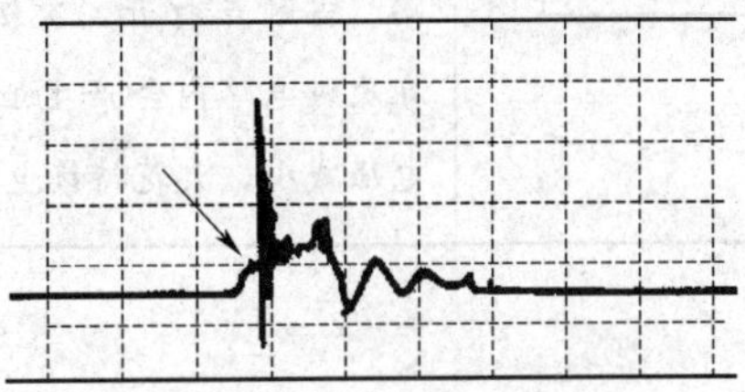	所示波形在触点开启点出现大量杂波，表明是触点严重烧蚀而造成的，打磨触点或更换断电器即可验证
电容漏电波形	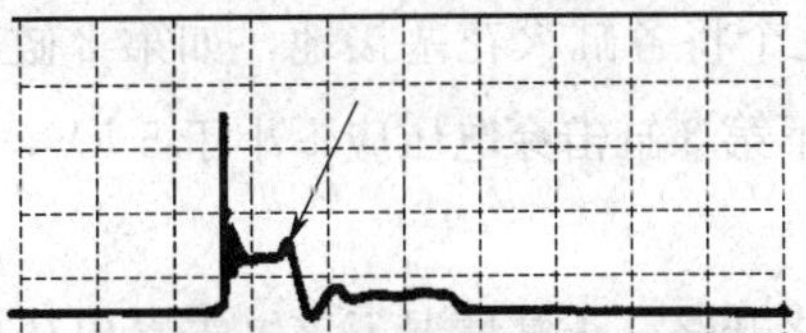	初级电压波形在火花期间的衰减周期数明显减少，幅值也变低，是电容漏电造成的
触点弹力不足波形	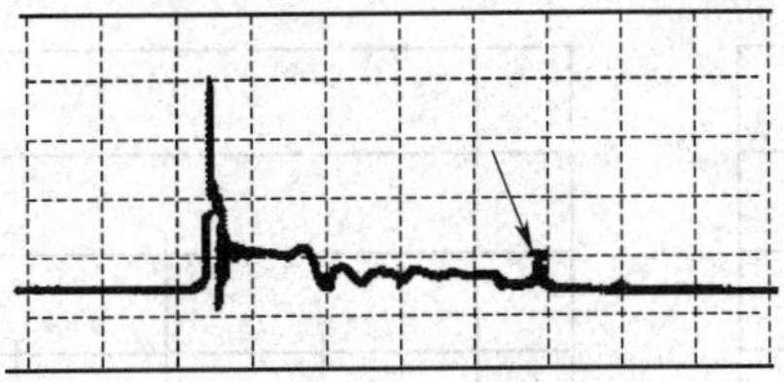	触点闭合阶段有意外的跳动，造成这种现象的原因是触点因弹簧力不足引起不规则跳动
触点接地不良波形	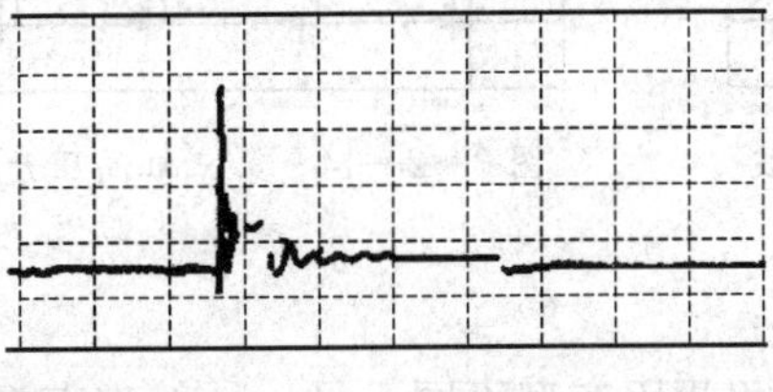	如果触点接地不良就会引起低压波水平部分的大面积杂波

续表

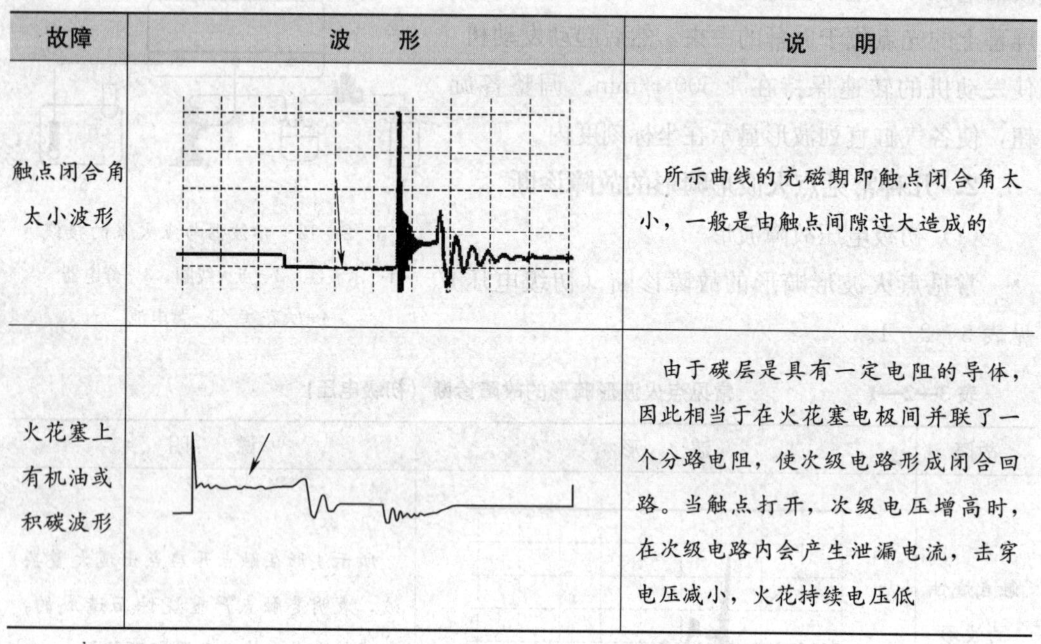

故障	波　　形	说　　明
触点闭合角太小波形		所示曲线的充磁期即触点闭合角太小，一般是由触点间隙过大造成的
火花塞上有机油或积碳波形		由于碳层是具有一定电阻的导体，因此相当于在火花塞电极间并联了一个分路电阻，使次级电路形成闭合回路。当触点打开，次级电压增高时，在次级电路内会产生泄漏电流，击穿电压减小，火花持续电压低

（2）次级电压故障波形

1）正常情况下各缸击穿电压为 10～20 kV，各缸差别应不超过 2 kV，为了初步检测高压线路，简单易行的方法是首先逐个将各缸火花塞接地，如第 3 缸火花塞短路的平列波如图 3—2—13 所示。正常情况下第 3 缸击穿电压应不小于 5 kV，否则说明该缸高压系统接地或绝缘不良。

2）如果将第 3 缸的高压线取下使之开路，正常情况下该缸击穿电压应超过 10 kV，如果明显高于这一值则表明高压系统元件如高压线、点火线圈有开路现象，有时低压系统电容器严重漏电也会出现这一情况。第三缸高压开路的平列波如图 3—2—14 所示。

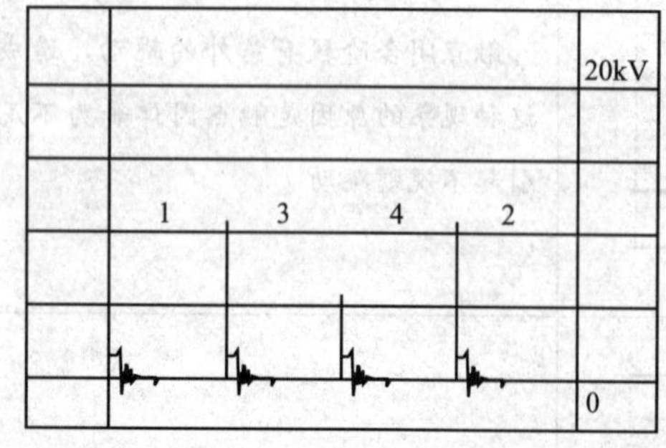

图 3—2—13　第三缸火花塞接地的平列波

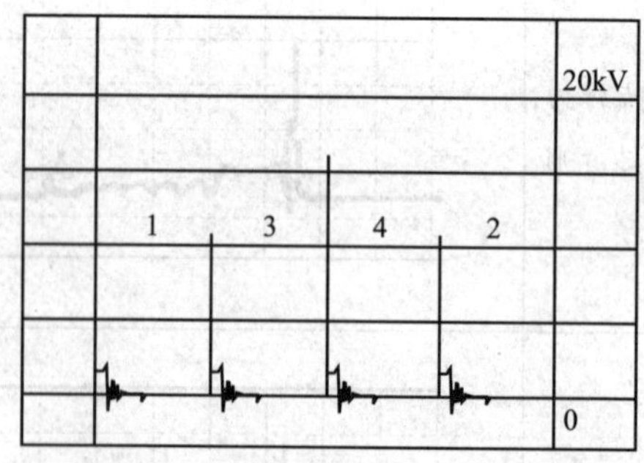

图 3—2—14　第三缸高压开路的平列波

五、传统点火系的维护

传统点火系的维护作业内容和规定里程因车型不同而异。一般汽车在行驶 5 000～

8 000 km 后，应对传统点火系进行如下维护作业：

1. 清除分电器盖和分电器壳体内外表面灰尘和油污。

2. 检查低压电路的连接牢靠情况。

3. 检查断电器触点的接触情况和间隙是否正常。

4. 润滑分电器各活动部位：旋进油杯 1/2～1 圈，以润滑分电器轴；拔下分火头，往毡心上注 1～2 滴机油；在润滑凸轮面上的毡块上加入钙基润滑脂；往活动触点臂销钉上注 1～2 滴机油。

5. 清除火花塞油污和积碳，校正电极间隙。

6. 检查高压线的绝缘和连接是否良好。

思考与练习

1. 传统点火系统由哪些元件组成？

2. 简述传统点火系统的工作原理。

3. 什么是点火正时？点火过早或过迟对发动机有什么影响？

4. 简述传统点火系的维护方法。

课题一　普通电子点火系

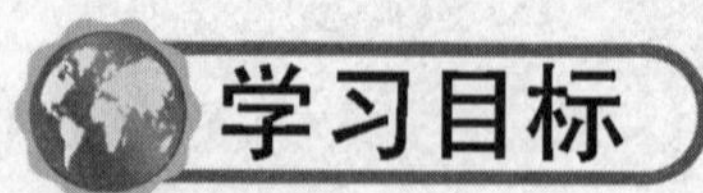

- ◆ 了解电子点火系的类型。
- ◆ 掌握普通电子点火系的分类、组成和特点。
- ◆ 了解磁感应式、霍尔效应式、光电式电子点火系的结构与工作原理。
- ◆ 掌握普通电子点火系的检修方法。

如图 4—1—1 所示，一辆采用了霍尔效应式电子点火系的桑塔纳轿车在行驶中突然发动机熄火，进行跳火试验后发现高压无火，可以初步确定是点火系的故障。该车的点火系是普通电子点火系，对于这种类型的电子点火系，应如何判断故障原因，确定具体故障部位，对故障部件进行检修呢？

图 4—1—1　轿车发动机熄火

普通电子点火系也称为无触点电子点火系，它采用点火信号传感器取代传统点火系中的断电触点。如果要对这种电子点火系进行检修，首先要确认该电子点火系的具体类型，然后了解普通电子点火系的组成及特点。常见的点火信号传感器可分为磁感应式、霍尔效应式和光电式三种，这三种类型的无触点电子点火系都是普通电子点火系，它们的检修思路都是一样的，所以只要熟悉这三种类型信号传感器的结构和工作原理，掌握其中的一种类型点火系（如霍尔效应式无触点电子点火系）的检修，就可以掌握普通电子点火系的检修。

一、电子点火系的类型

现在汽车上电子点火系统的种类较多，常见的分类方法如下：

1. 按点火能量的储存方式分为电感储能式和电容储能式两类。

2. 按触发方式可分为磁感应式、霍尔式、光电式和震荡式四种。现在最常用的是磁感应式和霍尔式两种电子点火系。

3. 按照发展进程可以分为三个不同时代的产品。

第一代电子点火系保留了真空、离心点火提前装置及分火头式配电装置，用点火信号传感器取代了传统点火系中的断电触点，增加了一个电子点火模块。第一代电子点火系由于取消了断电触点，习惯上称为“无触点电子点火系”，有的也叫“普通电子点火系”。

第二代电子点火系在无触点点火系的基础上，保留分火头配电装置，用无运动关系的电子控制单元（ECU）取代了离心、真空点火提前装置，在电子控制单元中储存了发动机任一工况下的最佳点火提前角数据，故称“无机械提前电子点火系”，也称为“数字式电子点火系”。

第三代电子点火系在无机械提前装置基础上，取消分火头式配电装置，直接用数个点火线圈或二极管分配高压电控制火花塞跳火，这种电子点火系称为“无机械配电器点火系”或“电子配电点火系”。一般来说，第二代、第三代电子点火系也称为“计算机控制电子点火系”。

二、普通电子点火系（无触点电子点火系）的基本组成及特点

1．基本组成

普通电子点火系一般由电源、分电器（包括信号传感器）、点火控制器或者点火模块、点火线圈、火花塞和配电部分等组成，如图 4—1—2 所示。

2．特点

普通电子点火系完全取消了断电器的触点，利用电子开关代替断电器的触点，周期性地接通或切断点火系统的一次电路；利用信号传感器代替断电器的凸轮，用先进的非接触式信号触发方式取代接触式机械触发方式。

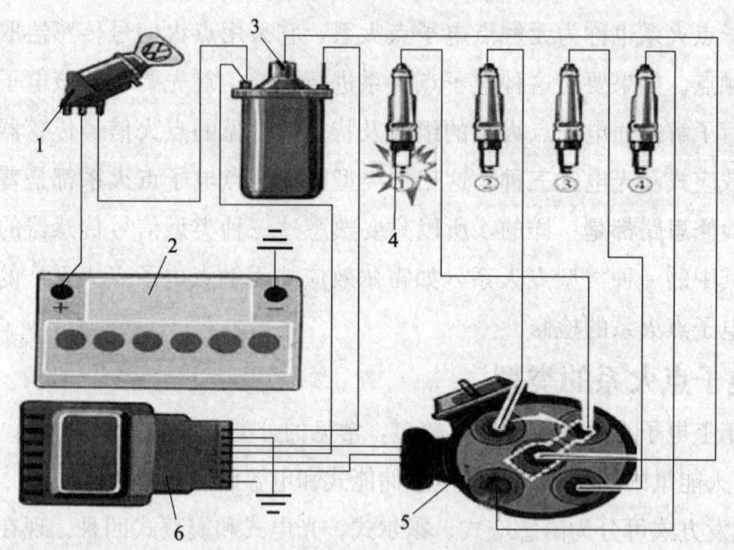

图 4—1—2　普通电子点火系的基本组成

1—点火开关　2—电源　3—点火线圈　4—火花塞　5—点火信号传感器　6—点火控制器

三、磁感应式电子点火系

1．信号传感器的结构

磁感应式信号传感器安装在分电器内，磁感应式信号传感器和分电器的结构分别如图 4—1—3、图 4—1—4 所示。信号传感器主要由分电器轴 1、爪形转子 2、传感线圈 3、爪形定子 4、塑性永磁片 5、导磁板 6 和底板 7 组成。

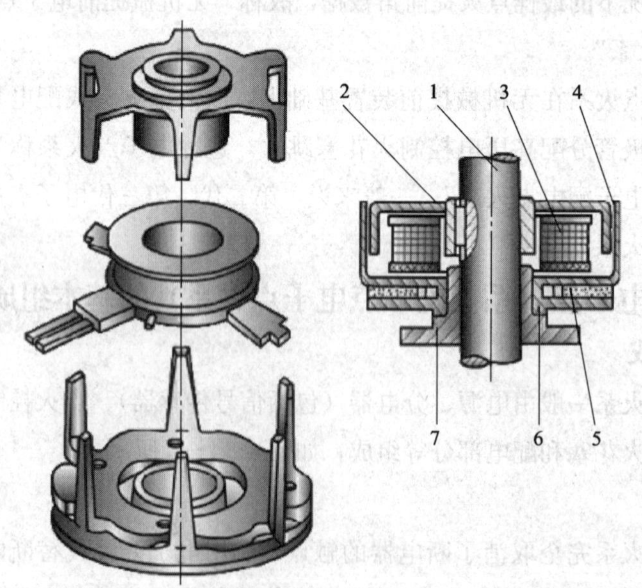

图 4—1—3　磁感应式信号传感器的结构

1—转子轴　2—爪形转子　3—传感线圈　4—爪形定子　5—塑性永磁片　6—导磁板　7—底板

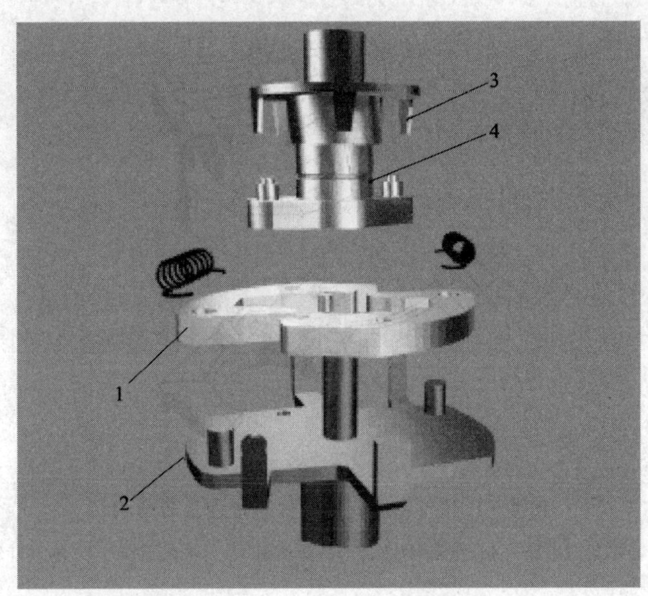

图 4—1—4　磁感应式分电器的结构

1—离心块　2—托板　3—爪形转子　4—转子轴

2．工作原理

信号转子上制有与发动机气缸数相同的凸齿，当转子转动时，凸齿交替在铁芯旁扫过，使两者的气隙不断变化，则穿过线圈铁芯中的磁通也不断变化。这种周期性的变化使得传感线圈中产生交变的感应电动势，将其传输到点火器，由此控制点火系统工作，使火花塞跳火。磁感应式信号传感器工作原理如图 4—1—5 所示。

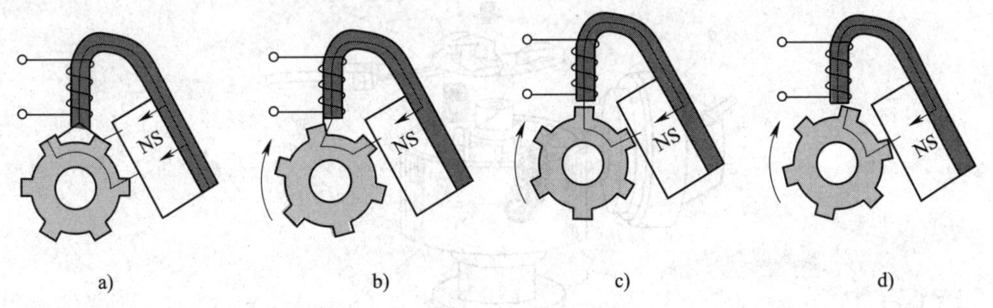

图 4—1—5　磁感应式信号传感器工作原理

四、霍尔效应式电子点火系

1．信号传感器的结构

霍尔效应式信号传感器也安装在分电器内，霍尔效应式信号传感器和分电器的结构分别如图 4—1—6 和图 4—1—7 所示。

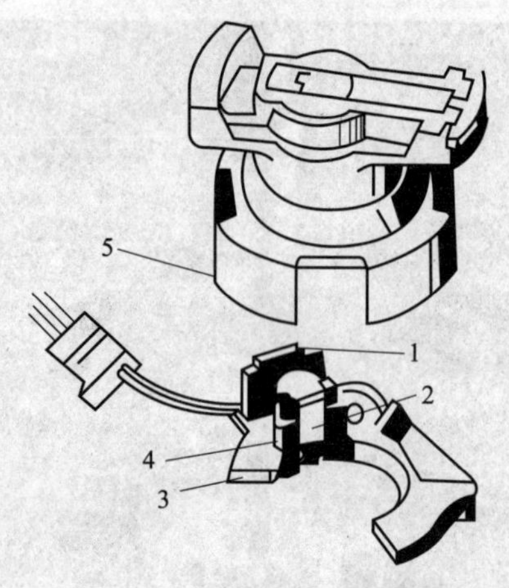

图 4—1—6　霍尔效应式信号传感器的结构

1—霍尔集成电路　2—导磁钢片　3—铸塑填料　4—永久磁铁　5—触发叶轮

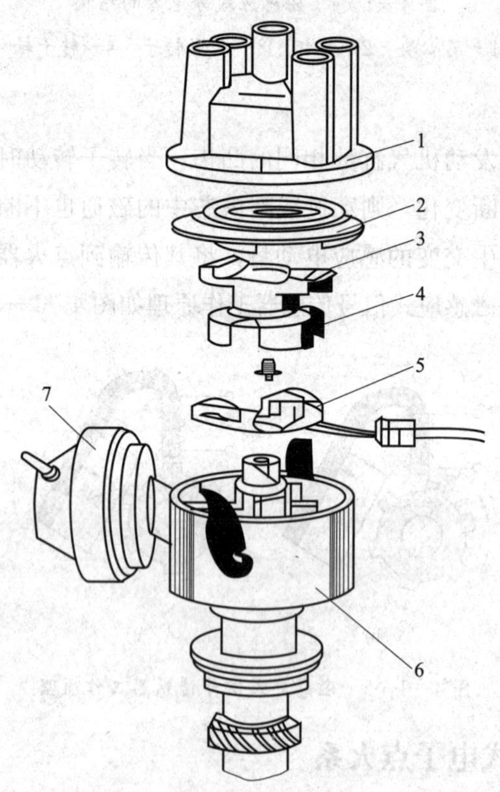

图 4—1—7　霍尔效应式分电器的结构

1—分电器盖　2—防护罩　3—分火头　4—触发叶轮　5—霍尔元件　6—壳体　7—真空提前装置

2. 工作原理

(1) 当转子的叶片进入空气间隙时（见图 4—1—8a），作用在霍尔触发器上的磁场被转子叶片旁路，这时不产生霍尔电压，霍尔触发器低电信号输出，点火器内的集成电路放大器的输出极导通，使点火线圈的一次电路导通。

(2) 当转子的叶片离开空气间隙时（见图 4—1—8b），磁感线穿过转子叶片的缺口，这时便产生霍尔电压，使放大器的输出极截止，点火线圈的一次电路随之被切断，二次绕组即产生高压电，火花塞跳火。

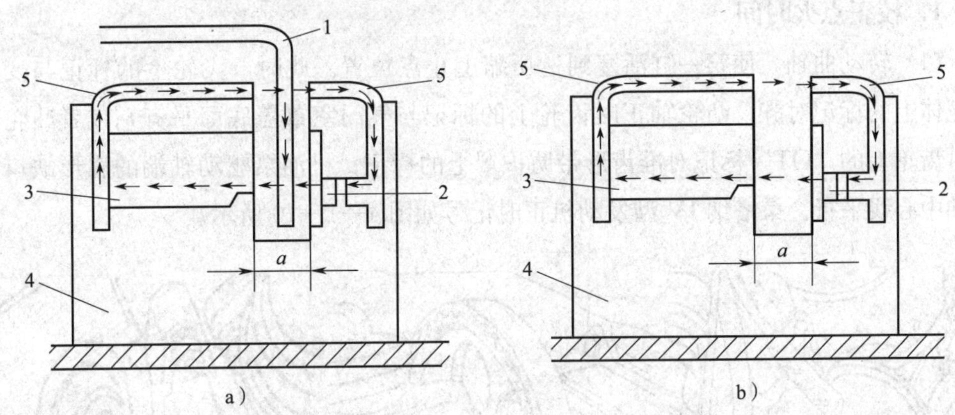

图 4—1—8　霍尔效应式信号传感器工作原理

a）转子的叶片进入空气间隙　b）转子的叶片离开空气间隙

1—触发叶片　2—霍尔集成电路　3—永久磁铁　4—铸塑填料　5—导磁钢片

五、光电式电子电火系

1. 信号传感器的结构

光电式点火信号传感器的结构如图 4—1—9 所示。

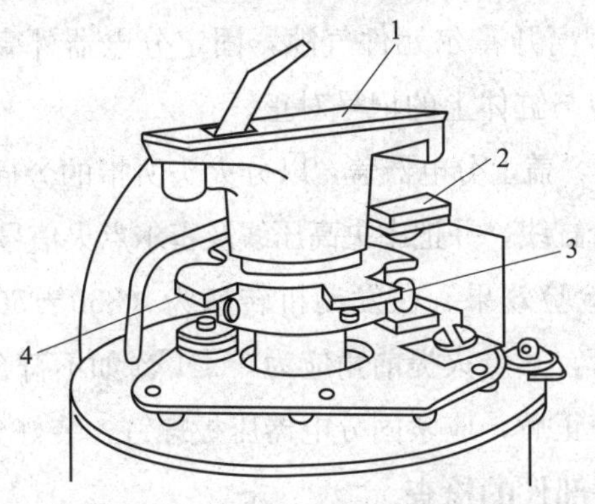

图 4—1—9　光电式点火信号传感器的结构

1—分火头　2—光源　3—光接收器　4—遮光盘

2．工作原理

光电式点火信号传感器的光源是一个砷化镓发光二极管，能以接近红外线的频率发出不可见光束，经聚光后照射到光敏三极管上。这时，光敏三极管便产生电压，向点火器发出信号，使点火线圈的一次电路接通。当遮光盘遮住光束时，一次电路切断，二次线圈感应出高压电，火花塞产生火花。

六、普通电子点火系的检修

以桑塔纳轿车（霍尔效应式电子点火系）为例，进行普通电子点火系的检修。

1．校正点火时间

（1）转动曲轴，使第一缸活塞到达压缩上止点位置。此时，飞轮上的标记与变速器壳体上的标记对齐；凸轮轴正时齿轮上的标记与气门室罩盖底面平齐，或者凸轮轴正时齿轮上的“OT”标记对准齿形带防护罩上的标记；机油泵驱动轴端的扁形缺口与曲轴中心线平行。桑塔纳JV型发动机正时记号如图4—1—10所示。

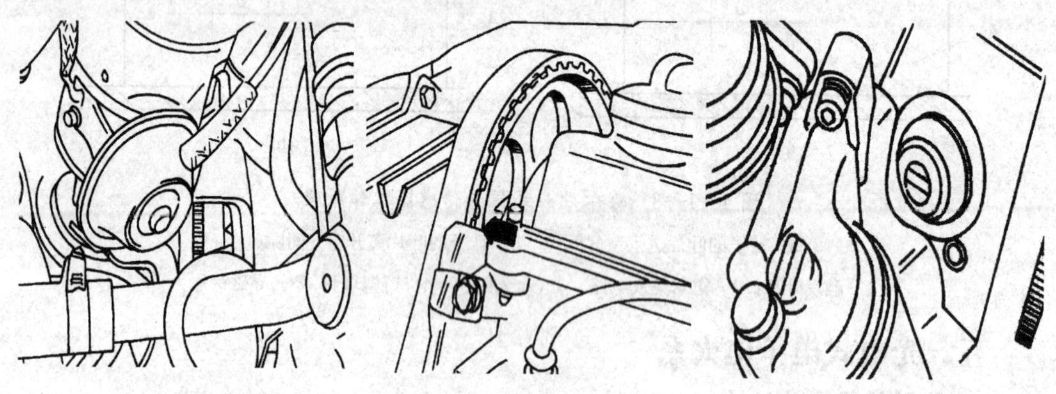

图4—1—10　桑塔纳JV型发动机正时记号

（2）将分电器插入安装孔中，并确保分电器下轴与联轴节完全啮合。逆时针转分电器外壳使转子叶片刚刚离开霍尔元件气隙，固定分电器外壳，正常情况下，分电器外壳上厂方所打的记号应与缸体上的记号对正。

（3）记住分火头朝向，盖上分电器盖，以分火头所指的旁插孔为第一缸，按1—3—4—2顺时针的顺序插好分缸线，并把中央高压线及霍尔点火信号传感器插接器插好。

（4）起动发动机，检验效果。在发动机转速为（850±50）r/min，水温正常时，拔下并堵塞分电器真空管，其点火提前角应为6°±1°。如不符合要求，可转动分电器外壳，使之达到规定值。校正后，应紧固分电器压板螺钉，装好分电器真空管。

2．点火系高压回路部件的检查

用万用表测量高压回路部件的电阻，若部件的电阻不在规定范围之内，应换用新件。点火系高压回路部件的检查见表4—1—1。

表 4—1—1　　　　点火系高压回路部件的检查

项　目	标准值	图　示
（1）检查分火头电阻	（1±0.4）kΩ	Ω
（2）检查火花塞插头电阻	（1±0.4）kΩ	Ω
（3）检查防干扰插头电阻	（1±0.4）kΩ	Ω
（4）检查高压导线电阻	中央高压导线：0～2.8 kΩ 高压分线：0.6～7.4 kΩ	4　2　3　Ω 2　3　1　Ω

3. 点火线圈的检查

用万用表欧姆挡测量点火线圈的电阻，如图 4—1—11 和图 4—1—12 所示。对于 DQ170 型点火线圈，一次绕组的阻值应为 0.52～0.76 kΩ；二次绕组的阻值应为 2.4～3.5 kΩ。若测量的阻值不符合规定，则需更换点火线圈。另外，应保证点火线圈绝缘盖板清洁、干燥，防止漏电。

图 4—1—11　测量一次绕组

图 4—1—12　测量二次绕组

4．电子点火控制模块接线端子电压的检查

电子点火控制模块各端子的线路连接如图 4—1—13 所示，结合图 4—1—13 所示的电路，用万用表的直流电压挡测量该电子点火控制模块各端子的电压，从而可判断出电子点火控制模块、霍尔传感器及有关线路的故障。

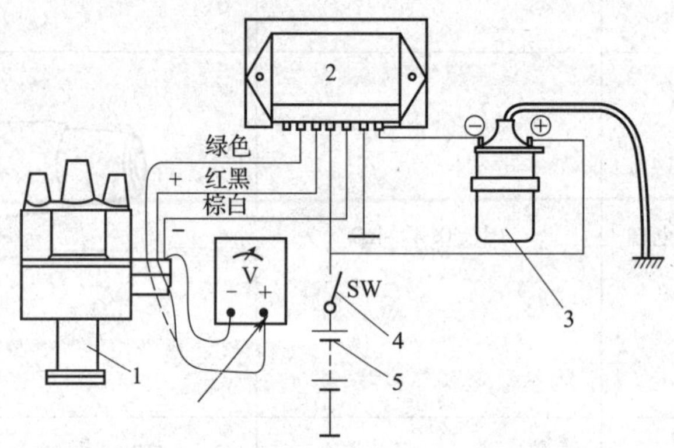

图 4—1—13　电子点火控制模块各端子的线路连接

1—分电器　2—点火控制模块　3—点火线圈　4—点火开关　5—低压电源

（1）检查 1 号端子电压。接通点火开关，当无点火信号输入时，1 号端子电压应为 12 V。若点火线圈正极接线柱有 12 V 电压，而 1 号端子上电压低或无电压，则说明点火线圈一次绕组或点火控制模块 1 号端子与点火线圈负极接线柱之间或线路的插头处有故障。

若点火控制模块 4 号端子工作电压正常，当输入霍尔信号时，1 号端子电压应在 0～12 V 之间跳变。若该端子电压在信号输入时，电压没有变化，则说明点火控制模块已损坏，应予以更换。

（2）检查 2 号端子电压。点火控制模块内部电路通过 2 号端子搭铁，该处对地电压不超过 0.5 V。

（3）检查 3 号端子电压。3 号端子是点火控制模块的"—"端，它与 2 号端子相通，对地电压也不应大于 0.5 V。

（4）检查 4 号端子电压。4 号端子是点火控制模块的电源端子。在接通点火开关时，4 号端子应有 12 V 电压；否则说明 4 号端子与点火线圈正极接线柱之间的线路或插头处有问题。

（5）检查 5 号端子电压。5 号端子是点火控制模块输至霍尔传感器的电源端子，其电压在 10 V 左右。电压低或无电压，说明点火控制模块发生故障，应予以更换。

（6）检查 6 号端子电压。6 号端子是霍尔效应式点火信号传感器的信号端，当霍尔效应式点火信号传感器良好时，接好其线路的插接器，转动分电器，6 号端子应在 0.4～9 V 之间跳变。6 号端子可作为霍尔效应式点火信号传感器及其连接线良好与否的检测点，若 5 号端子电压正常，使分电器导磁转子叶片插入霍尔效应式点火信号传感器气隙中时，测得 6 号端子电压应为 9 V 左右；当叶片离开气隙时，电压应为 0.4 V 左右，否则说明霍尔效应式点火信号传感器及其连接线有故障。对于"想一想"中的故障，经过检查霍尔传感器输出电压，发现无电压信号输出，这表明是霍尔传感器故障，更换新的传感器，故障排除。

电子点火控制模块各端子的线路连接见表 4—1—2。

表 4—1—2　　电子点火控制模块各端子的线路连接

接线柱号	与外部的连接件	测试对地电压	说明
1	接点火线圈（—）	0～12 V	正常或模拟点火信号输入时电压应在此范围跃变
2	接蓄电池负极	0	电子点火器电路搭铁接柱
3	接分电器点火信号发生器（—）	0	点火信号发生器信号（—）端
4	接点火线圈（＋）	12 V	电子点火器的电源电压
5	接分电器点火信号发生器（＋）	10 V	电子点火器输出的点火信号发生器电源电压
6	接分电器点火信号发生器（S）	0.4～9 V	点火信号发生器输入电压
7	空接线柱		

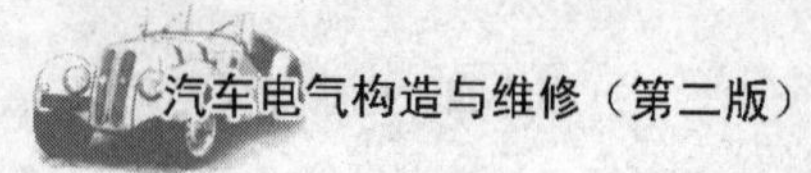

5. 霍尔效应式信号传感器的检修

检查霍尔效应式信号传感器时，点火线圈、点火控制器及连接导线要正常。

（1）测量霍尔传感器输出电压。断开点火开关，打开分电器盖，拔出分电器盖上的中央高压线并搭铁，将电压表的两表笔在插接信号输出线（0）和搭铁线（一）接线柱上，转动发动机，同时观察电压表上的读数，其值应在 0～9 V 变化，否则应更换霍尔传感器。如图 4—1—14 所示为检查霍尔效应式信号传感器。

（2）模拟霍尔传感器动作。关掉点火开关，打开分电器盖，转动曲轴，使分电器触发叶片不在气隙中。拔出分电器盖上的中央高压线，使其端部离气缸体保持在 5～7 mm 。接通点火开关，用小旋具在霍尔传感器的气隙中轻轻地插入和拔出，模拟触发叶片在气隙中的动作。若此时高压线端部跳火，说明霍尔传感器、点火控制器、点火线圈及连接导线性能良好。若不跳火，在点火线圈、点火控制器及连接导线良好的前提下，说明霍尔传感器有故障，应更换。模拟霍尔效应式信号传感器动作如图 4—1—15 所示。模拟动作图解如图 4—1—16 所示。

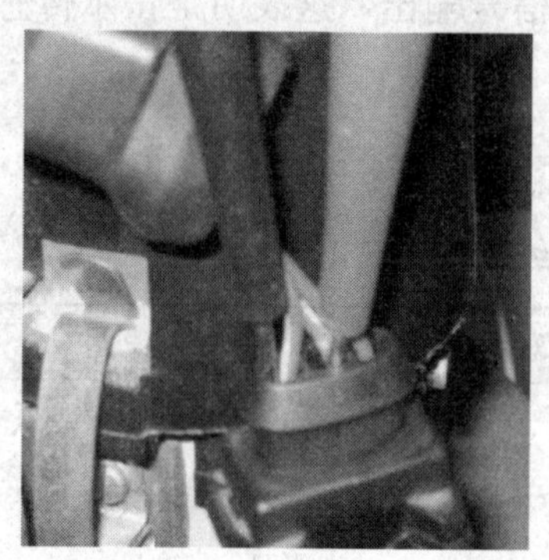

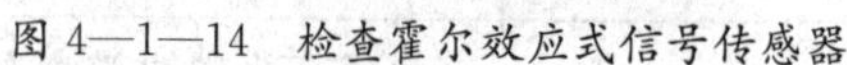

图 4—1—14　检查霍尔效应式信号传感器

图 4—1—15　模拟霍尔效应式信号传感器动作

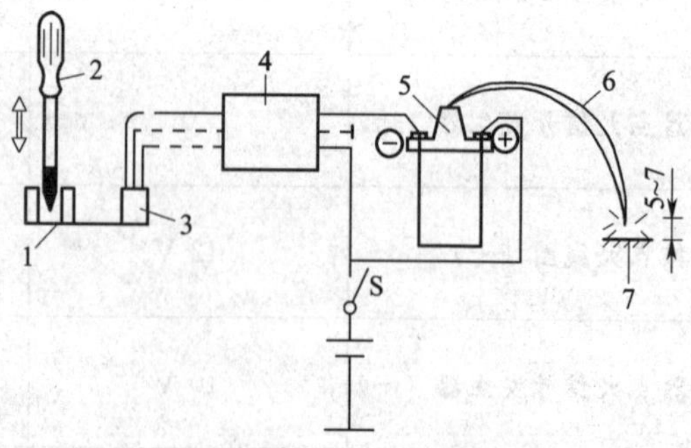

图 4—1—16　模块动作图解

1—分电器霍尔触发开关　2—小旋具　3—霍尔传感器插接件　4—点火控制器

5—点火线圈　6—高压导线　7—发动机缸体

教学互动

根据以上电子点火系的检测结果填空：

1. 试火检查

中央高压线________（是/否）有火花？________（是/否）正常？

2. 点火控制器检查

(1) 点火控制器电源电压为________V；________（是/否）正常？

(2) 点火控制器通断检查，电压为________V；________（是/否）正常？

(3) 输出电压为________V；________（是/否）正常？

3. 霍尔传感器检查

脉冲电压为________V；________（是/否）正常？

课题二　计算机控制电子点火系

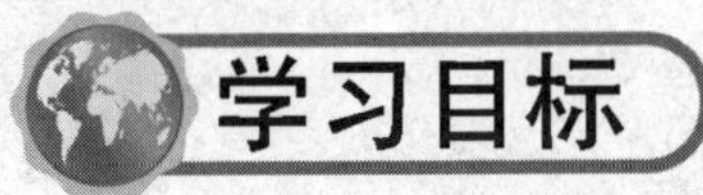

- 掌握计算机控制电子点火系统的基本组成。
- 了解最佳点火提前角的确定及点火提前角的控制方式。
- 掌握无机械提前式电子点火系的组成。
- 掌握无机械配电器式点火系的组成。
- 能够进行无分电器计算机控制点火系统的检修。

想一想

如图4—2—1所示，一辆桑塔纳2000GSi型汽车的故障现象是发动机不能起动，且无着火征兆，该辆汽车AJR发动机采用的是计算机控制电子点火系，经过初步检查发现高压无火，可以判断是点火系的故障，对于这种类型的点火系该故障该如何进行检修呢？

图 4—2—1　发动机不能起动

要准确合理地检修计算机控制点火系统的故障，必须要熟悉计算机控制点火的基本组成以及其各组成部件的作用；由于计算机控制点火提前角与普通电子点火系的最大区别就是对点火提前角的控制。所以还要熟悉最佳点火提前角的确定及点火提前角的控制方式。计算机控制点火系有无机械提前电子点火系（有分电器）和无机械配电器点火系（无分电器）两种，由于它们的检修思路基本相同，所以只要熟悉这两种点火系的组成后，掌握其中的一种类型点火系（例如：桑塔纳 2000GSi AJR 发动机的点火系）的检修，就可以掌握计算机控制点火系的检修。

一、计算机控制电子点火系的基本组成

计算机控制电子点火系的基本组成如图 4—2—2 所示。

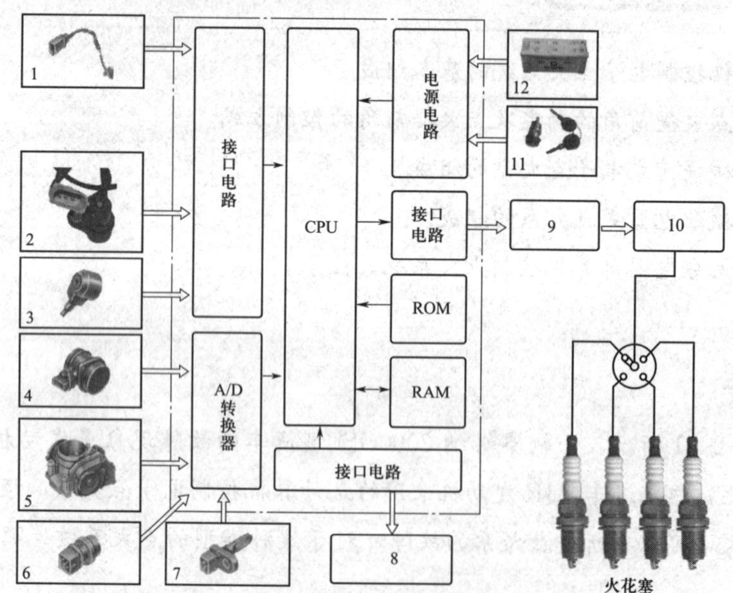

图 4—2—2　计算机控制电子点火系的基本组成

1—凸轮轴位置传感器　2—曲轴位置传感器　3—爆震传感器　4—空气质量计　5—节气门控制组件　6—冷却液温度传感器　7—进气温度传感器　8—发动机故障报警灯　9—点火控制器　10—点火线圈　11—点火开关　12—蓄电池

1．电控单元（ECU）

电控单元根据各传感器输入的信号，确定最佳点火提前角和初级电路导通角，实现对点火提前角和闭合角的控制，并将点火控制信号输送给点火控制器，通过点火控制器快速、准确地控制点火线圈的工作。

2．点火控制器

点火控制器是计算机点火控制系统的功率输出极，它按电控单元输出的指令工作，并对点火信号进行放大，驱动点火线圈工作。各种发动机的点火控制器的内部结构也不一样，有的只有大功率三极管，单纯起开关作用，有的除起开关作用外，还有电流控制、闭合角控制、判别缸位、点火监视等功能，有的发动机不单设点火控制器，将大功率三极管组合在电控单元中，由电控单元直接控制点火线圈中的初级电流的通断。

3．传感器

传感器是将电信号或非电信号经整理，转变为电信号的装置，传感器检测发动机运转工况，为电控单元提供曲轴转速、曲轴位置、节气门开度、负荷、冷却液温度、进气温度和流量、起动开关状态、蓄电池电压、废气中氧的含量等有关发动机运行工况和使用条件的各种信息。

（1）曲轴转角与转速传感器

电控点火系中，发动机转速信号是计算机用来读取或计算基本点火提前角最主要的依据之一，而曲轴转角信号则用来计算具体的点火时刻。

（2）曲轴基准位置传感器（点火基准传感器）

曲轴基准位置传感器可在曲轴转至某一特殊的位置，如一缸上止点或上止点前某一特定的角度时，输出一个脉冲信号，计算机将这一脉冲信号作为计算点火提前角的曲轴位置基准点，并与曲轴转角信号一起计算曲轴任一时刻所处的具体位置。

（3）进气压力传感器

对于采用D形电控燃油喷射系统的发动机，进气压力传感器用来检测发动机的负荷，并将其转换为电信号输入计算机，计算机以此作为确定点火提前角的基本信号。

（4）空气流量传感器

在L形电控燃油喷射系统中，空气流量传感器用来测量进入气缸的空气量，作为发动机的负荷信号，同时也作为点火提前角的基本信号。

（5）进气温度传感器

进气温度传感器用来测量发动机的进气温度，计算机可根据此信号对点火提前角进行修正。

（6）冷却液温度传感器

冷却液温度传感器将冷却液温度信号送入计算机，计算机根据此信号对点火提前角进行修正，并控制起动和暖机期间的点火提前角。

（7）节气门位置传感器

节气门位置传感器将节气门的位置信号转变为电信号，计算机通过这个信号来判定节气门所处的位置及发动机的工况，以此修正点火提前角。

（8）爆震传感器

爆震传感器用来检测发动机是否发生爆燃。一般每台发动机安装 1～2 只，带电缆的爆震传感器如图 4—2—3 所示，不带电缆的爆震传感器如图 4—2—4 所示。

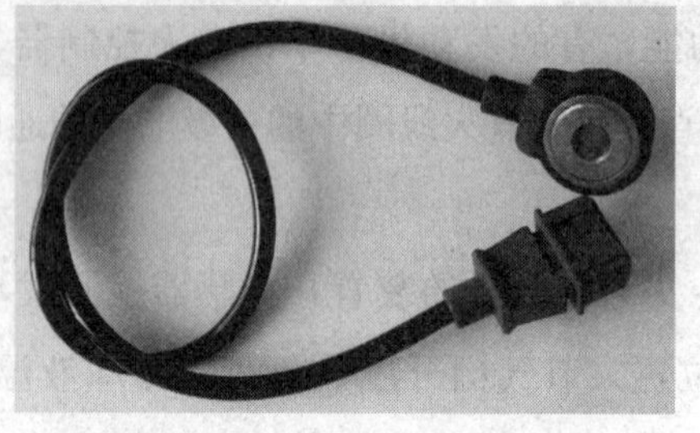

图 4—2—3　带电缆的爆震传感器

图 4—2—4　不带电缆的爆震传感器

（9）各种开关输入信号

1）起动开关信号。在起动机接通时，通知计算机发动机处于起动状态，并以此控制起动时的点火提前角。

2）空调开关信号。发动机在怠速工况下使用空调时，计算机在提高发动机转速的同时，也对点火提前角进行修正。

3）空挡开关信号。在配置自动变速器的车辆上，此信号可以使计算机获得变速器位于空挡的信息，对点火提前角进行必要的修正。

上述传感器一般都与电控燃油喷射系统的各种传感器共用，可确定最佳的喷油量和最佳点火提前角，其结构与工作原理可以参看电控发动机相关的资料。

4．其他

计算机控制点火系除了上述主要组成部件外，还有点火线圈、火花塞等，其作用与传统点火系中的组件基本相同。

二、最佳点火提前角的确定及点火提前角的控制方式

1．最佳点火提前角的确定

计算机控制点火系中，最佳点火提前角通常包括初始点火提前角、基本点火提前角和修正点火提前角三部分。

（1）初始点火提前角

初始点火提前角由发动机的结构及曲轴位置传感器的安装位置决定，是未经电控单元修正的点火提前角，通常为固定值，其大小随车型或发动机形式而异，此点火提前角一般用作发动机起动时的点火提前角。初始点火提前角一般为上止点前 5°～10°。

（2）基本点火提前角

基本点火提前角是由电子控制器根据发动机的转速和负荷所确定的点火提前角，是发动机运行过程中最为主要的点火提前角，发动机在正常运行期间，ECU 根据试验的发动机转速和负荷信号，在存储器数据表中选出相应的数据作为基本点火提前角。

（3）修正点火提前角

修正点火提前角是指由电控制单元根据发动机的冷却液温度、进气温度、电源电压等信号，对点火提前角进行修正的角度。它主要包括暖机修正、过热修正、空燃比反馈修正、怠速稳定性修正和爆震修正等方面。

2．点火提前角的控制方式

点火提前角的控制通常有开环控制和闭环控制两种方式，如图 4—2—5 所示。

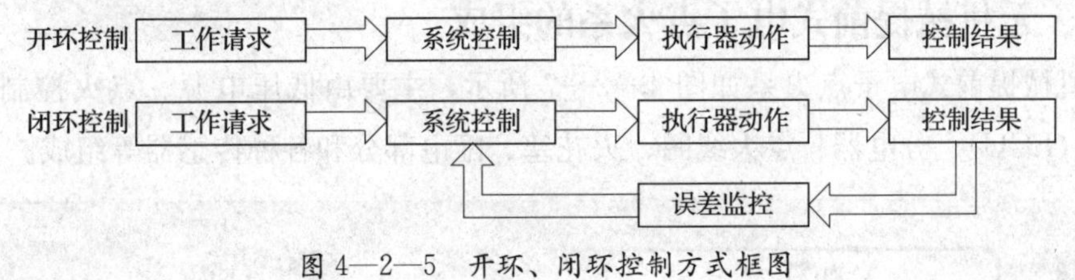

图 4—2—5　开环、闭环控制方式框图

（1）开环控制方式

开环控制方式即电子控制器根据有关传感器提供的发动机工况信息从电控单元内部存储器（ROM）中读取出相应的基本提前角。

（2）闭环控制方式

闭环控制方式可以在控制点火提前角的同时，不断地检测发动机的有关工况，如发动机是否发生爆震、怠速是否稳定等。

爆震控制最主要的传感器是爆震传感器，它用于检测发动机是否发生爆震。

发动机工作期间（多在低速大负荷工况时）如发生爆震，且爆震强度达到一定值时，电子控制单元便能接收到提前信号，并根据爆震强度的大小给点火电子组件发出推迟点火的信号，直到爆震消失。爆震消失后，电子控制单元便将点火提前角逐渐调整至最佳点火角，或以一定角度使点火提前，直到再次发生爆震时为止。

（3）通电时间的控制

点火线圈一次绕组的通电时间称为闭合角，它主要影响点火线圈储存的能量大小，而点火线圈通电时间和储存能量取决于发动机转速和蓄电池的供电电压。闭合角控制原理框图如图 4—2—6 所示。

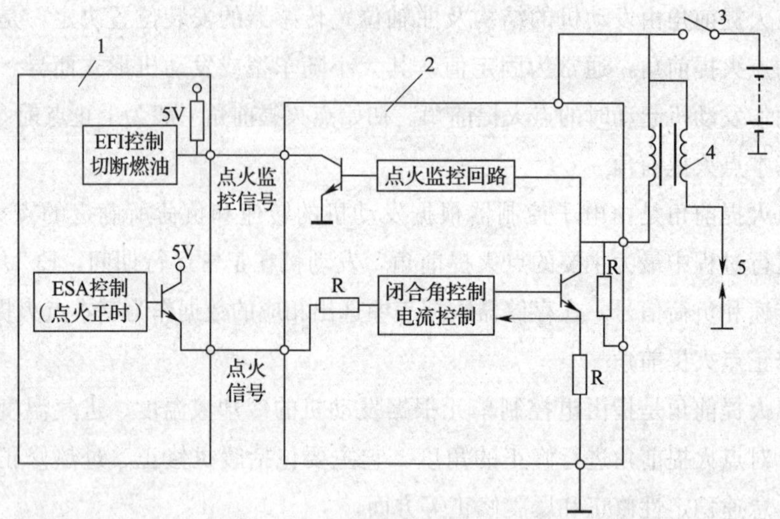

图 4—2—6　闭合角控制原理框图

1—发动机控制计算机　2—点火控制器　3—点火开关　4—点火线圈　5—火花塞

三、无机械提前式电子点火系的组成

无机械提前式电子点火系如图 4—2—7 所示，主要由低压电源、点火控制器、电控单元（ECU）、分电器、点火线圈、火花塞、配电部分和各种传感器等组成。

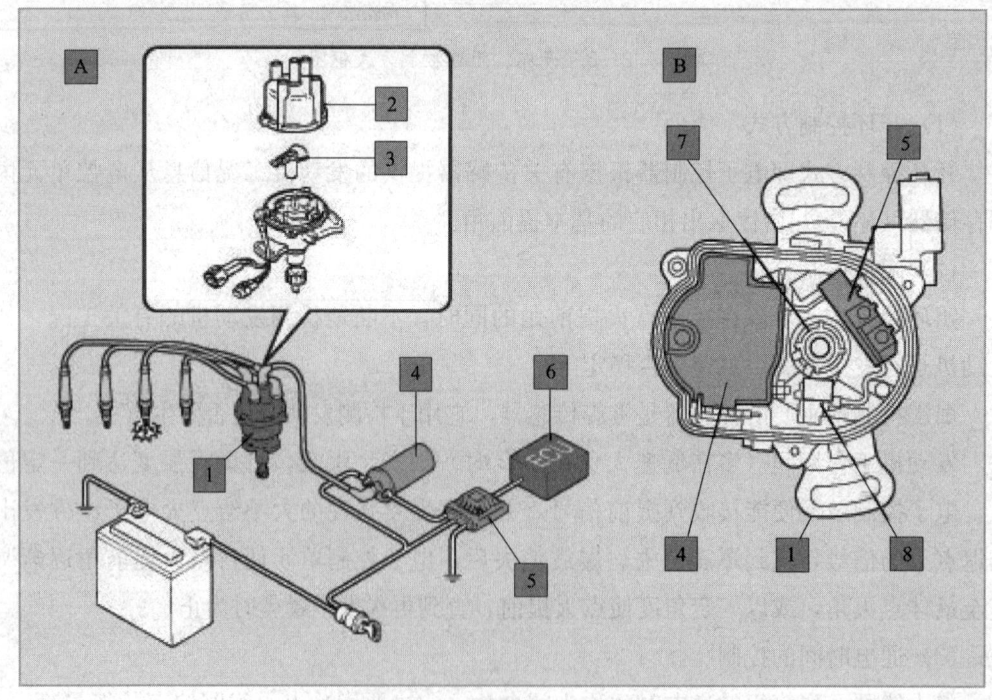

图 4—2—7　无机械提前式电子点火系

1—分电器　2—分电器盖　3—转子　4—点火线圈　5—点火器

6—发动机 ECU（电子控制单元）　7—信号转子　8—感应线圈

四、无机械配电器式点火系的组成

无机械配电器式点火系又称直接点火系，如图 4—2—8 所示。它分为以下两种类型：

A 型：在每个气缸中装备一个带点火器的点火线圈。

B 型：在每两个气缸中装备一个带点火器的点火线圈。它用高压线向气缸供应电流。

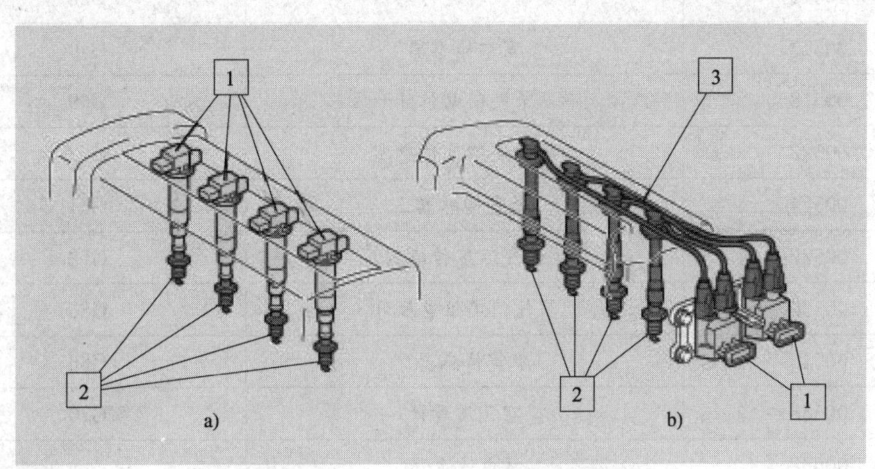

图 4—2—8　无机械配电器式点火系

a) A 型　b) B 型

1—点火线圈（带点火器）　2—火花塞　3—高压线

五、无分电器计算机控制点火系统的检修

现以桑塔纳 2000GSi 轿车为例，分析无分电器计算机控制的点火系统故障诊断与检修。

1. 自诊断

（1）自诊断测试

桑塔纳 2000GSi 轿车 AJR 发动机的喷射和点火装置（Motronic M3. 8. 2 控制单元）具有自诊断功能，其故障代码的提取及故障类型的显示是靠外围诊断设备 V. A. G1552 或 VAG1551 故障诊断仪来完成的。测试时，打开诊断插口盖板，将故障诊断仪用 V. A. G1551/3 电缆连接到车上位于变速器换挡杆前的诊断插座上，它将根据输入的指令完成许多功能，具体操作使用参见使用说明书。

VAG1552 故障诊断仪不但可以进行自诊断测试、提取故障码、显示故障内容，同时还可清除故障存储、对系统进行基本设定、读取测量数据、对控制单元进行编码和对发动机怠速进行调整等。

（2）故障码

AJR 发动机 Motronic M3. 8. 2 控制系统故障码与 Motronic M1. 5. 4 控制系统故障码的含义基本一样，见表 4—2—1。

表 4—2—1　AJR 发动机 Motronic M3. 8. 2 控制系统故障码及元件名称

故障码	故障码含义	元件名称代号
00513	发动机转速传感器	G28
00515	霍尔传感器	G40
00518	节气门电位计	G69
00522	冷却液温度传感器	G62
00524	爆震传感器 1	G61
00527	进气温度传感器	G72
00530	节气门定位电位计	G88
00540	爆震传感器 2	G66
00553	空气质量计	G70
00668	蓄电池电压	
01165	节气门控制部件	J338
01247	ACF 电磁阀	N80
01249	第一缸喷油嘴	N30
01250	第二缸喷油嘴	N31
01251	第三缸喷油嘴	N32
01252	第四缸喷油嘴	N33

2. 桑塔纳 2000GSi 轿车点火系的检修

如发动机不能起动，在确定为点火系故障时，应对点火系做全面检查。检查时，一般按由易到难的次序，沿点火线路进行分段检查。

（1）检查各部分线路接头有无松动、断路、短路现象。

（2）检查点火线圈搭铁电路

拔下点火线圈插头，用发光二极管（由 1 个发光二极管和串联的 300 Ω 电阻组成）连接蓄电池正极和插头 4 端子，发光二极管应亮。否则，应检查 4 端子与搭铁点之间的线路是否断路。点火线圈总成如图 4—2—9 所示，点火线圈插头如图 4—2—10 所示。

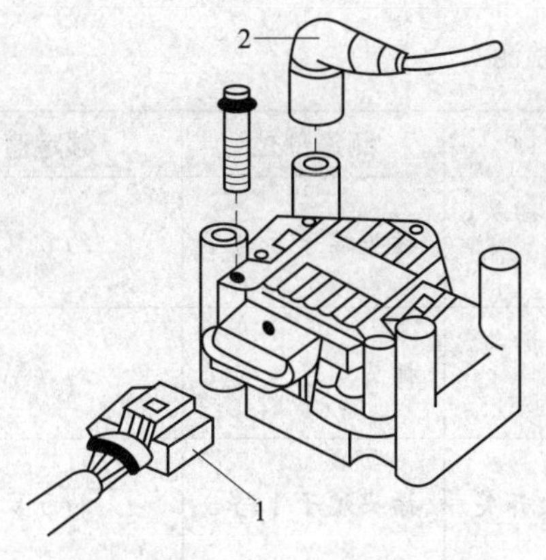

图 4—2—9　点火线圈总成

1—连接插头　2—第三缸点火线

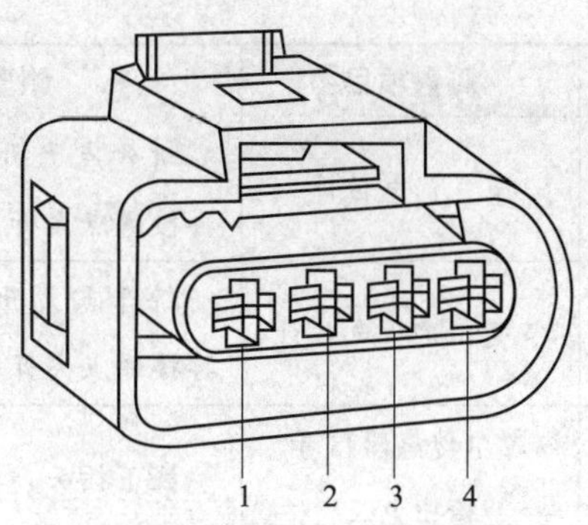

图 4—2—10　点火线圈插头

1—1 号插头端子　2—2 号插头端子

3—3 号插头端子　4—4 号插头端子

(3) 检查点火线圈供电电压

拔下点火线圈插头，连接插头 2 端子与发动机搭铁点，发光二极管应发亮；否则，应检查插头 2 端子与电源线 15 脚之间线路是否接触不良或断路。电控单元插接器插头号如图 4—2—11 所示。

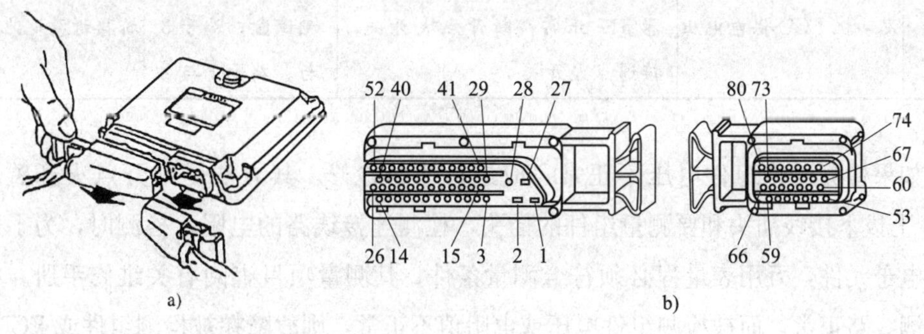

图 4—2—11　电控单元插接器插头号

(4) 检查点火线圈工作情况

拔下 4 个喷油器的导线插头和点火线圈上的插头。接通点火开关，用发光二极管连接插头 1（或 3）端子和发动机搭铁点，运转发动机数秒，发光二极管应发亮。否则应检查点火线圈插头 1、3 端子与 ECU 的 71、78 脚之间线路有无断路或短路。如果线路无故障，更换一个 ECU 再进行检查。

(5) 传感器等点火系组件的检测

当传感器组件发生故障时，应在蓄电池电压、燃油泵继电器和熔断丝正常的情况下进行检测（用高阻抗数字万用表）。点火系组件的检测见表 4—2—2。

表 4—2—2　　点火系组件的检测

布骤	测量项目	测量条件	测量部位	额定值
1	节气门电位计	断开点火开关，拔下插头，再接通点火开关	插头端子 5 与 7	约 5 V
2	节气门定位电位计	断开点火开关，拔下插头，再接通点火开关	插头端子 4 与 7	约 5 V
3	霍尔传感器信号输出电压	拔下插头，再接通点火开关	插头端子 1 与 3	约 5 V
4	霍尔传感器供电电压	拔下插头，再接通点火开关	插头端子 2 与 3	接近蓄电池电压
5	发动机转速传感器	断开点火开关，拔下发动机转速传感器灰色插头	插头端子 2 与 3	480～1 000 Ω
6	爆震传感器输出信号电压	发动机运转	插头端子 1 与 2	0.3～1.4 V
7	空气流量计供电电压	燃油泵继电器和熔断器正常	插头端子 4 与搭铁点	约 5 V
8	发动机 ECU 供电电压	蓄电池电压高于 11 V，熔断器 517 正常，断开点火开关，接通点火开关	VA1598/2 测试盒；端子 3 与 2 端子 1 与 2	都接近蓄电池电压

如果检测所得组件电压不正常，应进行线路检修。其方法是断开点火开关，从 ECU 上拔下接线插头和要测量组件的插头，检测连接线路的电阻。检测时，为了避免损坏电子元件，万用表量程必须符合测量条件，其测量项目查阅有关维修手册。如果被检测线路正常，而被检测组件电压或电阻值不正常，则故障在被检测组件或 ECU。

3. 无分电器式电子点火系的使用

AJR 发动机的点火顺序为 1—3—4—2，点火提前角由发动机控制单元 ECU 确定，不能调整。在使用时应注意：

（1）点火线圈二次电压输出能力非常高，当发动机运转时，不要触摸或拔下高压线。

（2）拔下或插上喷油器插头、点火系的插头或测试导线及清洁发动机、拆装蓄电池之前，要关闭点火开关。

（3）用起动机带动发动机旋转时，应拔下点火线圈插头和所有喷油器插头。

（4）绝不允许点火线圈在开路的情况下工作，要避免“吊火”或错接高压线，否则将极易损坏点火线圈和电子点火模块中的大功率三极管。

（5）安装电子点火装置时，接线必须正确、牢靠，搭铁必须可靠，电源极性不可接错。

思考与练习

1. 普通电子点火系的特点有哪些？
2. 简述磁感应式电子点火系的工作原理。
3. 简述测量霍尔效应式传感器输出电压的方法。
4. 点火控制器的作用是什么？
5. 计算机控制点火系的基本组成有哪些？
6. 在电子控制点火系中点火提前角是如何确定的？

模块五 汽车照明信号系统

课题一　汽 车 灯 具

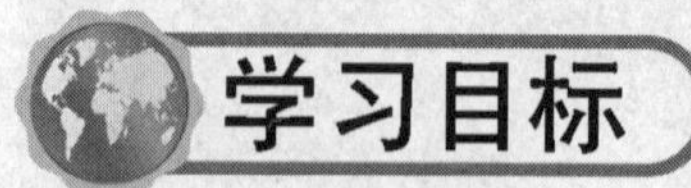

学习目标

◆ 了解汽车灯具的种类及用途。

◆ 掌握汽车外部灯具和内部灯具的组成。

想一想

1887年，一个驾驶员在黑暗的旷野上迷路时，一位农民用手提灯把他引回家，这就是汽车前大灯的鼻祖——家用手提灯。最初的汽车电路非常简单，照明工具并不是电灯，而是燃油汽灯（见图5—1—1）。随着汽车时代的进程，人们对汽车灯光的要求不仅仅停留在照明上，甚至提出了更高的要求。那么人们对汽车灯光有哪些要求呢？汽车灯光有哪些种类呢？你真正了解汽车灯具吗？

图5—1—1　燃油汽灯

汽车灯具按功能不同可分为照明灯具和信号灯具。照明灯具包括前照灯、雾灯、顶灯、仪表灯和工作灯等。信号灯具包括转向灯、制动灯、小灯、尾灯、指示灯和警示灯等。按照位置不同可分为外部灯具（见图 5—1—2）和内部灯具（见图 5—1—3）。

图 5—1—2　外部灯具

1—前照灯　2—前雾灯　3—尾灯

图 5—1—3　内部灯具

1—仪表板灯　2—顶灯

一、外部灯具

1. 前照灯

前照灯俗称大灯，安装在汽车头部的两侧，用于夜间或光线昏暗路面上汽车行驶时的照明。前照灯可分为近光灯和远光灯。

提示：向上扳动前照灯开关时，远光灯、仪表指示灯也会点亮，其作用是提示对方车辆和正在前方行驶的车辆。因此，前照灯也称为会车灯或超车灯。

2．雾灯

雾灯安装在车头和车尾，位置比前照灯略低，用于在有雾、下雪、暴雨或尘埃等恶劣条件下改善道路照明情况。

3．牌照灯

牌照灯装于汽车尾部上方或左右两侧，功率一般为 5～10 W，用来照明后牌照，确保行人距车尾 20 m 处看清牌照上的文字及数字。

4．倒车灯

倒车灯安装在汽车尾部，功率为 21 W，光色为白色，当变速器挂倒挡时，自动发亮，照明车后侧，同时提醒后方车辆、行人注意。

5．制动灯

制动灯安装在汽车尾部，功率为 21 W，光色为红色，灯罩显示面积较后示位灯大。在踩下制动踏板时，发出强红光。在后挡风玻璃上有一个高位制动灯。

6．转向灯

主转向灯一般安装在汽车尾部左右两侧，用来指示车辆行驶趋向。汽车两侧中间装有侧转向灯。颜色为琥珀色，灯光呈闪烁状。

二、内部照明

1．仪表灯

仪表灯用于夜间行车时仪表的照明，安装在仪表板总成内，以便于驾驶员观察汽车和发动机的工作情况。

2．行李舱灯

行李舱灯装于轿车或客车行李舱内，功率为 5 W。

3．阅读灯

阅读灯装于乘员席前部或顶部，聚光时乘员看书不会让驾驶员产生炫目，照明范围小。

4．顶灯

轿车及载货车一般仅设一只顶灯，功率为 5～15 W，除用于室内照明外，还可以监视车门是否可靠关闭。在监视车门状态下，只要还有车门未可靠关紧，顶灯就发亮。

教学互动

对照实车，指出每一种灯具的位置，并说出它们各自的作用。

课题二　汽车照明系统

◆ 了解汽车照明系统的组成及控制电路。

◆ 掌握汽车前照灯的组成、分类及控制电路。

◆ 能够对汽车前照灯进行检测和调整。

◆ 了解汽车雾灯的结构。

一、汽车照明系统的组成及控制电路

1. 汽车照明系统的组成

汽车照明系统由电源、照明装置和控制部分组成。照明装置包括外部灯、内部灯和工作照明灯，控制部分包括各种灯光开关继电器等。

外部灯包括前照灯、雾灯、牌照灯等，内部灯包括仪表灯、顶灯、阅读灯等，工作照明灯包括行李舱灯、发动机罩灯等。各照明装置的位置、功率、用途及光色见表5—2—1。

表5—2—1　　各照明装置的位置、功率、用途及光色

名称	位置	功率（W）	用途	光色
前照灯	汽车头部两侧	远光灯：40～60 近光灯：20～35	夜间行驶时，照亮车前的道路及物体；用远近光的变换，在超车时告知前方车辆避让	白色
雾灯	汽车头部和尾部	前雾灯：45 后雾灯：21或6	前雾灯：在雾天、雨雪天或尘埃弥漫等情况下，用来改善车前道路的照明 后雾灯：用来警示尾随车辆保持必要的安全距离	前：黄色 后：红色
牌照灯	汽车尾部牌照上方或左右两侧	5～10	用于夜间照亮汽车牌照（光束不应外射，保证在20 m外能认清牌照上的号码）	白色

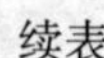
续表

名称	位置	功率（W）	用途	光色
顶灯	驾驶室顶部	5～15	用作驾驶室内照明及监视车门关闭是否可靠	白色
阅读灯	乘客座位前部或顶部	—	供乘员阅读时使用	白色
行李舱灯	汽车行李舱内	5	当开启行李舱盖时，该灯自动点亮，照亮行李舱空间	白色
踏步灯	大中型客车乘客门内的踏步上	3～5	用于夜间乘客安全上下车	白色
仪表照明灯	仪表板面上	2	用来照明仪表指针及刻度板	白色
工作灯	发动机罩下	8～20	为方便检修发动机	白色

2. 照明系统控制电路

为获得最大照明度，提高工作可靠性，照明灯具配备了灯光开关、变光开关、雾灯开关，现代汽车还加装了后尾灯继电器、前照灯继电器、雾灯继电器。照明灯均采用并联电路，在每个灯具支路上还安装了熔断式保险器，以确保某支路出现故障时，不会影响其他支路电器的工作。

汽车灯光系统采用车身搭铁式单线制线路，为确保灯具的发光强度，现代汽车前照灯及雾灯等灯具的搭铁线搭铁部位逐渐移到了发动机、变速器等金属机体上。下面以北京切诺基汽车照明电路（见图5—2—1）为例，分析汽车照明控制电路的特点。

（1）车灯开关为独立式，不与组合开关合为一体，位于仪表板左侧。向外拉出开关手柄一挡，示位灯、内部照明灯及牌照灯亮；向外拉出开关手柄二挡，一挡接通的灯仍发亮的同时前照灯发亮。旋转开关手柄，可调节仪表灯亮度。逆时针旋转开关手柄到底，顶灯亮。

（2）变光开关设在组合开关上，由手柄控制。向上拨动变光开关手柄，可使前照灯远光与近光灯交替通电闪烁，作为超车用灯光信号。变光开关控制前照灯火线支路。

（3）雾灯不但受雾灯继电器、雾灯开关控制，其电源电路还受车灯开关、变光开关控制。只有在近光灯亮时，雾灯电路才能接通。

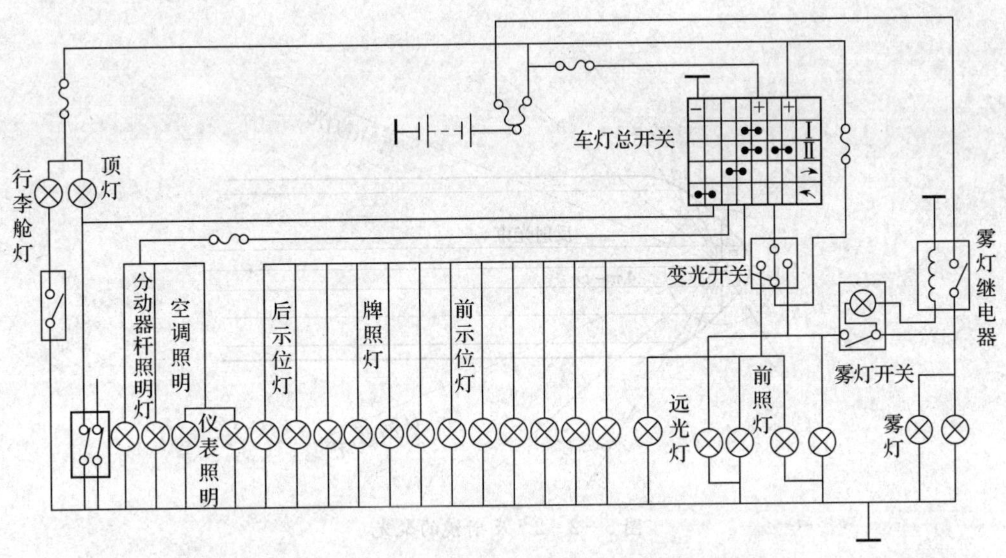

图 5—2—1 切诺基汽车照明电路

(4) 顶灯还兼有监视车门关起的作用，当车门未关严时顶灯发亮以示警告。

二、汽车前照灯

1. 对前照灯的基本要求

由于汽车前照灯的照明效果直接影响着夜间交通安全，世界各国都以法律形式规定汽车前照灯的照明标准，以确保夜间行车安全。其基本要求如下：

(1) 应能保证车前明亮而均匀的照明，驾驶员能看清车前 100 m 内路面上的障碍物。随着汽车行驶速度的提高，对汽车前照灯的照明距离也相应要求越来越远，现代高速汽车其照明距离已达到 200～400 m。

(2) 应能防止炫目，以免夜间两车交会时，使对面来车驾驶员炫目而造成交通事故。

2. 汽车前照灯的组成及分类

(1) 汽车前照灯的组成

前照灯由反射镜、配光镜和灯泡三部分组成。

反射镜的作用是最大限度地将灯泡发出的光线聚合成强光束，以增加照射距离。它一般呈抛物面状，内表面镀铬、铝或银，然后抛光，目前多采用真空镀铝。灯丝位于反射镜的焦点处，其大部分光线经反射后，成为平行光束射向远方，其距离可达 150 m 或更远。反射镜的聚光如图 5—2—2 所示。

配光镜又称散光玻璃，装于反射镜之前，可将反射光束扩散分配，使路段的照明更加均匀。配光镜是由透明玻璃压制而成的棱镜和透镜的组合体。

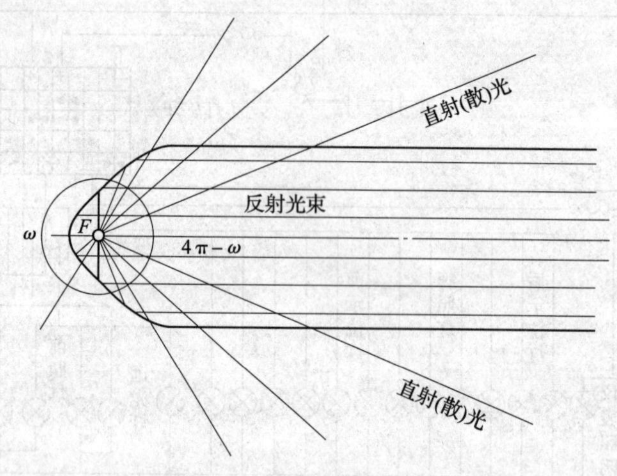

图 5—2—2　反射镜的聚光

汽车前照灯的灯泡主要使用两种，即白炽灯泡和卤钨灯泡，两种灯泡的灯丝都是用钨丝制成的。由于钨丝在使用时蒸发损耗，使灯泡的使用寿命缩短，为延长其寿命，将玻璃泡中的空气抽出，然后充入其他气体。若充入玻璃泡中的气体为惰性气体，即为白炽灯泡，如图 5—2—3 所示；若充入的是卤族元素（一般为碘或溴），即为卤钨灯泡，如图 5—2—4 所示。

图 5—2—3　白炽灯泡

图 5—2—4　卤钨灯泡

（2）汽车前照灯的分类

现代汽车前照灯的类型有半封闭式前照灯、封闭式前照灯、投射式前照灯。各种类型的前照灯及其结构如图 5—2—5 所示。

3．汽车前照灯的控制电路

汽车的前照灯电路主要由灯光开关、变光开关、前照灯继电器及前照灯组成。

（1）灯光开关

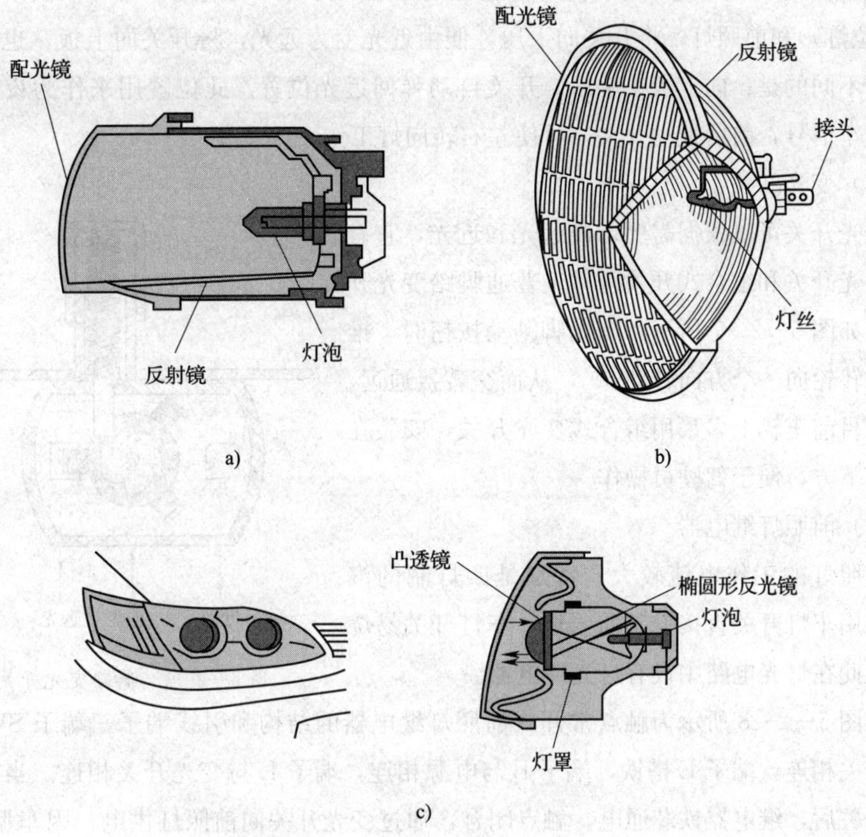

图 5—2—5　各种类型的前照灯及其结构

a) 半封闭式前照灯　b) 封闭式前照灯　c) 投射式前照灯

灯光开关的形式有拉钮式、旋转式和组合式等多种，现代汽车上使用较多的是将前照灯、尾灯、转向灯及变光开关等制成一体的组合式开关，如图 5—2—6 所示。

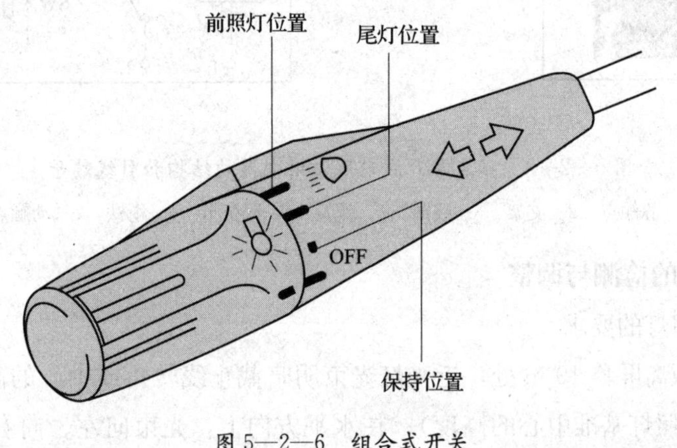

图 5—2—6　组合式开关

该组合式开关是丰田汽车使用的组合式开关，转动开关端部，便可依次接通尾灯（包括位灯）和前照灯，将开关向下压，便由近光变为远光，将开关向上扳，也可变为远光，不同的是：向上扳松手后，开关自动弹回近光位置，此位置用来作为夜间行车时的超车信号，前后扳动开关，可使左右转向灯工作。

（2）变光开关

变光开关可以根据需要切换远光和近光，它有脚踏变光开关和组合式开关两种。普通脚踏变光开关结构如图 5—2—7 所示，当用脚踏动按钮时，推杆推动转轮向一个方向转动 60°，从而交替接通远、近光。目前车辆上多采用组合式变光开关，安装在转向盘下方，便于驾驶员操作。

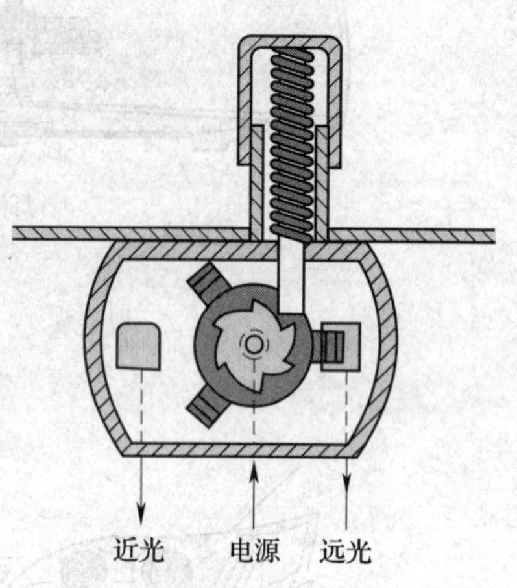

图 5—2—7　脚踏变光开关

（3）前照灯继电器

前照灯的工作电流较大，特别是四灯制的汽车，如用车灯开关直接控制前照灯，车灯开关易烧坏，因此在灯光电路中设有灯光继电器。

如图 5—2—8 所示为触点常开式前照灯继电器的结构和引线端子，端子 SW 与前照灯开关相连，端子 E 搭铁，端子 B 与电源相连，端子 L 与变光开关相连。当接通前照灯开关后，继电器铁芯通电，触点闭合，通过变光开关向前照灯供电。因车型不同，继电器控制电路也有控制火线式和控制搭铁线式之分，如图 5—2—9 所示。

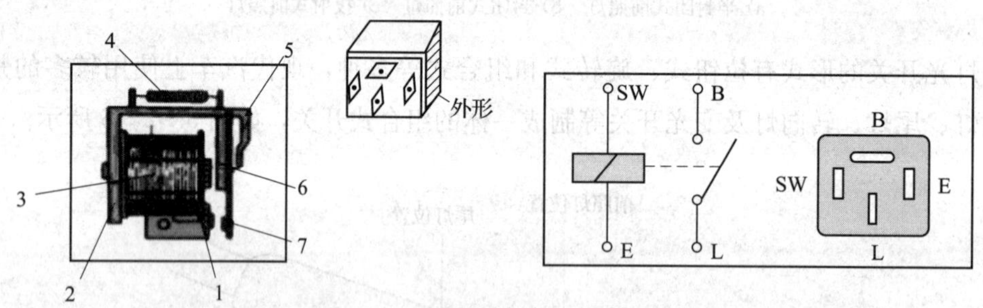

图 5—2—8　触点常开式前照灯继电器的结构和引线端子

1—静触点　2—支架　3—线圈　4—弹簧　5—限位卡　6—衔铁　7—动触点

4．前照灯的检测与调整

（1）对前照灯的要求

前照灯在距离屏幕 10 m 处，近光灯光束明暗截止线转角或中心的高度应为 0.6～0.8*H*（*H* 为前照灯基准中心的高度）；在水平方向上，光束向左、向右偏均不能超过 100 mm。四灯制前照灯其远光单光束灯的调整，要求在屏幕上光束中心离地高度应为

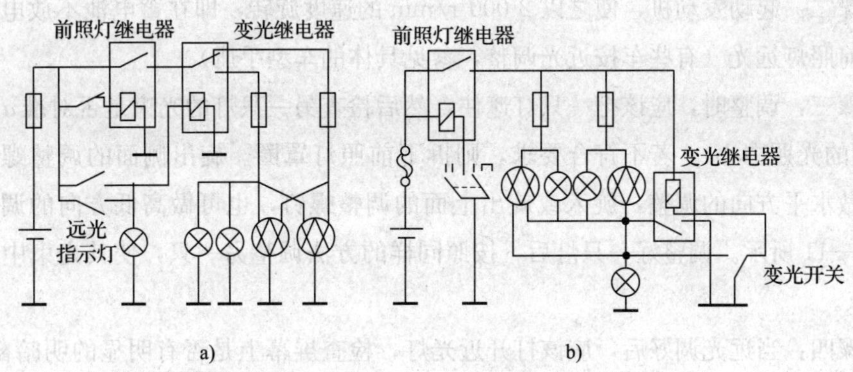

图 5—2—9　带继电器的前照灯控制电路

a）控制火线式　b）控制搭铁线式

0.85～0.90H，水平位置要求左灯向左偏不得大于 100 mm，向右偏不得大于 170 mm；右灯向右、向左偏均不得大于 170 mm。前照灯远光光束的发光强度（前照灯的发光强度是指光源在给定方向上所能发出的光线强度，单位为坎，单位符号用 cd 表示），两灯制光束的发光强度在 12 000 cd 以上，四灯制光束的发光强度在 10 000 cd 以上。

（2）前照灯的检测与调整

1）屏幕调整法

步骤一：将汽车停在水平地面上，并且按规定充足轮胎气压，从汽车上卸下所有负载（只允许一名驾驶员乘坐）。距汽车前照灯 s（m）处竖一个屏幕（注意：不同的车型要求 s 的值也不同，具体参照维修手册。以桑塔纳车为例：s=10 m，D=100 mm），在屏幕上划两条垂线（各线通过前照灯的中心）和一条水平线（与前照灯的离地高度等高），如图 5—2—10 所示。再划一条比 H 低 D（mm）的水平线与两条前照灯的垂直中心线分别相交于 a、b 两点。

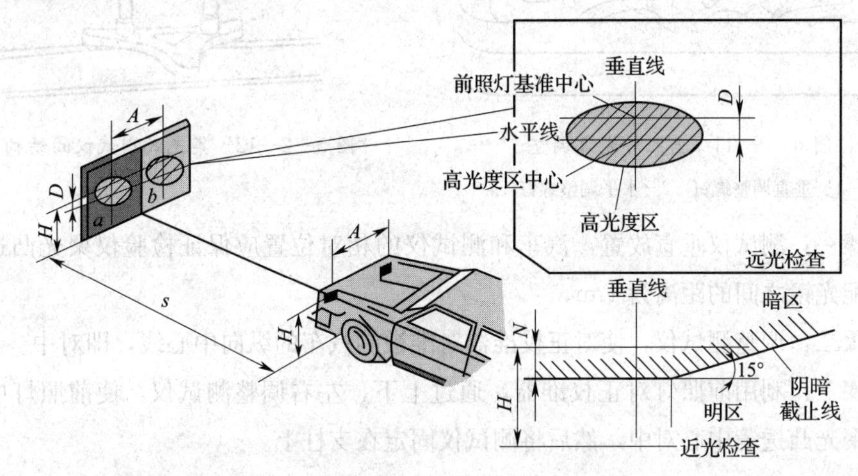

图 5—2—10　前照灯灯光检查

步骤二：起动发动机，使之以 2 000 r/min 的速度旋转，即在蓄电池不放电的情况下点亮前照灯远光（有些车按近光调整，参见具体的车型手册）。

步骤三：调整时，应该把一只灯遮住，然后检查另一只灯的光束是否对准 a 或 b 点（同一侧的光照中心）。若不符合要求，则拆下前照灯罩圈。旋出侧面的调整螺钉，可使光束做水平方向的调整，旋入或旋出上面的调整螺钉，也可做高低方向的调整，如图 5—2—11 所示。调整好一只灯后，按照同样的方法调整另一只，使其光束中心对准 b 或 a 点。

步骤四：当远光调好后，应该打开近光灯，检查屏幕上是否有明显的明暗截止线，其高度是否符合规定。一般规定前照灯上边缘距地面不大于 1 350 mm 的车，在距灯 10 m 远的屏幕上明暗截止线水平部分应比前照灯基准中心低 $H/3$ 左右，如图 5—2—11 右下角所示。

前照灯光束调整好后，还应对其照度进行测量，可采用屏幕式测试器或聚焦式测试器进行测试。

2）利用集光式测试仪调整前照灯

集光式测试仪的结构如图 5—2—12 所示，其使用方法如下：

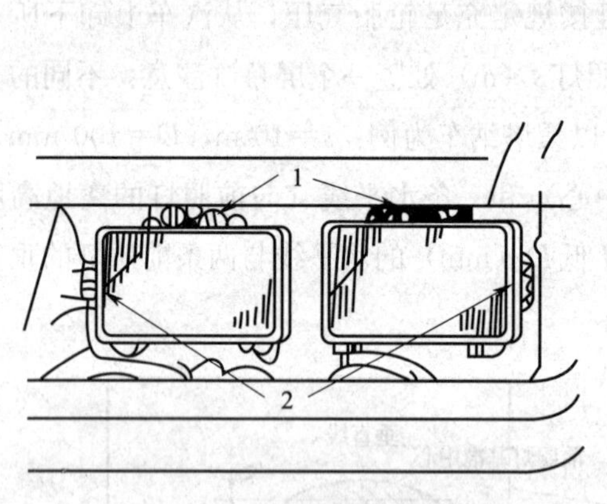

图 5—2—11　前照灯光束调整

1—垂直调整螺钉　2—水平调整螺钉

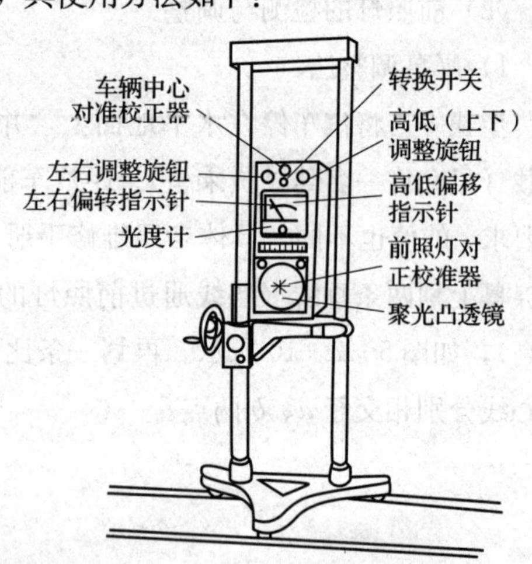

图 5—2—12　集光式测试仪的结构

步骤一：测试仪垂直放置，汽车和测试仪的相对位置应保证检验仪聚光凸透镜与前照灯配光镜之间的距离为 1 m。

步骤二：调整测试仪，使对正校准器对准被测汽车的纵向中心线，即对中。

步骤三：利用前照灯对正校准器，通过上下、左右调整测试仪，使前照灯中心与测试仪聚光凸透镜中心对中，然后将测试仪固定在支柱上。

步骤四：接通前照灯，将光度—光轴转换开关转到光轴位置上。转动左右、上下调整旋钮，使左右、上下偏移指示计的指针指示中央位置。

步骤五：将光度—光轴转换开关转到光度位置上，光度计开始工作，读取此时光度计指示值和左右、上下调整旋钮转动时的刻度值，即测出了发光强度，光轴的左右、上下偏移量。

步骤六：调节前照灯的左右、上下调节螺钉，使测试仪调整旋钮的刻度恢复到零，即调好。

教学互动

1. 对汽车前照灯的照射位置有什么要求？

2. 卤钨灯泡是利用什么原理制成的？该原理基本过程怎么样？

知识拓展

氙气大灯

氙气大灯（见图 5—2—13）的全称是 HID（High Intensity Discharge Lamp）气体放电灯，它利用配套电子镇流器，将汽车电池 12 V 电压瞬间提升到 23 kV 以上，成为触发电压，将氙气大灯中的氙气电离形成电弧放电并使之稳定发光，提供稳定的汽车大灯照明系统。目前氙气大灯经常被误读“疝气大灯”，“氙” xian 一声（阴平），与“仙”字同音，“疝”读 shan 四声（仄声），与“扇子”的“扇”同音。

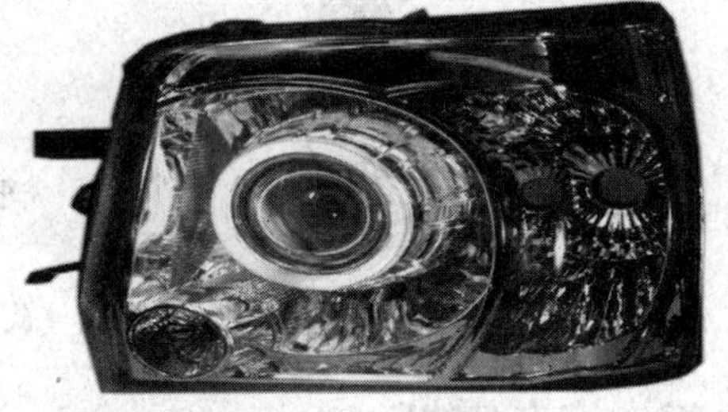

图 5—2—13　氙气大灯

氙气灯是一种含有氙气的新型大灯，又称高强度放电式气体灯，英文简称 HID。

氙气灯打破了爱迪生发明的钨丝发光原理，在石英灯管内填充高压惰性气体——Xenon 氙气，取代传统的灯丝，在两段电极上有水银和碳素化合物，透过安定器以 23 000 V 高压电流刺激氙气发光，在两极间形成完美的白色电弧，发出的光接近非常完美的太阳光。

与普通灯泡相比，氙气灯泡有两个显著的优点：一方面，氙气灯泡拥有比普通卤素灯泡高三倍的光照强度，耗能却仅为其 2/3；另一方面，氙气灯泡采用与日光近乎相同的光色，为驾驶者创造出更佳的视觉条件。氙气灯具使光照范围更广，光照强度更强，大大地改善了驾驶的安全性和舒适性。与即将广泛使用的 LED 灯相比，其散热性能更好。

卤素灯与普通灯泡有灯丝，氙灯没有灯丝，这是氙灯与传统灯最明显的区别。氙灯是利用两电极之间放电器产生的电弧来发光的，如同电焊中产生的电弧的亮光。高压脉冲电加在完全密闭的微型石英灯泡（管）内的金属电极之间，激励灯泡内的物质（氙气、少量的水银蒸气、金属卤化物）在电弧中电离产生光亮。这种光亮的色温与太阳光相似，但含较多的绿色与蓝色成分，因此呈现蓝白色光。这种蓝白色光大幅度提高了道路标志和指示牌的亮度。氙灯发射的光通量是卤素灯的两倍以上，同时电能转化为光能的效率也比卤素灯提高 70%以上，所以氙灯具有比较高的能量密度和光照强度，而运行电流仅为卤素灯的一半。车灯亮度的提高也有效扩大了车前方的视觉范围，从而营造出更为安全的驾驶条件。

氙气大灯的内部结构如图 5—2—14 所示。

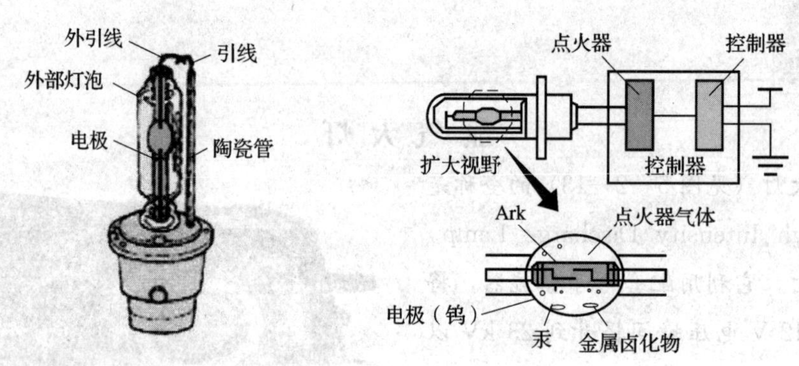

图 5—2—14　氙气大灯的内部结构

三、汽车雾灯

1. 对汽车雾灯的基本要求

雾灯的作用就是在雾天或者雨天能见度受天气影响较大的情况下让其他车辆看见本车。针对不同的路面有不同的要求：

（1）在高速公路上，能见度在 100～200 m 时，必须开启雾灯，时速不超过 60 km/h，与前车保持间距为 100 m 以上；能见度在 50～100 m 时，要开启雾灯，时速不超过 40 km/h，与前车车距 50 m 以上。

（2）而对在城区一般公路上并未做出相应规定，因为城区道路行驶本身由于各种车流混杂，车速并不快，加之各种路段的不同限速，即使没有安装雾灯，只要谨慎驾驶也能够避免由于低能见度带来的不利影响。

2. 雾灯的颜色

雾灯可分为前雾灯和后雾灯，前雾灯一般为明亮的黄色，后雾灯则为红色。后雾灯的标志和前雾灯有一点区别，前雾灯标志的灯光线条是向下的，后雾灯标志的灯光线条是平行的。如图 5—2—15 所示为前、后雾灯开关。

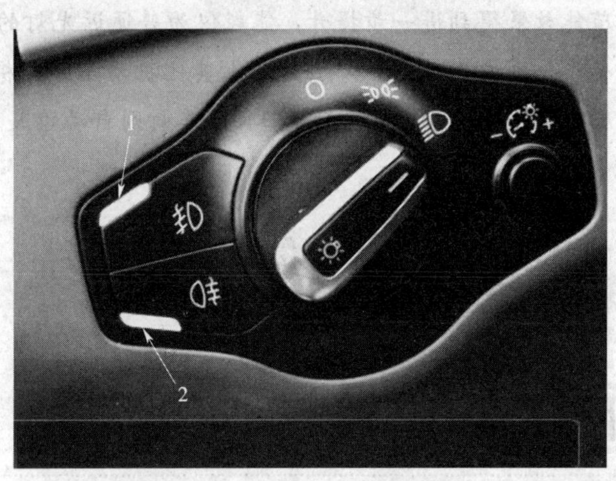

图 5—2—15　前、后雾灯开关

1—前雾灯开关　2—后雾灯开关

知识拓展

日间行车灯

日间行车灯（见图 5—2—16）是指使车辆在白天行驶时更容易被识别的灯具，装在车身前部。也就是说这个灯具不是照明灯，不是为了使驾驶员能看清路面，而是为了让别人知道有一辆车开过来了，属于信号灯。

图 5—2—16　日间行车灯

日间行车灯的最大功效不是在于美观，而是在于提供车辆的被辨识性（to be seen），在国外行车开启头灯，可降低12.4%的车辆意外，同时也可降低26.4%的车祸死亡率。

为提高行车安全性，欧盟规定自2011年起，欧盟境内所有新车必须安装日间行车灯。日间行车灯不同于普通的近光灯，是专门为白天行车照明而设计。使用了LED技术的日间行车灯，节能效果得到进一步提升，能耗仅为普通近光灯的10%。当汽车发动机一起动，日间行车灯则自动开启，以引起路上其他机动车、非机动车及行人的注意。当夜晚降临，驾驶者手动打开近光灯后，日间行车灯则自动熄灭。

课题三　汽车信号系统

◆ 了解汽车信号系统的基本组成。

◆ 掌握各信号装置的工作原理。

◆ 能够熟读汽车信号装置的控制电路图。

一、汽车信号装置的组成

汽车信号系统主要由转向信号装置、倒车信号装置、制动信号装置和喇叭等组成。各信号装置的位置、功率、用途及光色见表5—3—1。

表5—3—1　　各信号装置的位置、功率、用途及光色

名称	位置	功率（W）	用途	光色
转向灯 危险警告灯	汽车头部、 尾部及两侧	21	使前后车辆及行人知晓车辆的行驶趋向；车辆遇到危险时作为危险报警灯发出警报信号	淡黄色光
倒车灯	汽车尾部	21	照明车辆后侧，同时警告后方的车辆及行人注意安全	白色光
制动灯	汽车尾部	21	向后方车辆及行人发出较醒目的安全警示信号，避免追尾碰撞	红色光

续表

名称	位置	功率（W）	用途	光色
示位灯	汽车前面、后面和侧面	5	夜间标示车辆的存在及所处位置	前：白色或黄色 后：红色 侧：淡黄色
示宽灯	车身的前后左右四角	3～5	标示车辆轮廓	红色光
驻车灯	车头车尾和两侧	3	标示车辆形状位置，警示车辆及行人注意避让，以防碰撞	前：白色光 后：红色光
警示灯	汽车顶部	40～45	标示车辆特殊类型，消防车、警车为红色，救护车为蓝色	白色或黄色光
喇叭	发动机室内	—	发出声响，警告行人车辆，以确保行车安全	—

目前，大多将前照灯、雾灯、前位灯等组合起来，称为组合前灯；将后位灯、后转向信号灯、制动信号灯、倒车灯组合起来，称为组合后灯。汽车灯具在车上的安装位置如图 5—3—1 所示。

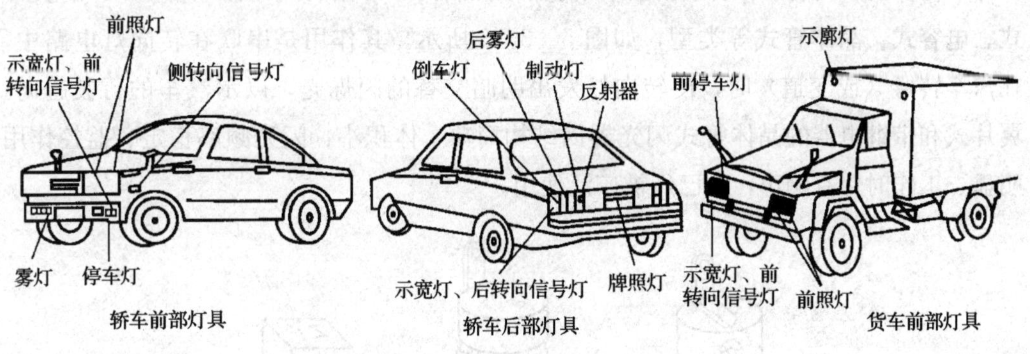

图 5—3—1 汽车灯具在车上的安装位置

二、各信号装置的结构、原理和控制电路

1. 转向灯及危险报警装置

（1）转向信号装置的结构和原理

在汽车起步时、转弯、变更车道或路边停车时，需要打开转向信号灯以表示汽车的趋向，提醒周围车辆和行人注意。

转向信号灯系统由闪光继电器（简称闪光器）、转向灯开关、转向信号灯和转向指示灯等组成。当接通危险报警开关时，所有转向信号灯同时闪烁，表示车辆遇紧急情况，请求其他车辆避让。根据国家标准《机动车运行安全技术条件》（GB 7258—2012）规定，危险报警装置不得受点火开关控制。

1）转向灯开关。转向信号灯和危险警告灯的开关如图 5—3—2 所示，左右拨动转向开关，可接通转向灯电路，标有红色△的开关为危险警告灯开关，当按下时，左右转向灯将同时闪烁 。当转向灯受组合开关控制时，因转向器回正，使组合开关中的转向灯开关的回正销拨动，从而自动切断转向灯电路；危险报警灯操纵装置不受点火开关及灯光组合开关的控制。

a）

b）

图 5—3—2　转向信号灯和危险警告灯开关

a）转向信号灯开关　b）危险警告灯开关

2）闪光器。转向灯的闪烁是由闪光器来控制的，常见的闪光器（flasher）有翼片式、电容式、晶体管式等类型，如图 5—3—3 所示。其作用是串联在转向灯电路中，在汽车转弯（或变道）时，使转向灯发出明暗交替的闪烁光，以示汽车的行驶趋向。翼片式和带继电器的晶体管式闪光器因结构简单、体积小、闪光频率稳定、监控作用明显、工作时伴有响声，故已经被广泛使用。

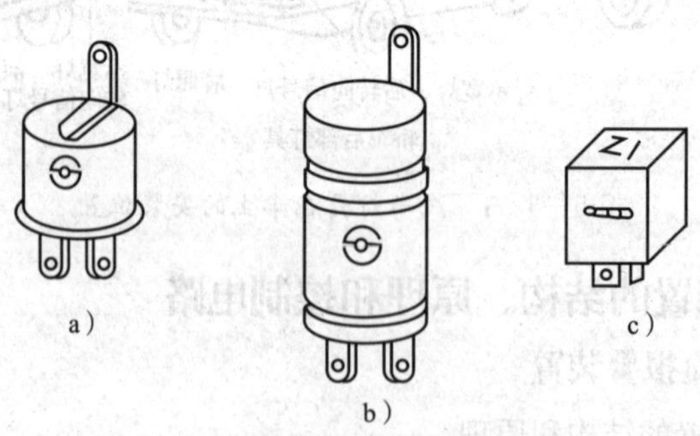

a）　b）　c）

图 5—3—3　闪光器的类型

a）翼片式　b）电容式　c）晶体管式

①翼片式闪光器。翼片式闪光器可分为直热翼片式和旁热翼片式两种，如图 5—3—4 所示。

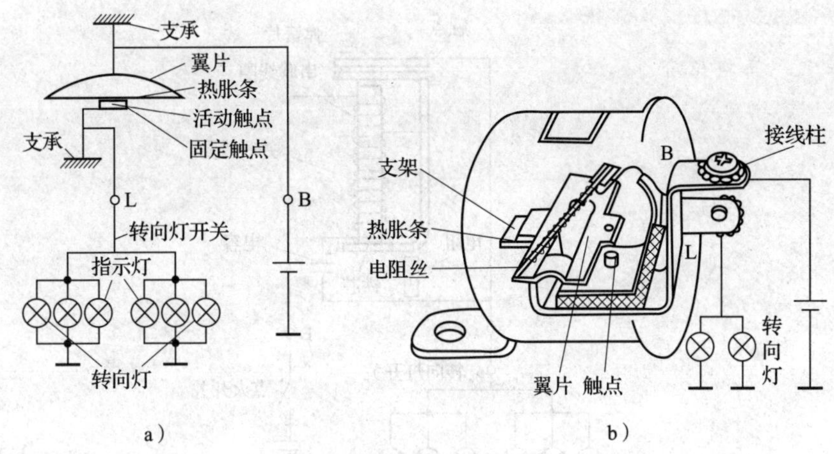

图 5—3—4　翼片式闪光器

a）直热翼片式闪光器　b）旁热翼片式闪光器

a. 直热翼片式闪光器。它主要由翼片、热胀条、触点等组成。工作时，弹性翼片在热胀条（热膨胀系数较大的金属板条）的拉力下呈弓形，触点处于闭合状态。接通转向开关（左或右）后，转向灯与转向指示灯电路接通，灯亮。电路如下：

蓄电池“+”→翼片→热胀条→触点→转向灯开关→转向灯及转向指示灯→搭铁→蓄电池“−”。由于电流流经热胀条，热胀条伸长。翼片在自身弹力作用下伸直，活动触点随热胀条向上移动与固定触点分离，电路被切断，转向灯与转向指示灯熄灭。热胀条中电流消失后，冷却收缩，牵动翼片再次呈弓形，活动触点下移与固定触点再次闭合，电路接通，转向灯与转向指示灯又亮。如此反复变化，产生闪烁的转向信号，同时发出“啪嗒、啪嗒”的响声。

b. 旁热翼片式闪光器。它与直热翼片式闪光器主要不同在于旁热翼片式热胀条上绕有电热丝。电热丝下端与热胀条相接，上端与静触点相连，匝间与热胀条绝缘。工作时，翼片受热胀条拉力作用呈弓形，触点张开。转向灯开关闭合后，电热丝通电加热热胀条，使其膨胀伸长，翼片在自身弹力作用下伸直，使触点闭合。

触点闭合后，转向灯与转向指示灯亮。电热丝被触点短路，热胀条冷却收缩，翼片被拉呈弓形，触点再次张开，转向灯与转向指示灯变暗，然后电热丝再次通电。如此周期性动作，转向产生闪烁灯光信号。当电阻丝通电时，电流虽经转向信号灯构成回路，因为电流很小，转向灯不会亮。

②电容式闪光器。电容式闪光器主要由一个继电器和一个电容器组成，如图5—3—5所示。在继电器的铁芯上绕有一个串联线圈和一个并联线圈，电容器采用大容量的电解电容器（约 1 500 pF）。电容式闪光器是利用电容充、放电延时特性，使继电器的两个线圈产生的电磁吸力相加或相减，让继电器产生周期性开关动作，从而使转向信号灯闪烁。

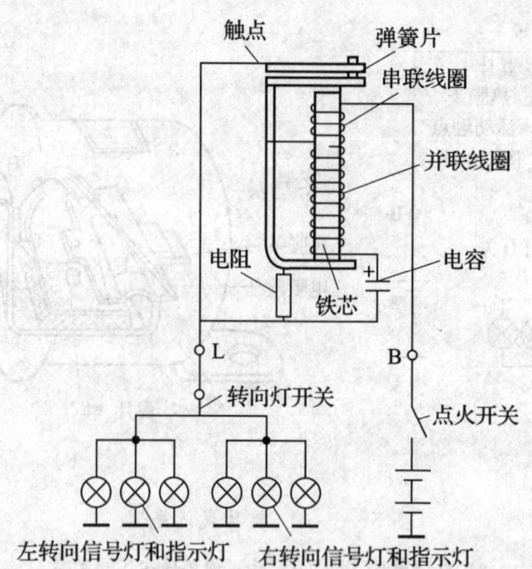

图 5—3—5　电容式闪光器的组成

③晶体管式闪光器。晶体管式闪光器主要由晶体管、电阻、电容等组成一非稳态电路，利用晶体管的开关特性，交替地接通和切断转向灯电路，使转向灯发出明暗交替的闪烁光。晶体管式闪光器可分为带继电器的晶体管闪光器（有触点，见图 5—3—6）、无触点闪光器、集成电路闪光器等。

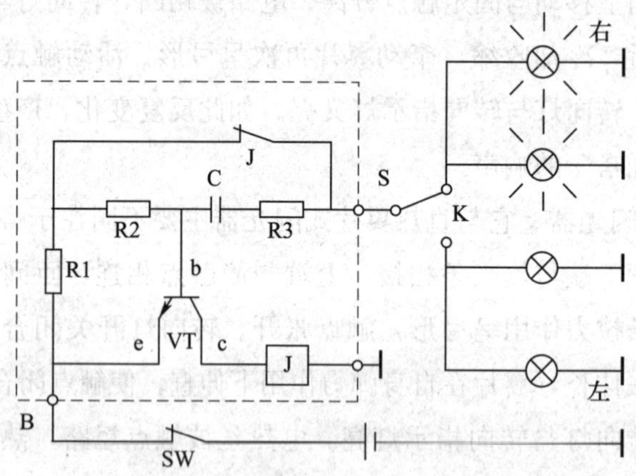

图 5—3—6　带继电器的晶体管式闪光器

a. 带继电器的晶体管闪光器。它主要由晶体管开关电路和小型继电器组成，其工作原理如下：

当汽车打开右转向信号灯时，电流由蓄电池“+”→电源开关 SW→R1→继电器常闭触点 J→接线柱 S→转向灯开关 K→右转向信号灯→搭铁→蓄电池“—”，形成回路，右转向信号灯亮。当电流通过电阻 R1 时，在电阻 R1 上产生电压降，晶体管 VT

因正向偏压而导通，集电极电流通过继电器线圈 J，使继电器的动断触点立即打开，右转向信号灯随之熄灭。

晶体管导通的同时，其基极电流向电容器 C 充电。电流由蓄电池“+”→电源开关 SW→接线柱 B→晶体管发射极 e、基极 b→电容器 C→电阻 R3→接线柱 S→转向灯开关 K→右转向信号灯→搭铁→蓄电池“−”，形成回路。

随着电容器电荷的积累，充电电流逐渐减小，晶体管的集电极电流也随之减小，线圈中产生的电磁力不足以维持衔铁的吸合而释放时，继电器触点重新闭合，转向信号灯又再次发亮。

这时电容器 C 通过电阻 R2、继电器触点 J、电阻 R3 放电。放电电流在 R2 上产生的电压降为晶体管提供反向偏压，加速晶体管的截止。当放电电流接近零时，R1 上的电压降使晶体管 VT 导通。

这样，电容器不断地充电和放电，晶体管也就不断地导通和截止，控制继电器触点反复地断开、闭合，使转向信号灯闪烁。

b. 集成电路闪光器。如图 5—3—7 所示为上海桑塔纳汽车装用的集成电路闪光器的电路图。U243B 型集成块是一块低功率、高精度的汽车电子闪光器专用集成电路。U243B 的标称电压为 12 V，实际工作电压范围为 9～18 V，采用双列 8 脚直插塑料封装。内部电路主要由输入检测器 SR，电压检测器 D，振荡器 Z 及功率输出级 SC 四部分组成。

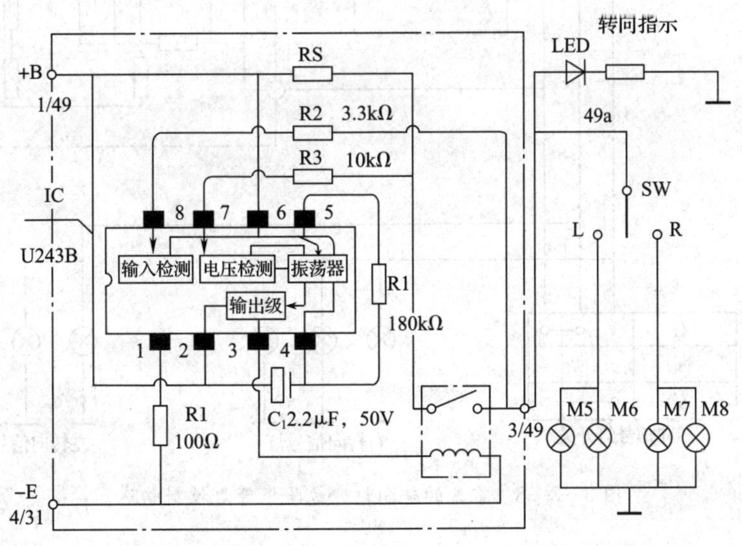

图 5—3—7　桑塔纳汽车闪光器电路图

输入检测器用来检测转向信号灯开关是否接通。振荡器由一个电压比较器和外接的电阻 R4 和电容 C1 构成。内部电路比较器的一端提供了一个参考电压，其值由电压检测器控制，比较器的另一端则由外接的电阻 R4 和电容器 C1 提供一个变化的电压，从而形成电路的振荡。振荡器工作时，输出级的矩形波便控制继电器线圈的电路并使继电器触点反复断开和闭合。于是转向信号灯和转向指示灯闪烁，频率为 80 次/min。

如果一只转向灯烧坏，则流过取样电阻 RS 的电流减小，其电压降减小，经电压检测器识别后，便控制振荡器电压比较器的参考电压，从而改变振荡频率，使转向指示灯的闪光频率加快一倍，以提示驾驶员及时检修。

当打开危险报警开关时，汽车的前、后、左、右转向信号灯同时闪烁作为危险报警信号。

（2）转向灯、危险报警灯的控制电路

转向灯及危险报警灯电路由转向灯、转向指示灯、转向灯开关、闪光器、报警开关等组成，转向灯的闪烁由闪光器控制。转向灯闪光器与危险报警灯闪光器可以共用（如天津夏利），也可单独设置（如北京切诺基）。转向灯与危险报警灯的控制装置和控制电路因车型不同而不尽相同，但基本结构及原理相似。常见的转向灯、危险报警灯控制电路如图 5—3—8 所示。

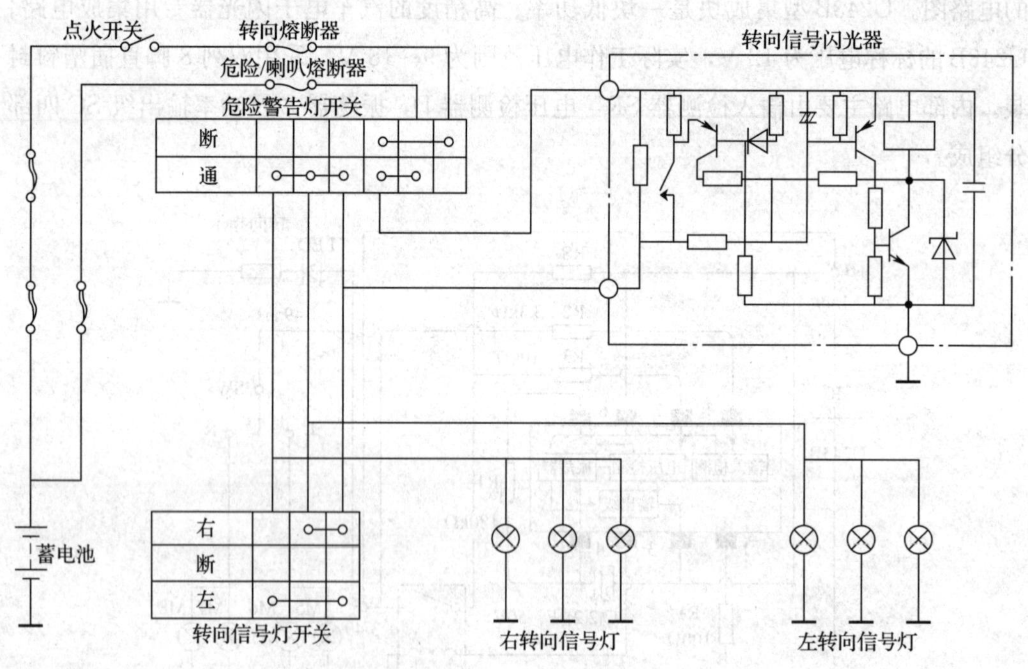

图 5—3—8　常见的转向灯、危险报警灯控制电路

2. 倒车信号装置

（1）倒车信号装置的结构和原理

汽车倒车时，为了警告车后的行人及车辆注意避让，在汽车的尾部通常装有倒车

信号装置，并由装在变速器上的倒车传感器控制。倒车报警系统如图 5—3—9 所示。倒车信号装置的报警方式有三种，第一种是倒车灯亮——光报警；第二种是蜂鸣器“嘟—嘟—”——声报警；第三种是扬声器“请注意，倒车。”——语音报警。具体的倒车装置，可以采用 3 种报警方式的不同组合。三种报警方式都是由开关式倒车传感器提供信号的，其结构如图 5—3—10 所示。传感器的动触点是由弹性膜片和两个螺旋弹簧相并联所构成的。当变速杆把倒挡变速叉轴拨到倒挡位置时，倒挡叉轴上的凹槽就对准钢球，传感器中的钢球陷入凹槽而下降 1.8 mm，于是在弹簧组作用下动触点与静触点闭合（ON），倒车灯亮而报警；当变速杆拨到非倒车挡位时，钢球上升，使弹簧受到压缩，动触点断开（OFF），则不产生倒车报警。

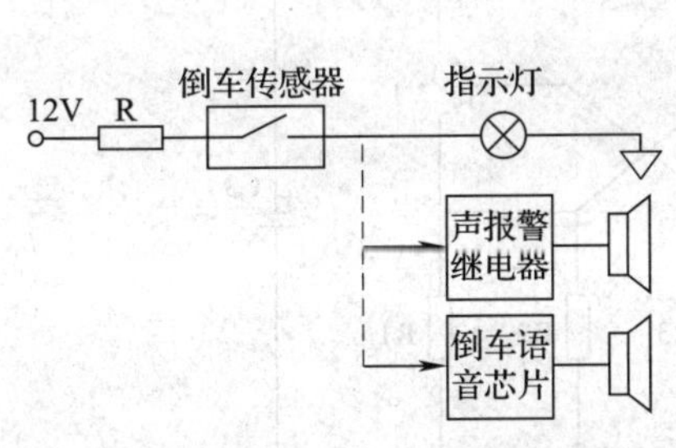

图 5—3—9　倒车报警系统

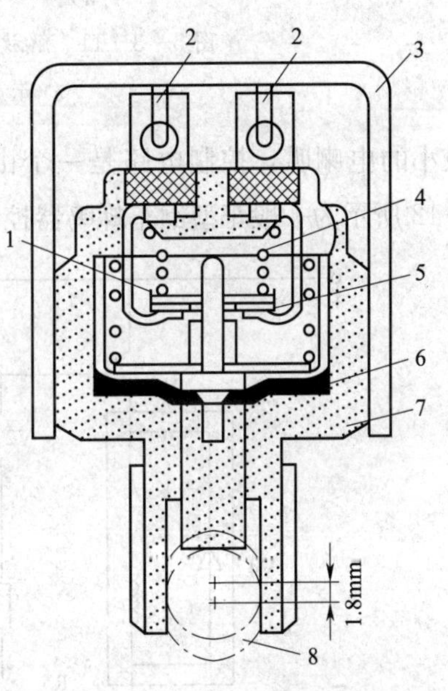

图 5—3—10　开关式倒车传感器的结构

1—动触点　2—导线　3—保护罩　4—弹簧
5—静触点　6—膜片　7—壳体　8—钢球

（2）倒车灯及报警电路

汽车倒车时，为了警告车后的行人及车辆注意避让，在汽车的尾部通常装有倒车灯和倒车蜂鸣器（或倒车语音报警器），它们均由装在变速器上的倒挡开关控制。

当变速杆挂入倒挡时，在拨叉轴的作用下，倒挡开关接通倒车报警器和倒车灯电路，从而发出声光倒车信号。如图 5—3—11 所示为解放 CA1092 汽车倒车信号电路。

（3）倒车报警器

常见的倒车报警器有倒车蜂鸣器和倒车语音报警器两种。

1）倒车蜂鸣器。倒车蜂鸣器是一种间歇发音的音响信号装置，其发音部分是一只

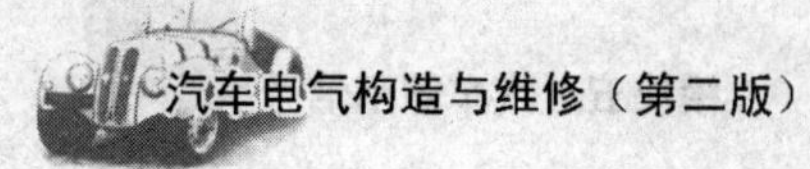

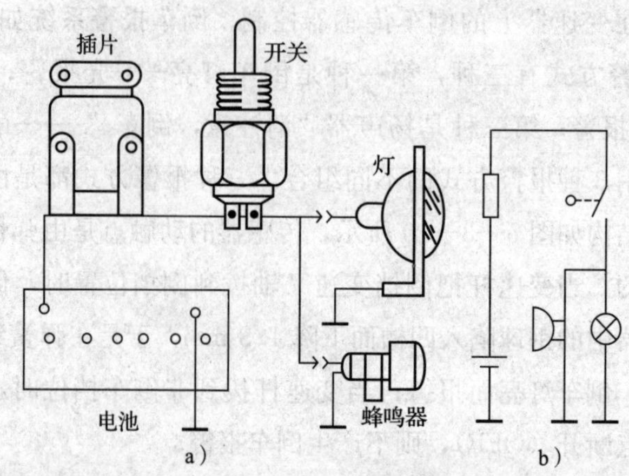

图 5—3—11　解放 CA1092 汽车倒车信号电路

a）示意图　b）原理图

功率较小的电喇叭，控制电路是一个由非稳态电路和反相器组成的开关电路。如图 5—3—12 所示为一般车型倒车蜂鸣器控制电路。

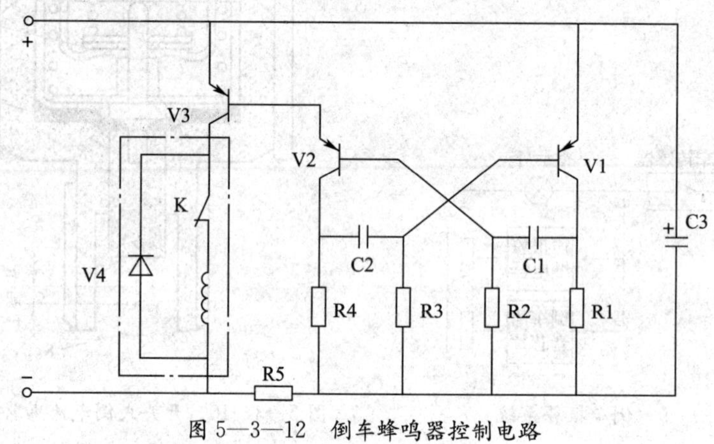

图 5—3—12　倒车蜂鸣器控制电路

2）倒车语音报警器。倒车语音报警器控制电路如图 5—3—13 所示。IC1 是储存有语音信号的集成电路，集成块 IC2 是功率放大集成电路，稳压管 VD 用于稳定语音集成块 IC1 的工作电压。当汽车挂入倒挡时，倒车开关接通了倒挡报警电路，电源便由桥式整流电路输入语音倒车报警器，语音集成电路 IC1 的输出端便输出一定幅度的语音电压信号。此语音电压信号经 C2、C3、R3、R4、R5 组成的阻容电路消除杂音，改善音质，并耦合到集成电路 IC2 的输入端，经 IC2 功率放大后，通过喇叭输出，即可发出清晰的“请注意，倒车。”的声音。

（4）倒车声纳系统

倒车声纳系统分主动式和被动式两类。主动式声纳系统是指能辐射出超声波并能接收其反射波的系统。倒车声纳系统如图 5—3—14 所示。

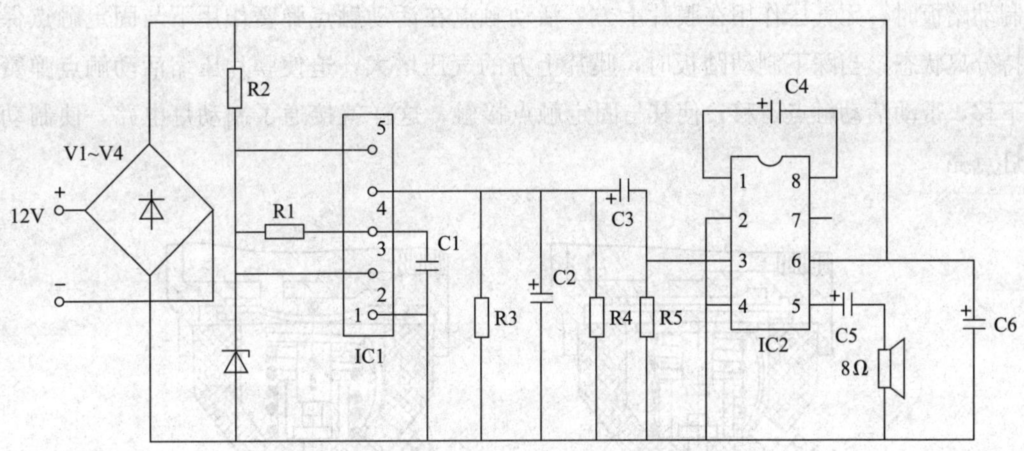

图 5—3—13　倒车语音报警器控制电路

丰田汽车公司开发的声纳系统，倒车时能够觉察到汽车后方的障碍物，并用指示灯和蜂鸣器告诉驾驶员关于障碍物到汽车的距离和大致位置。声纳系统在车上的安装位置如图 5—3—15 所示。汽车后保险柜里分别装入两个超声波脉冲发生器（T1、T2）和两个超声波传感器（R1、R2），微型计算机装设在行李舱内，显示器装在后支撑托架上。40 kHz 的超声波脉冲发送器以每秒 15 次的频率向车后发射超声波，若车后有障碍物，超声波在该处被反射回来，因此根据超声波的往返时间，就能断定从汽车到障碍物的距离。

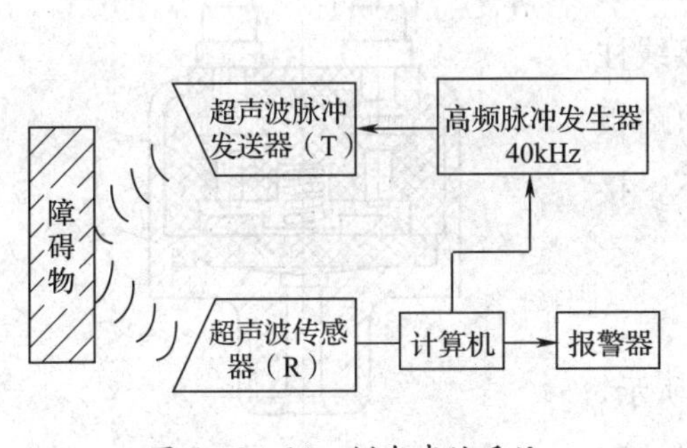

图 5—3—14　倒车声纳系统

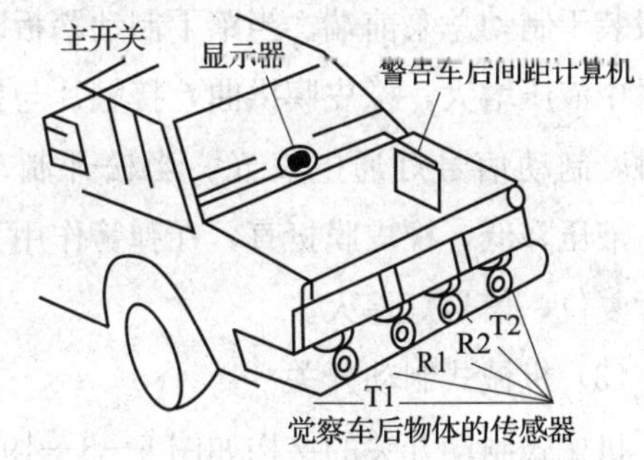

图 5—3—15　声纳系统在车上的安装位置

3. 汽车制动信号灯

制动信号灯由制动开关控制，其电路如图 5—3—16 所示。制动开关分为气压式、液压式和机械式。

（1）气压式制动开关

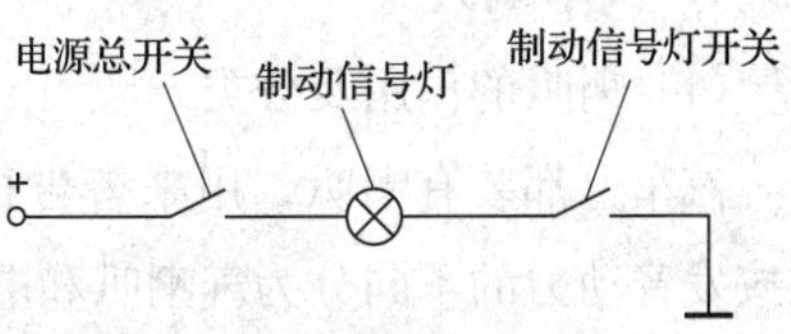

图 5—3—16　制动信号灯电路

气压式制动开关的结构如图 5—3—17 所示，一般装于制动阀上，固定触点接线柱与蓄电池正极相连，活动触点接线柱与指示灯相连。未踩下制动踏板时，无气压作用在膜片上方，活动触点在活动触点弹簧作用下与固定触点保持分离状态；当踩下制动踏板时，膜片上方的气压增大，迫使膜片压缩活动触点弹簧下移，带动活动触点下移，使其与固定触点接触，这样就接通了制动灯电路，使制动灯点亮。

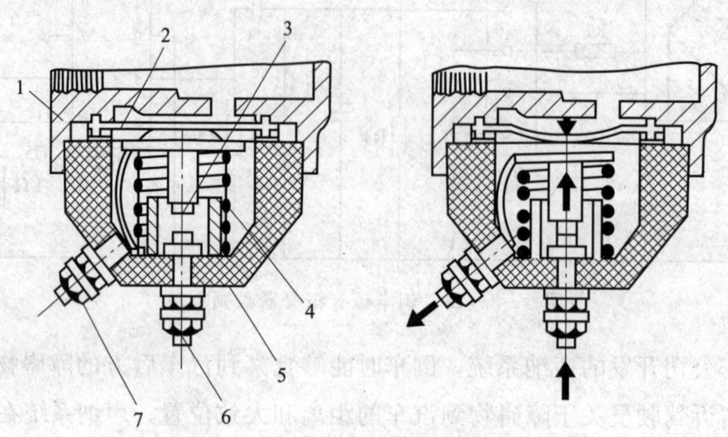

图 5—3—17　气压式制动开关的结构

1—制动阀壳　2—制动灯开关膜片　3—活动触点　4—活动触点弹簧
5—开关壳　6—固定触点接线柱　7—活动触点接线柱

（2）液压式制动开关

液压式制动开关的结构如图 5—3—18 所示，一般装于制动总泵前端。当踏下制动踏板时，制动系中液压增大，橡皮膜拱曲，接触片与接线柱接触，制动信号灯通电发光。当松开制动踏板时，液压降低，橡皮膜挺直，在弹簧作用下，接触片复位，信号灯熄灭。

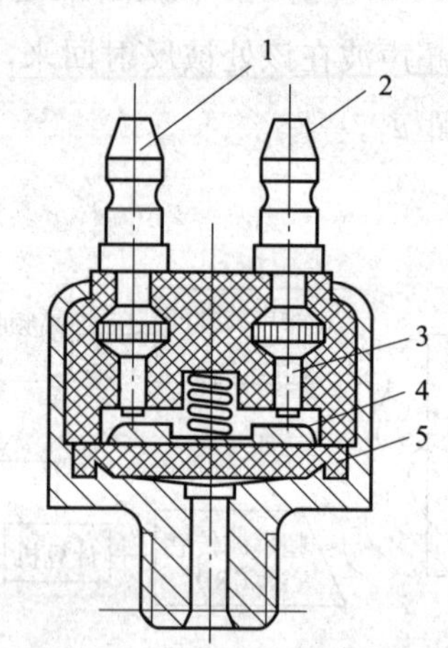

图 5—3—18　液压式制动开关的结构

1、2—接线柱　3—触点　4—触板　5—膜片

（3）机械式制动开关

机械式制动开关的结构如图 5—3—19 所示，一般装于制动踏板下方。当踩下制动踏板时，制动开关内的活动触点便将两接线柱接通，使制动灯点亮；当松开踏板后，断开制动灯电路。

4．汽车喇叭

（1）喇叭的作用及分类

汽车上都装有喇叭，用来警告行人和其他车辆，以引起注意，保证行车安全。喇叭按发音动力的不同分为气喇叭和电喇叭两类；按外形分有螺旋形、筒形、盆形三种，如图 5—3—20 所示；按声频分有高音和低音两种。

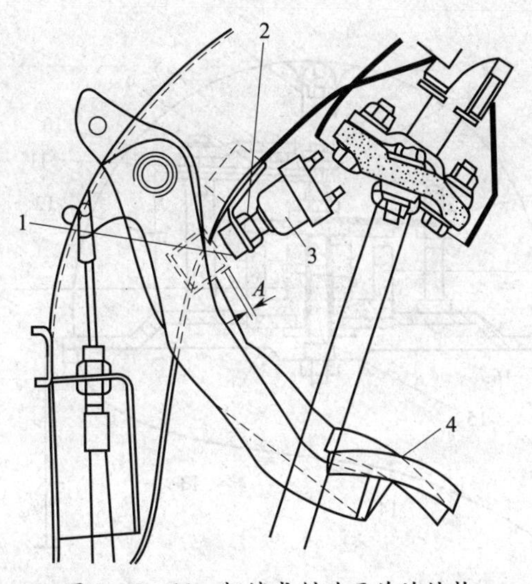

图 5—3—19　机械式制动开关的结构

1—制动踏板限制块　2—调整螺母　3—制动开关　4—制动踏板

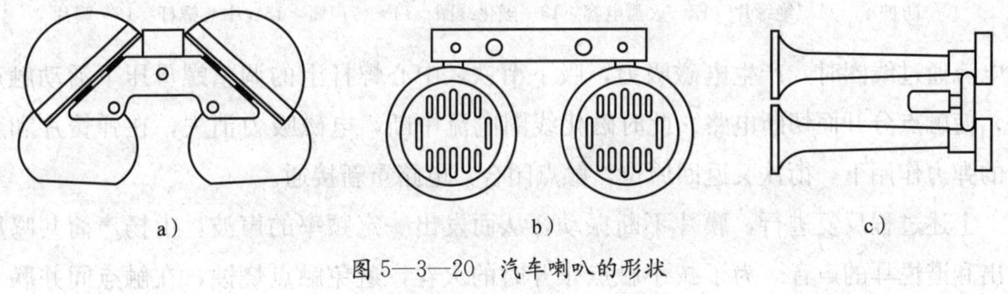

图 5—3—20　汽车喇叭的形状

a）螺旋形　b）盆形　c）筒形

气喇叭是利用气流冲击使金属膜片振动产生声响的，外形一般为长筒形，多用在具有空气制动装置的载货汽车上。电喇叭是利用电磁力使金属膜片振动产生声响的，其声音悦耳，广泛应用于各种类型的汽车上。

电喇叭按有无触点可分为普通电喇叭和电子喇叭两种。普通电喇叭主要是靠触点的闭合和断开，控制电磁线圈激励膜片振动而产生声响；电子喇叭则利用晶体管电路产生的脉冲激励膜片振动产生声响。

在中、小型汽车上，由于安装位置的限制，多采用螺旋形和盆形电喇叭。盆形电喇叭具有体积小、质量轻、指向好、噪声小等优点。

（2）电喇叭的结构和工作原理

1）螺旋形电喇叭。螺旋形电喇叭的结构如图 5—3—21 所示，其主要机件有“山”形铁芯、磁化线圈、衔铁、膜片、扬声筒、触点以及电容器等。膜片借助中心螺杆与衔铁、调整螺母、锁紧螺母连成一体。

当按下按钮时，电流由蓄电池“+”→按钮→线圈→触点→搭铁→蓄电池“−”。

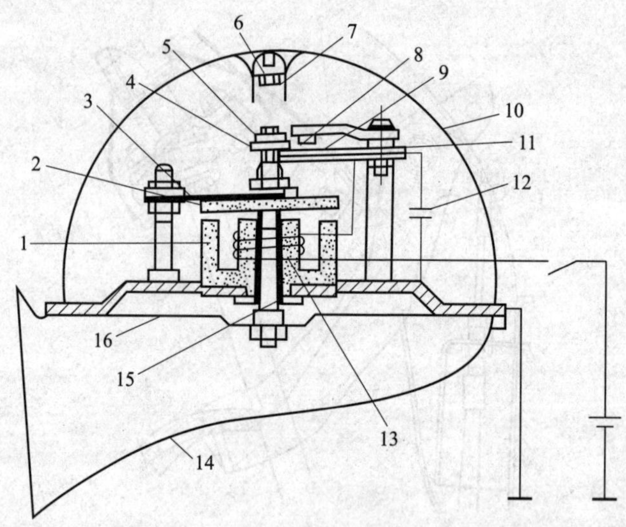

图 5—3—21　螺旋形电喇叭的结构

1—铁芯　2—衔铁　3—弹片　4—调整螺母　5—锁紧螺母　6—螺钉　7—支架　8—活动触点　9—固定触点　10—防护罩　11—绝缘片　12—灭弧电容　13—磁化线圈　14—传声筒　15—中心螺杆　16—膜片

当电流通过线圈时，产生电磁吸力，吸下衔铁，中心螺杆上的调整螺母压下活动触点臂，使触点分开而切断电路。此时磁化线圈电流中断，电磁吸力消失，在弹簧片和膜片的弹力作用下，衔铁又返回原位，触点闭合，电路重新接通。

上述过程反复进行，膜片不断振动，从而发出一定频率的声波，由扬声筒共鸣后发出和谐悦耳的声音。为了减小触点张开时的火花，避免触点烧蚀，在触点间并联了电容。

2）盆形电喇叭。盆形电喇叭的工作原理与螺旋形电喇叭相同，其结构如图 5—3—22 所示。

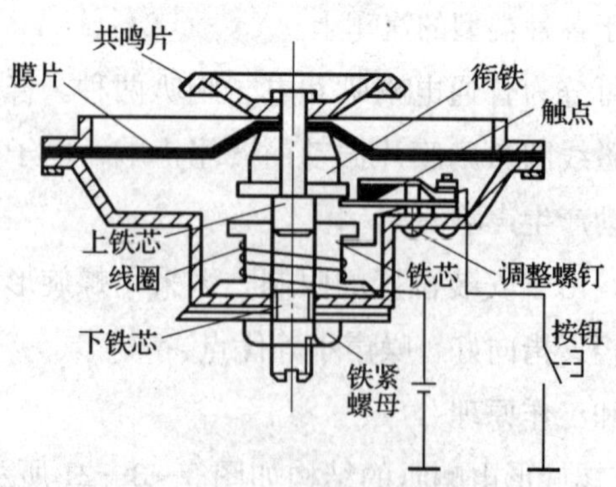

图 5—3—22　盆形电喇叭的结构

电磁铁采用螺管式结构，铁芯上绕有磁化线圈，上、下铁芯间的气隙在线圈中间，所以能产生较大的吸力。它无扬声筒，而是将上铁芯、膜片和共鸣板装在中心轴上。

当电路接通时，磁化线圈产生吸力，上铁芯被吸下与下铁芯撞击，产生较低的基本频率，并激励膜片及与膜片连成一体的共鸣板产生共鸣，从而发生比基本频率强得多且分布又比较集中的谐音。为了保护触点，有的盆形喇叭在触点之间也并联了灭弧电容器。

(3) 电动气喇叭

电动气喇叭主要由电动气泵和气喇叭两部分组成，如图 5—3—23 所示。直流电动机驱动气泵运转，产生压缩空气，压缩空气直接通入气喇叭使喇叭发声。

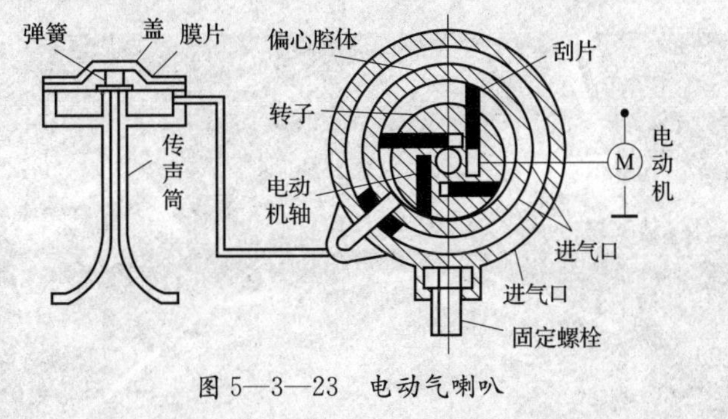

图 5—3—23　电动气喇叭

电动气泵属刮片式结构，气泵转子与电动机同轴。电动机带动转子旋转时，刮片在偏心腔里旋转滑动，连续完成吸气、排气的过程。

(4) 双音电喇叭的控制电路

为了得到较为和谐悦耳的声音，在汽车上大多装有高、低音喇叭。由于两个喇叭消耗电流较大，为了保护喇叭按钮开关不被烧蚀，通常在喇叭电路中设有继电器，即用喇叭按钮控制继电器线圈的小电流，而用继电器触点控制喇叭所需的大电流。

双音电喇叭的控制电路如图 5—3—24 所示。当按下喇叭按钮时，蓄电池便经喇叭继电器线圈形成回路，使继电器铁芯产生电磁吸力，将继电器触点闭合，接通了双音电喇叭，喇叭产生声音。当松开喇叭按钮时，继电器线圈断电，铁芯电磁吸力消失，触点在自身弹力作用下张开，切断了双音电喇叭电路，双音电喇叭停止产生声音。

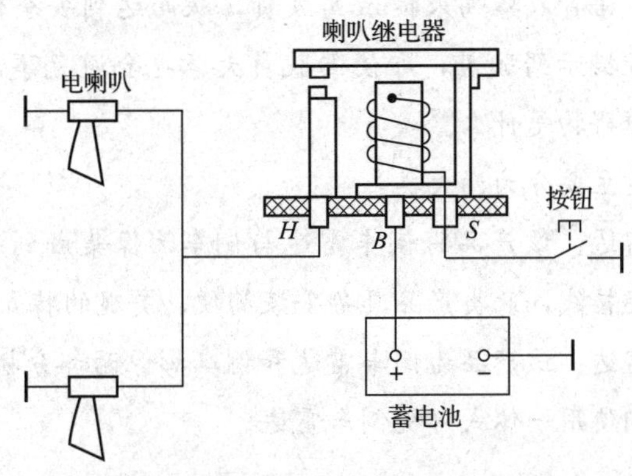

图 5—3—24　双音电喇叭的控制电路

知识拓展

可视倒车雷达

可视倒车雷达（见图 5—3—25）又称泊车辅助系统，或称倒车电脑警示系统。英文名称：Visual reversing radar。

图 5—3—25　可视倒车雷达

可视倒车雷达其实就是把倒车影像和倒车雷达结合为一体的整套系统。实际由两个部分组成：普通倒车影像是在车尾装一个车载摄像头，车辆挂上倒挡时系统会自动起动，把尾部车载摄像头拍下的图像通过视频连接线，传到车前的车载显示屏幕上，从而达到安全倒车的目的。其特点是可以直接看到车后情况，缺点是影像有变形，不能准确判断车离障碍物的距离；最重要的是驾驶员必须主动用心关注视频，视频不能主动提醒驾驶员。倒车雷达是在车尾安装超声波探头，当汽车挂上倒挡时，雷达自动起动，驱动超声波探头探测障碍物，将探测到的信息通过倒车雷达主机处理传输到驾驶室，通过数字显示、语音或蜂鸣来提示驾驶员，从而达到安全倒车的目的。其特点是系统可以主动用声音提示驾驶员，即使驾驶员大意也会避免事故发生。缺点是没有视觉效果，不知后面障碍物是什么。

常见可视倒车雷达主要分为两大类：

一体式可视倒车雷达：该产品将倒车雷达与倒车影像集成到一起，并且只需要一个主机和简单的几条连接线，此类产品具备安装简便、美观的特点。

分体式可视倒车雷达：该产品为倒车雷达和倒车影像两部分拼凑而成，接线复杂，不易安装。建议车友们使用一体式可视倒车雷达。

课题四　汽车照明信号系统常见故障诊断与排除

◆ 了解汽车故障诊断的方法。

◆ 掌握汽车照明、信号装置的操作方法。

◆ 能够对汽车照明信号系统进行故障诊断和排除。

一、汽车照明信号系统的故障诊断方法

汽车照明与信号装置主要由前照灯、雾灯、牌照灯、内部照明灯、制动灯、倒车灯、转向灯、危险警告灯、喇叭等组成。照明系统主要由蓄电池（发电机）、熔断器、灯控开关、灯光继电器、变光器、灯及其线路组成。汽车照明与信号装置故障诊断方法主要有以下几种：

1．断路故障检查

（1）用试灯检查

将试灯的一端夹在发动机或车架上（即搭铁），接通灯开关，把试灯的另一端与蓄电池到该灯之间连线上的各接点相接触，如果灯亮，再与第二个接点相接触……直至试灯不亮为止，则断路处即在试灯亮时的测试点与试灯不亮时的测试点之间。

（2）用万用表直流电压挡检测

用万用表直流电压挡检测的方法与试灯相同。将万用表“－”表笔搭铁，“＋”表笔分别与蓄电池到该灯之间连线上各接点相接触，检测其电源电压是否正常，如果不正常，则断路发生在有电压指示和无电压指示两个测试点之间的这段线路中。

2．搭铁故障检查

当接通灯开关时，熔断器立即烧坏，说明开关接通的灯线路有短路搭铁故障，其搭铁部位在开关和灯之间。

（1）用试灯方法检查

首先断开导线与灯及灯开关连接处的导线，将试灯一端与蓄电池“＋”极相连，另一端与接灯的导线接头相连接。如果试灯亮，说明有搭铁故障存在，此时逐个拆下

从灯开关到灯之间导线上的各个接点；如果灯灭，则搭铁故障发生在灯灭时，拆开点与上一个拆开点之间的导线上。

（2）用万用表电阻挡检查

将万用表一只表笔搭铁，另一只表笔与接灯的导线接头相连，如果万用表读数为零，说明存在搭铁故障。其检查方法与试灯方法相同。

二、照明、信号装置的操作方法

1. 前照灯的操作步骤（见表 5—4—1）

表 5—4—1　　前照灯的操作步骤

操作步骤	操作图片
（1）将点火开关打开到 ON 挡位置	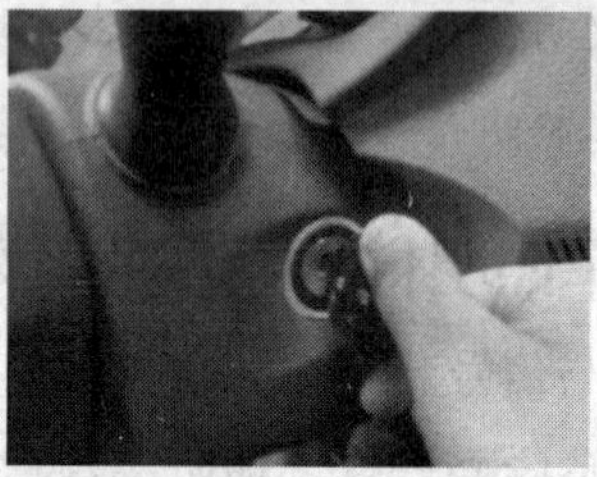
（2）将前照灯旋到二挡位置，检查近光灯是否点亮	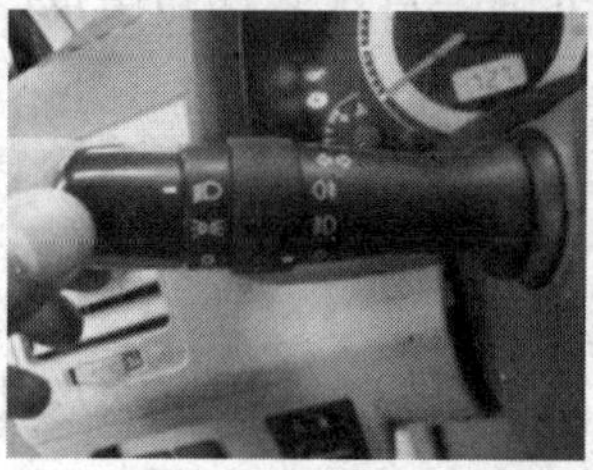 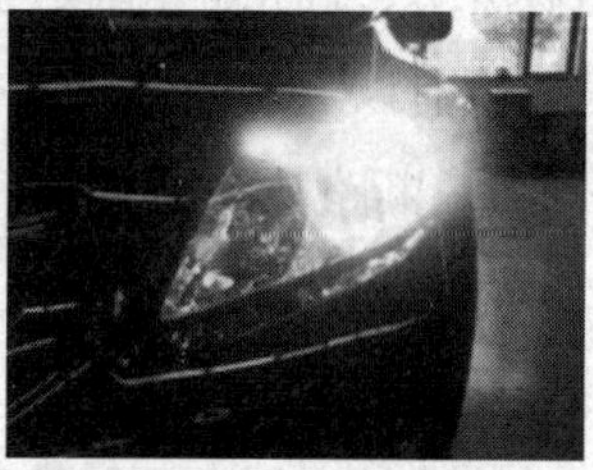
（3）将前照灯开关向下扳动，检查远光灯、仪表指示灯是否点亮	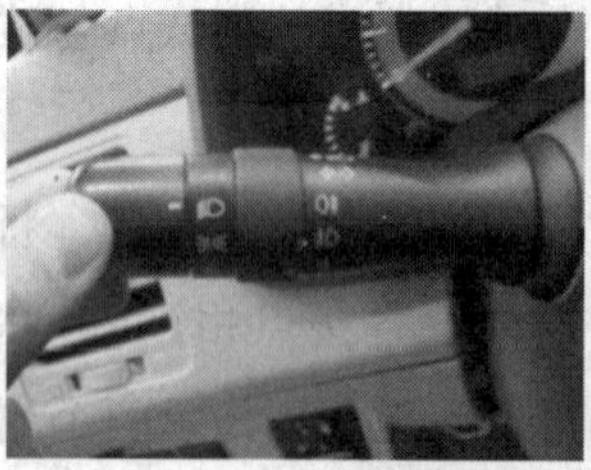 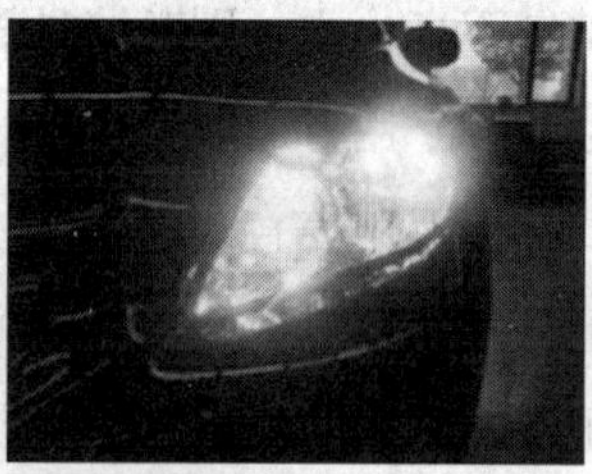 

2．雾灯的操作步骤（见表 5—4—2）

表 5—4—2　　雾灯的操作步骤

操作步骤	操作图片
（1）将点火开关打开到 ON 挡位置	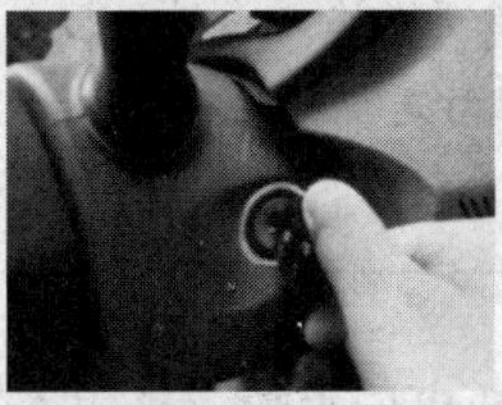
（2）将前照灯开关旋到一挡位置，雾灯开关旋到一挡位置，检查前雾灯、仪表指示灯是否点亮	   
（3）将雾灯开关旋到二挡位置，检查后雾灯、仪表指示灯是否点亮	 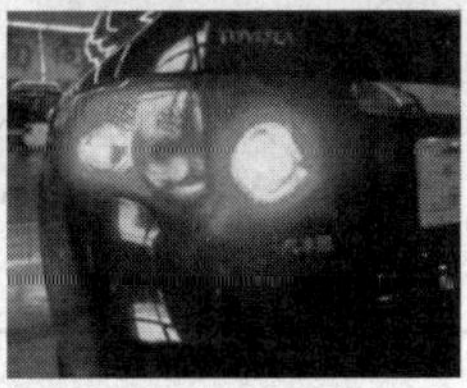 

3．牌照灯的操作步骤（见表 5—4—3）

表 5—4—3　　牌照灯的操作步骤

操作步骤	操作图片
（1）将点火开关打开到 ON 挡位置	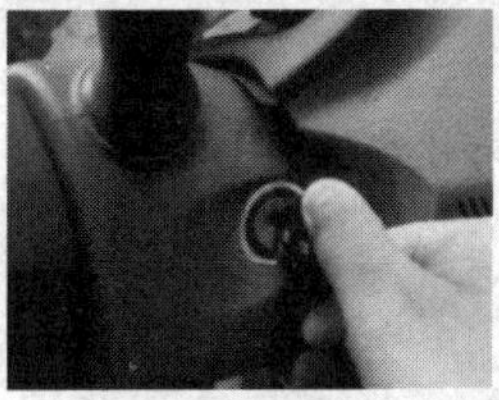

续表

操作步骤	操作图片
（2）将灯光组合开关左侧旋到一挡位置，检查牌照灯是否点亮	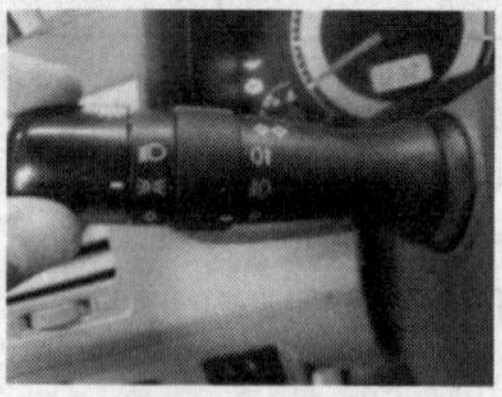 

4．倒车灯的操作步骤（见表5—4—4）

表5—4—4　　倒车灯的操作步骤

操作步骤	操作图片
（1）将点火开关打开到ON挡位置	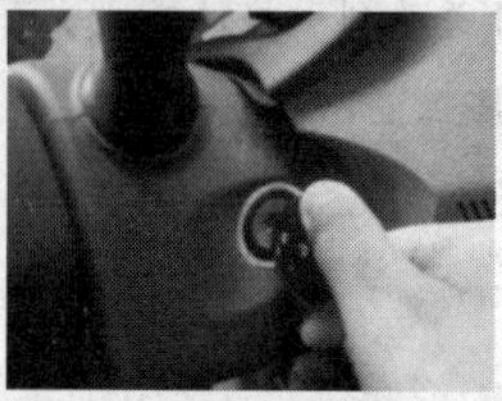
（2）将变速箱换挡杆挂入R挡	 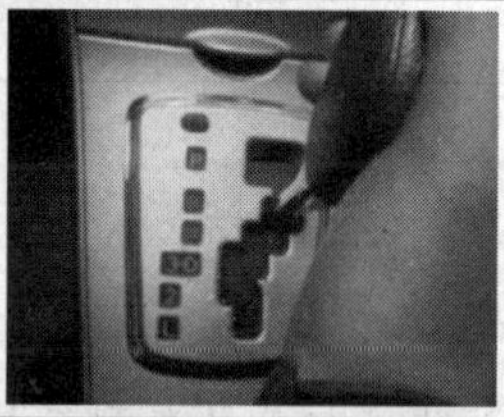
（3）检查倒车灯、仪表指示灯是否点亮	 

5．制动灯的操作步骤（见表5—4—5）

表5—4—5　　制动灯的操作步骤

操作步骤	操作图片
（1）将点火开关打开到ON挡位置	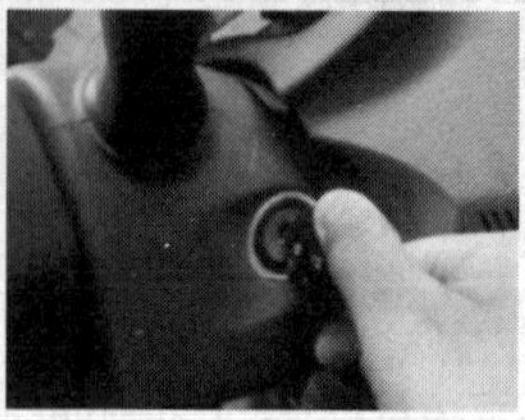

续表

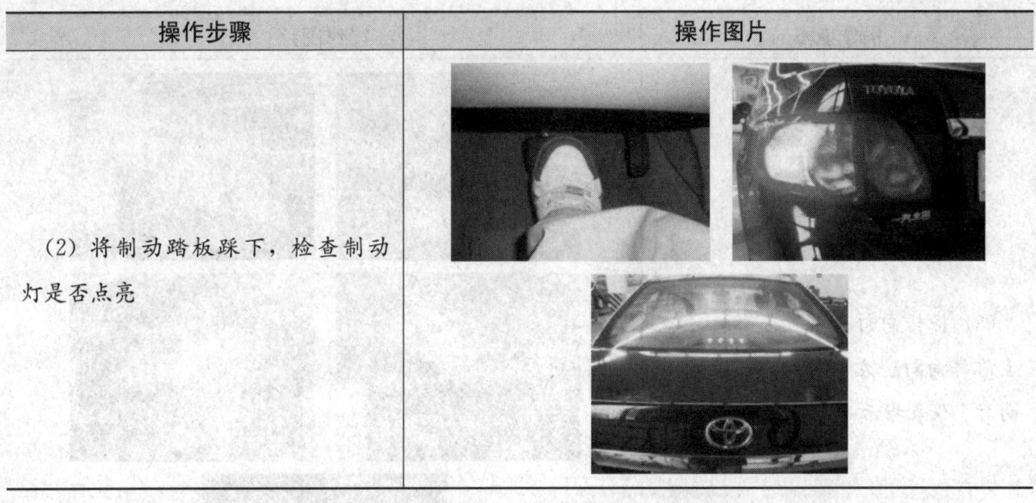

操作步骤	操作图片
（2）将制动踏板踩下，检查制动灯是否点亮	

6. 转向灯的操作步骤（见表 5—4—6）

表 5—4—6　　　　转向灯的操作步骤

操作步骤	操作图片
（1）将点火开关打开到 ON 挡位置	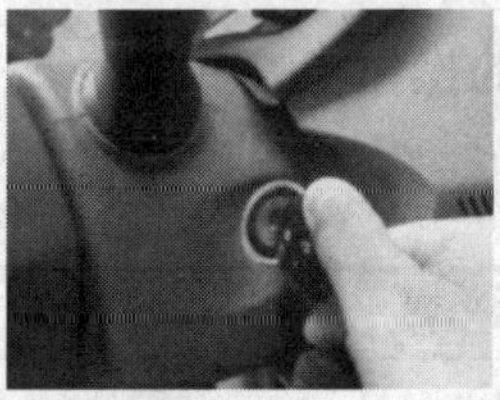
（2）将转向灯开关向上推，检查右前转向灯、右侧转向灯、右后转向灯、仪表指示灯是否点亮	    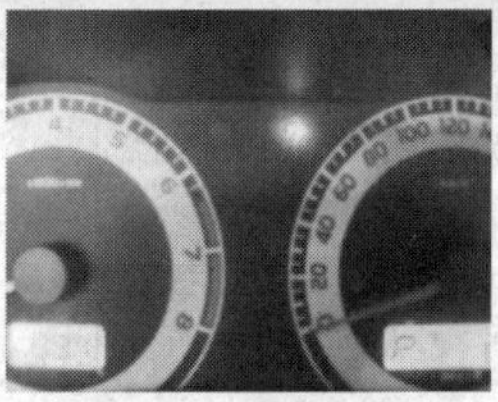

续表

操作步骤	操作图片
（3）将转向灯开关向下推，检查左前转向灯、左侧转向灯、左后转向灯、仪表指示灯是否点亮	    

7．仪表灯的操作步骤（见表 5—4—7）

表 5—4—7　　仪表灯的操作步骤

操作步骤	操作图片
将点火开关打开到 ON 挡位置 检查仪表灯是否点亮	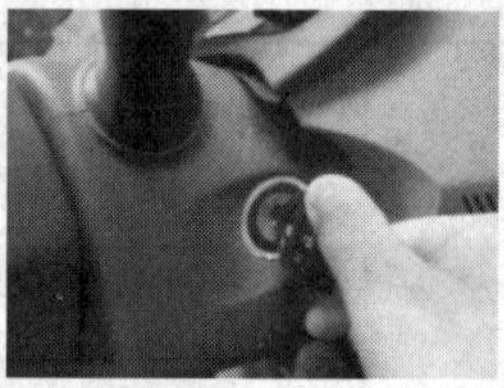 

8．行李舱灯的操作步骤（见表 5—4—8）

表 5—4—8　　行李舱灯的操作步骤

操作步骤	操作图片
（1）将点火开关打开到 ON 挡位置	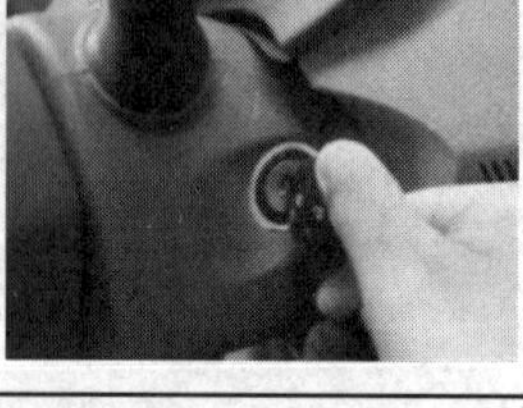

续表

操作步骤	操作图片
(2) 打开行李舱盖，检查行李舱灯是否点亮	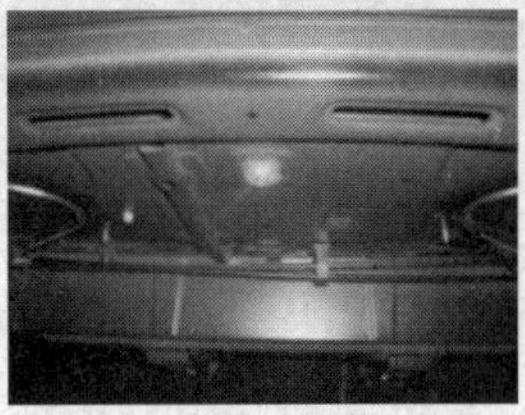

9. 阅读灯的操作步骤（见表 5—4—9）

表 5—4—9　　阅读灯的操作步骤

操作步骤	操作图片
(1) 将点火开关打开到 ON 挡位置	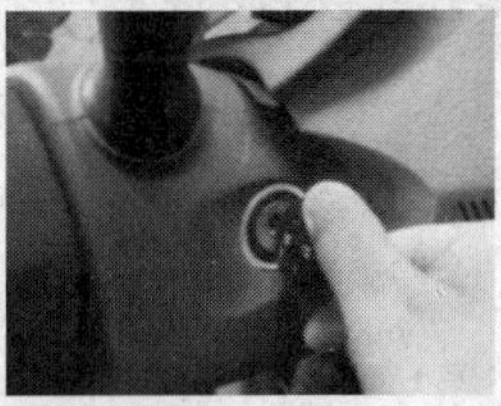
(2) 打开驾驶侧阅读灯开关，检查驾驶侧阅读灯是否点亮	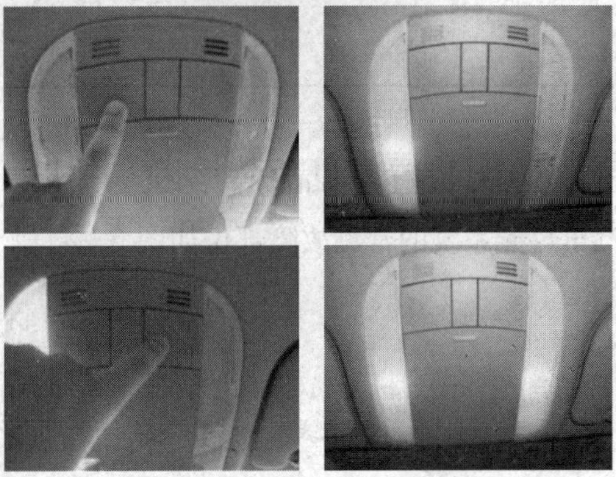

10. 顶灯的操作步骤（见表 5—4—10）

表 5—4—10　　顶灯的操作步骤

操作步骤	操作图片
(1) 将点火开关打开到 ON 挡位置	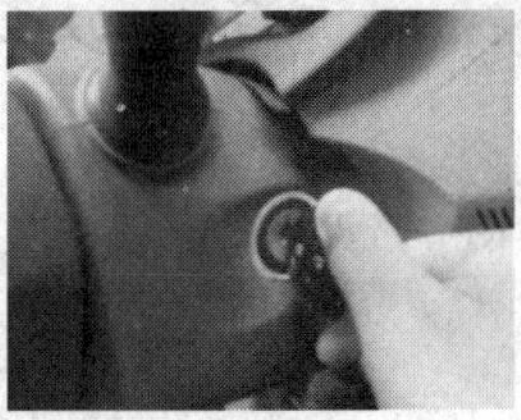

续表

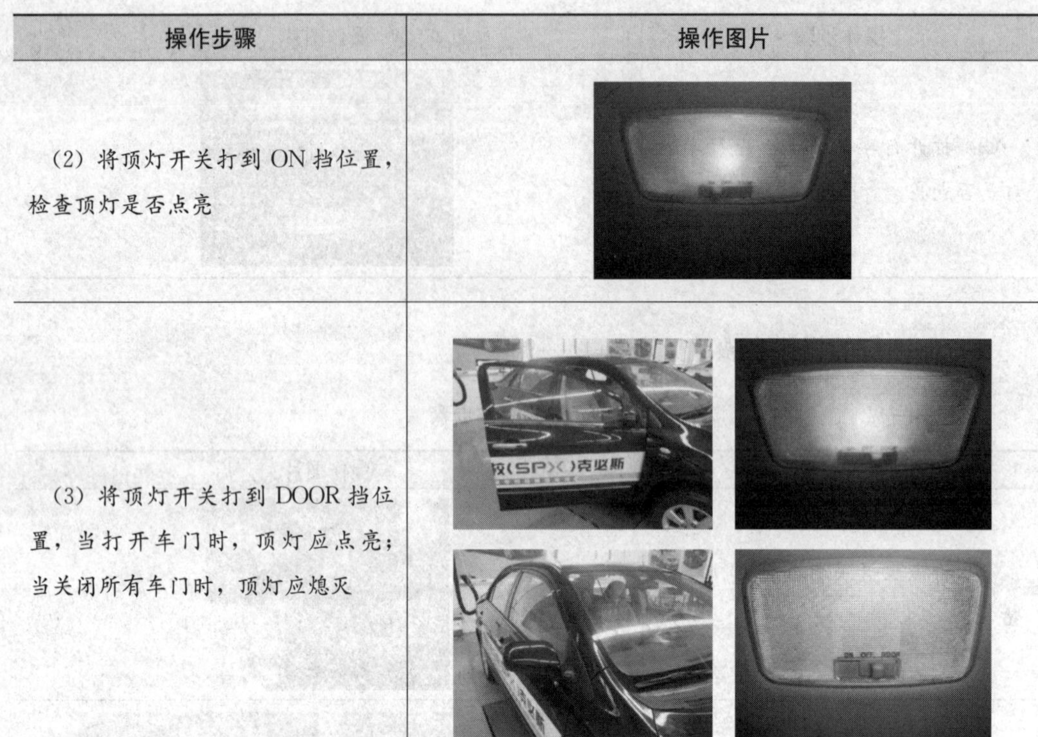

操作步骤	操作图片
(2) 将顶灯开关打到 ON 挡位置，检查顶灯是否点亮	
(3) 将顶灯开关打到 DOOR 挡位置，当打开车门时，顶灯应点亮；当关闭所有车门时，顶灯应熄灭	

三、照明装置常见故障诊断与排除

汽车灯光系统的常见故障部位如图 5—4—1 所示。

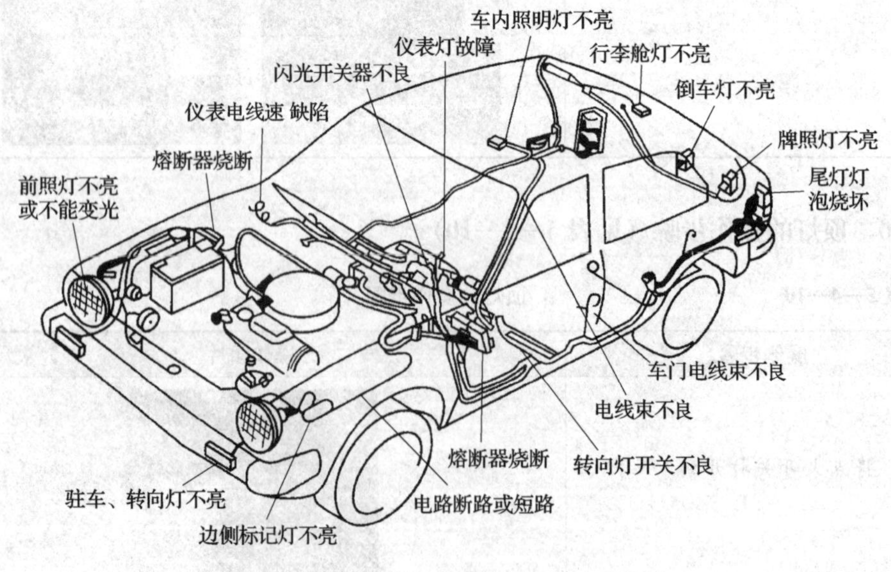

图 5—4—1　汽车灯光系统的常见故障部位

汽车照明电路常见的故障现象、产生原因及排除方法见表 5—4—11。

表 5—4—11　　汽车照明电路常见的故障现象、产生原因及排除方法

现象	产生原因	排除方法
前照灯不亮	（1）电路连接处松脱 （2）电路断路 （3）灯光开关老化或损坏	（1）检查并卡紧仪表插接器和前照灯开关的连接处 （2）检查灯光开关的供电和输出，按要求修复 （3）更换灯光开关
一个前照灯不工作	（1）电路连接处松脱 （2）封闭式灯泡损坏 （3）插座端子腐蚀	（1）可靠地连接好前照灯和搭铁线 （2）更换灯泡 （3）按要求修复或更换
全部前照灯都不亮，驻车灯和尾灯正常	（1）电路连接处松脱 （2）变光开关老化损坏 （3）灯光开关老化或损坏 （4）电路断路或搭铁不良	（1）检查变光开关和灯光开关的连接处 （2）检查变光开关性能，验证插接件有无腐蚀。如需要，则更换 （3）验证情况，按要求更换灯光开关 （4）如果需要，则修理
两个近光或两个远光不工作	（1）电路连接处松脱 （2）变光开关老化损坏 （3）电路断路	（1）检查变光开关和灯光开关的连接处 （2）检查变光开关性能，验证插接件有无腐蚀。如需要，则更换 （3）修复
仪表灯不亮	（1）灯泡烧坏 （2）熔断器烧断 （3）变阻器电路断路或印制电路断路	（1）更换灯泡 （2）更换熔断器 （3）检查电路有无断路，按要求修复
打开车门时顶灯不亮	（1）熔断器烧断 （2）插接器松脱 （3）灯泡烧坏 （4）电路断路 （5）门控开关老化或损坏	（1）更换熔断器。如果熔断器再次熔断，检查有无短路 （2）卡紧或更换 （3）更换灯泡 （4）按照要求修复 （5）更换开关
顶灯常亮	（1）门控开关老化或损坏 （2）灯光主开关老化或损坏	（1）更换开关 （2）更换主开关

续表

现象	产生原因	排除方法
接通开关时阅读灯不亮	（1）灯泡烧坏 （2）熔断器熔断 （3）电路断路 （4）灯总成开关损坏或老化	（1）更换灯泡 （2）更换熔断器 （3）按照要求修复 （4）更换灯总成
阅读灯总亮，前小灯或顶部示廓灯不亮	（1）灯光总成内开关损坏或老化 （2）灯泡烧坏 （3）短路或搭铁不良	（1）更换等总成 （2）更换灯泡 （3）检查插片有无腐蚀和搭铁损坏，按照要求修复

四、信号装置常见故障诊断与排除

1．灯光信号装置常见故障诊断与排除

汽车上的灯光信号大体上有两种：一是闪烁信号；二是持续信号。灯光信号装置的常见故障为信号灯不亮、信号灯不能正常工作。信号灯不亮故障可按前面所述故障排除办法检修。闪光信号灯其他故障原因及排除方法见表 5—4—12。

表 5—4—12　　闪光信号灯工作不正常故障原因及排除方法

故障现象	原　因	排除方法
两侧转向灯同时亮	转向开关失效	检查转向开关
两侧转向灯闪烁频率不同	（1）两侧灯泡的功率不等 （2）有灯泡坏	检查灯泡型号
转向灯常亮不闪	（1）闪光器损坏 （2）接线错误	检查闪光器及电路接线
闪频过高或过低	（1）灯泡功率不当 （2）闪光器工作不良，触点间隙过大或过小 （3）电源电压过高或过低	检查灯泡 更换闪光器，调整触点 调整电压调节器

2．闪光继电器故障

将稳压电源、闪光继电器、试灯接入试验电路，检测闪光继电器工作情况，如图 5—4—2 所示。将稳压电源的输出电压调至 12 V，接通试验电路，观察灯的闪烁情况。如果灯能够正常闪烁，则闪光继电器完好；如果灯不亮，则表明闪光继电器损坏。

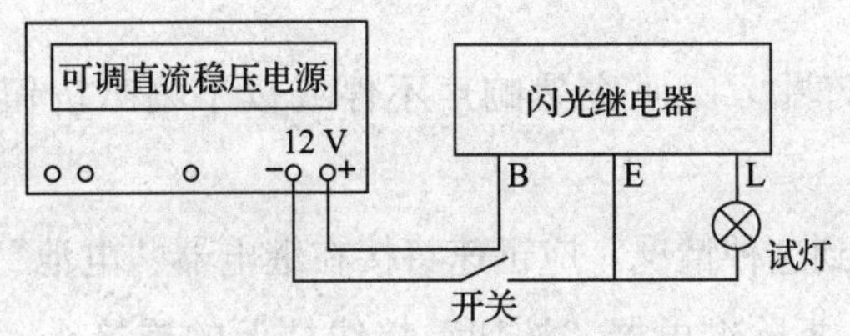

图 5—4—2　闪光继电器试验电路

3．喇叭故障诊断

（1）喇叭不响

1）故障现象：按下喇叭按钮，喇叭不响。

2）故障诊断：

①检查火线是否有电，用旋具在喇叭继电器“电池”接线柱上划火。若无火，说明火线断路，应检查蓄电池→熔断器→喇叭继电器“电池”接线柱之间线路有无断路。

②若火线有电，再用旋具将喇叭继电器的“电池”与“喇叭”两接线柱短接，若喇叭响，说明喇叭继电器或按钮有故障，否则，喇叭本身或连接线有故障。

③按下喇叭按钮，听继电器内有无声响（或打开盒盖观察），若有“咯嗒”声（或触点闭合），但喇叭不响，说明触点氧化或烧蚀。若无“咯嗒”声，再用旋具将继电器按钮接线柱搭铁。若喇叭响，说明按钮或连接线有故障；喇叭不响，但能听到继电器中有“咯嗒”声，则为触点接触不良；听不到“咯嗒”声，搭铁时又无火花，为线圈断路；火花强烈，为线圈短路。

④按下按钮，喇叭只发出“嗒”的声就不再响，故障在喇叭内部。可拆下喇叭盖，再按下按钮，观察喇叭触点能否打开。若不能打开，应重新调整；若能打开，则应检查触点间隙以及电容器或灭弧电阻是否短路。

⑤若按下按钮，喇叭不响，检查电路发现熔断器熔断，肯定是线路中有搭铁之处，可分段检查。

（2）喇叭响声不正常

1）故障现象：当按下喇叭按钮时，喇叭声音沙哑、发闷或刺耳。

2）故障诊断：处理喇叭响声不正常，首先应检查蓄电池充电是否充足。接通前照灯开关，如果灯光暗弱，或者在发动机未起动前喇叭声音沙哑，但发动机起动并加速到中速以上运转时，喇叭声音恢复正常，则是蓄电池亏电所致。若蓄电池技术状况正常或发动机中速以上运转，喇叭声音仍沙哑，则应检查安装情况，若有松动应紧固，若无松动，应检查各部紧固情况，必要时检查喇叭膜片和调整音调与音量。若膜片破裂，更换时应使用同型号、同音调喇叭的膜片。

（3）喇叭长鸣

1）故障现象：行车中，喇叭突然响声不停或按了喇叭按钮松开后，喇叭依然鸣响。

2）故障诊断：遇到这种情况，应迅速将接在继电器“电池”接线柱上的火线头拆下悬空，使喇叭停响。拆除继电器“按钮”接线柱上的连接头，然后用前面拆下的电池柱上的火线碰划“电池”接线柱试验。若喇叭响，可能是继电器触点烧结，弹簧弹力过弱或继电器“喇叭”和“电池”接线柱短路。若喇叭不响，可能是继电器“按钮”接线柱至按钮之间的连线破损搭铁、线头搭铁或按钮复位弹簧折断或弹力过弱等。

（4）单个喇叭不响或喇叭声小

1）故障现象：按下喇叭按钮，只有高音或低音喇叭鸣响。

2）故障诊断：首先用万用表、试灯或对调两喇叭连接线，检查导线有无断路。若导线良好，应检查喇叭的调整是否变动，喇叭线圈是否断开，喇叭搭铁是否良好等。

思考与练习

1. 简述汽车照明系统的作用和组成。
2. 试述对前照灯光束照射位置的要求。
3. 如何利用集光式测试仪调整前照灯？
4. 试述汽车前照灯不亮故障的原因及排除方法。
5. 简述汽车信号系统由哪些信号装置组成。
6. 如何进行电喇叭的调整？

模块六 汽车仪表报警显示装置

课题一 汽车仪表

学习目标

- 了解汽车仪表的种类。
- 掌握各类汽车常规仪表的结构及工作原理。
- 能够熟练读取汽车仪表上的数据。

想一想

如图 6—1—1 所示，在驾驶室转向盘的前方台板上都装有汽车仪表装置，它帮助驾驶员及时获取汽车各系统工作状态的相关信息，如油压、燃油量、车速、发动机转速、灯光工作状态及保养周期等。汽车出现故障时会有相应的故障灯亮，如冷却液温度表提示冷却液温度，水温过高或升得太快都要停车检查。你看得懂这些标志吗？知道它们的种类和工作原理吗？

图 6—1—1　汽车仪表板

一、汽车仪表板的种类

不同汽车装用的仪表个数及结构类型不同，常见车型仪表板的结构类型见表6—1—1。

表 6—1—1　　常见车型仪表板的结构类型

车型 / 表芯	BJ2020S	CA1092	EQ1092	夏利	桑塔纳	奥迪	切诺基	五十铃 N 系列
仪表板型号	8108	8005	EQ1－2		801－ST			ZB103、001－004
充电指示	电磁电流表		动磁电流表	充电指示灯			电磁场电压表	充电指示灯
油压指示	电热式表芯＋电热式传感器			油压过低报警器			电磁＋变阻	油压报警灯
冷却液温度表	电热＋电热	电热式表芯＋热敏传感器					电磁＋变阻	电磁＋变阻
燃油表	电磁＋变阻	电热式表芯＋变阻传感器					电磁＋变阻	电磁＋变阻
仪表稳压器	无	电热式				电子式	无	无
转速表						电子式	电子式	
车速里程表	机械式					电子式	机械式	机械式

汽车常规仪表按工作原理可分为组合式仪表和集成式仪表。

1. 组合式仪表

组合式仪表是将各仪表组合安装在一起，如图 6—1—2 所示为典型组合式仪表。

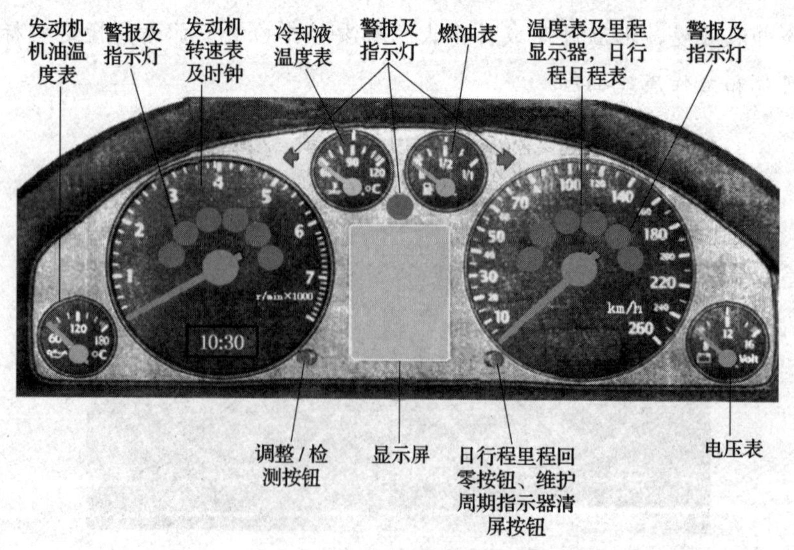

图 6—1—2　典型组合式仪表

2. 集成式仪表

集成式仪表的内部装有大规模集成电路及微处理器，有的还集成了车载电脑、防盗电脑网相关数据总线等，如奥迪 A6、帕萨特 B5 等，如图 6—1—3 所示。各种仪表信号通过数据总线或部分直接与传感器相连，各种信号经微处理器运算处理后，由微处理器推动步进电动机来操纵指针式仪表，如发动机转速表、车速表、燃油表、冷却液温度表、指示灯等。有些指示灯也是由开关控制电路间接控制，这样可以防止故障报警及各系统故障灯在信号线路出现故障时不能反映相应系统的状态，在线路断路时及时点亮相应的指示灯。

图 6—1—3　集成式仪表板

传统仪表为驾驶员提供的信息远远不能满足现代汽车新技术的发展要求，所以电子显示组合仪表逐渐成为汽车仪表发展的主流。它相对于传统仪表具有易于辨认、精确度高、可靠性好及显示模式的自由化等特点，能够利用各种传感器传来的信号并根据这些信号进行计算，以确定车辆的行驶速度、发动机速度、发动机水套中冷却液温度、燃油量及车辆其他情况的测量数据，并将这些数据以数字或条形图形式显示出来。

二、汽车常规仪表的结构及工作原理

一般汽车的常规仪表基本包括电流表、燃油表、冷却液温度表、机油压力表、发动机转速表、车速里程表等。

1. 电流表

电流表主要用来指示蓄电池充、放电电流值，同时监视电源系统的工作情况。表后盖有两个接线柱分别标有“＋”和“－”，在负极搭铁汽车上，电流表的“－”接线

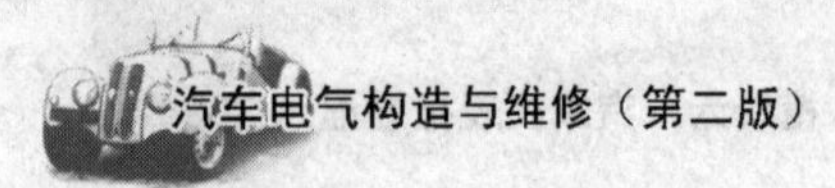

柱接电池的“+”极，电流表的“+”接线柱接发电机的“+”极，汽车上一般使用电磁式电流表。

发电机向蓄电池充电时，电流表示值为“+”；蓄电池向用电设备放电时，电流表示值为“−”。电磁式电流表如图 6—1—4 所示。

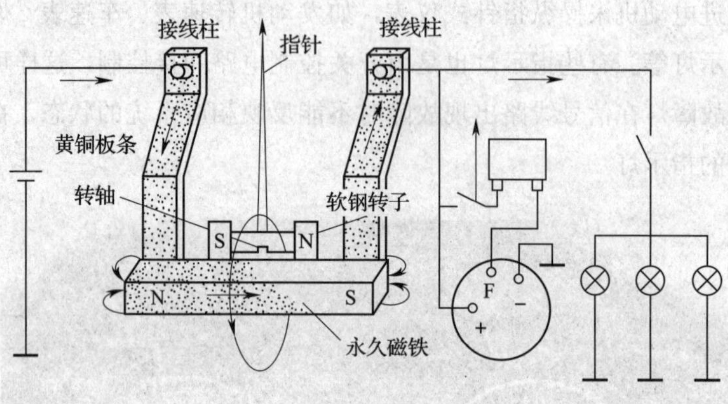

图 6—1—4 电磁式电流表

(1) 电流表的结构

电流表内黄铜板条固定在绝缘底板上，两端与接线柱相连，条形永久磁铁两端分别与黄铜板条固定连接，磁铁内侧的转轴上安有带指针的软钢转子，指针安装在软钢转子中间。

(2) 电流表的工作原理

当电流表中无电流通过时，软钢转子被永久磁铁磁化，由于磁场方向相反，相互吸引，使指针停在中间“0”标度上。

当蓄电池放电时，其电流通过黄铜片产生的磁场与永久磁铁形成逆时针方向偏转的合成磁场，使软钢转子逆时针方向偏转，示值为“−”。放电电流越大，合成磁场越强，偏转角度越大，指针示数越大。

当发电机向蓄电池充电时，其电流通过黄铜片产生的磁场与永久磁铁形成顺时针方向偏转的合成磁场，使软钢转子顺时针方向偏转，示值为“+”。

2. 燃油表

燃油表用来指示油箱内储存油量的多少。它由装在仪表板上的燃油指示表和装在油箱内的传感器一起工作。燃油指示表有电磁式、电热式和动磁式三种，传感器则采用可变电阻式。下面以电磁式燃油表为例，说明汽车燃油表的工作原理。

铁芯电磁式燃油表的结构如图 6—1—5 所示。燃油表中有两个绕在铁芯上的线圈，中间有转子，转子连有指针，传感器由可变电阻、滑杆和浮子组成，浮子浮在油面上，随油面的高低变化而改变位置。

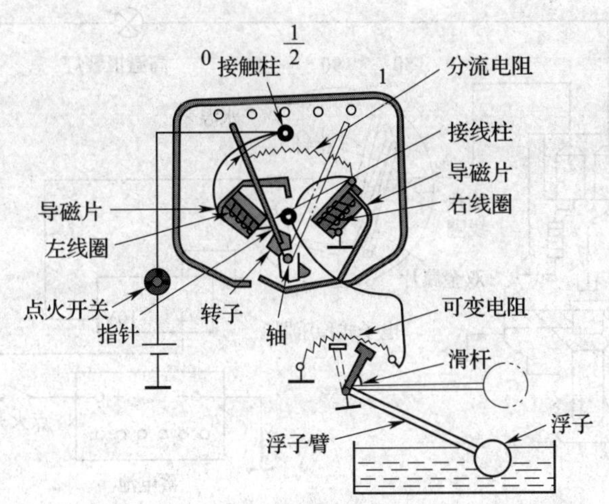

图 6—1—5　铁芯电磁式燃油表的结构

当油箱内没有燃油时，浮子下降，电阻被短路，此时右线圈也被短路，通过其中的电流为零，不显示磁性，而左线圈在全部电源电压的作用下，通过其中的电流产生磁场，吸引转子，使指针在 0 位。

随着油箱中油量的增加，浮子上升，电阻部分接入，这时一部分电阻与右线圈并联，同时又与左线圈串联，其电路分成两部分：蓄电池“+”→点火开关→左线圈→电阻→搭铁→蓄电池“−”；蓄电池“+”→点火开关→左线圈→右线圈→搭铁→蓄电池“−”。此时左线圈由于串联了电阻，电流减小，磁场减弱，而右线圈中有电流通过产生磁场。转子处于两个磁场的共同作用下，向右偏移，指针指示出油箱中的油量。

当油箱中装满油时，浮子带着滑片移到电阻的最左端，电阻全部接入电路中。此时左线圈中的电流更小，磁场更弱，而右线圈中的电流增大，磁场加强，转子便带动指针向右偏移，停在满油位置。

有的汽车还装有副油箱，此时燃油表指示的是主、副油箱的总油量。

3. 冷却液温度表

冷却液温度表的电路工作原理如图 6—1—6 所示。

首先将点火开关转到 ON 位置，使其触点闭合，于是稳压电源就有了 10 V 输出电压。这时，冷却液温度表电路电流流向为：稳压电源正极→冷却液温度表加热线圈→冷却液温度表传感器热敏电阻→稳压电源负极。当发动机冷却液温度升高时，冷却液温度表传感器中的热敏电阻值就相应减小，因此流经冷却液温度表中的工作电流增大，使冷却液温度表中双金属片变形加大，推动冷却液温度表指针向温度高的方向转动。当冷却液温度下降时，冷却液温度表指针向温度低的方向转动。所以冷却液温度表指示的温度就是发动机冷却液的温度。

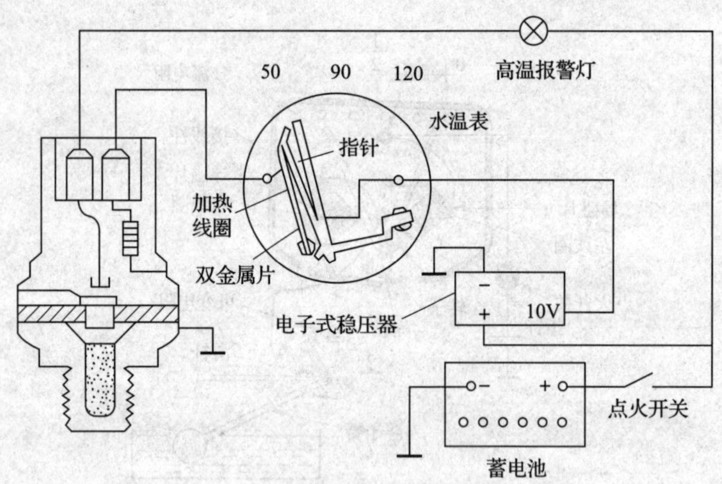

图 6—1—6　冷却液温度表的电路工作原理

4. 机油压力表

机油压力表的作用是在发动机运转时，指示发动机机油压力的大小，它由油压指示表和油压传感器两大部分组成，两者用导线相连接。指示表装在仪表板上，其作用是使指针的偏转角随电路中的电流的大小不同而改变，以指示出油压大小；传感器配合指示表工作，装在发动机主油道上或粗滤器壳上，承受油压，使电路中的电流随油压的改变而改变。机油压力表有电热式和电磁式两种，后者应用较多。

机油压力表的正常指示值：发动机低速运转时压力最低不小于 150 kPa，正常压力一般应在 200～400 kPa，最高压力应不超过 500 kPa。

电磁式油压表的结构及电路如图 6—1—7 所示。油压传感器是利用油压大小推动滑臂来改变可变电阻器的阻值，当压力增大时，其电阻值减小。油压指示表中有两个正十字交叉线圈，中间放置永久磁铁转子，转子上连有指针。

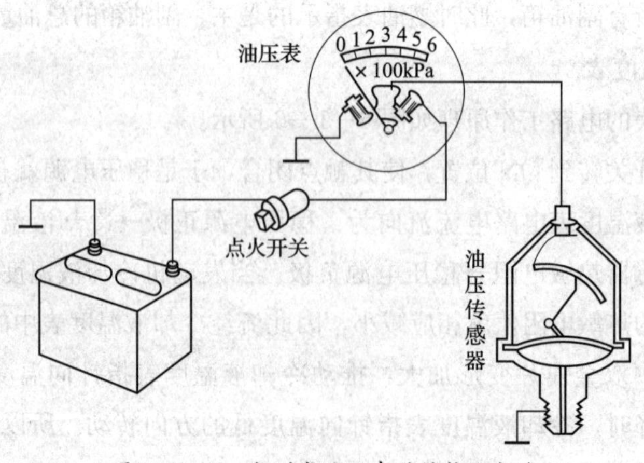

图 6—1—7　电磁式油压表的结构及电路

当油压较低时，传感器中电阻值增大，右线圈中电流相对减小，左线圈中电流相对增大，转子转向合成磁场方向，带动指针指向较低油压值；当油压升高时，传感器中的电阻值减小，右线圈中的电流相对增大，而左线圈的电流相对减小，转子朝合成磁场方向转动，使指针指向较高值。

5. 发动机转速表

发动机转速表是用来测量发动机的曲轴转速的。转速表按结构可以分为机械式和电子式。现代汽车应用最广泛的是电子式转速表。电子式转速表按转速信号的获取方式不同可分为从点火系获取信号的转速表、测取飞轮（或正时齿轮）转速的转速表、从发电机上获取转速信号的转速表。如桑塔纳、帕萨特的发动机转速表从点火系中获取发动机的转速信号，奥迪轿车的发动机转速表则从飞轮上获取转速信号。

如图 6—1—8 所示为利用电容充放电的脉冲式电子转速表原理图，其信号取自点火系。

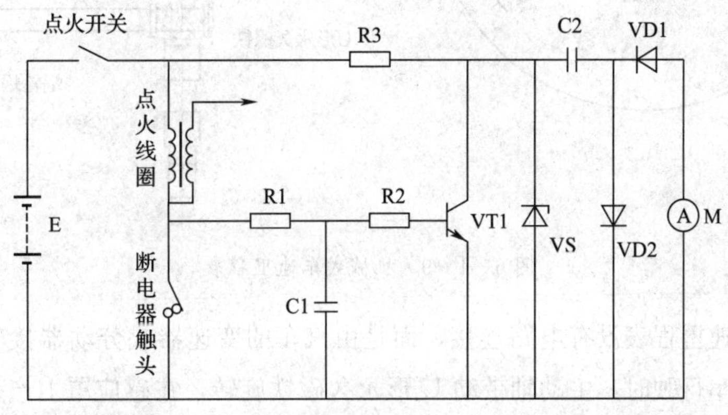

图 6—1—8　利用电容充放电的脉冲式电子转速表原理图

初级电路。当发动机工作时，分电器触点不断开闭，其开闭的次数与发动机转速成正比。当触点闭合时，三极管 VT1 无偏压而处于截止状态。电容 C2 被充电，电流流向为蓄电池“+”→电阻 R3→电容器 C2→二极管 VD2→蓄电池“−”。

当触点分开时，三极管 VT1 的基极电位接近蓄电池正极而导通，此时电容 C2 便通过三极管 VT1，转速表测量机构 M（毫安表）和二极管 VD1 构成放电电路，从而驱动转速表测量机构。

当触点不断开闭时，对电容器 C2 不断充放电，放电电流平均值与发动机转速成正比，通过转速表测量机构指示发动机转速。

发动机转速表指针示值乘以 1 000 表示发动机转速。使用转速表能使驾驶员正确选择换挡时机，防止发动机超速运转。转速表上都标有红色危险区，发动机转速一般不得越过危险标线，否则会造成发动机早期损坏。

6. 车速里程表

车速里程表用来指示汽车行驶速度和汽车累计行驶总里程，它由车速表和里程表两部分组成，可分为机械式车速里程表、电子式车速里程表和数字式车速里程表。

（1）机械式车速里程表

常见的机械式车速里程表是利用电磁感应原理计算里程的，如图 6—1—9 所示。

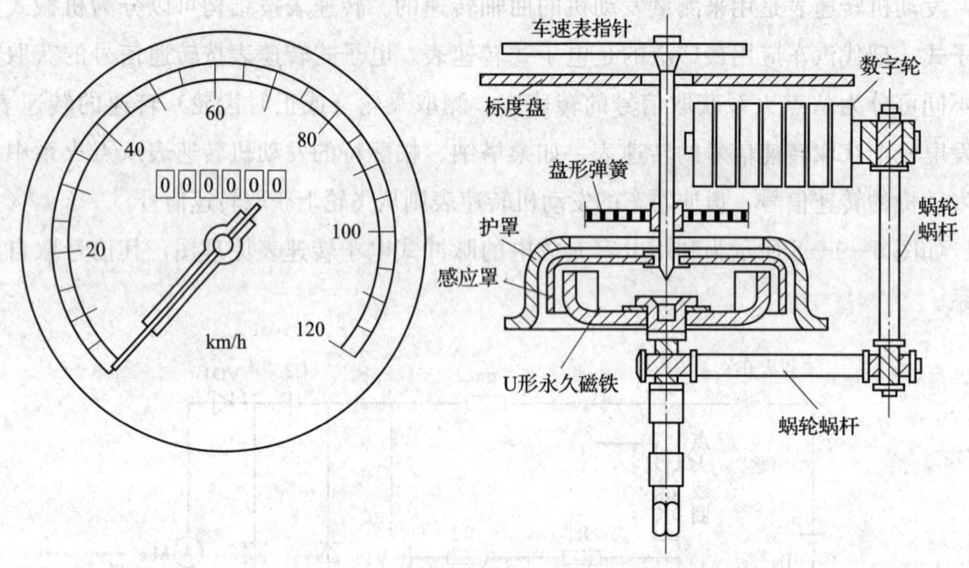

图 6—1—9　机械式车速里程表

机械式车速里程表没有电路连接，而是由汽车的变速器或分动器接软轴驱动仪表的主动轴。汽车行驶时，主动轴带动 U 形永久磁铁旋转，在感应罩上产生涡流，涡流受永久磁铁的作用产生转矩，驱动感应罩克服盘形弹簧的弹力做同向偏转，从而带动指针在刻度盘上指示相应的车速值。车速越快，永久磁铁旋转越快，感应罩上的涡流转矩越大，感应罩带着指针偏转的角度越大，指示的车速值也就越高。

里程表主动轴的旋转还带动三套蜗轮蜗杆按一定传动比传动，从而逐级带动计数轮转动，计数器为十进制。里程表计数轮每转一圈，相邻的左边计数轮就自动加 1，从右向左依次为 0.1 km、1 km、10 km 等，以此类推。汽车停车后，永久磁铁以及蜗轮蜗杆均停止转动，感应罩上的涡流转矩消失，在盘形弹簧作用下，使转速表指针回零，同时，里程表也停止计数。车速里程表的数值直接受车轮半径影响，不同车轮半径的车速里程表不能相互换用。

（2）电子式车速里程表

电子式车速里程表是一个带有通电线圈的指针机构，在恒定磁场下受磁场力的作用，如图 6—1—10 所示。当汽车以不同车速行驶时，在车速里程表传感器上就产生一个不同频率的脉冲信号，经图 6—1—10 中的 B 端送到单稳态触发电路，用以控制恒流源的输出，从而改变了车速表指针机构中的线圈电流，于是它在恒定磁场中受到的作用力大小就发生了变化，因而车速表指针就指示出相对应的行驶车速。

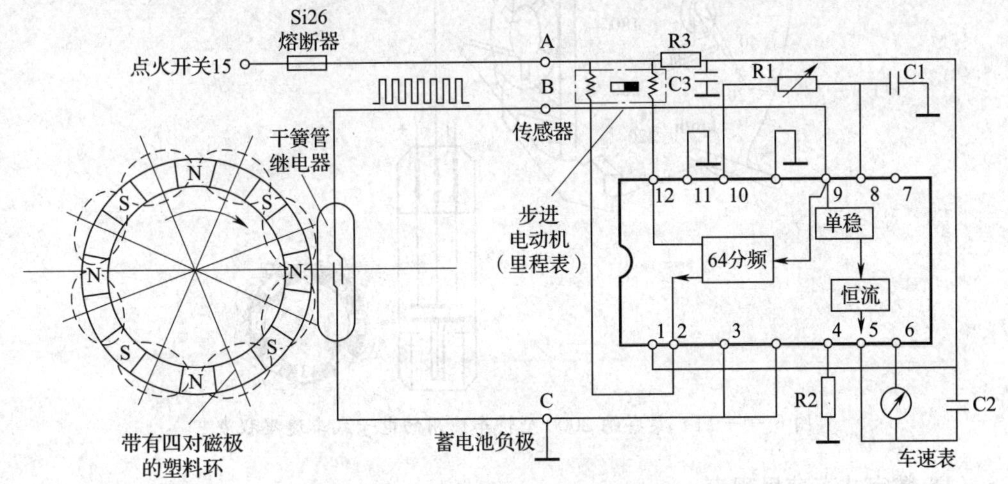

图 6—1—10　电子式车速里程表

带有里程小计的里程表是一个步进电动机，通过减速齿轮驱动两个鼓形机械十进位计数器，其中小计里程用作日行驶里程记录，只能记录到 999.9 km，而里程表累计记录可达 999 999 km。汽车行驶速度不同时，B 端的脉冲信号频率不同，经 64 分频电路给步进电动机的电源信号也不同，使其旋转速度及里程积累速度也不同。里程小计可以随时清零。

桑塔纳 2000 型轿车使用的电子式车速里程表如图 6—1—11 所示，其结构及电路同图 6—1—10 所示的电子式车速里程表。它由一个干簧管继电器和一个带有四对磁极的塑料磁环组成。干簧管继电器的触点在磁场作用强时闭合，磁场作用弱时断开。带有磁极的塑料磁环安装在变速器输出轴的突缘上，干簧管继电器安装在变速器壳体上并靠近塑料磁环。塑料磁环随着汽车的行驶不断地转动，作用在干簧管继电器上的磁场强度不断变化，干簧管继电器触点闭合时 B 点为低电位，触点断开时 B 点为高电位，于是输出端就获得了脉冲信号。车速里程表传感器中的干簧管继电器触点的开闭频率，应该和变速器输出轴的转速及电子式车速里程表的基本工作频率相匹配。

电子式里程表从变速器后部的霍尔传感器中取得脉冲信号，通过导线传送给指示器，避免了机械式车速里程表用软轴传输转矩带来的很多弊端，并且具有精度高、指针平稳、使用寿命长等优点。

车速表由永久磁铁、矩形塑料框内线圈、针轴、里程表电子模块、步进电动机、机械计数器组成。

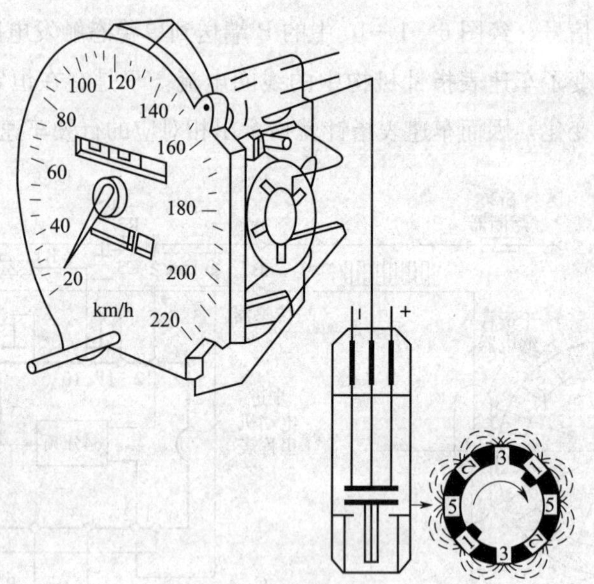

图 6—1—11　桑塔纳 2000 型轿车使用的电子式车速里程表

（3）数字式车速里程表

新出的车型有很多使用的是数字式车速里程表。数字式车速里程表是数字式组合仪表的一部分。从车速传感器发出，经过车速传感器缓冲器的车速信号频率与车速有关。组合仪表中的微处理器把车速信号转变为车速和里程供车速表和里程表显示。里程数据存放在非挥发存储器中，存储器无须供电也能保存信息。驾驶员可以通过车速表和里程表直接读出相关数据。

教学互动

观察实车仪表板，了解仪表板上所有仪表的位置，并能说出其作用。

课题二　汽车报警显示装置

学习目标

◆ 了解汽车报警装置、电子显示装置的种类。

◆ 掌握汽车报警装置、电子显示装置的结构及工作原理。

◆ 能够熟读汽车报警装置电路图。

如图 6—2—1 所示为汽车仪表板上的一些指示灯，你能说出几个指示灯的名称？并说出它所代表的含义。

图 6—2—1　汽车仪表板指示灯

一、汽车报警装置

1. 汽车报警装置的作用及组成

为了警示汽车、发动机或某一系统处于不良或特殊状态，引起汽车驾驶人的注意，保证汽车可靠工作和安全行驶，防止事故发生，汽车上安装了多种报警装置，主要包括报警灯和监视器两类。

报警灯由报警开关控制，当被监测的系统或总成工作不正常时，开关自动接通而使报警灯发亮，以提醒驾驶员注意报警灯有大灯和尾灯故障报警灯、水温报警灯、机油压力报警灯、燃油不足报警灯、气压不足报警灯、制动灯断线报警灯、液面过低报警灯等。

报警灯通常安装在仪表板上，功率为 1～4 W，在灯泡前设有滤光片，使报警灯发出黄光或红光，滤光片上通常制有标准图形符号。有些汽车报警灯采用发光二极管显示，标准图形符号标在发光二极管旁边。

常见报警灯图形符号、作用及检查方法见表 6—2—1。

表 6—2—1　　常见报警灯的图形符号、作用及检查方法

序号	名称	图形符号	颜色	灯泡（W）	作用	灯泡短路检查
1	蓄电池液面过低报警灯		红	1～4	蓄电池液面比规定量低时，灯亮	发动机停止时，由于点火开关接通，灯亮
2	机油压力过低报警灯		红	1～4	发动机机油压力在 0.03 MPa 以下时，灯亮	发动机停止时，由于点火开关接通，灯亮

续表

序号	名称	图形符号	颜色	灯泡（W）	作用	灯泡短路检查
3	充电指示灯		红	1~4	硅整流发电机不发电时，灯亮	发动机停止时，由于点火开关接通，灯亮
4	预热指示灯		黄	1~4	点火开关闭合时，灯亮；预热结束时，灯灭	发动机停止时，由于点火开关接通，灯亮
5	燃油滤清器积水指示灯		红	1~4	燃油滤清器积水时，灯亮	发动机停止时，由于点火开关接通，灯亮
6	远光指示灯		蓝	1~4	使用前照灯远光时，灯亮	接通远光灯时，灯亮
7	散热器液量不足报警灯		黄	1~4	散热器的液量比规定的少时，灯亮	发动机停止时，由于点火开关接通，灯亮
8	转向指示灯		绿	1~4	开转向灯时，灯亮	开转向灯时，灯亮
9	驻车制动报警灯		红	1~4	驻车制动器起作用时，灯亮	拉紧驻车制动手柄时，灯亮
10	车轮制动失败报警灯		红	1~4	制动器失败时，灯亮	发动机停止时，由于点火开关接通，灯亮
11	燃油过少报警灯		黄	1~4	燃油余量约在 10 L 以下时，灯亮	发动机停止时，由于点火开关接通，灯亮

续表

序号	名称	图形符号	颜色	灯泡 (W)	作用	灯泡短路检查
12	安全带报警灯		红	1～4	不管是否装上安全带扣，发动机起动后约 7 s 灯灭	发动机停止时，由于点火开关接通，灯亮
13	车门未关报警灯		红	1～4	车门打开或半开时，灯亮	发动机停止时，由于点火开关接通，灯亮
14	制动灯或后示位失效报警灯		黄	1～4	制动灯或后示位灯断路时，灯亮	发动机停止时，由于点火开关接通，灯亮
15	洗涤器液面过低报警灯		黄	1～4	洗涤液液面过低时，灯亮	发动机停止时，由于点火开关接通，灯亮
16	安全气囊报警灯	AIR BAG	黄	1～4	安全气囊失效时，灯亮	接通点火开关，灯亮，6 s 后灯灭
17	制动防抱死失效报警灯	ABS	红	1～4	ABS 电控装置有故障时，灯亮	接通点火开关，灯亮，3 s 后灯灭
18	发动机故障报警灯	CHECK	红	1～4	发动机电控系统有故障时，灯亮	发动机停止时，由于点火开关接通，灯亮

2．常见报警灯和报警开关的结构和工作原理

（1）机油压力报警装置

机油压力报警装置的报警开关一般装在主油道上。当机油压力低于一定值时，报警开关接通报警灯电路，报警灯点亮以提醒驾驶员注意。

如图 6—2—2 所示为 EQ1090 车用弹簧管式机油压力报警灯电路。其传感器为盒式，内有一管形弹簧，一端与接头相连，另一端与动触点相连，静触点与接线柱经接触片与接线柱相连，当机油压力低于 50 kPa 时，管形弹簧变形很小，动触点和静触点闭合，电路接通，报警灯点亮；当机油压力高于 90 kPa 时，管形弹簧变形较大，动触点和静触点分开，电路断开，报警灯熄灭。

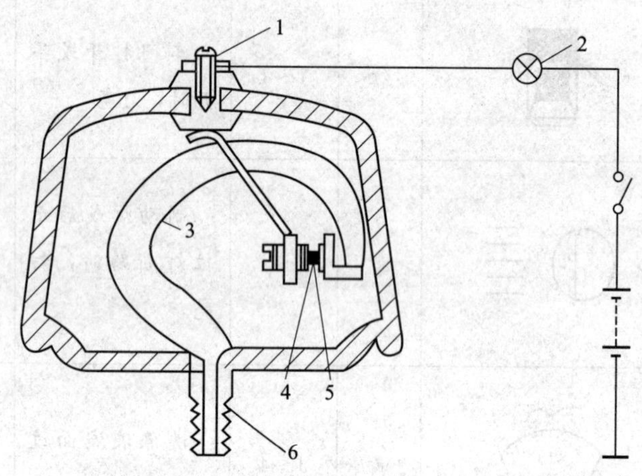

图 6—2—2　EQ1090 车用弹簧管式机油压力报警灯电路

1—接线柱　2—警告灯　3—管形弹簧　4—静触点　5—动触点　6—管接头

如图 6—2—3 所示为膜片式机油压力报警灯开关，当机油压力低于一定值时，活动触点与固定触点闭合，可使报警灯电路接通，报警灯点亮。

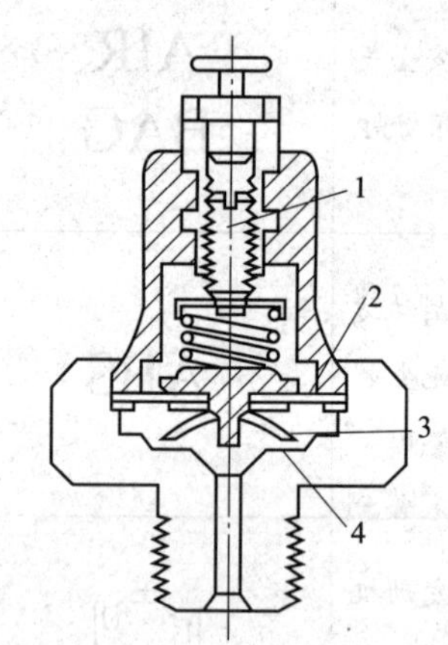

图 6—2—3　膜片式机油压力报警灯开关

1—调整螺钉　2—膜片

3—活动触点　4—固定触点

如图 6—2—4 所示，桑塔纳轿车机油压力指示系统（简称油压指示系统）由低压传感器（又称低压油压开关）、高压传感器（又称高压油压开关）、油压检查控制器、油压指示灯和油压报警蜂鸣器组成。

桑塔纳轿车油压指示系统具有以下特点：

低压传感器装在发动机缸体上，壳体直接搭铁，其触点为常闭触点，工作压力为30 kPa。当发动机机油压力系统的机油压力低于 30 kPa 时，低压传感器触点闭合；当油压高于 30 kPa 时，低压传感器触点断开。低压传感器电路为：电源“+”→红色电缆→点火开关端子 30→点火开关触点→点火开关端子 15→黑色导线→油压检查控制器端子 15→油压检查控制器→（油压检查控制器端子 6→仪

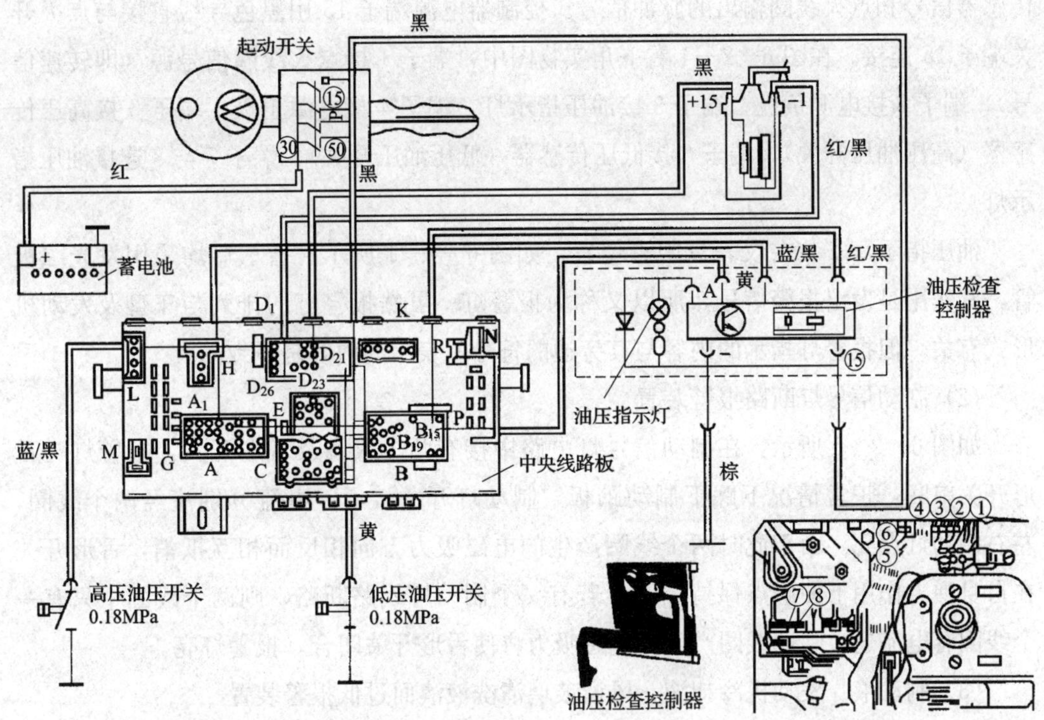

图 6—2—4　桑塔纳轿车机油压力指示系统电路

表盘印制电路板→仪表盘 14 端子黑色插座）黄色导线→中央线路板端子 B_{15}→中央线路板内部电路→中央线路板端子 D_{21}→黄色导线→低压传感器（低压油压开关）触点→低压传感器壳体搭铁→电源“－”。

高压传感器装在发动机机油滤清器的支架上，壳体直接搭铁，其触点为常开触点，工作压力为 180 kPa。当发动机机油压力系统的油压低于 180 kPa 时，高压传感器触点断开；当油压高于 180 kPa 时，高压传感器触点闭合。高压传感器电路为：电源“＋”→红色电缆→点火开关端子 30→点火开关触点→点火开关端子 15→黑色导线→油压检查控制器端子 15→油压检查控制器→（油压检查控制器端子 5→仪表盘印制电路板→仪表盘 14 端子黑色插座）蓝/黑色导线→中央线路板端子 A_4→中央线路板内部电路→中央线路板端子 D_1→蓝/黑色导线→高压传感器（高压油压开关）触点→高压传感器壳体搭铁→电源“－”。

点火线圈的脉冲信号电路为：点火线圈端子“－1”→红/黑色导线→中央线路板端子 D_{26}→中央线路板内部电路→中央线路板端子 B_{19}→红/黑色导线色→（仪表盘 14 端子白色插座→仪表盘印制电路胶片→油压检查控制器端子 1）。

油压检查控制器装在车速里程表框架上。机油压力指示灯（红色）安装在组合仪表盘上的指示灯组中，受油压检查控制器控制，控制器受控于低压传感器信号、高压传感器信号和点火线圈输出的脉冲信号。控制器电源端子 15 用黑色导线直接与点火开关端子 15 连接。在图 6—2—4 右下角实物图中，端子 1 接点火线圈信号源（即转速信号），端子 2 接电源负极，端子 3 接油压指示灯，端子 4 接电源正极，端子 5 接高压传感器（高压油压开关），端子 6 接低压传感器（低压油压开关），端子 7 与 8 连接油压指示灯。

油压指示灯安装在仪表盘中央位置，如图 6—1—1 所示。指示灯均采用发光二极管，其作用是发出报警信号，所以又称为报警灯。虽然报警灯的排列与车型及发动机形式有关，但报警灯指示的内容与其旁边的符号所表示的内容是一致的。

（2）制动信号灯断路报警装置

如图 6—2—5 所示，在制动信号灯电路中接有两个线圈及舌形开关，报警灯与舌形开关串联，正常情况下踩下制动踏板，制动灯开关接通，电流分别流经两个线圈，左右制动灯点亮。由于此时两个线圈产生的电磁吸力方向相反而相互抵消，舌形开关在自身弹力作用下使触点保持断开；若有一个制动灯线路断路，则两个线圈中只有一个线圈有电流通过，此线圈产生的电磁吸力将使舌形开关闭合，报警灯亮。

（3）制动液、发动机冷却液、风窗玻璃清洗液液面过低报警装置

液面过低报警装置适用于制动液、发动机冷却液、风窗玻璃清洗液等液面过低的报警，如图 6—2—6 所示。外壳的外面套装着浮子，浮子上固定有永久磁铁，外壳内部装有舌形开关，舌形开关的两个接线柱与报警灯和电源相连，当液面在规定值以上时，浮子浮在靠上的位置，永久磁铁的吸力不足，舌形开关在自身的弹力作用下保持断开的状态；当制动液面下降到一定值时，浮子位置下降舌形开关在永久磁铁吸力作用下闭合，报警灯点亮。

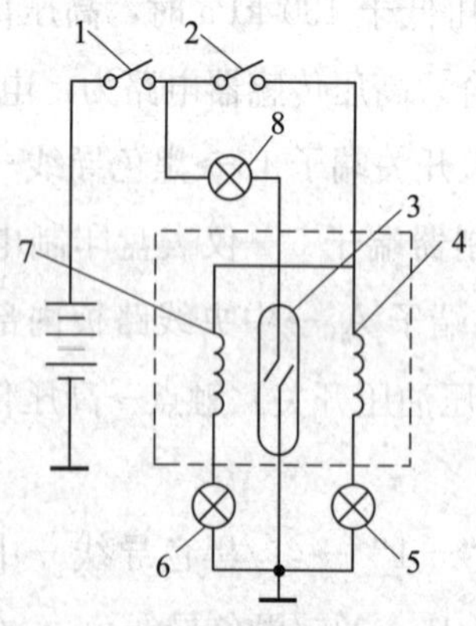

图 6—2—5　制动信号灯断路警报装置电路

1—点火开关　2—制动灯开关　3—舌形开关　4—电磁线圈　5—制动信号灯　6—制动信号灯　7—电磁线圈　8—报警灯

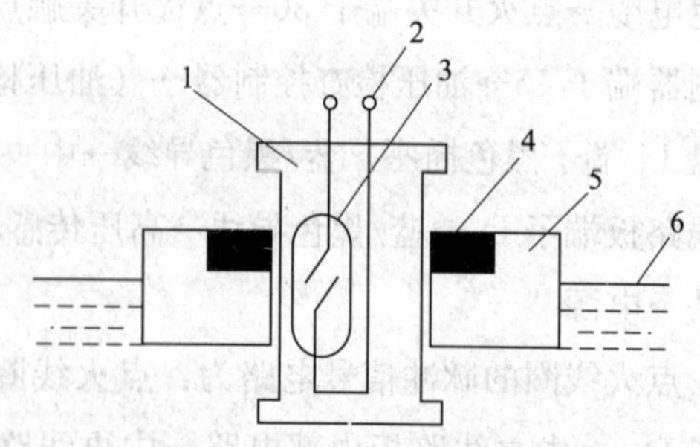

图 6—2—6　液面过低报警装置

1—外壳　2—接线柱　3—舌簧开关　4—永久磁铁　5—浮子　6—液面

（4）水温报警装置

水温报警灯的作用是当发动机冷却液温度高到一定程度时，报警灯自动点亮，以示报警。水温报警灯的通断由温度开关控制，其工作原理如图 6—2—7 所示。当冷却液温度低于 95℃时，双金属上的触点与固定触点保持分离状态，报警灯不亮；当冷却液温度高于 98℃，双金属片受热变形向下弯曲程度变大，使触点和固定触点接触，将报警灯电路接通，报警灯点亮，提醒驾驶员注意。

目前，有些车辆装有冷热指示灯，其工作原理如图 6—2—8 所示，指示灯的通断由双金属元件开关控制。当温度较低时，双金属元件将冷触点接通，使仪表板的绿灯亮，表示冷却液温度低，不宜行驶；随着发动机的运转，温度逐渐上升，双金属元件与冷触点脱开，处于冷热触点之间的某一位置。当温度过高时，双金属元件将热触点接通，使仪表板的红灯亮，以示冷却液温度过高。

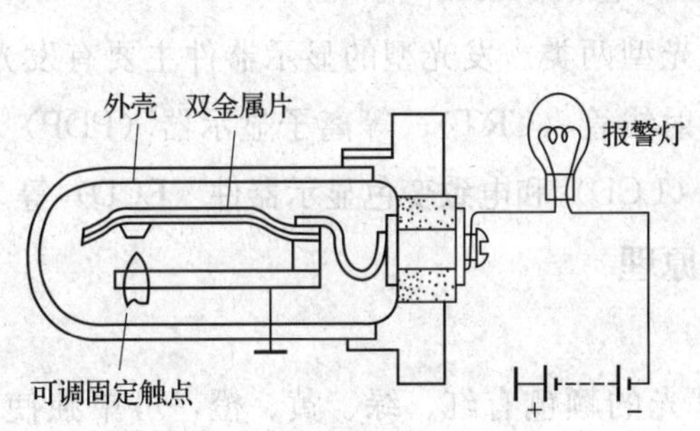

图 6—2—7　水温报警灯工作原理

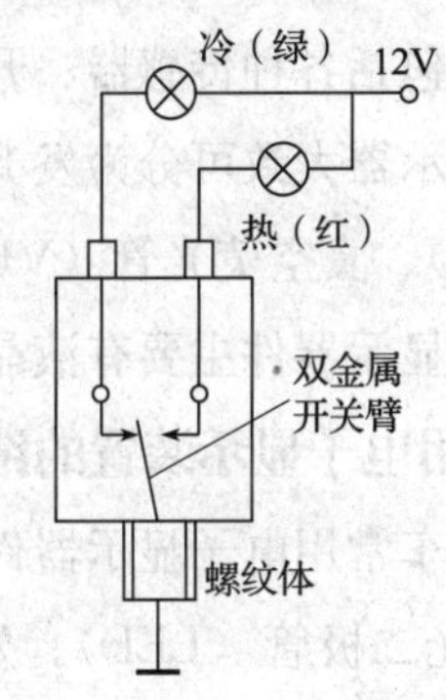

图 6—2—8　冷热指示灯工作原理

（5）燃油油量报警装置

当油箱内油量减少到一定值时，燃油油量报警灯自动点亮，以提醒驾驶员注意。燃油油量报警灯电路如图 6—2—9 所示。该装置是由负温度系数的热敏电阻式燃油油量报警传感器和报警灯组成。

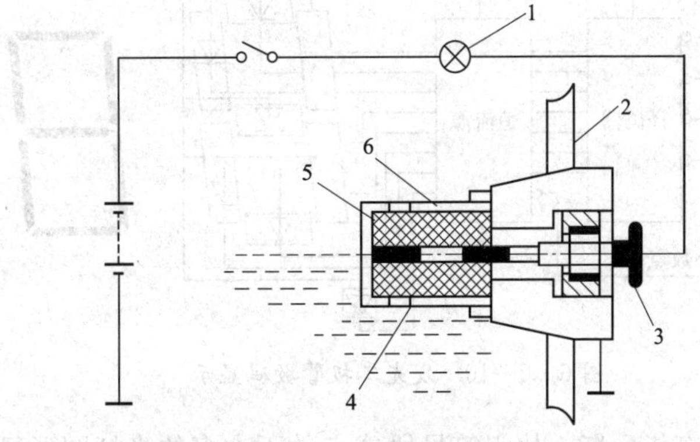

图 6—2—9　燃油油量报警灯电路

1—报警灯　2—油箱外壳　3—接线柱　4—热敏电阻元件　5—金属网　6—外壳

当油箱内油量较多时，热敏电阻元件浸没在燃油中，散热快，温度较低，电阻值较大，因此电路中电流很小，报警灯不亮；当燃油减少到规定值以下时，热敏电阻元件露出油面，散热慢，温度较高，电阻值较小，因此电路中电流增大，报警灯点亮。

二、电子显示装置

1. 汽车电子显示装置的作用、特点和分类

显示装置通常是指安装在汽车仪表板的各种仪表、图形符号和报警装置。它们可以对汽车许多工况进行检测，最多能同时检测几十个参数，并经 CPU 计算、处理成易于理解的智能化显示。当汽车出现不正常现象或通过自诊断系统测出有故障时，该系统会立即进行声光报警。

电子显示装置的优点是能提供大量复杂的信息，满足小型化、轻量化的要求，具有高精度和高可靠性和一“表”多用的功能，逐步取代常规的指针式仪表。电子式汽车仪表主要包括各种传感器、开关和显示器（包括仪表测试系统）。

电子显示器大致可分为发光型和非发光型两类。发光型的显示器件主要有发光二极管（LED）、真空荧光管（VFD）、阴极射线管（CRT）、等离子显示器（PDP）等，非发光型的显示器件主要有液晶显示器件（LCD）和电致变色显示器件（ECD）等。

2. 常用电子显示装置的结构和工作原理

（1）汽车常用电子显示器件

1）发光二极管（LED）。发光二极管光的颜色有红、绿、黄、橙，可单独使用，也可用来组成数字。在实际应用中，常把它焊接到印制电路板上，以形成数字显示或带色光杆显示，用七只发光二极管组成的数码显示装置如图 6—2—10 所示。有些仪表则用发光二极管所组成的光点矩阵型显示器。

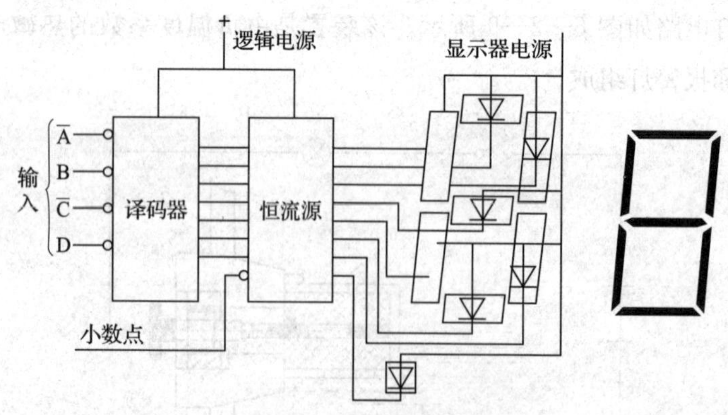

图 6—2—10 发光二极管数码显示

LED 只适用于汽车指示灯、数字符号段或点数不太多的光杆图形显示，不宜用作大型显示。

2）真空荧光管（VFD）。真空荧光管是一种低压真空管，它由玻璃、金属等材料构成。真空荧光显示管（VFD）是一种主动显示，其发光原理与电视机中的显像管相似。

真空荧光管的结构如图 6—2—11 所示。图 6—2—11 所示为汽车用的数字式车速表的真空荧光显示屏，3 位数字。其阳极为 20 个字形笔画小段，上面涂有荧光体（或磷光体），各与一个接线柱相连接，笔画内部相互连接；其阴极为灯丝，在灯丝与笔画小段（阳极）之间插入栅格，其构造与一般电子管相似。整个装置密封在一个被抽成真空的玻璃罩内。

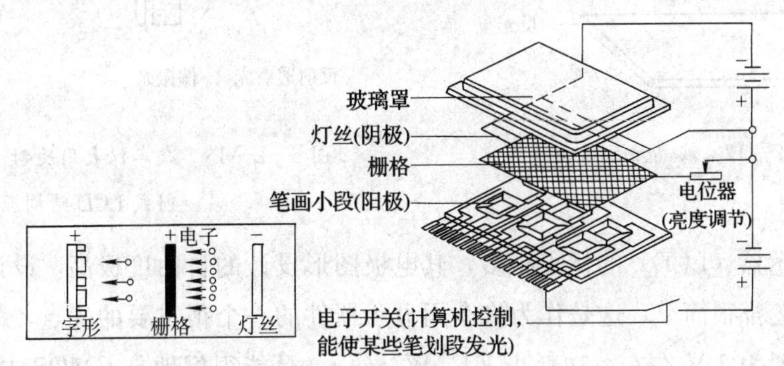

图 6—2—11　真空荧光管的结构及真空荧光显示屏

当其阳极（字形）接至电源正极，而阴极（灯丝）与电源负极相接时，便获得一定的电源电压，其灯丝作为阴极发射电子（在电场力的作用下），栅格便控制着电子流加热并加速，使其射向阳极（字形）。由于玻璃罩内抽成真空，前面装有平板玻璃并配有滤色镜，故能使通过栅格轰击阳极（字形）的电子，激发出亮光来，因而能显示出所要看到的东西。

VFD 具有色彩鲜艳、可见度高、立体感强等特点，是最早引入汽车仪表中的发光型显示器件，也是目前汽车上采用最多的一种。但由于做成大型的、多功能 VFD，成本较高，故现在大多由一些单功能小型的 VFD 组成汽车电子式仪表盘。

3）液晶显示器（LCD）。液晶显示器件（LCD）是一种新型的非发光型平板显示器件，其结构如图 6—2—12 所示。

它有两块厚约 1 mm 的玻璃基板，在基板上涂有透明的导电材料，以形成电极图形，两基板间注入主层为 5～20 μm 厚的液晶，再在两玻璃基板的外表面分别贴上起偏振片和检偏振片，并将整个显示板完全密封，以防湿气和氧气侵入，这便构成了透射式LCD。若在后玻璃基板的后面再加上反射镜，便组成反射—透射式 LCD。如图 6—2—13 所示为反射—透射式 LCD 结构原理。

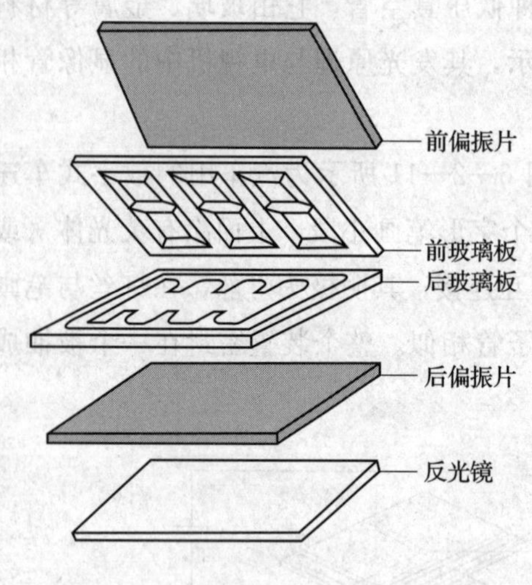

图 6—2—12　液晶显示器的结构

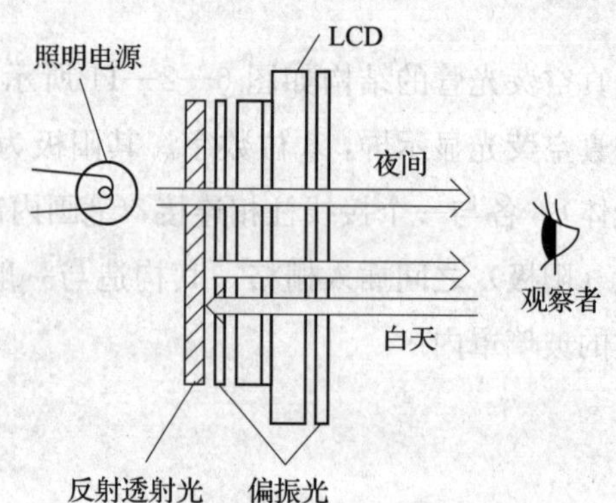

图 6—2—13　汽车仪表用反射—透射式 LCD 结构原理

液晶显示器（LCD）的优点很多，其电极图形设计的自由度极高，设计成任意显示图形的工艺都很简单，这是作为汽车用显示器件的一个很重要的优点，而且其工作电压低，一般为 3 V 左右，功耗小（1 μW/cm^2），且能很好地与 CMOS 电路相匹配。正因为它有这些优点，LCD 常作为汽车电子钟和彩色光杆式仪表板。

（2）电子显示装置的工作原理

电子显示装置的工作原理如图 6—2—14 所示。电子式仪表显示的数据来自各系统的传感器，其电路与多路传输系统的 ECU 和仪表测量计算机系统连接。仪表测量计算机系统将各测量系统组合在一起，形成总的仪表测量系统。

仪表测量计算机系统包括 A/D 转换、多路传输、CPU、存储器及 I/O 接口等。测量时，各传感器的输出信号经 A/D 转换和多路传输输入计算机信号处理系统，通过 I/O 接口与仪表板显示器相连，分时循环显示或同时在不同区域显示各种测量参数。

（3）电子显示装置的维护

1）电子仪表板的检测。电子仪表板和一般电子设备不同，它和所配的逻辑电路板较易损坏，而且价格昂贵。因此，在进行检查维修前，应仔细研究原厂的技术文件，按照厂家的要求进行检测。在诊断过程中，还要特别小心谨慎，防止由于失误而造成损坏。

很多电子仪表板具有自检功能。对于能自检的车辆，在使用测试设备对仪表进行检测之前，应先完成仪表板的全部自检。

除有特殊说明外，不能以蓄电池全电压加于仪表板的任何输入端。

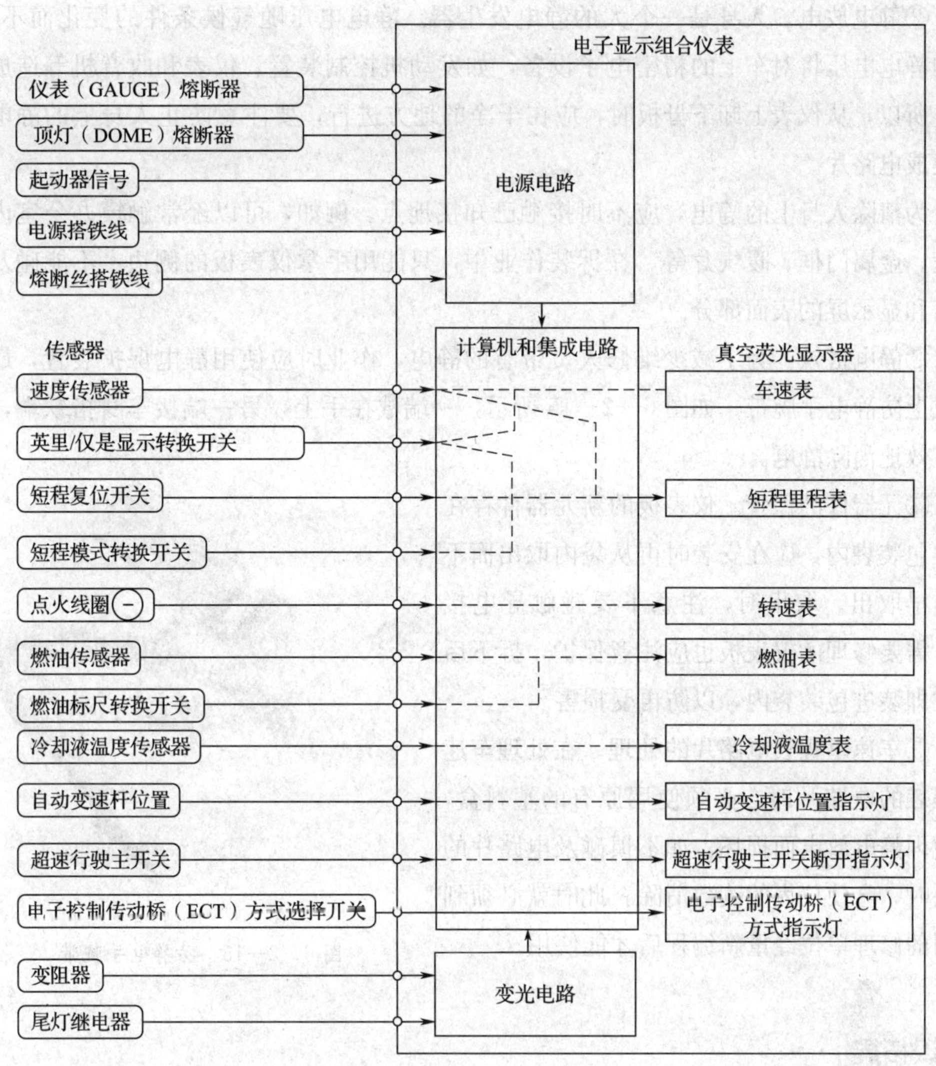

图 6—2—14　电子显示装置的工作原理图

电子仪表板要用许多连接器把线束连接到仪表板上，这些连接器一般使用不同颜色，以便于辨认。连接器上有闭锁凸舌，以保证可靠连接。在进行测试时，当必须将测试仪表和线束连接时，要注意防止连接器插头和插座受损。为此，在用仪表测试时通常使用一个备用连接器插头。

2）电子仪表板维修注意事项。电子仪表板上的部件都比较精密，维修和使用要求都比较高，测试时应遵照厂家维修手册的有关规定，修理工作则应由专业维修人员进行。维修时的一般注意事项如下：

①切断电源。当更换仪表板上的部件时，通常要拆下仪表板总成。在进行这项作业时，应事先切断蓄电池电源。

②静电放电。人身是一个大的静电发生器。静电电压随气候条件的变化而不同。高的静电电压将对车上的精密电子设备，如发动机控制装置、仪表和收音机等造成损害。所以，从仪表上卸下母板时，应在干净的地方进行，要注意防止人身上的静电损坏集成电路片。

为清除人身上的静电，应不时接触已知接地点。例如，可以经常触摸办公室内的墙壁、金属门框、暖气片等。在拆装作业中，只能用手拿仪表板的侧边，不能碰及显示窗和显示屏的表面部分。

③静电搭铁。为了减少维修人员带有的静电，作业时应使用静电保护装置，最好是戴上防静电手腕带，如图 6—2—15 所示，一端戴在手上，另一端接车身搭铁端，就可有效地消除静电。

④元器件的保管。仪表板的新元器件存在镀镍包装袋内，应在安装时再从袋内取出而不要提早取出。取出时，注意不要碰触导电接头。需要修理的仪表板也应注意保护，拆下后应立即装进包装袋内，以防再受损害。

⑤车速里程表电路片的处理。在处理车速里程表的电路片时，必须使用原有的塑料盒，以免因静电放电而损坏。如不慎碰及电路片的接头时，会使仪表的读数消除，此时就必须到专门的修理单位经重新编程后才能使用。

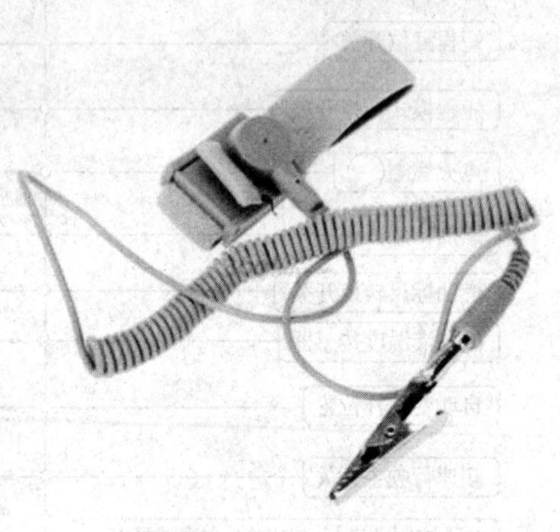

图 6—2—15　防静电手腕带

知识拓展

汽车信息抬头显示（HUD）系统

HUD（head up display），意为抬头显示，也称平视显示器，如图 6—2—16 所示。HUD 系统最初的应用是在战斗机上，最早装备 HUD 系统应用在法国的幻影战斗机上。

车辆在高速行驶时，特别是夜间高速行车时，驾驶员可能会低头观看仪表显示或观看中控台的音响等显示，此时如果前方遇有紧急情况就有可能因来不及采取有效措施而造成事故。为避免这种情况发生，有些高端汽车上装备了 HUD（见图 6—2—16）抬头显示系统，它可以将有关信息显示在前风挡玻璃的驾驶员平视范围上，且显示位置、显示亮度可调。这样可以避免低头看仪表，从而缩短眼球对前方的视觉盲区时间。HUD 系统对减少因低头、走神引起的交通事故，确保行车安全有重要意义。

图 6—2—16　汽车信息抬头显示系统

课题三　汽车仪表与报警系统常见故障诊断与排除

- 了解汽车仪表与报警系统的故障现象。
- 掌握汽车仪表与报警系统的故障诊断方法。
- 能够对汽车仪表与报警系统进行故障检修。

一、组合式仪表故障诊断与排除

1. 汽车组合式仪表的常见故障

汽车仪表常见故障有仪表指针指示不正常、指针不动、指针抖动等。主要仪表工作不正常的故障原因如图 6—3—1 所示。

2. 汽车组合式仪表的故障诊断

(1) 燃油表指针始终指向“0”或“1”处不动的故障诊断

燃油表电路故障检查如图 6—3—2 和图 6—3—3 所示。

接通点火开关，将导线与燃油传感器连接处直接搭铁，指针摆动，说明燃油传感器损坏，更换燃油传感器。指针不动，燃油传感器前端断路，需继续检查。

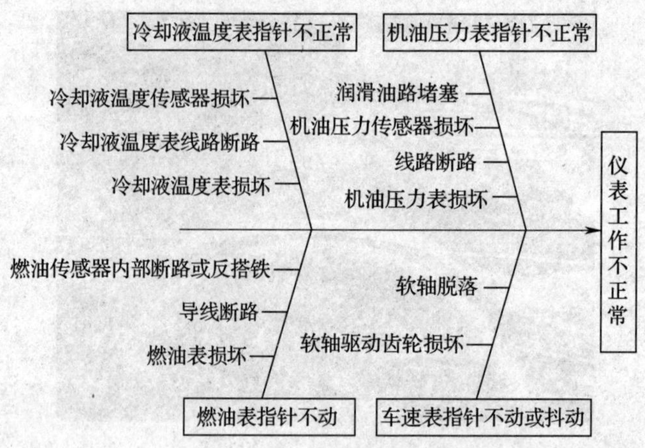

图 6—3—1　主要仪表工作不正常的故障原因

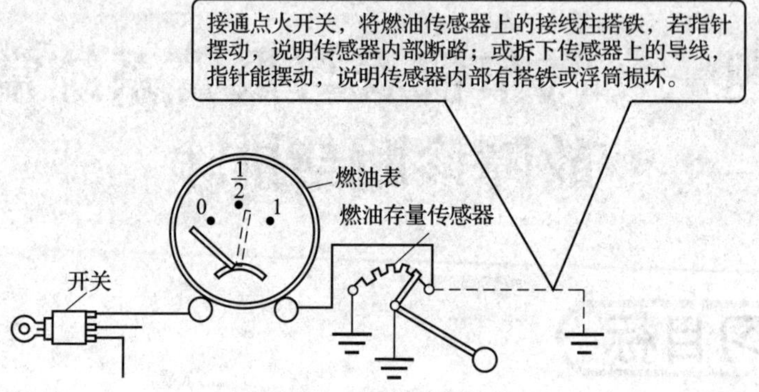

图 6—3—2　燃油表电路故障检查（一）

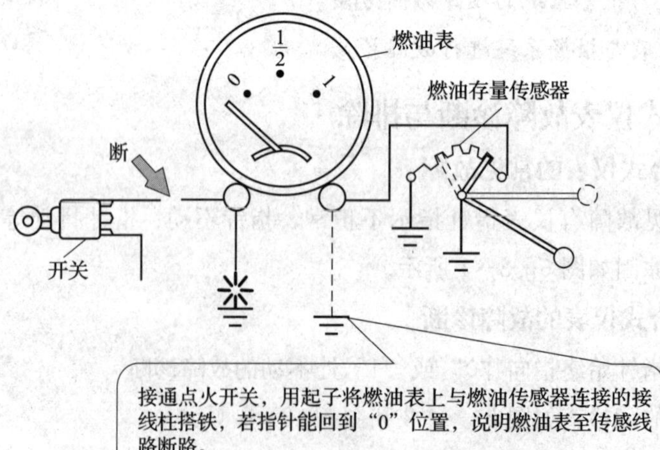

图 6—3—3　燃油表电路故障检查（二）

接通点火开关，将燃油表与燃油传感器连接的接线柱直接搭铁，指针能回到“0”位，说明燃油表至传感器之间断路。指针仍不动，将燃油表与电源连接的接线柱搭铁，有火花飞溅，说明燃油表已损坏，更换燃油表；无火花，说明电源与燃油表之间断路，将断路处连接好即可。

(2) 冷却液温度表指针不正常的故障诊断

冷却液温度表指针不正常故障诊断如图 6—3—4、图 6—3—5、图 6—3—6 所示。

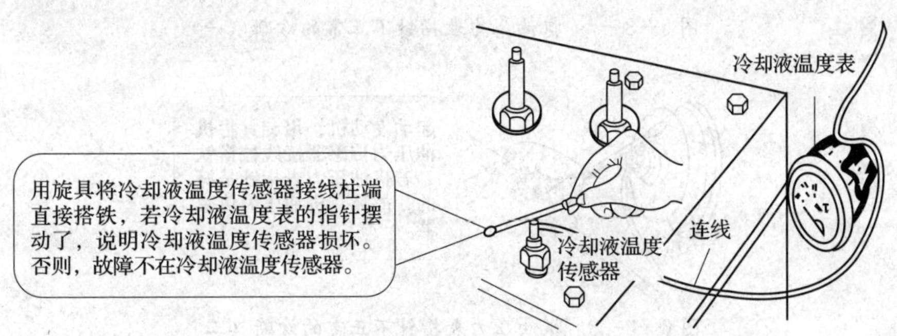

图 6—3—4　冷却液温度表指针不正常故障诊断（一）

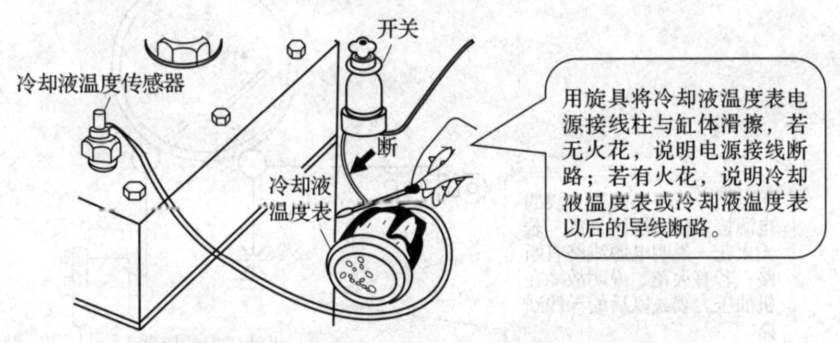

图 6—3—5　冷却液温度表指针不正常故障诊断（二）

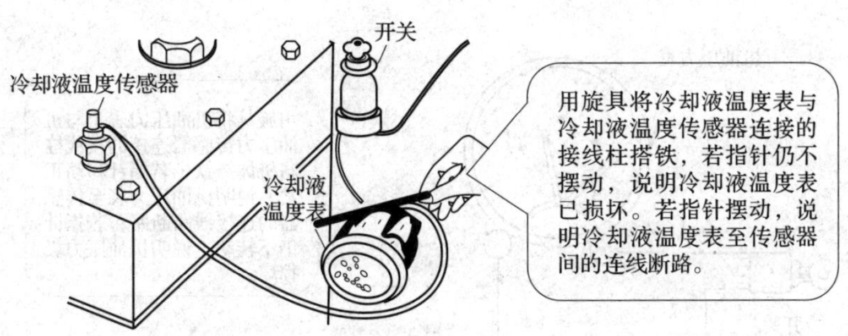

图 6—3—6　冷却液温度表指针不正常故障诊断（三）

(3) 机油压力表指针不正常的故障诊断

机油压力表指针不正常的诊断如图 6—3—7～图 6—3—10 所示。

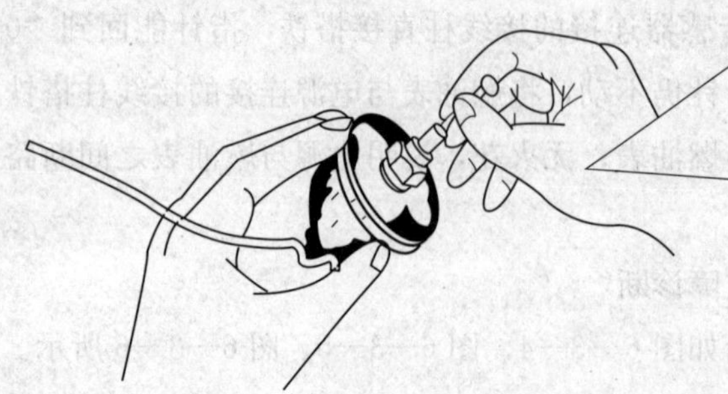

图 6—3—7　机油压力表指针不正常的诊断（一）

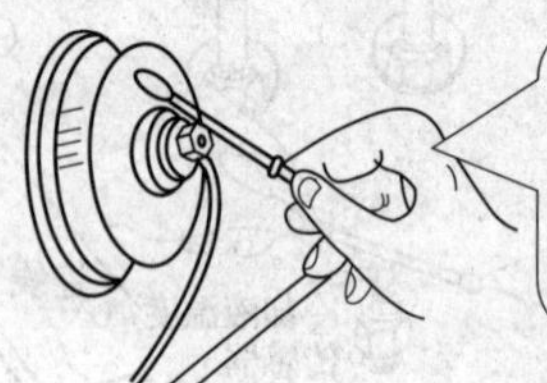

图 6—3—8　机油压力表指针不正常的诊断（二）

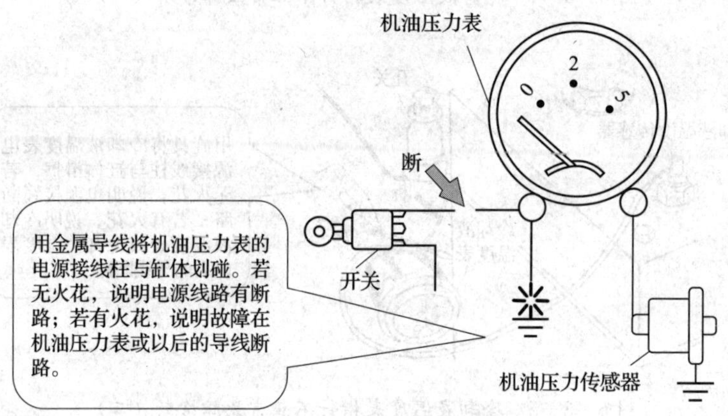

图 6—3—9　机油压力表指针不正常的诊断（三）

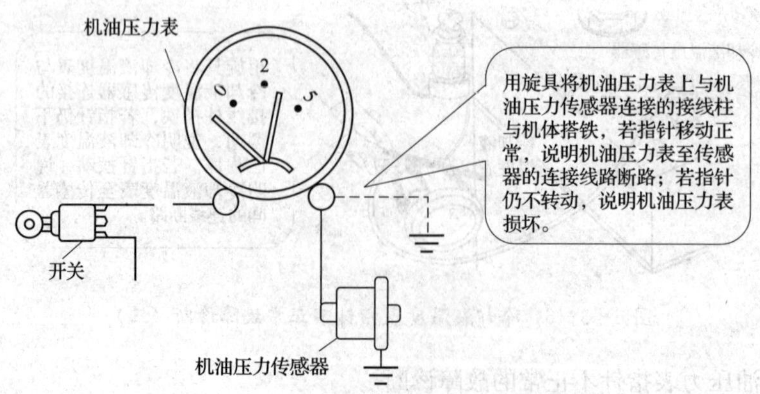

图 6—3—10　机油压力表指针不正常的诊断（四）

二、组合式仪表的自诊断

桑塔纳、奥迪、帕萨特等轿车汽车电子控制系统都设有自诊断测试子系统，并配备一个故障代码存储器，当被监测的传感器或控制元件出现故障时，电控单元 ECU 将检测到的故障信息编成代码，并将代码以及故障种类的说明存储在故障代码存储器中，以便在检修时，通过故障诊断仪把存储器里的故障信息读出。使用故障自诊断功能检测故障有一定的局限性，读出的故障代码只能表示故障可能产生的零部件及其电路，而不能断定哪个零部件在什么部位损坏，因此，还必须利用其他方法和工具对故障部件和相关部件进行排查检修。

三、汽车报警装置的检修

汽车报警装置常见故障是报警灯常亮和不亮，现以桑塔纳轿车为例，分析这两种故障的检修方法，在诊断报警系统其他故障时参考。

1. 机油压力报警灯常亮的检修

桑塔纳轿车机油压力报警灯无论何种工况下一直常亮，发动机机油压力正常，蜂鸣器不响，这些现象表明发动机的机械部分正常，故障出在发动机电器部分。观察该车，车况较新，询问车主，从未换用任何电器，由此可以排除点火系的电磁干扰。故障只可能在机油压力报警系统。

接通点火开关，发动机未起动时，油压指示灯闪亮，安装在车速里程表罩壳内的油压报警蜂鸣器不响，此时的故障现象与正常情况下一致，不能做出判断；发动机低速运转时，油压指示灯亮，蜂鸣器不响，油压正常，说明低压传感器触点还保持闭合状态，不能打开；当发动机转速低于 2 150 r/min 时，油压指示灯闪亮，油压正常，拔下低压传感器黄色导线插头，此时油压指示灯熄灭，说明低压传感器触点仍处于闭合状态，有可能是触点烧结；发动机高速运转时，油压指示灯仍然闪亮，油压正常，蜂鸣器不响，说明高压传感器触点已闭合，警报灯亮，可能是低压触点未打开；检查低压传感器触点。在发动机转速高于 2 150 r/min 时，将低压传感器导线插头拔下，用万用表电阻挡检测传感器接线插座端子与发动机缸体间的阻值，发现两点之间的阻值为零，说明低压传感器触点始终闭合在一起。

拆下发动机机体上的低压传感器，观察低压触点，同诊断的结果一致，两触点牢牢地烧结在一起。换上同种型号的桑塔纳机油压力低压传感器，试车，故障完全消失。

2. 桑塔纳轿车的冷却液不足报警灯不亮的检修

冷却液不足报警灯不亮，首先用数字式万用表 3 检查发光二极管 4 的技术状态，如图 6—3—11 所示。

红色导线接二极管的正极，黑色导线接二极管的负极。发光二极管的外壳上有棱边1处的电极为负极，发光二极管的外壳内较大的极2为正极。当通过正向电压1.7 V时，二极管应闪亮。

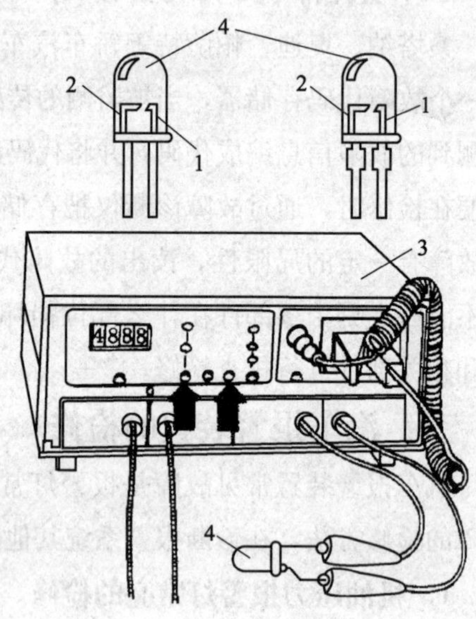

图 6—3—11　发光二极管的测试

冷却液不足报警灯不亮，常见原因是冷却液不足指示器开关和冷却液不足指示控制器损坏。冷却液不足指示器开关安装在溢水壶上，检查时先观察溢水壶上的凹沟有无积水，然后拔下指示器开关上的导线插头，检查插座内有无积水。有积水，就会导致开关短路，应当清除积水并更换指示器开关。当发现冷却液不足指示器开关损坏时，应检查中央线路板14号位置的冷却液不足指示控制器有无氧化腐蚀，如有腐蚀，应予更换。

四、电子显示装置的自诊断

大多电子显示装置都有自诊断功能。进行检测时，采用诊断仪或按仪表板上的选择杆。每当点火开关位于ACC或ON挡时，仪表板便开始一次自检。检验时，通常是整个仪表板发亮。与此同时，各显示器的每段字段均发亮。在自检过程中，仪表功能标准符号一般都闪烁，检验完成时，所有仪表都显示出当时的读数。若发现故障，便显示一个提醒驾驶员的代码，根据故障代码查找相应的维修手册，进行检修。

教学互动

如何检查桑塔纳轿车发动机机油压力低压传感器的好坏？

思考与练习

1. 汽车仪表板有哪些种类？
2. 汽车常规仪表都包括哪些？
3. 简述电磁式燃油表的工作原理。
4. 简述发动机冷却液温度表的电路工作原理。

5. 简述常见报警灯图形符号、作用及检查方法。
6. 试分析机油压力表指针不正常故障的原因。
7. 如何检查桑塔纳轿车发动机机油压力低压传感器的好坏?
8. 简述冷却液温度过高报警灯的工作原理。
9. 简述真空荧光管显示的工作原理。

模块七

汽车辅助电器

课题一　电动刮水器及洗涤器

◆ 了解电动刮水器及洗涤器的结构组成。

◆ 掌握电动刮水器及洗涤器的工作原理及检修程序。

◆ 能够检查并排除电动刮水器及洗涤器的常见故障。

如图 7—1—1 所示为汽车刮水器控制杆（控制开关），其上的 OFF、LO、INT、HI 挡位分别代表什么功能？

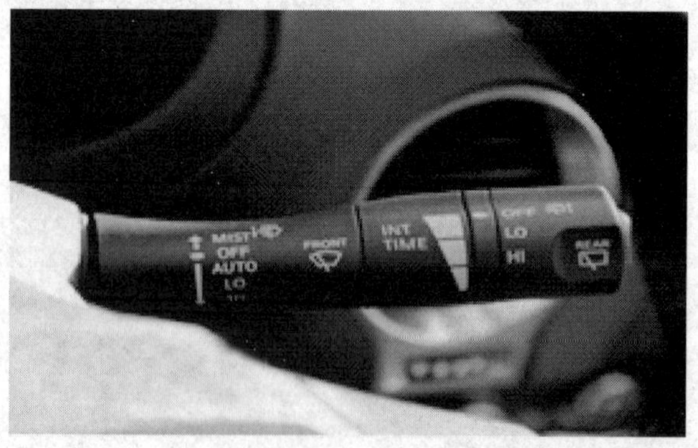

图 7—1—1　汽车刮水器控制杆

一、电动刮水器的构造及原理

汽车在雨天和雪天行驶时，为了提高驾驶员的能见度，确保行车安全，专门设置了风窗玻璃刮水器。因为法律要求，几乎所有地方的汽车都带有刮水器。掀背车及休旅车等车辆的后车窗也装有刮水器。除了汽车外，其他运输工具也设置了刮水器，如火车、电车等。

汽车上采用的刮水器根据其动力不同可分为真空式、气动式和电动式三种。由于电动刮水器（见图 7—1—2）具有动力大、工作可靠、容易控制、不受发动机工况影响等优点，目前在汽车上得到了广泛应用。

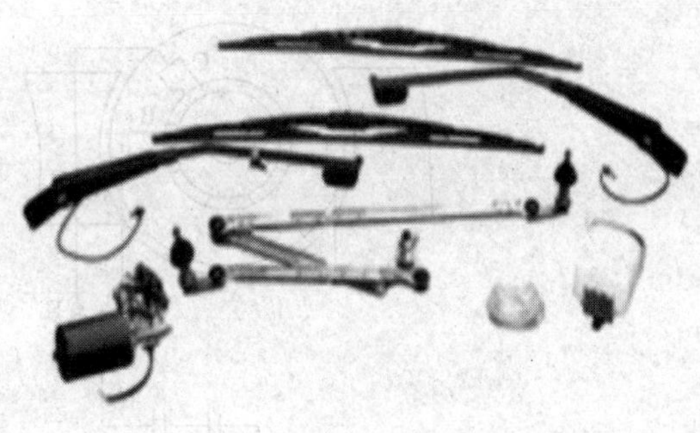

图 7—1—2 电动刮水器

1. 电动刮水器的组成

电动刮水器的组成如图 7—1—3 所示。它主要由刮水器电动机、蜗轮蜗杆装置、自动停位器铜环、传动机构、刮水片架和刮水片等组成。

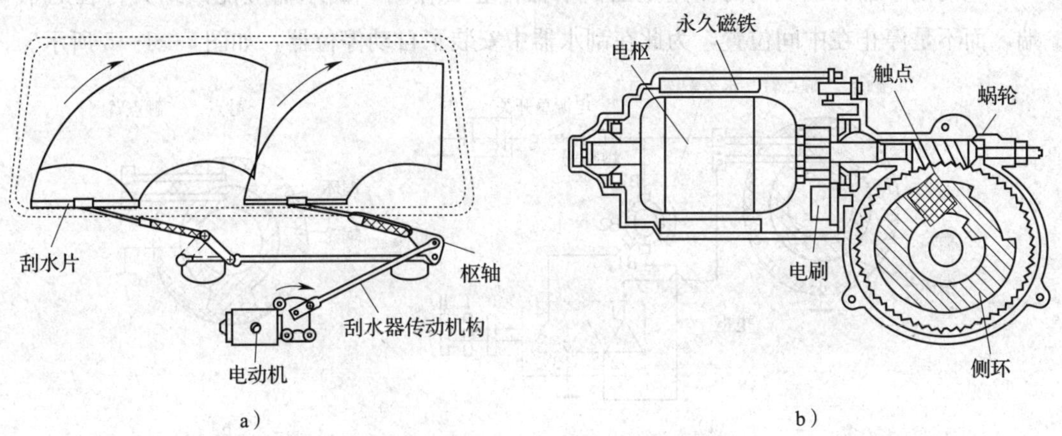

图 7—1—3 电动刮水器的组成

(1) 电动刮水器的电动机

刮水器电动机是刮水器的动力装置，最常用的刮水器电动机是三刷永磁电动机。它由永久磁铁（磁极）、电枢（转子）、3 个电刷、壳体及驱动端盖（与减速箱体连为一体）等组成，如图 7—1—4 所示。

磁极一般为铁氧体材料制成的永久磁铁，数量为一对；电枢铁芯槽内装有绕组，端部用换向器焊接。换向器上安装 3 个电刷，它们间相互位置情况如下：C 为高速电刷，也称为第三电刷，它与低速电刷 B 的夹角为 30°或 60°；B、C 电刷通过导线引出，为控制端；A 为公共电刷，可以用导线引出，也可在电动机壳体上直接搭铁。

(2) 电动刮水器的停位机构

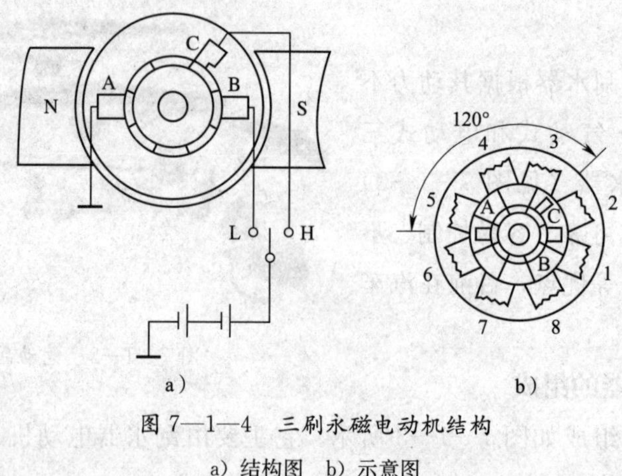

图 7—1—4　三刷永磁电动机结构

a）结构图　b）示意图

电动刮水器停位机构的作用是当刮水器停止工作时，刮水器应能回到其行程的末端，而不是停止在中间位置，为此在刮水器中安装了自动停位器，如图 7—1—5 所示。

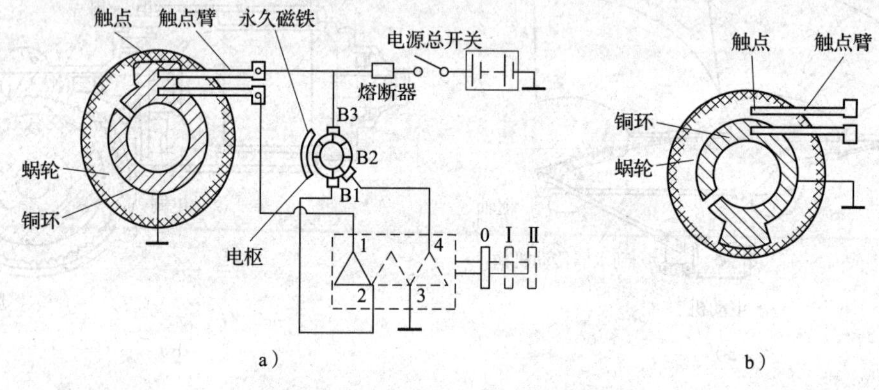

图 7—1—5　刮水器中的自动停位器

自动停位器的铜环滑片通常安装于蜗轮上（蜗轮常用绝缘材料制成），触点通过绝缘材料安装在电动机壳体上，触点接触或分离，便可控制电机能回到行程的末端。注意：铜环滑片形状不同，则刮水器电动机控制方式也不相同。

2．电动刮水器的工作原理

当电动刮水器控制电路接通，电动机旋转，通过蜗杆蜗轮降速，驱动蜗轮上的曲柄带动连杆机构运动，于是带动刮片在玻璃面上摆动。

现以国产桑塔纳汽车为例分析电动刮水器电路的特点和工作原理。

如图 7—1—6 所示为桑塔纳汽车电动刮水器控制电路。从图 7—1—6 中可以看出，刮水器控制开关有 5 个挡位，其中 2 挡为高速运转（62～80 r/min），1 挡为低速运转（42～52 r/min），f 挡为点动挡，0 挡为复位停止挡，j 挡为间歇运转挡。刮水电动机为双速永磁直流电动机，电路受点火开关和中间继电器的控制。

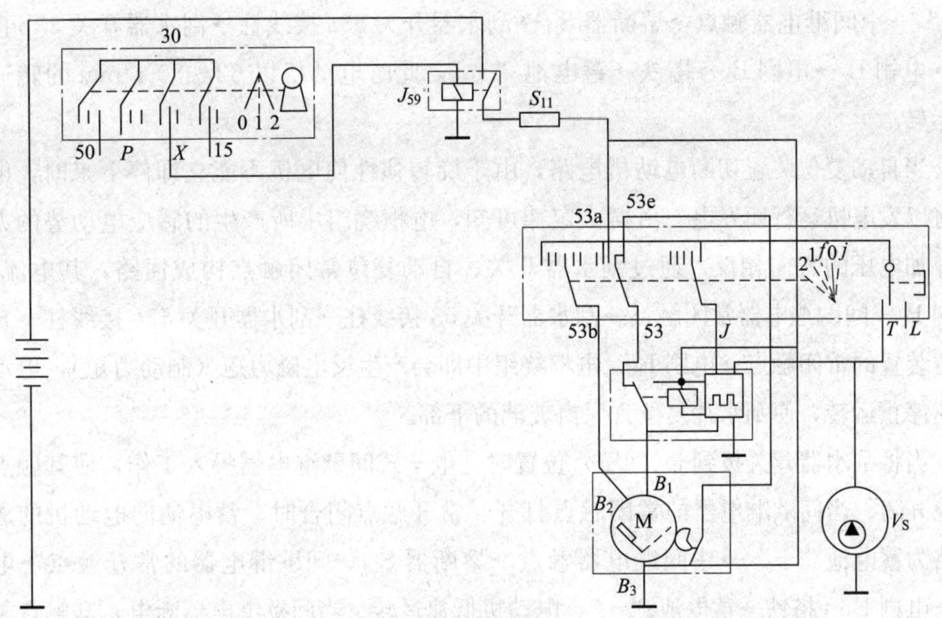

图 7—1—6　桑塔纳汽车电动刮水器、洗涤器控制电路

桑塔纳刮水器电路的工作原理如下：

将点火开关置于 ON 挡，接通蓄电池向中间继电器磁化线圈的放电回路，其电流为蓄电池“+”→点火开关 30 接线柱→点火开关 X 接线柱→中间继电器磁化线圈→搭铁→蓄电池“—”。在电磁吸力的作用下，中间继电器触点闭合，为刮水电动机的工作做好准备。

将刮水器开关拨到 f 挡（即点动挡）时，蓄电池将通过刮水器开关、间歇继电器常闭触点向刮水电动机放电，其电流为蓄电池“+”→中间继电器触点→熔断器 S_{11}→刮水器开关 53a 接线柱→刮水器开关 53 接线柱→间歇继电器常闭触点→电刷 B_1→电刷 B_3→搭铁→蓄电池“—”，此时电动机以低速运转。当手离开刮水器开关时，开关将自动回到 0 位；如果此时刮水片处在影响驾驶员视线的位置上，自动复位装置的常闭触点打开，常开触点闭合，刮水电动机电枢内继续有电流通过，其电流为蓄电池“+”→中间继电器触点→熔断器 S_{11}→复位装置的常开触点→刮水器开关 53e 接线柱→刮水器开关 53 接线柱→间歇继电器常闭触点→电刷 B_1→电刷 B_3→搭铁→蓄电池“—”，故电动机仍以低速运转，只有当自动复位装置处在图 7—1—6 所示位置时，刮水电动机方可停止运转。

当将刮水器开关拨到 1 挡（低速挡）时，蓄电池仍然是通过中间继电器、刮水器开关、间歇继电器、电刷 B_1 和 B_3 向刮水电动机放电（放电回路与点动时相同），电动机以 42～52 r/min 的转速低速运转。

当刮水器开关拨到 2 挡（高速挡）时，蓄电池向电动机的放电回路为蓄电池

"＋"→中间继电器触点→熔断器 S_{11}→刮水器开关 53a 接线柱→刮水器开关 53b 接线柱→电刷 B_2→电刷 B_3→搭铁→蓄电池"－"，此时电动机以 62～80 r/min 的转速高速运转。

当自动复位装置切断电动机电路，由于旋转惯性使电机不能立即停下来时，电动机将以发电机运行而发电。由楞次定律可知，电枢绕组中所产生的感应电动势的方向与外加电压的方向相反，通过刮水器开关、自动复位常闭触点构成回路，其电流为：电刷 B_1→间歇继电器常闭触点→刮水器开关 53 接线柱→刮水器开关 53e 接线柱→自动复位装置的常闭触点→电刷 B_3，电枢绕组中即会产生反电磁力矩（制动力矩），电动机迅速停止运转，使刮水片复位到风窗玻璃的下部。

当将刮水器开关拨到 j（间歇）位置时，电子式间歇继电器投入工作，使其触点不断地开闭。当间歇继电器的常闭触点打开，常开触点闭合时，蓄电池向电动机的放电回路为蓄电池"＋"→中间继电器触点→熔断器 S_{11}→间歇继电器的常开触点→电刷 B_1→电刷 B_3→搭铁→蓄电池"－"，电动机低速运转。当间歇继电器断电，其触点复位（常闭触点闭合，常开触点打开）时，电动机将停止运转。在此过程中，自动复位装置的工作与制动力矩的产生与上述相同。在间歇继电器的作用下，刮水电动机每 6 s 使曲柄旋转一周。

二、电动洗涤器的组成及原理

电动洗涤器主要作用是清洗掉风窗玻璃和前照灯玻璃上的灰尘、稀泥、油滴和污泥，提高刮水器刮片的刮刷性能。

1. 电动洗涤器的组成

电动洗涤器通常由储液罐、洗涤泵、输水软管、刮水器开关、三通管接头和喷嘴等组成，如图 7—1—7 所示。

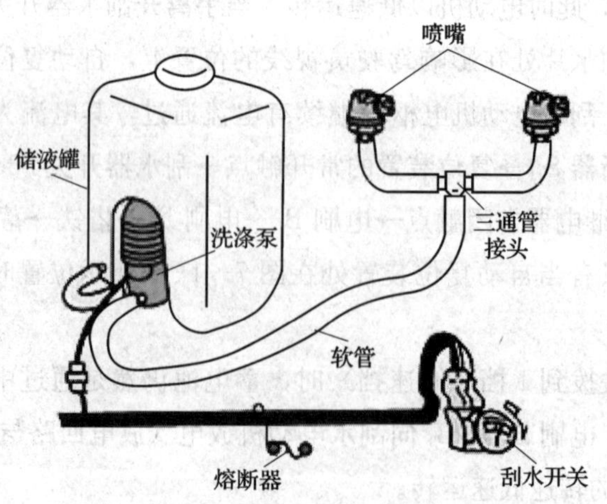

图 7—1—7　电动洗涤器的结构

储液罐用于存储洗涤液，洗涤泵是泵水的动力装置，一般由永磁直流电动机和叶片泵组成，喷射压力为70～88 kPa。洗涤泵直接安装在储液罐上，有的安装在管路内。洗涤泵的进水口装有滤清器，洗涤喷嘴通常装在发动机盖表面，对着风窗玻璃。洗涤泵和喷嘴用带有三通管接头的聚氯乙烯软管连接。

2．电动洗涤器的工作原理

以桑塔纳汽车电动洗涤器的控制电路为例，介绍电动洗涤器的工作原理。由于电动洗涤器应与刮水器配合工作，所以两系统属同一控制电路，故其控制电路如图7—1—6所示。

当将洗涤开关接通时（将刮水器开关向上扳动），洗涤泵控制电路接通，其电流为：蓄电池“+”→中间继电器触点→熔断器 S_{11}→洗涤开关→洗涤泵 V_s→搭铁→蓄电池“−”。位于发动机盖上的两个喷嘴，也同时向风窗玻璃喷射清洗液。与此同时，也接通了刮水器间歇继电器的控制电路，其电流流向如下：蓄电池“+”→中间继电器触点→熔断器 S_{11}→洗涤开关→刮水器间歇继电器→搭铁→蓄电池“−”，于是刮水电动机工作，驱动刮水片刮掉已经湿润的尘土和污物。当驾驶员松开控制手柄时，开关将自动复位，切断洗涤泵的控制电路，喷嘴停止喷射清洗液，刮水电动机在自动复位开关起作用后，也将刮水片停靠在风窗玻璃的下方，不影响驾驶员的视线。

教学互动

简述将桑塔纳汽车刮水器开关拨到点动挡时刮水器的工作原理。

三、电动刮水器系统的检修

在对电动刮水器系统的故障进行检修之前，需要确定是电器故障还是机械故障。要做到这一点，最简单的方法就是从电动机上拆下连接刮水片的机械臂，接通刮水器系统，观察电动机的运行。如果电动机工作正常，则是机械问题。

下面以桑塔纳汽车为例分析电动刮水器系统的故障诊断方法。

1．刮水器不工作

如果刮水器在所有挡位都不工作，按照图7—1—8的步骤进行检查。

2．刮水器速度比正常慢

电器或机械故障均能引起刮水器速度比正常慢。首先，按照上述方法确定故障在电器部分，还是在机械部分。

大多数导致刮水器动作慢的电路故障是由于接触电阻大而引起的。如果故障表现为所有的速度挡都慢，应检查电源到刮水器开关之间的电路，特别是中间继电器、熔

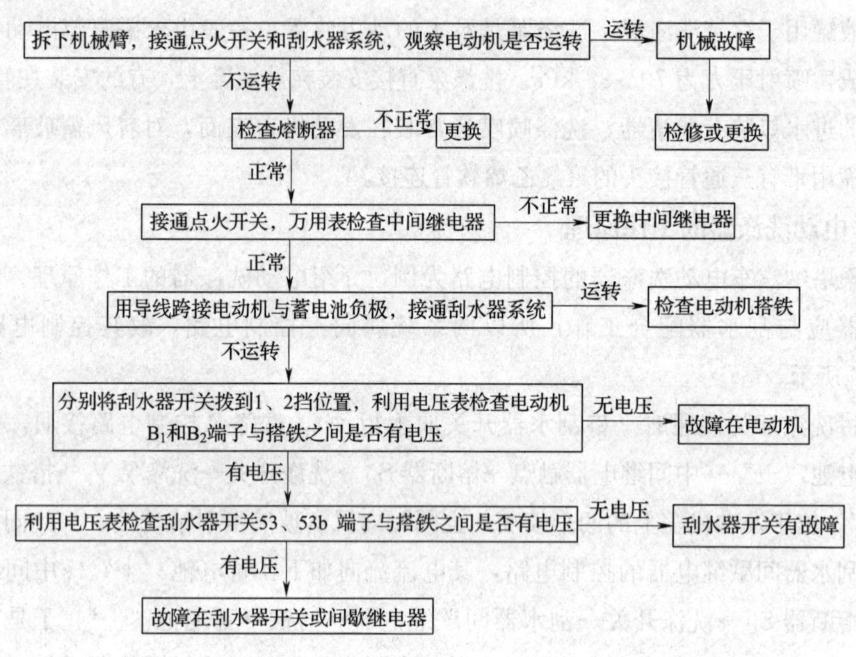

图 7—1—8　刮水器不工作的检查方法

断器和刮水器开关连接线端子插接是否牢固可靠。电源供电电路正常，则应检查刮水器开关中有无接触不良的现象。

如果电源供电回路正常，则应检查刮水电动机的搭铁回路是否正常。其方法是将电压表的正表笔接电动机的搭铁端（或电动机壳体），负表笔接到电池负极，电压降应不超过 0.1 V，否则应修复电动机搭铁回路。以上检查均正常的情况下，则检修或更换刮水电动机。

3. 间歇刮水系统不正常

如果刮水系统只是在间歇挡位工作不正常，首先应检查间歇继电器的搭铁是否良好。如果搭铁正常，利用欧姆表检查继电器到刮水器开关之间的电路；如果连接线路也是良好的，则应更换间歇继电器。

4. 刮水器不能复位

造成刮水器不能复位的故障可能是复位开关的原因，也可能是刮水器开关内接触片变形所致。最常见的与复位开关有关的故障是当开关断开时，刮水器就停在当时所在位置。首先要拆下电动机端盖，接通刮水开关，观察复位开关的工作情况。当关闭刮水器开关时，复位置开关应能使其常闭触点闭合到位，否则应更换复位开关。电动机复位开关检查如图 7—1—9 所示。

如果刮水器开关内接触片弯曲变形或折断，同样能造成刮水器不能复位，应检修或更换刮水器开关。

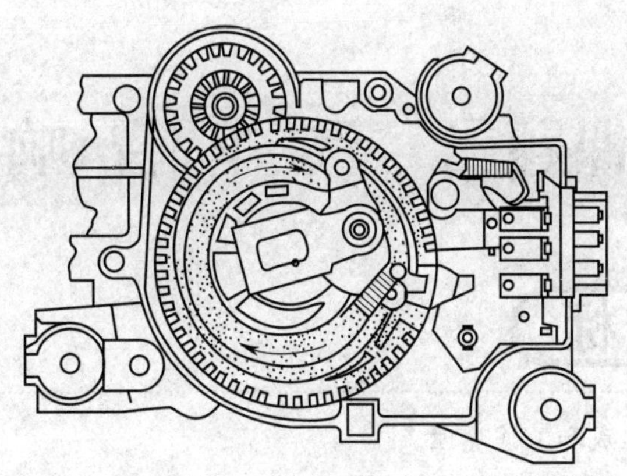

图 7—1—9 电动机复位开关检查

四、电动洗涤装置的检修

许多电动洗涤装置的故障都是因输液系统故障而引起的。因此，应首先拆下泵体上的水管然后使电动泵工作。如果电动泵能够喷出清洗液，则故障在输液系统；否则，按照下列步骤查找故障：

1. 目测储液罐内的液体存储量，检查熔断器和线路连接是否良好。

2. 打开洗涤器开关，同时观察电动机。如果洗涤泵工作但不喷液，检查泵内有无堵塞，排除泵体内的任何异物；如果没有堵塞，须更换洗涤泵。

3. 如果洗涤泵不运转，用电压表或试灯检查开关闭合时洗涤泵电动机上有无电压。若有电压，用欧姆表检查搭铁回路，若搭铁回路良好，须更换电动泵；如果电动机上没有电压，须沿线路向开关查找，检测开关工作是否正常。如果开关有电压输入，但没有输出，须更换开关。

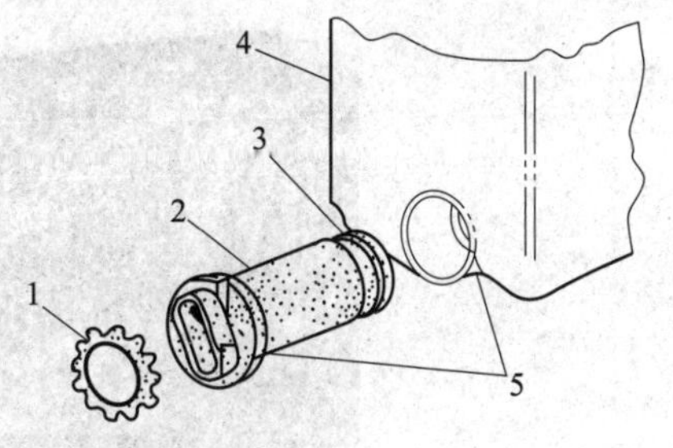

图 7—1—10 洗涤泵和电动机的更换

1—固定环 2—洗涤泵总成

3—涂干润滑油处 4—容器 5—对准

如需更换电动机，先拔下泵上的线束插接器和水管后，按如图 7—1—10 所示的洗涤泵和电动机的更换进行操作。

教学互动

电动刮水器出现动作缓慢故障时应如何检修？

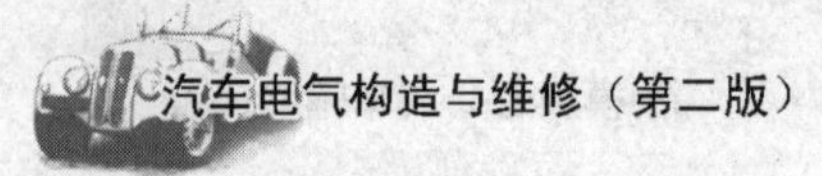

课题二　汽 车 音 响

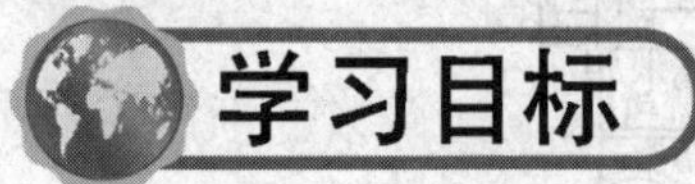

学习目标

◆ 了解汽车音响的组成和工作原理。

◆ 掌握汽车音响的检修程序和方法。

◆ 能够对汽车音响进行解码。

◆ 能够排除汽车音响常见故障。

想一想

一台汽车音响（见图 7—2—1）在使用过程中出现收音机信号很弱，有时甚至收不到信号，发生故障。在维修过程中拆下蓄电池电缆，可使具有防盗功能的汽车音响锁死。当汽车音响出现这种故障及其他故障时应如何将故障排除呢？

图 7—2—1　汽车音响

一、汽车音响的组成

汽车音响主要由扬声器、天线、收放机或 CD 唱盘机等组成，高级音响还有 MD 放音、DTA 数码音响、DPS（数码信号处理器）、电子分音器、电视接收系统、VCD 或 DVD 多媒体立体声影音系统等，如图 7—2—2 所示。

1. 收放机

收放机由机芯部分和电路部分组成。机芯部分是驱动磁带的机械构件部分。电路部分包含收音电路、放音电路、音量音调平衡电路及音频功率放大器等部分。

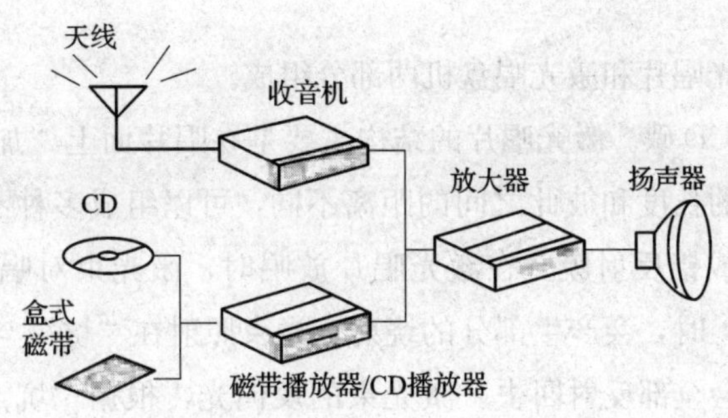

图 7—2—2　汽车音响的组成

2. 天线

天线用来接收广播电台的发射电波，通过高频电缆，向无线电调频装置传送。天线一般有车身上伸出金属棒的柱式天线（见图 7—2—3）和嵌在窗玻璃上的隐藏式天线两种。有些汽车的柱式天线采用电动天线，如图 7—2—4 所示；还有的做成一个外部造型，附着在车身某个部位，如图 7—2—5 所示。

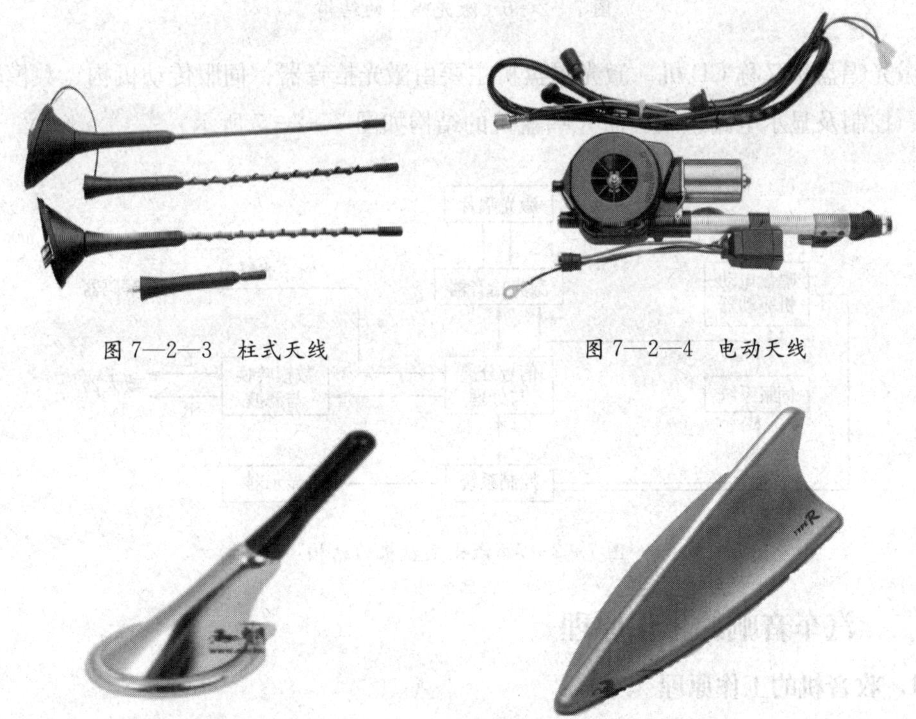

图 7—2—3　柱式天线　　图 7—2—4　电动天线

图 7—2—5　天线外部造型

电动天线又称自动天线，它是通过电动机控制天线升降的。电动天线由开关、电动机、继电器、减速器机构和天线等组成。

3. 激光唱机

激光唱机由激光唱片和激光唱盘机两部分组成。

激光唱片又称 CD 碟。激光唱片的结构主要是在唱片面上“加工”出无数的“岛”与“坑”，“坑点”的长度和彼此之间的距离不同，可以组成多种不同的信息，“坑点”的表面镀有金、银或铝反射膜。在激光唱片放唱时，激光束对唱片的表面进行扫描。光束照射在“坑”上时，会产生部分的绕射，光束照射在“坑”与“坑”之间的“岛”即点平面时，激光会全部反射回去。激光束的反向光，根据“坑点”之间的长度不同而得到强弱不同的光信号。激光唱片的结构如图 7—2—6 所示。

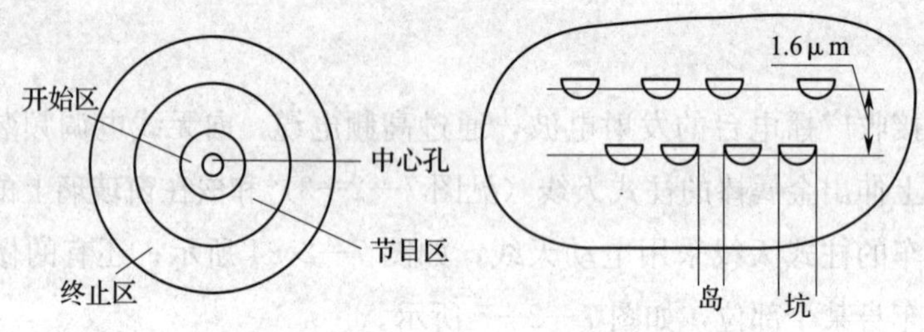

图 7—2—6　激光唱片的结构

激光唱盘机又称 CD 机。激光唱盘机主要由激光拾音器、伺服传动机构、数模转换系统、控制及显示电路组成。激光唱盘机的结构如图 7—2—7 所示。

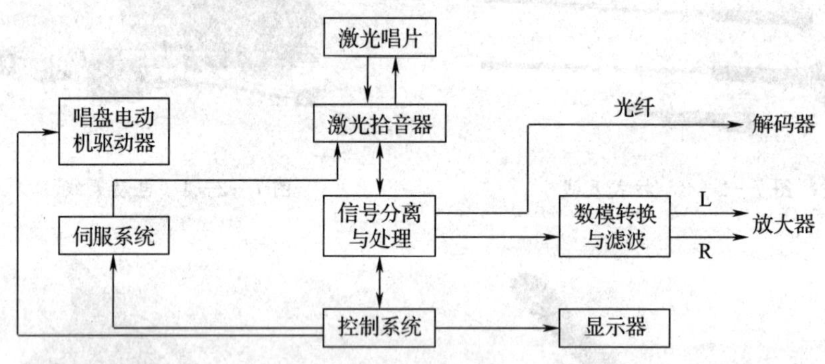

图 7—2—7　激光唱盘机的结构

二、汽车音响的工作原理

1. 收音机的工作原理

在无线电广播信号传播过程中，由于人们听到的音频信号是低频信号，能量很小，不能进行远距离传送。为此，必须通过将音频信号调制成高频电波才能远距离传递。调制是使载波信号某项参数（如幅度、频率或相位）随调制信号的变化而变化，从而将调制的信号“装载”到载波的过程。即把被传送的低频信号“装载”到高频信号上，再由发射天线发送。通常把被传送的低频信号叫调制信号，把运载低频信号的高频信号叫载波。通常的两种调制方式分别是调幅和调频。

调幅是指使载波的幅度随调制信号幅度变化而变化（频率不变），从而将调制信号（音频信号）“装载”到载波信号的过程。

收音机收音过程是要获得原来调制声音（音频）信号，因此必须通过解调（将高频载波滤去，因为人的耳朵听不到高频音），才能把低频的调制信号从经过调幅或调频的高频信号中分离出来。调幅波的解调过程称为检波；调频波的解调过程称为鉴频。

典型的汽车收放机电路原理框图如图 7—2—8 所示。

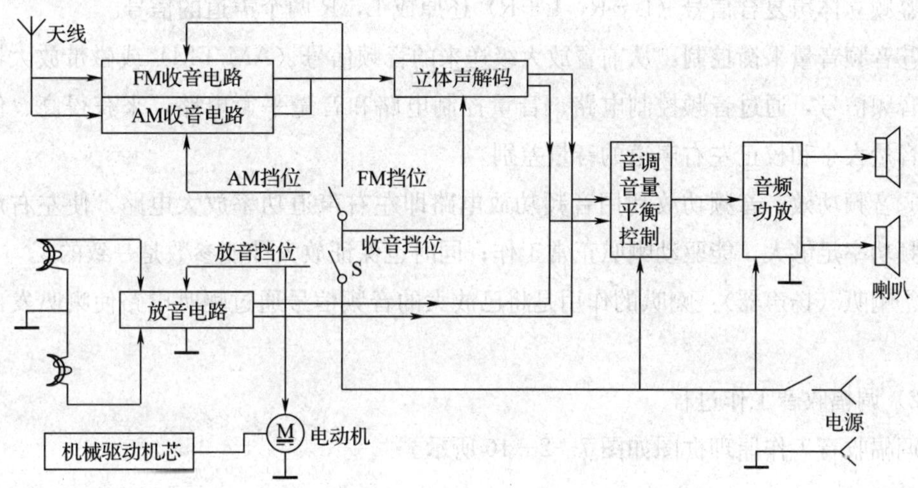

图 7—2—8　汽车收放机电路原理框图

(1）收音过程

1）调频收音工作过程

①调谐器变频：调谐器变频工作过程如图 7—2—9 所示。

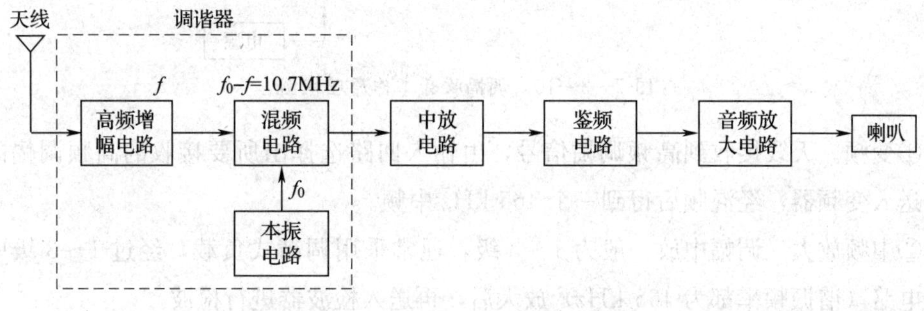

图 7—2—9　调谐器变频工作过程

高频增幅：把天线所获得的电波在调谐器中进行增幅，与此同时去除干扰波。

变频：从众多的无线电波中选择符合要求的发射波，从发射波（被称为运载波的高频部分）中将调制信号（可听频率）分离取出，送到中频信号上，FM 调谐器工作过程是变频的过程，最后得到固定的中频调频信号（其频率为 10.7 MHz)。

②中频放大：利用中频放大电路对中频信号进行适当的放大，目的是提高接收灵敏度。

③鉴频：经过中频处理的 FM 变频波，在检波电路中去除运载波，以析出立体声导向信号（19 kHz）和立体声左右方向信号（L，R）的合成信号（L－R，L＋R)，并将这些信号送至立体声解调电路。

④立体声解调：立体声解调器又称立体声解码器。其作用是把由中频放大部分送来的鉴频立体声复合信号（L－R，L＋R）还原成 L，R 两个声道的信号。

⑤音频音量平衡控制：从前置放大级送来的音频信号（AM/FM）或磁带放大器输出的音频信号，通过音频控制电路、音量控制电路和音量平衡电路，来获得高、低音调，音量大小和校正左右声道的音量差别。

⑥音频功效：音频功放利用音频功放电路即左右声道功率放大电路，使左右声道的音频功率足够大，能驱动喇叭正常工作；同时也保证放大性能参数是一致的。

⑦喇叭（扬声器)：喇叭的作用是将已放大的音频信号通过喇叭电路使喇叭发出声音。

2）调幅收音工作过程

调幅收音工作原理框图如图 7—2—10 所示。

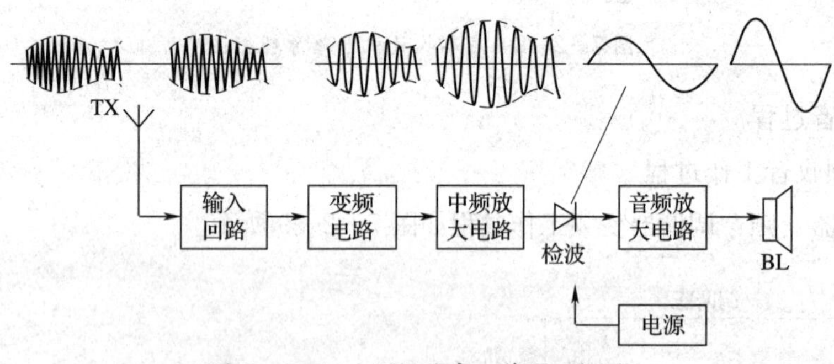

图 7—2—10　调幅收音工作原理框图

①变频。天线接收到高频调幅信号，由输入回路选择出所要接收的高频调幅的信号，送入变频器，经混频后得到一个 465 kHz 中频。

②中频放大。调幅中放一般为 1～3 级，通常采用调谐式负载，经过 1～3 级中频放大电路（谐振频率都为 465 kHz）放大后，再送入检波器进行检波。

③检波。经过末级中放调幅后，通常用二极管进行半波检波。再经过电阻、电容等组成的滤波电路后得到一条平滑的音频包络线。检波后得到的音频送入立体声解调

电路，再经过音调音量平衡控制，进入功放电路，由喇叭放音。

（2）放音机工作原理

放音机机械部件有磁头和磁带。磁头是一个制造精密的电磁铁，它由铁芯、线圈和屏蔽外罩组成。磁带主要由带基及磁性层构成。带基通常由聚酯等塑料薄膜制成；磁性层由磁粉、黏合剂和添加剂构成，磁带具有高的矫顽磁力和剩磁。

1）录音过程。其工作原理如图 7—2—11 所示，需要录下的声音通过话筒转换为音频电信号，经过以磁头线圈为负载的录音放大器的放大，使录音磁头的铁芯产生随音频信号变化的磁场。当磁带恒速通过磁头时，由于工作缝隙的磁阻很大，而磁带阻很小，于是缝隙间的磁通穿越磁带这个“捷径”与磁头构成回路。磁带在进行中被逐段磁化，留下随音频信号变化的剩磁，于是便完成了“电—磁”转换过程。

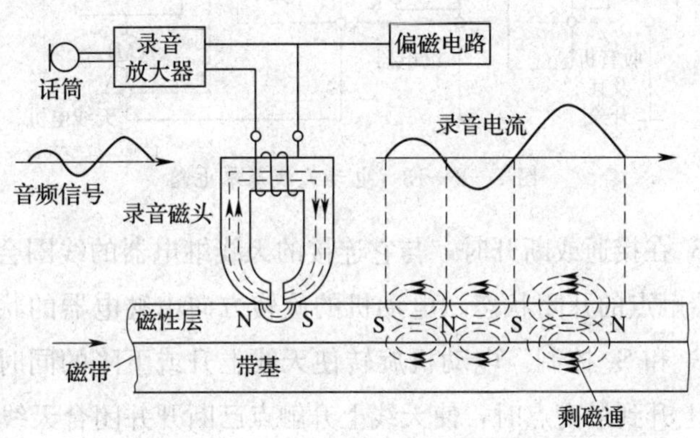

图 7—2—11　录音过程的工作原理

2）放音过程。其工作原理如图 7—2—12 所示，放音时，录有音频剩磁信号的磁带，以录音时的磁通通过磁头时，磁带上的音频剩磁通以高导磁率的磁头芯以闭合通路，使磁头线圈感应出与声频剩磁通变化规律相同的电动势，这个微弱的电动势送给放音放大器，放大到足够的幅度去推动扬声器放音。

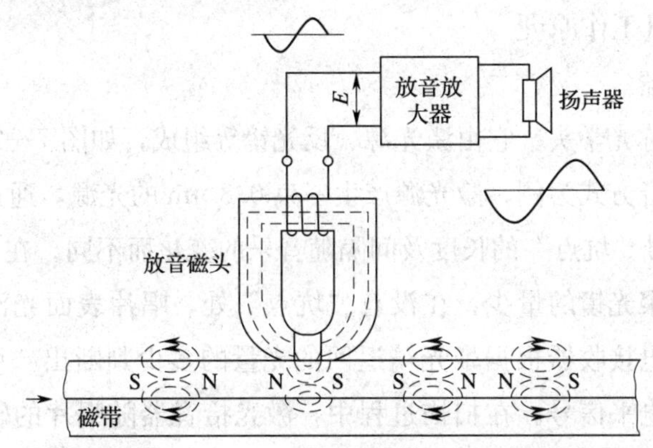

图 7—2—12　放音过程的工作原理

2. 电动天线的工作原理

天线的升降是通过改变电动机的旋转方向实现的。

有些汽车的电动天线用单独的天线开关进行控制，多数则是由收音机开关联动控制，在收音机打开的同时接通电动天线控制电路，电动机转动使天线升起；在关闭收音机时天线又同时下降。电动天线基本电路如图 7—2—13 所示。

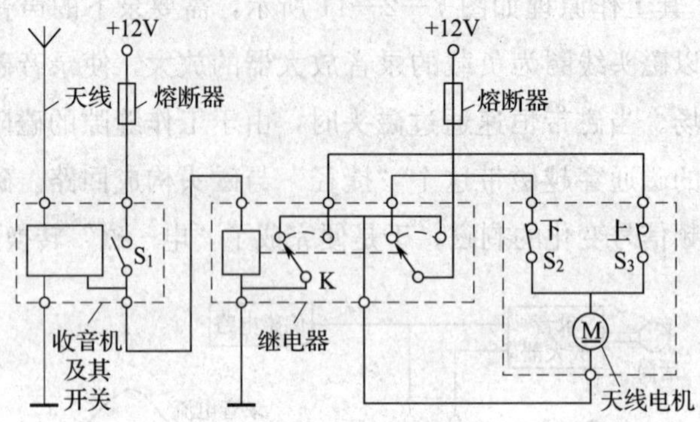

图 7—2—13　电动天线基本电路

收音机开关 S_1 在接通或断开时，与它连接的天线继电器的线圈会同时接通或断开电源，改变继电器触点的开闭状态。电动机的旋转方向由继电器的状态和电动机本身的一对互锁触点 S_2 和 S_3 控制。电动机旋转使天线上升或下降的同时，控制互锁触点 S_2 和 S_3。当天线上升到最高点时，使天线上升触点已断开并闭合天线下降触点 S_2，电动机停止转动；在天线下降到最低点时，自动天线断开天线下降触点 S_2，同时闭合天线上升触点 S_3。

当收音机关掉时，天线继电器断电，反向接通电动机电路，电动机反转，使天线缩回，当天线降到最低点位置时，天线降低触点 S_2 断开，上升触点 S_3 闭合，电动机停止转动。

3. 激光唱盘机工作原理

（1）激光拾音器

激光拾音器又称光学头。它由激光源、反光镜等组成，如图 7—2—14 所示。

以单激光束拾音方式为例，激光源产生一束 0.8 μm 的光源，通过偏棱镜和聚光镜射在 CD 唱片的信号“坑点”的长度及间隔随音乐的变化而不同。在“坑点”处，由于反射光干涉，返回聚光镜的量少，在没有“坑点”处，唱片表面光滑如镜，反射光全部返回聚光镜。光电接收器根据聚光镜返回的光量的多少判断出“坑点”的有无，并以数字 0 或 1 输出电平信号。在扫描过程中，激光拾音器随唱片的转动由内向外拾取信号。

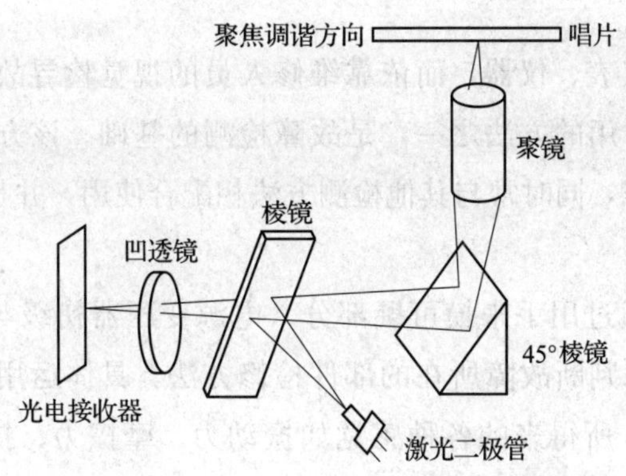

图 7—2—14　激光拾音器的组成

（2）信号分离与处理电路

激光拾音器输出的电信号送入信号分离与处理电路。该电路的数据分离器能正确识别左、右声道信号及各种信号代码，分离后的信号送至信号处理器。信号处理器将含有音频信号的数字信号进行解码，使其变成标准的脉冲编码，送至数/模转换电路。同时信号处理器还将同步信号、纠错信号、电动机测速信号检出，将有关的控制信号送至控制系统。

（3）伺服系统

伺服系统采用聚焦伺服电路和循迹伺服电路，处理 CD 唱片转动的误差及唱片误差。

（4）数模转换电路

数模转换电路又称 D/A 转换器，在激光唱机中也称 DAC，用于将激光拾音器送来的数字信号转换成音频模拟信号。

（5）控制系统和显示器

控制系统对激光拾音器等传送的数字信号进行分析，获得各种控制依据，并对电动机、伺服系统和显示器实施控制。

三、汽车音响检修程序及方法

1. 检修程序

为了能够有效地排除故障，在具体检修时按以下程序进行：

用户调查→熟悉电路结构→外观检查→确定故障区域→找出故障件→修复或更换故障件→还原调试

2. 常用的检修方法

由于汽车音响系统的故障是多种多样的，同一元件的损坏程度不同，其故障现象也将不同，所以维修人员必须针对不同故障现象进行分析和判断，采取恰当的检修方法，才能做到快速准确排除故障。以下是几种有效的汽车音响系统检修方法：

（1）观察法

观察法就是不用仪表、仪器，而依靠维修人员的视觉检寻故障的方法。这种方法是汽车音响检查中最常用的方法之一，是故障检测的基础。该方法尤其适用于检修汽车音响中的机械类故障，同时常与其他检测方法相配合使用，并贯穿于修理的全过程。

（2）手感探测法

手感探测法就是通过用手来摸可疑部分（电源变压器初级与供电网连接端除外）的元器件时的感觉，来判断故障所在的部件检修方法。具体运用过程中，就是用手触摸可疑的部件或元件，所得来的各种感觉如振动力、摩擦力、拉力的大小和温度感，即可用来判断故障。这种方法的主要特点是简单、方便、实用和针对性强，但运用时，应和其他方法相配合，才能做到准确无误，同时要注意安全，防止发生烫手、轧伤和触电事故。

（3）听声检查法

汽车音响在修理前后要经过试听，通过试听不仅可以客观地感受汽车音响的音响效果，而且可准确地判断故障性质、类型，无论是机械类故障还是电路类故障，均可通过听声判断出具体的故障原因及故障部位。

所谓听声检查法，就是通过人的听觉感官，感受汽车音响放音效果，判断故障之所在的检修方法。具体运用时，主要是根据声音的强弱、失真、噪声的有无来判断故障。在汽车音响检修中，几乎所有故障均可用此法来检查。

（4）万用表检测法

音响系统出现故障（尤其是电路系统的故障）之后，有关部位的工作状态必然出现反常现象，并且总是以电阻、电压及电流的变化反映出来。而这些变化量，通过万用表就能很方便地测量出来。万用表检测法通常采用电阻、电压及电流等检测项目，对待修机中怀疑有故障的部位及元器件进行逐一检测。

（5）替代法

替代检测法就是用一个好的或一部分好的电路替换怀疑存在故障的元件或电路的检修方法。在汽车音响各级放大电路的检修中，常会遇到一些用常规仪表难以检测的故障件，因而不能对它们的好坏进行判断，如 0.01 μF 以下的电容器失效（容量减小或开路等），此时，可用相同型号（或类似的）好元器件替换被怀疑的元件，这样就能迅速地找出故障元件，恢复机器的正常工作状态。该方法比较适用于小容量电容器内部开路、变质、电阻时断时通、晶体管性能不良等故障。

（6）信号注入法

一台汽车音响，在经过以上各个步骤检查以后，如果还没有找出故障，则可用信号注入法，来逐级进行检查。所谓信号注入法就是用信号发生器（高频和低频）的信号或干扰信号注入待修机各级放大电路的输入端的检修方法。

四、音响防盗

1. 音响防盗的功能

生产汽车音响的各个厂家为了占领市场销售份额，不断推出各种具有先进性能和独特功能的产品吸引用户。目前应用在汽车音响上面的先进技术性能和功能有很多，其中很重要的一项就是独特的音响防盗系统。密码锁在断电时，将会自动锁死，因此使得音响具备防盗功能。在关机和拔出点火钥匙的情况下，如果控制面板上的二极管不停地闪烁，表示音响防盗功能在起作用。轿车在使用和维修过程中，如果发生拆下蓄电池电缆、蓄电池严重亏电、音响熔断器烧断或拔下音响熔断器、音响线路断路、拔下音响电源插头等情况，具有防盗功能的音响就会锁止。要想再使用音响就必须按照正确步骤输入正确密码后，音响系统才能正常工作。如果多次输入错误密码，将会导致音响被永久锁止。所以一旦音响被锁，首先要找到音响密码，然后按正确的方法输入密码。用户在购新车时，要注意夹在音响使用手册中的密码卡。有些车型的密码还可以在以下几个地方找到：收音机壳上；点烟器盒背面；文件箱内或背面；驾驶员车门上。

2. 音响防盗的原理

一般音响多采用防盗拆装面板和设置密码方式。德国“蓝宝”使用计算机记忆保安卡片 KEYCARD，可以操纵收音机开关和记录所有预选的 FM（调频）电台等。该卡片设计纤巧，易于携带及收藏。

目前（除老款本田 1108 型等少数音响外）音响防盗几乎都是串联在电路上的。音响密码存储的地址有三处，不同的车型存储的地址也不同（注意：这里所说的地址并不是计算机里所说的地址码，而应理解为密码是存在哪一种计算机中）。第一类是存在 E2PROM 里，第二类是存在单片机里，第三类为复合存储。采用第一类存储方式的车型目前占 80％以上，而且还将不断提高，该存储方式的特点是保密性强。采用该存储方式的车型有奔驰、日产、三菱、大众、美国车系等。第二类单片机存储是丰田车系和奥迪车系所采用的存储类型。采用第三类复合存储方式的车型有英国捷豹和路虎及本特利车系、部分宝马及部分本田车系。由于存储的地址不同，所以解码方式也不同。第二类主要是丰田车系，解这类机型所用的方法是厂方提供的 6 位公用密码，也有少部分是 5 位。其公用密码很多，由于密码越多保密性越差，不需专用工具，因此近年生产的丰田车型公用密码少了很多。第三类复合存储，主要是用固定方法来查找其密码，保密性最差，个别车型甚至可以不用密码，就能把机器打开，又不破坏防盗电路，2000 年后生产的车型都不再使用这类存储方式。

五、汽车音响常见故障的排除

在使用汽车音响时，由于汽车的特殊环境或使用不当，易使音响系统发生故障和损坏。下面列出一些经常遇到的问题和故障及相应的排除方法：

1. 收音机常见故障的排除

（1）收音信号很弱，甚至收不到信号（如“想一想”中所述）。首先检查天线是否拔出或伸展，接头是否插接牢固，天线内部是否短路或开路；如果信号较弱，但可以收听，可使用手动选台或接收所需电台，或打开远程接收（DX）方式，然后再次自动选台即可。

（2）如果接收台少，频率显示只有双数或只有单数时，请检查制式是否选择正确。

（3）如果选定的广播电台、点火开关置于“OFF”时，存储内容消失，请检查电源线（BATT 线）是否有电（应长期有电）。

2. 激光唱盘机部分常见故障的排除

（1）不能成为唱片控制程序。主要原因是装置的换片和输入未连接好（即主机与CD 盒未连接好），或装 CD 片的盒未插到位。

（2）对于多碟 CD 机不能播放指定的唱片，而播放其他唱片，可能原因是：

1）指定唱片发生异常，应清理唱片。清理唱片时不要顺着 CD 轨迹转着擦，应从里向外，与轨迹垂直方向擦，这样不至于损坏信号轨迹。

2）唱片放入方向有误（是否装反了），正确放入即可。

3）唱片有较大损伤，应清除。

（3）激光唱机跳音

1）唱片自动换片机接触异物，如行李舱、体积大的物品等。

2）唱片有损伤或沾染污物等。如停车后仍在同一部位出现跑音现象，则属原唱片的问题，应清理唱片。

（4）换片机显示处于播放状态但无声音。此时微处理机尚未正常运转，按复位按钮，使其运转正常。

（5）解决不能播放指定曲目的方法是解除“随机播放/换片随机播放”模式。

（6）如果发生打盘故障，请立即关机，并清除此盘，不可再用，以免损坏磁头。

3. 电动天线常见故障的排除

对于常见的采用集成电路控制的电动天线，常见的故障原因多为集成电路或者驱动继电器损坏，对于后面一种情况应该重点检查线圈的导通性以及触点的接触状况。

通常对于电动天线的诊断步骤是：首先检查熔断器是否正常、插接件是否存在松动、脱落等现象；然后检查电动机和传动装置的状况。

六、解码

各个车型的解码方法不同，现以帕萨特轿车为例进行具体讲解。

1. PASSAT（帕萨特）B4 音响防盗解码

（1）密码功能启动

1）音响开机后显示：FM1 90.5 MHz 同时按下“MODEL”及“SCAN”键，首先显示“AM1 11070 kHz”，4 s 后又显示“A 1 000 ”。

2）节目预选键 1、2、3、4、5、6 中的 1、2、3、4 为密码输入键。4 代表个位，3 代表十位，2 代表百位，1 代表千位。若想设定密码为“876”，则按 1 键一次，千位空白显示，按 2 键八次，百位显示 8，按 3 键七次，十位显示 7，按 4 键六次，个位显示 6。

密码输入完毕，再次同时按下“MODEL”及“SCAN”键，若密码功能已启动，则会显示一个电台频率。此后若关闭点火开关，则音响左上角红色发光管会以 1 Hz 的频率闪烁。

注意：由于设计的原因，千位的数字只能是 1 或 0 ；若同时按下“MODEL”及“SCAN”键时间太长或重复按下，音响会将 1 000 误认为防盗密码输入，从而损失一次输入机会；由于断开蓄电池电缆，音响熔断器烧坏或拆卸音响之后，已启动密码功能的机头会自动锁住。同时，液晶显示屏上会显示“SAFE”，这时在已知密码的情况下，可通过以下输入方法解除防盗。

（2）密码输入

1）开机，音响显示 SAFE，同时 ANTI－THEFT 发光管会以 1 Hz 的频率闪烁。

2）按照前述“密码功能启动”的步骤 1）、2）进行相同操作，即可解开密码。

【注意】

若输入的密码不正确，字母“SAFE”闪烁 5 次后显示“SAFE”，可用相同方法重新操作解码，若还是没有输对，则须等待 1 h 以后再输。若在不知道密码的情况下，可将主 CPU IC651 上方的 E2PROM IC671 即 93C46 拆下，在专用的音响解码器上或计算机编程器上拆下芯片，读出密码及状态。将芯片装回。输入已读出的密码或将密码改写成 CD. AB，即可无密码开机。此解码方法同样适用帕萨特 CQ－LA1410 及 Audi 长面板音响、CQ－LP2610 奔驰音响等。

2. PASSAT（帕萨特）B5 音响防盗解码

上海大众生产的新款 B5 的音响分 Y 型和 β 型两种，但其音响防盗原理是一样的，解码的程序也是一样的。

（1）便捷型收音机密码系统

在此以前，每次卸下收音机或拆除蓄电池接线后均需人工取消防盗密码。有了此新的便捷型收音机密码系统后，情况发生了变化，首次将编码数字输入收音机后，它还同时储存在车辆中。

车辆供电中断后，汽车收音机会自动将“它的”密码数字和储存在车辆中的密码加以比较。如密码相符，则在短短几秒后，收音机便可工作，不再需要人工取消电子锁定。

（2）取消电子锁定

当收音机断电后，防盗密码系统将收音机电子锁定，开机后则显示“SAFE”字样，解码程序如下：

1）开机显示屏显示“SAFE”字样。

2）3 s 后显示屏上显示“1 000”。

3）使用存台键将贴在“收音机资料卡”上密码的输入，点击键 1 输入第一位，点击键 2 输入第二位，以此类推。

4）其后按搜索键可按手动调谐键，按 2 s 以上松开。

5）如果输入的密码正确，则其后很快便会自动显示频率，此时的收音机便可工作。

教学互动

在什么情况下具有防盗功能的音响会被锁止？

知识拓展

360°全景倒车系统

360°全景倒车系统（见图 7—2—15）是一套通过车载显示屏幕观看汽车四周 360°全景融合、超宽视角、无缝拼接的适时图像信息（鸟瞰图像），了解车辆周边视线盲区，帮助汽车驾驶员更直观、更安全地停泊车辆的泊车辅助系统，又叫全景泊车影像系统或全景停车影像系统（有别于目前市面上把汽车四周画面在显示屏幕上进行分割显示的“全景”系统）。

图 7—2—15　360°全景倒车系统

360°全景倒车影像可更加直观和安全、可靠地辅助倒车，给广大车友带来极大的方便，因此必然成为泊车系统的新趋势。目前，仅宝马 X6、英菲尼迪 EX35 等极少数豪华车型引入了该系统。360°全景倒车影像在汽车周围安装能覆盖车辆周边所有视场范围的 4 个广角摄像头，对同一时刻采集到的多路视频影像处理成一幅车辆周边 360°的车身俯视图，最后在中控台的屏幕上显示（有别于分割图像），可彻底消灭车辆周围的视觉盲点，它能让驾驶员实时在车内监控车外前、后、左、右视频画面的情况，避免意外事件发生。同时配备的前后超声波倒车雷达辅助倒车，更是驾驶员的第三只眼睛，让驾驶员清楚查看车辆周边是否存在障碍物并准确了解障碍物的相对方位与距离，避免了倒车时因驾驶员看不到车后和左右两边的情况而发生刮碰与车祸，并可以通过画面的指示调整揉库、倒库的角度，帮助驾驶员安全轻松停泊车辆。360°全景倒车系统比同样是刚兴起的自动泊车系统来说，更加实用，是目前市场上最好的泊车利器。

思考与练习

1. 简述电动洗涤装置的检修步骤。
2. 出现刮水器动作缓慢故障时应如何检修？
3. 简述将桑塔纳轿车刮水器开关拨到点动挡时，刮水器的工作原理。
4. 简述汽车音响的检修程序。

模块八

汽车空调

课题一　汽车空调系统概述

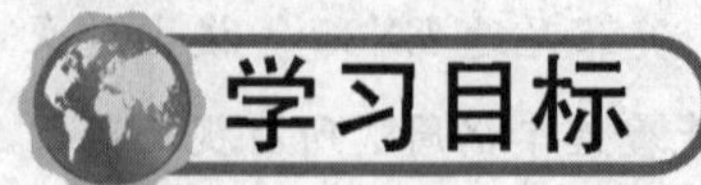

◆ 了解汽车空调系统的作用、组成及分类。

◆ 掌握汽车空调制冷系统主要部件的作用、结构及工作原理。

炎炎酷暑，驾驶员通过空调控制面板开启空调，为乘车者带来凉意的同时，也大大提升了乘车的舒适性。请大家想一想，令人凉爽的轻风从何而来？如图 8—1—1 所示的空调控制面板上的旋钮、符号有着怎样的含义？另外，在频繁使用空调的过程中，难免会出现问题，如汽车动力很足，空调却没劲；制冷效果不佳，加换冷媒后仍不能解决问题等。要如何解决这些问题呢？

图 8—1—1　汽车空调的舒适性及空调控制面板

一、汽车空调的作用、组成及分类

1. 汽车空调的作用

空调是汽车现代化的标志之一，是空气调节（air conditioning，A/C）的简称。现代汽车空调的基本功能是在任何气候和行驶条件下，都能改善驾驶人的工作条件和提高乘员的舒适性。而舒适性是由车内的温度、湿度、空气流速、含氧量、有害气体含量、噪声、压力、气味、灰尘、细菌等参数指标决定的。

现代汽车空调就是将车内空间的环境调整到最适宜人体的状态，创造良好的劳动条件和工作环境，以提高驾驶人的劳动生产率和确保行车安全。

2. 汽车空调的组成

现代汽车全功能空调是由制冷系统、采暖系统、通风系统、空气净化装置及控制系统等部分组成的。

(1) 制冷系统

制冷系统用于对车内空气或车外进入的新鲜空气进行降温、除湿，使车内凉爽舒适。汽车空调制冷系统由压缩机、冷凝器、储液干燥器、膨胀阀、蒸发器、冷凝风扇、制冷管道、制冷剂等组成，如图 8—1—2 所示。

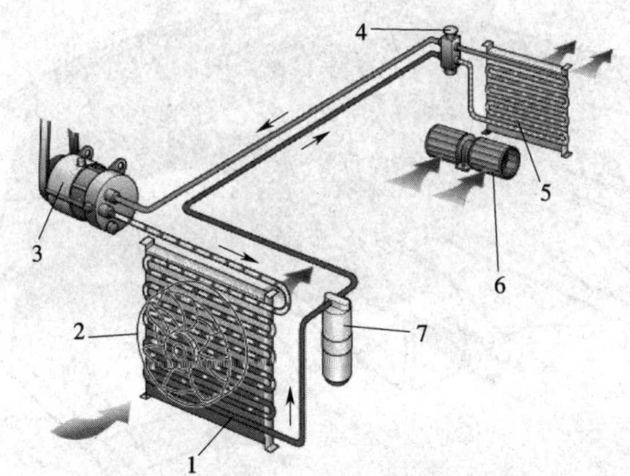

图 8—1—2　汽车空调制冷系统的组成

1—冷凝器　2—冷凝风扇　3—电磁离合器及压缩机　4—膨胀阀
5—蒸发器　6—鼓风机　7—储液干燥器

本模块主要讲解空调制冷系统的结构、组成及工作原理。

(2) 采暖系统

采暖系统用于对车内空气或车外进入的新鲜空气进行加热、除湿，使车内温暖舒适。汽车空调采暖系统由加热器、水阀、水管、发动机冷却液等组成，如图 8—1—3 所示。

(3) 通风系统

通风系统用于将车外的新鲜空气引入车内，达到通风、换气的目的。同时，通风对防止风窗玻璃起雾也起着良好的作用。通风系统包括进气模式风门、鼓风机、混合器模式风门、气流模式风门、导风管等。通风装置风门的布置如图 8—1—4 所示。

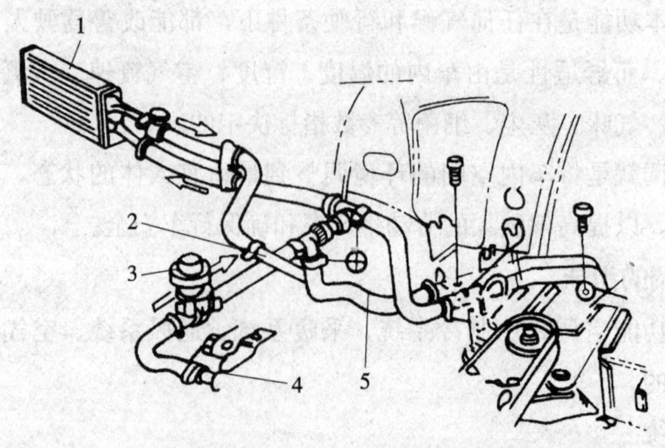

图 8—1—3　汽车空调采暖系统的组成

1—加热器　2—发动机进水阀　3—水阀　4—发动机出水管　5—预热管

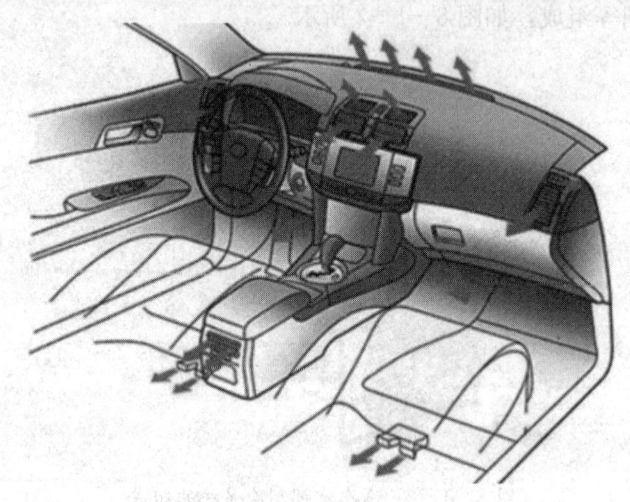

图 8—1—4　通风装置风门的布置

（4）空气净化装置

空气净化装置用于去除车内空气的尘埃、异味，使车内空气变得清洁。空气净化装置由车内、外空气交换和车内空气循环两部分组成。

（5）控制系统

控制系统对制冷、取暖和空气配送系统的温度、压力进行控制，同时对车内的温度、风量、流向进行调节，并配有故障诊断和网络通信的功能，完善了控制系统的自动程度。控制系统包括点火开关、A/C 开关、电磁离合器、鼓风机开关、各种温度传感器、温度控制器、送风模式控制装置、各种继电器等。

3．汽车空调的分类

（1）按空调的功能分类

汽车空调按其功能不同分可分为单一功能空调和组合式空调两种。

1）单一功能空调。是指冷风、暖风各自独立，自成系统，一般用于大、中型客车上。

2）组合式空调。是指冷、暖风合用一个鼓风机、一套操纵机构。这种空调又分为冷、暖风分别工作和同时工作两种方式，多用于轿车上。

（2）按驱动方式分类

汽车空调系统按驱动方式可分为非独立式汽车空调系统和独立式汽车空调系统。

1）非独立式汽车空调系统。这种空调的制冷压缩机由汽车本身的发动机驱动，汽车空调系统的制冷性能受汽车发动机工况的影响较大，工作稳定性较差，尤其是低速时制冷量不足，而在高速时制冷量过剩，并且消耗功率较大，影响发动机动力性。这种类型的汽车空调系统多用于制冷量相对较小的乘用车上。

2）独立式汽车空调系统。这种空调的制冷压缩机由专用的空调发动机（也称副发动机）驱动，因此汽车空调系统的制冷性能不受汽车主发动机工况的影响，工作稳定、制冷量大，但由于加装了一台发动机，不仅成本增加，而且体积和质量也增加。这种类型的汽车空调系统多用于商用车上。

（3）按控制方式分类

汽车空调按控制方式可分为手动、半自动和全自动（智能）三种。

1）手动空调系统。这类系统不具备自动调节车内温度和空气配送功能，制冷、采暖和风量的调节需要使用者按照需要调节，控制电路简单，通常使用在普及型轿车和中、大型货车上。

2）半自动空调系统。这类系统虽然具备车内温度和空气配送调节功能，但制冷、采暖和送风量部分功能仍需要使用者调节，配有电子控制和保护电路，通常使用在普及型或者部分中档轿车上。

3）全自动（智能）空调系统。这类系统具有自动调节和控制车内温度、风量以及空气配送方式的功能，保护系统完善，并具有故障诊断和网络通信功能，工作稳定可靠，目前广泛应用在中、高档轿车和大型豪华客车上。

二、汽车空调制冷系统的组成及工作原理

1. 汽车空调制冷系统的组成

汽车空调制冷系统主要由制冷剂、压缩机、冷凝器、储液干燥器、膨胀阀、蒸发器、导管与软管、压力开关等组成。汽车空调制冷系统各主要部件的名称、功用及图示见表8—1—1。

表 8—1—1　　汽车空调制冷系统主要部件的名称、功用及图示

元件名称	功　用	图　示
压缩机	压缩制冷剂，使制冷剂在系统中循环	
冷凝器	对从压缩机排出的气态制冷剂散热降温，使其变成液体制冷剂	
储液干燥器	储存制冷剂、干燥水分、过滤杂质	
膨胀阀	节流降压	
蒸发器	使制冷剂膨胀，并吸收空气中的热量	

续表

元件名称	功 用	图 示
导管与软管	制冷剂循环通道	
压力开关	在制冷剂系统压力过高、过低时，使制冷系统停止工作	

2. 汽车空调制冷系统的工作原理

空调压缩机把低温气态制冷剂（冷媒）压缩成高温高压气态后通过高压空调管路进入冷凝器，由于车外温度低于进入冷凝器的制冷剂温度，借助于冷凝风扇的作用，在冷凝器中的制冷剂的大量热量被车外空气带走，从而高温、高压气体被冷凝成中温、高压的液体。这种中温、高压液体流过膨胀阀时，由于节流作用，体积突然变大而降压，变成低温、低压的雾状物（液体）进入蒸发器汽化。由于制冷剂在管内汽化时的温度低于蒸发器管外的车内循环风，故它能自动吸收管外空气中热量，从而使流经蒸发器的空气温度降低，产生了制冷降温的效果，汽化了的制冷剂被压缩机抽吸压缩，变成高温、高压的气体，又通过高压软管送向冷凝器，这样就完成了一个制冷系统的热力循环。

教学互动

1. 打开实训车辆的发动机舱盖，找出汽车空调系统的各组成部分，并能复述各部分的作用。

2. 查阅汽车说明书，了解空调控制面板上各旋钮的作用。打开空调，逐一开启旋钮，观察不同状态下空调各系统的工作情况。

三、汽车空调系统主要部件的结构及工作原理

1. 空调压缩机

(1) 空调压缩机的作用

汽车空调压缩机是汽车制冷系统的主要部件之一，是推动制冷剂在制冷系统中不断循环的动力源。压缩机的吸气侧抽吸来自蒸发器的制冷剂蒸气，压缩使其温度和压力升高，并将制冷剂蒸气送往冷凝器。

汽车空调压缩机及电磁离合器外形如图 8—1—5 所示。

(2) 常见汽车空调压缩机的结构及工作原理

汽车空调压缩机一般都是开式容积式结构，除部分由辅助发动机直接带动外，大多靠电磁离合器由发动机通过传动带带动。电磁离合器外形如图 8—1—5 所示。中、大型商用车空调压缩机一般都是传统的曲轴连杆机构式，又称立式；中、小型汽车空调压缩机以摇摆斜盘式和回转斜盘式为主要形式。

1) 摇摆斜盘式压缩机。摇摆斜盘式压缩机（见图 8—1—6）是往复式单向活塞结构，又称单向斜盘式或摇板式，摇摆斜盘式压缩机是将五个（或七个）气缸均匀分布在压缩机缸体内。当主轴旋转时，摇板做轴向往复摇摆，带动压缩机活塞做轴向往复运动，从而完成制冷剂的吸入、压缩和排出过程，如图 8—1—7 所示。

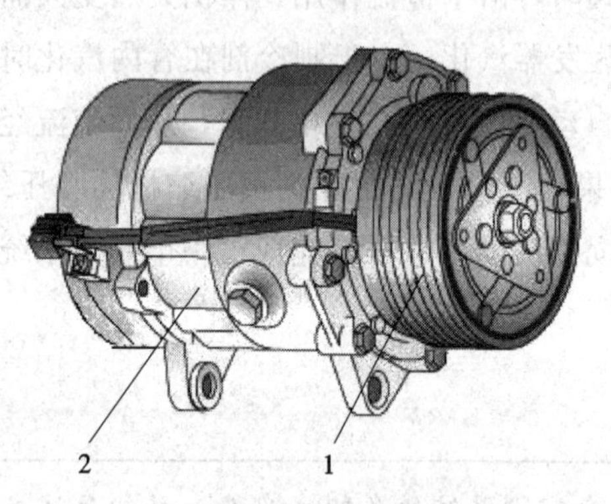

图 8—1—5 汽车空调压缩机及电磁离合器外形

1—电磁离合器 2—压缩机

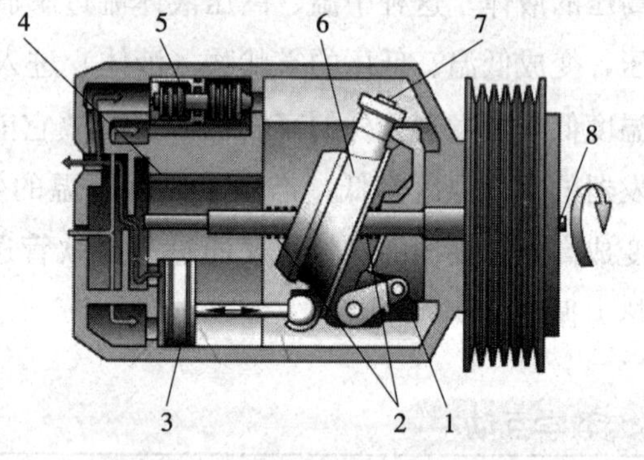

图 8—1—6 摇摆斜盘式压缩机

1—驱动毂 2—弹簧 3—活塞 4—定径节流管 5—调节阀 6—斜盘 7—输入轴

2) 回转斜盘式压缩机。回转斜盘式压缩机是往复式双向活塞，又称双向斜盘式。回转斜盘式压缩机和摇摆斜盘式压缩机属同一类型。回转斜盘式压缩机的工作原理是把装在主轴上的斜盘的回转运动变为双向活塞沿轴向的往复运动。活塞的两边都是气缸，因而一个活塞起到双缸的作用。

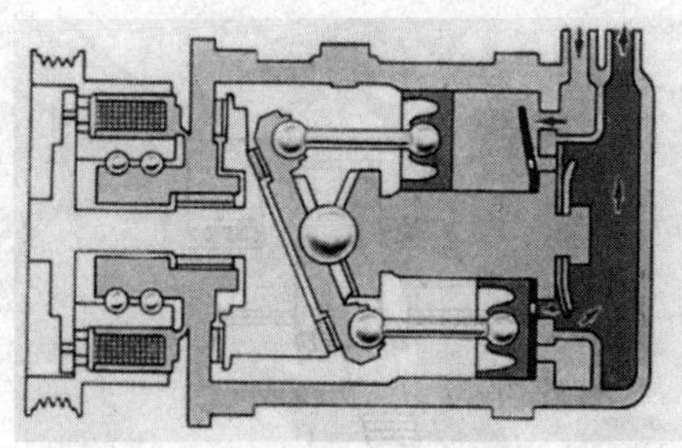
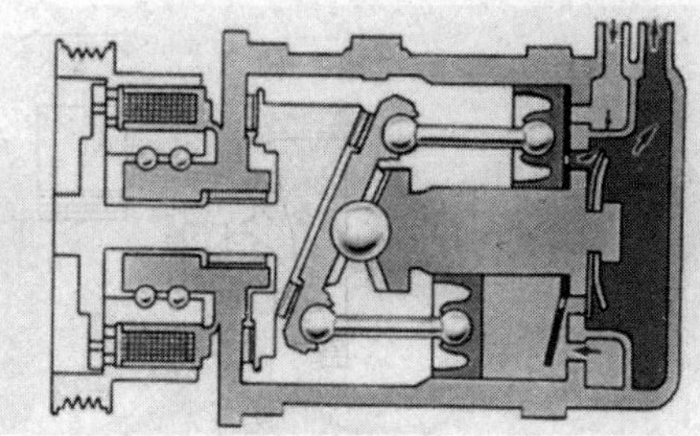

图 8—1—7　摇摆斜盘式压缩机的工作过程

回转斜盘式压缩机工作过程如图 8—1—8 所示：处于图 8—1—8a 位置时，活塞向右移动至极限位置，前缸内压力降低，低压腔内的制冷剂从吸气口被吸入到前缸；当斜盘转至图 8—1—8b 位置时，活塞向左移动，前缸内压力升高，缸内气体被压缩；当斜盘转至图 8—1—8c 位置时，制冷剂被压缩成高温高压的气体从排气口排出，至此，完成一个压缩循环。由于此活塞为双向活塞，因此右端活塞（图 8—1—8 中“后缸”）的工作原理与左端相同。

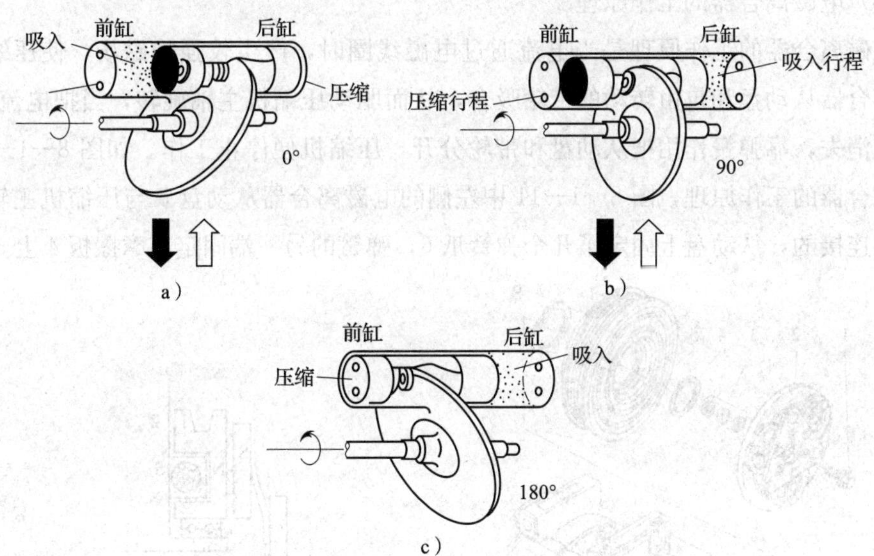

图 8—1—8　回转斜盘式压缩机工作过程
a）前缸吸气到下止点　b）前缸压缩行程　c）前缸压缩至上止点

3）回转斜盘式压缩机与摇摆斜盘式压缩机的结构比较如图 8—1—9 所示。

2．电磁离合器

（1）电磁离合器的作用

电磁离合器是用来断开或者接通压缩机动力的装置。除大型独立式空调机组外，一般汽车空调压缩机都是通过其前端的带盘与发动机曲轴带轮进行连接的，压缩机的停、开是由电磁离合器的释放或吸合决定的。

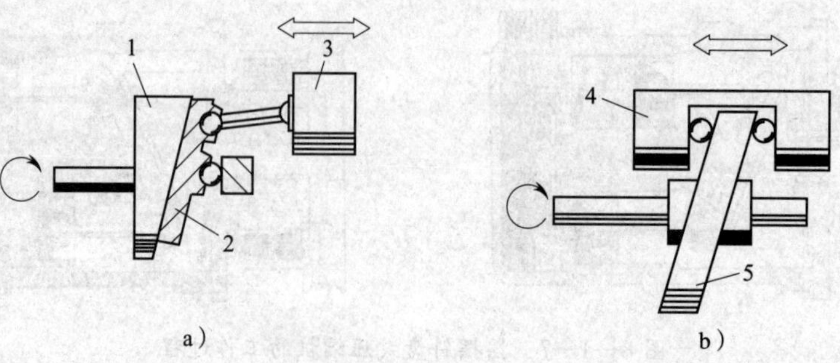

图 8—1—9　回转斜盘式压缩机与摇摆斜盘式压缩机的结构比较

a）摇摆斜盘式　b）回转斜盘式

1—传动板　2—摇板　3、4—活塞　5—回转斜盘

（2）电磁离合器的结构

电磁离合器主要由前板、带盘（转子）及电磁线圈组成。电磁离合器分解如图 8—1—10 所示。

（3）电磁离合器的工作原理

电磁离合器的工作原理是当电流通过电磁线圈时，产生较强的磁场，使压缩机的电磁离合器从动盘和自由转动的带轮吸合，从而驱动压缩机主轴旋转，当把电流切断，磁场就消失，靠弹簧作用把从动盘和带轮分开，压缩机便停止工作。如图 8—1—11 所示为离合器的工作原理，图 8—1—11 中左侧的电磁离合器从动盘 5 与压缩机主轴是通过花键连接的，从动盘上固定了几个弹簧爪 6，弹簧的另一端固定在摩擦板 4 上，线圈

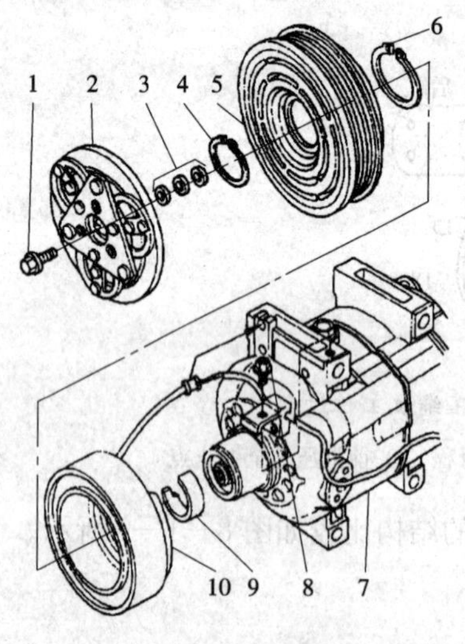

图 8—1—10　电磁离合器分解图

1、8—螺栓　2—前板　3—调整圈　4—卡环

5—带盘　6—挡圈　7—压缩机缸体

9—毛毡油封　10—电磁线圈

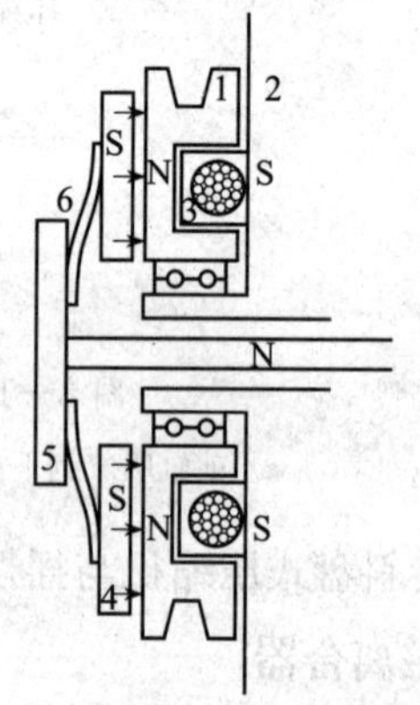

图 8—1—11　电磁离合器工作原理图

1—带轮　2—压缩机壳体　3—线圈

4—摩擦板　5—前板　6—弹簧爪

3 固定在压缩机壳体 2 上，带轮 1 装在轴承上，自由转动。当电流接通时，摩擦板和皮带轮变为一体，压缩机就运转，当电流切断时，弹簧使摩擦盘和皮带轮分开，压缩机就不运转。

3．冷凝器及蒸发器

（1）冷凝器

冷凝器（见图 8—1—12）是换热管、换热片组合一体的换热装置，由管道、散热片、框架组成。它的作用是把来自压缩机的高温高压气态制冷剂通过管壁和翅片将其中的热量传递给冷凝器周围的空气，从而使高压高温的气态制冷剂冷凝成高压中温的液体。

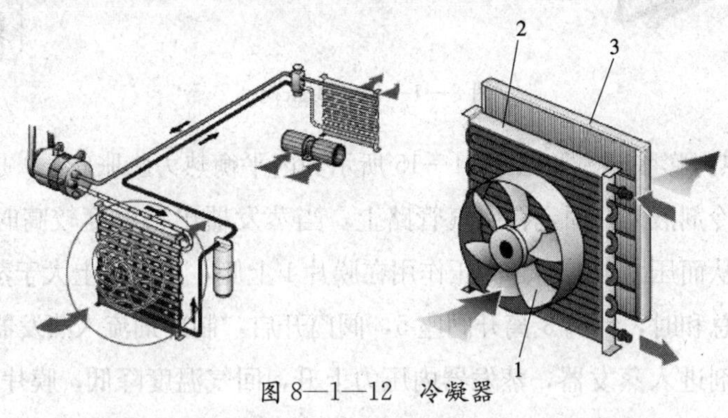

图 8—1—12 冷凝器

1—冷凝风扇 2—冷凝器 3—散热器

（2）蒸发器

汽车空调蒸发器（见图 8—1—13）置于车内，它属于直接风冷式结构，它利用低温、低压的液态制冷剂蒸发时需吸收大量热量的原理，把通过它周围的空气中的热量带走，变成冷空气送入车厢，从而达到给车内降温的目的。

汽车空调制冷系统采用的蒸发器有管翅式、管带式和板翅式等几种。

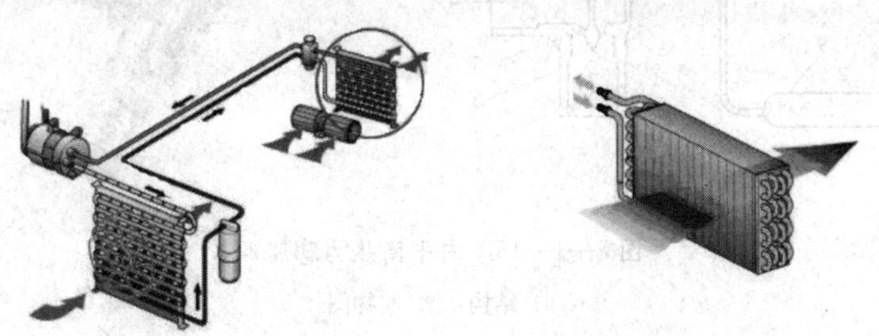

图 8—1—13 蒸发器

4．节流减压装置

（1）膨胀阀

膨胀阀（见图 8—1—14）安装在蒸发器入口管路上，它是一种感压和感温自动阀（小型空调只起感温作用），用以调整和控制进入蒸发器的制冷剂量。

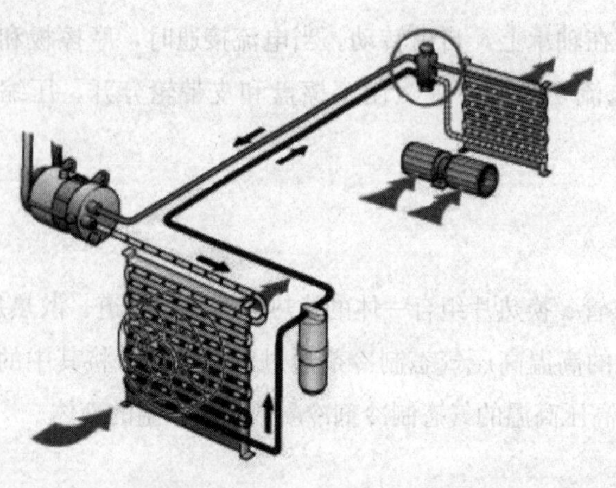
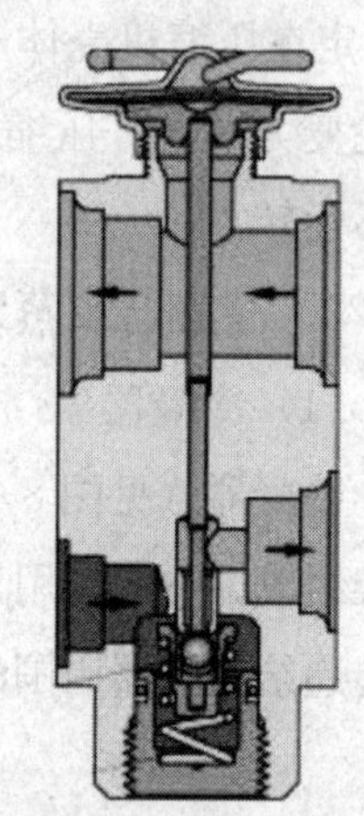

图 8—1—14　膨胀阀

1）内平衡热力膨胀阀。如图 8—1—15 所示为内平衡热力膨胀阀。9 是遥控温包，内装惰性液体或制冷剂液体，固定在回气管路上，当蒸发器出口温度较高时，温包内液体温度随之上升，从而压力也增高。高压作用在膜片 1 上侧，当数值上大于蒸发器进入压力和过热弹簧压力总和时，针阀 3 离开阀座 5，阀门开启，制冷剂流入蒸发器。针阀 3 开启后，较多的制冷剂进入蒸发器，蒸发器内压力上升，回气温度降低，膜片下侧压力增加，上侧压力降低，阀门关闭。由于膜片上、下侧压力经常处于不平衡状态，所以阀门不断地做开启、闭合的循环。

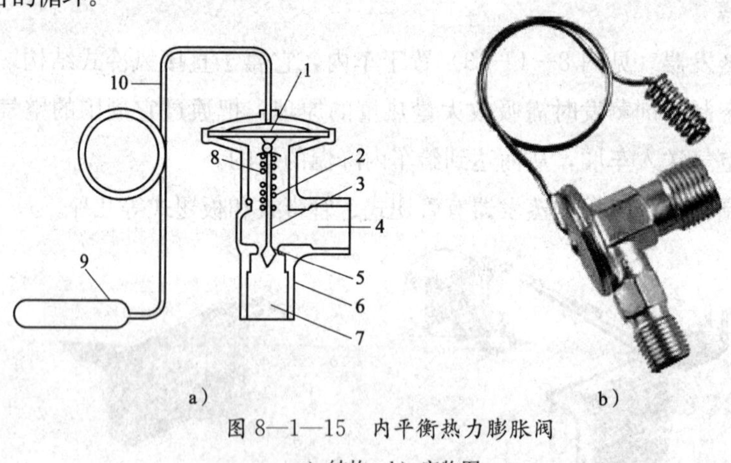

图 8—1—15　内平衡热力膨胀阀

a）结构　b）实物图

1—膜片　2—内平衡口　3—针阀　4—蒸发器出口　5—阀座　6—阀体

7—通储液罐的进口　8—弹簧　9—遥控温包　10—毛细管

2）外平衡热力膨胀阀。如图 8—1—16 所示为外平衡热力膨胀阀。摇控温包固定在蒸发器的出口管即尾管上。温包感应的是尾管温度，通过毛细管传递压力，从而驱动膨胀阀膜片，适量的制冷剂就进入了蒸发器。蒸发器出口压力作用于膜片下侧，反映的不是蒸发器的进口压力，而是出口压力，这就是外平衡膨胀阀与内平衡膨胀阀的根本区别。

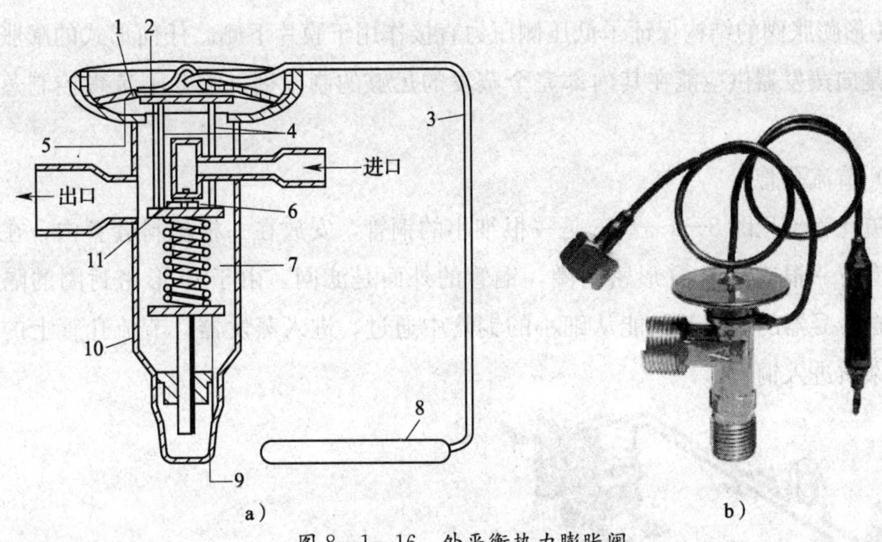

图 8—1—16 外平衡热力膨胀阀

a）结构 b）实物图

1—膜片 2—温包压力 3—毛细管 4—推杆 5—蒸发器出口压力 6—阀座

7—过热调整弹簧 8—摇控温包 9—弹簧压力 10—阀体 11—针阀

3）H 形膨胀阀。H 形膨胀阀外观为长方体，因其内部通路形同“H”而得名，如图 8—1—17 所示。

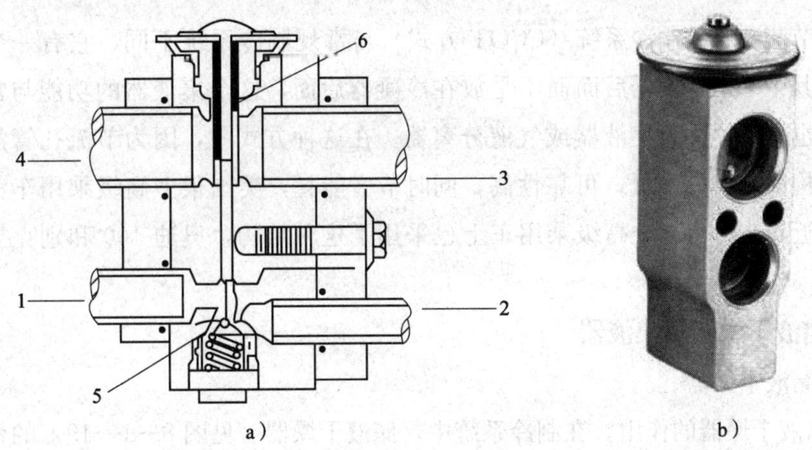

图 8—1—17 H 形膨胀阀

a）结构 b）实物图

1—接冷凝器 2—至蒸发器 3—从蒸发器来

4—至压缩机 5—钢球和弹簧 6—温度传感器

从图 8—1—17 中可以看到蒸发器进口管和尾管装在它的同一块右侧板上，而液体管路和回气管路同装在它的同一块左侧板上，温度传感器装在制冷剂从蒸发器至压缩机的气流中。制冷剂温度变化，传感器膨胀或收缩，直接推动阀门（钢球和过热弹簧）。H 形膨胀阀的结构保证了低压侧压力直接作用于膜片下侧。任何形式的膨胀阀作用，都是向蒸发器供应能在其内部完全蒸发的足够的制冷剂，它并不负责控制蒸发器的温度。

（2）节流孔管

节流孔管（见图 8—1—18）是一根细小的铜管，安放在一根塑料套管内，在塑料套管上套有一根或两根 O 形密封圈，铜管的外面是滤网。由于 O 形密封圈的隔离作用，来自冷凝器的制冷剂只能从细小的铜管中通过，进入蒸发器。节流孔管上的滤网能阻挡杂质进入铜管。

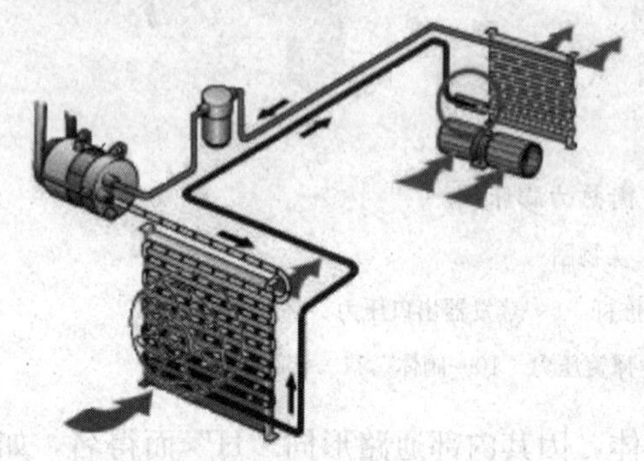

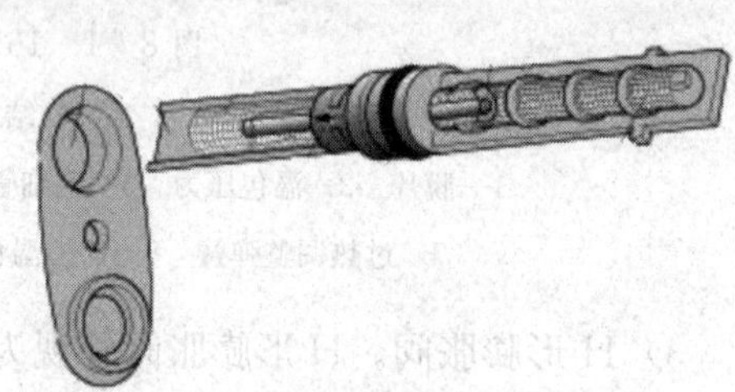

图 8—1—18　节流孔管

采用节流孔管的制冷系统（CCOT 方式）与常规制冷系统不同，它有一个大的集液器放在其中一个蒸发器后面而不是放在冷凝器后面，这个集液器的功能与常规的储液干燥罐也不同，称为集液器或气液分离器。在这种方式中，因为节流孔管没有运动部件，结构简单，成本低，可靠性高，同时节省能耗，美国很多高级乘用车都采用这种方式。近年来日本部分高级乘用车上也采用了这种结构，奥迪 100 和别克也采用这种结构。

5．储液干燥器及集液器

（1）储液干燥器

1）储液干燥器的作用。在制冷系统中，储液干燥器（见图 8—1—19）的作用是临时性地存储一下在冷凝器中液化的制冷剂，根据制冷负荷需要，随时供给蒸发器，并补充系统中的微量渗漏及对系统中的水分和杂质进行干燥和过滤。

2）储液干燥器的结构。储液干燥器主要由储液器、干燥器、过滤器、视镜和安全装置这几部分构成。

储液器是一个钢质或铝质的压力容器，就是制冷剂的储存筒，它能以一定的流量向膨胀阀输送液态制冷剂。储液罐的容量一般约为系统工质体积的 1/3。

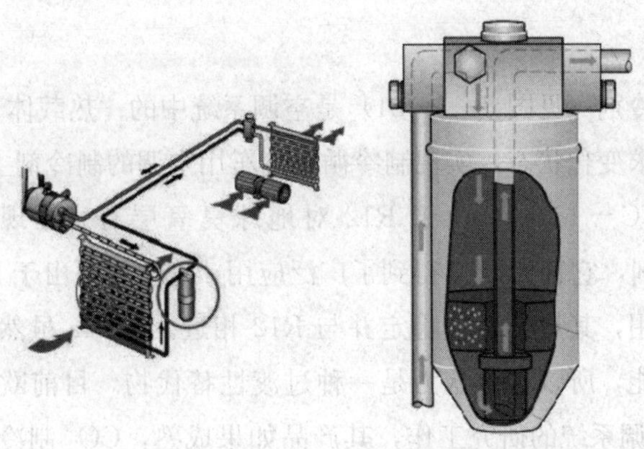

图 8—1—19　储液干燥器

干燥器实际上就是能吸收潮气的装置。干燥器中存放干燥剂，常用的干燥剂有硅胶、活性氧化铝、硫酸钙、分子筛等。

视镜有两个作用：一是指示系统中是否有足够的制冷剂；二是指示制冷剂是否有水分。观察窗安置在液管通路中或储液罐的出口处。当系统正常运行时，从玻璃中可以看到没有气泡、稳定流动的液体。假如出现气泡或泡沫，则说明系统工作不正常或制冷剂不足。

易熔塞是一种安全设施，一般装在储液干燥器的头部，用螺塞拧入。螺塞中间是一种铜铝合金，当制冷工质温度升到 95～100℃时，易熔合金熔化，制冷剂逸出，避免了系统中其他部件损坏。

(2) 集液器

采用 CCOT 系统的空调装置使用的是集液器，如图 8—1—20 所示。集液器的作用是防止液态制冷剂进入压缩机，同时也作为储存过量的制冷剂及安放干燥过滤器用，集液器被安装在系统的吸气管路上。

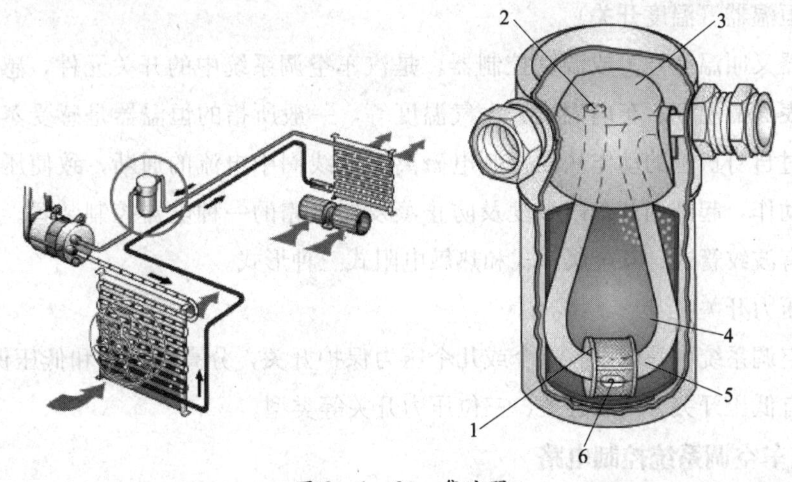

图 8—1—20　集液器

1—过滤器　2—制冷剂进口　3—塑料盖　4—干燥剂　5—U 形管　6—制冷剂孔

6．制冷剂

汽车空调用制冷剂（见图 8—1—21）是空调系统中的“热载体”，俗称冷媒，它可根据空调系统的要求变化状态，实现制冷循环。车用空调的制冷剂主要是 R12（CFC－12）和 R134a（HFC－134a）。由于 R12 对地球臭氧层有害，现已基本禁止使用；R134a 是环保制冷剂，它替代 R12 得到了广泛应用，这主要是由于 R134a 不含氯原子，对臭氧层无破坏作用，其热力性质稳定并与 R12 相近。R134a 虽然不破坏大气层，但有使全球变暖的可能，所以它被认为是一种过渡性替代物。目前欧美正在积极进行采用 CO_2 制冷剂的空调系统的研究工作，其产品如果成熟，CO_2 制冷系统有可能是下一代汽车空调的主要选择。

a)

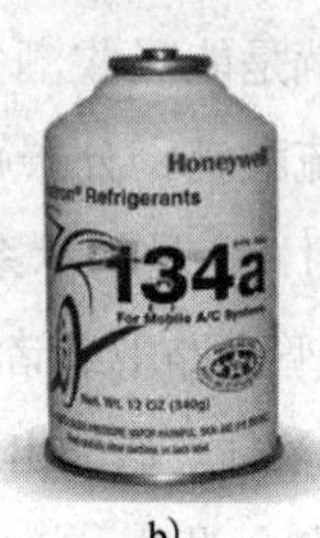

b)

图 8—1—21　汽车空调用制冷剂

a）R12　b）R134a

7．冷冻机油

冷冻机油为空调压缩机运动部件提供润滑，此外还有部分冷冻机油与制冷剂混合在一起在空调系统内循环。

8．辅助控制元件

（1）恒温器（温度开关）

恒温器又叫温度开关或温度控制器，是汽车空调系统中的开关元件，感受的温度有蒸发器表面的温度、车内温度、大气温度等，一般所指的恒温器是感受蒸发器表面温度，通过自身机构的动作从而控制电磁离合器线圈中电流的通断，致使压缩机产生开与停的动作，起到调节车内温度及防止蒸发器结霜的一种电器控制装置。一般常用的恒温器有波纹管式、双金属片式和热敏电阻式三种形式。

（2）压力开关

汽车空调系统中一般设有一个或几个压力保护开关，分高压保护和低压保护两种。压力开关有低压开关、高压开关、三位压力开关等类型。

9．汽车空调系统控制电路

如图 8—1—22 所示为汽车空调制冷系统的典型控制电路图。汽车空调制冷系统的控制电路一般由下列部分组成：

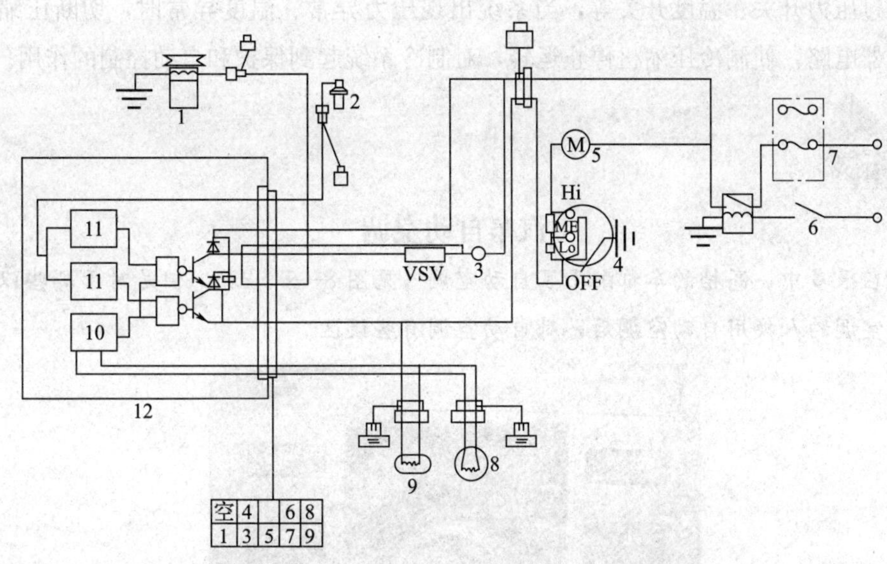

图 8—1—22　汽车空调制冷系统的典型控制电路

1—压缩机—电磁离合器　2—点火线圈　3—压力开关　4—鼓风机开关　6—点火开关　7—熔断器　8—温度调节旋钮　9—热敏电阻　10—温度检测电路　11—发动机检测电路　12—放大器

（1）电源控制部分

电源控制部分包括蓄电池、点火开关、熔丝、继电器、鼓风机开关、电磁离合器。电源控制部分的功能是点火开关在接通位置时，只要鼓风机开关闭合（即高、中、低三挡任一位置上），空调就投入正常工作，也就是说电磁离合器吸合，压缩机工作，制冷剂开始循环制冷；同时，鼓风机开始旋转，空气通过蒸发器被吸收一部分热量而变成冷气吹入车厢。

（2）压缩机电磁离合器控制电路

非独立式汽车空调的压缩机是由发动机直接驱动，当电磁离合器吸合后压缩机主轴才能运转。这是由于电磁离合器中线圈通电，产生电磁吸力，动力压板被吸在带盘上，带盘便通过动力压板带动压缩机主轴旋转。

点火开关在接通位置，鼓风机开关闭合，鼓风机电动机电路接通，同时供给放大电路电流，放大电路再使压缩机电磁离合器接通。

电磁离合器通电与否受温度检测电路、发动机转速检测电路和安全控制电路的控制。

（3）安全控制电路

当制冷系统由于某种原因出现压力、温度异常时，如果没有安全措施，就会发生运行故障，因此，在汽车空调系统中都设有安全控制电路。安全控制电路很简单，就是通过压力开关、温度开关等，当系统出现压力异常、温度异常时，切断压缩机电磁离合器电路，使制冷压缩机停止运转，对制冷系统起到保护和自动控制的作用。

知识拓展

汽车自动空调

现在很多中、高档的车都配上了自动空调（见图 8—1—23），但是对于那些以前用惯手动空调的人换用自动空调后，对自动空调有些误区。

图 8—1—23　汽车自动空调面板

自动空调，顾名思义是自动的，这意味着当设定好车内环境温度后，空调计算机会根据设定自动调节风速和风量，使车厢内温度迅速达到并保持在乘员设定的温度上。自动空调所追求的是乘员的舒适性，而不是简单的温度值。保持乘员的舒适性也意味着驾驶员能更专注于驾驶车辆而保证车辆行驶的安全。

使用空调时一般设定为 20℃，这个温度最舒适。一般状况下，外边温度和车厢内温度温差越大，刚刚开启空调时的风速和风量也就越大。越是高档车，出风口就越多，风声就越不明显。而且初期的时候自动空调都不会对着人吹，而是从前后左右的出风口吹风。当车厢内温度达到设定温度的时候，风量和风速都会变小，且保持这个温度。到了这个时候，很多用惯手动空调的人觉得空调不凉了，那是因为风速和风量小了，并不是不凉了。风速和风量大，冬天会让人觉得口干舌燥，夏天会吹得过冷。自动空调就会避免这些不适感，而让乘员的身体始终处在恒定的温度里。

有些高档车的自动空调开启时会自动保持在内循环状态，这样能尽快地达到设定温度，而后会自动恢复外循环状态，保证车内空气新鲜。普通的自动空调没有这功能，这就需要乘员在刚打开自动空调时打开内循环，等风速和风量都合适了再改成外循环。如果刚开空调时不用内循环，就会延长达到设定温度的时间，从而增加油耗。空调的这个使用方法，也适用于手动空调。

课题二　汽车空调系统的维护与检修

学习目标

- ◆ 了解汽车空调的正确使用与检查保养方法。
- ◆ 掌握汽车空调系统维修、保养的基本操作方法。
- ◆ 能够对汽车空调制冷系统主要部件进行检修。
- ◆ 掌握汽车空调维修与检测工具的使用方法。
- ◆ 能够正确完成制冷剂的回收与充注操作。

想一想

汽车空调内的异味会随着空调的打开而夹杂在冷气当中，弥漫于整个车厢内部。异味的产生主要是因为汽车空调系统管道内的真菌以及细菌的滋生。更为严重的是，很多驾驶者还会在空调打开不久后有眩晕，甚至是胸闷的不适感觉，如图 8—2—1 所示。有很多车主反映，长时间在有异味的空调环境下，会有强烈的不适感。那么，在使用汽车空调过程中，如何避免此类现象呢？

图 8—2—1　汽车空调异味故障

一、汽车空调的正确使用

1. 注意事项

(1) 确保系统中不混入水汽、空气和污物。如果空气、水汽和脏物混入制冷系统，不仅会影响制冷效率，有时还会使制冷设备损坏，其影响见表 8—2—1。

表 8—2—1　　制冷系统中的异物及其影响

制冷系统中的异物	影　　响
水汽	压缩机气门结冰；膨胀阀紧闭不开；变成盐酸和硝酸；腐蚀生锈
空气	造成高温高压；使制冷剂不稳定；使冷冻机油变质；使轴承易损坏
脏物	堵住滤网，变成酸性物；腐蚀零件
其他油类	形成蜡或渣，堵住滤网；润滑不好；使冷冻机油变质
金属屑	卡住或粘住所有的活动零件
酒精	腐蚀锌和铝；铜片起麻点；使制冷剂变质；影响制冷效果，冷风不冷

（2）防止腐蚀

要防止制冷系统生锈及化学变化的侵蚀，这些现象会使气门、活塞、活塞环、轴承等受到腐蚀，若遇到了高温、高压，腐蚀会加剧。

（3）防止高温、高压

在正常运转情况下，压缩机的温度是不会过高的。如果冷凝器堵塞，压缩机的温度会越来越高，高温使气体发生膨胀，产生高压，高温和高压两个因素互为因果，形成恶性循环。

此外，如果冷凝器由于某种原因通风不好，热量散不出去，也会增加压缩机的负荷，使压缩机温度升高。高温会使制冷剂橡胶软管变脆，压缩机磨损加剧，使腐蚀机件的化学变化加速，机件容易损坏；同时，高温的气体压力变大，由高温引起的变脆的软管很容易爆破，由于压缩机内部压力超过正常范围，压缩机的气门容易发生变形而影响密封。

（4）保护好控制系统

控制系统中的风管、控制风向的阀门、电磁离合器等，每一个零件的失灵，都会影响制冷装置的正常运转。所以控制系统的风管、开关等部件，都要保护好，才能使制冷装置正常工作。

2．空调的正确使用

空调使用应注意以下几点：

（1）起动发动机时，空调开关应处于关闭位置，发动机熄火后，也应关闭空调，以免蓄电池电量耗尽。

（2）夏季应避免直接在阳光下停车暴晒，尽可能把车停在荫凉处，在长时间停车后车内温度很高的情况下，应先开窗及通风，用风扇将车内热空气赶出车厢，再开空调，开空调后车厢门窗应关闭，以降低热负荷。

（3）不使用空调的季节，应经常开动压缩机，避免压缩机轴封处因缺油而泄漏，也避免转轴因缺油而咬死。一般一个月应运行一两次，每次 10 min 左右。冬季气温过低时，可将保护开关电线短路，待保养运行完毕，再将电路恢复。

(4) 长距离上坡行驶，应暂时关闭空调，以免水箱开锅。超车时，若本车空调无超速自动转停装置，则应关闭空调。

(5) 使用空调时，若风机开在低速挡，则冷风开关不宜调得过低。否则易使蒸发器结霜，产生风阻，而且容易出现压缩机液击现象。

(6) 在空调运行时，若听到空调装置有异常响声，如压缩机响、风机响、管子爆裂等，应立即关闭空调，并及时请专业人员维修。

夏季如何正确使用汽车空调

夏天来临，许多车主都会长期开空调来应对高温和尾气。车主在享受凉爽的同时，很多时候会感到莫名的不适，这些病症就是典型的汽车“空调病”。而有一些窍门，能有效地遏制“空调病”的发生。夏季空调怎么样使用才能确保乘客的健康呢?

1. 温度适当

空调温度过低容易引发关节炎、肩周炎、感冒腹泻等疾病。一般建议车内空调温度控制在 26℃左右，另外在一般情况下车内温度与外界环境温度相差 6～7℃较好。

2. 内循环和外循环的交替使用

车厢内空间较小，而长时间使用内循环会导致车厢内的一氧化碳含量增加，严重的可能造成一氧化碳中毒。所以车主在使用时应注意内循环和外循环的交替使用，或者经常打开车窗换气。

3. 先关空调再熄火

不少车主常常在熄火之后才想起关闭空调，这其实对发动机是有损耗的，因为这样在车辆下次起动时，发动机会带着空调的负荷起动。因此，每次停车后应当先关闭空调再熄火。

同时，鼻敏感的车主，更要特别注意车内“PM2.5”。一般而言，车内的空气净化设备确实可以搞定诸如花粉这样的细微粉尘，但单凭车内空调普通的滤网很难完全过滤掉 PM2.5 级的微粒。同时，夏天长时间开着空调，车内为一个相对密集的空间，更容易引起呼吸道方面的疾病，对鼻敏感的车主来说，更是健康的一大威胁。

二、汽车空调的检查与保养

1. 主要检查内容和方法

为了保证空调系统正常运行，可进行下列常规检查工作。检查时应将汽车停在通风良好的场地上，如果需要开动压缩机，则应保持压缩机转速为 2 000 r/min 左右，空调风机开到最高速，车内空气为内循环。制冷的高压部分温度是很高的，注意不要烫伤，检查时汽车附近不能有明火。

（1）主要检查与保养内容

1）制冷剂是否存在泄漏。

2）制冷量是否正常。

3）各控制元件工作是否正常，电路是否能接通。

4）冷凝器是否畅通，有没有明显的污垢、杂物。

5）制冷软管是否正常，各连接处连接是否牢靠。

6）压缩机带张力是否正常。

7）系统运行是否有异常声和异味。

（2）主要检查方法

汽车空调系统的主要检查方法包括用手感检查各部分温度是否正常，用肉眼检查泄漏部位及表面情况，从视液镜（观察窗口）判断系统状况，用断开和接合电路的方法检查电器部件，用耳听和鼻嗅的方法检查是否有异常响声和异味。

1）用手感检查温度。用手触摸空调系统管路及各部分，检查表面温度。正常情况下，低压管路是低温状态，高压管路是高温状态。

高压区：从压缩机出口→冷凝器→储液干燥器→膨胀阀进口处，这一部分是制冷系统的高压区，这部分部件应先烫后热，温度是很高的，手摸时应特别小心，避免被烫伤。如果在其中某一部分（如在冷凝器表面）有特殊热的部位，则说明此部分有问题，散热不好。如果某一部位（如膨胀阀入口处）特别凉或者结霜，也说明此部分有问题，可能是堵塞。储液干燥器进出口之间若有明显温差，则说明此处有堵塞，或者制冷剂量不正常。

低压区：从膨胀阀出口→蒸发器→压缩机进口处，这部分低压区部件表面应该是冰凉的，但膨胀阀处不应发生霜冻现象。

压缩机高低压侧：高低压侧之间应该有明显温差，若没有则说明几乎没有制冷剂，系统有明显泄漏。

2）用肉眼检查渗漏部位。所有连接部件或冷凝器表面一旦出现油渍，就说明此处有制冷剂渗漏。但压缩机前轴处漏油，有可能是轴承漏油，应区别对待。一旦发现渗漏，应尽快采取措施修理，也可用较浓的肥皂水涂在可疑处，观察是否有气泡。

重点检查渗漏的部位如下：

①各个管道接头及阀门连接处。

②全部软管，尤其在管接头附近查看是否有鼓包、裂纹和油渍。

③压缩机轴封、前后盖板、密封垫、检修阀等处。

④冷凝器表面被刮坏、压扁、碰伤处。

⑤蒸发器表面被刮坏、压扁、碰伤处。

⑥膨胀阀的进出口连接处。膜盒周边焊接处以及感温包与膜盒焊接处。

⑦储液干燥器的易熔安全塞、视液镜（检视窗）、高低压阀连接处。

⑧歧管压力表（如果安装的话）的连接头、手动阀及软管处。

3）从视液镜判断系统工况。视液镜大多安装在储液干燥器上，个别也有安装在从储液干燥器到膨胀阀之间或冷凝器到储液干燥器之间的管路上的。从视液镜判断工况要在发动机运转、空调工作时才能进行。从视液镜中看到的制冷剂情况如图 8—2—2 所示。

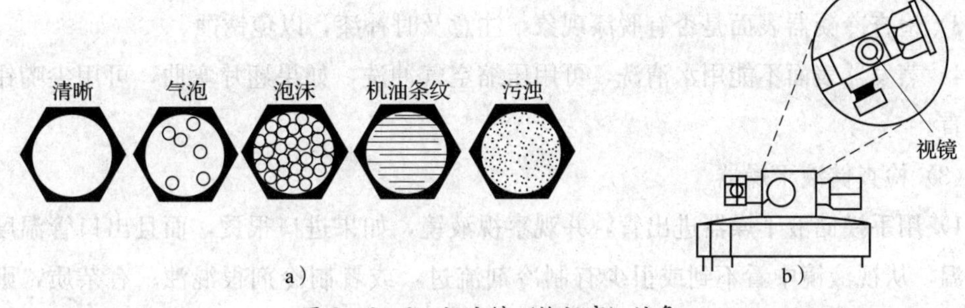

图 8—2—2 视液镜（检视窗）迹象

a）制冷剂情况 b）视液镜位置

①清晰、无气泡，说明制冷剂适量。过多或完全漏光，可用交替开、关压缩机的办法检查。若开、关压缩机的瞬间制冷剂起泡沫，接着就变澄清，说明制冷剂适量；若开、关压缩机从视液镜内看不到变化，而且出风口不冷，压缩机进出口之间没有温差，说明制冷剂漏光；若出风口不够冷，而且关闭压缩机后无气泡、无流动，说明制冷剂过多。

②偶尔出现气泡，而且时而伴有膨胀阀结霜，说明系统中有水分；若无膨胀阀结霜现象，可能是制冷剂略少或有空气。

③有气泡且泡沫不断流出，说明制冷剂不足。如果泡沫很多，可能有空气。若判断为制冷剂不足，则要查明原因，不要随便补充制冷剂。由于胶管一年可能有 100～200 g 的制冷剂自然泄漏，若是使用两年才方发现制冷剂不足，可以判断为胶管自然泄漏。

④有长串油纹，观察孔的玻璃上有条纹状的油渍，说明冷冻机油量过多。此时应想办法从系统内释放一些冷冻机油，再加入适量制冷剂。若玻璃上留下的油渍是黑色的或有其他杂物，则说明系统内冷冻机油变质、污浊，必须清洗制冷系统。

2．各部件及控制机构的检查

（1）检查起动压缩机

1）如果听到异常响声，说明压缩机的轴承、阀片、活塞环或者其他部件有可能损坏，或润滑油量过少。

2）用手摸压缩机缸体（高压侧很烫，小心烫伤），如果进出口两端有明显温差，说明工作正常；如果温差不明显，可能是制冷剂泄漏或阀片密封不严。

3）如果有剧烈震动，可能是带太紧，带轮偏斜，电磁离合器过松或制冷剂过多。

（2）检查换热器表面，并进行清洗

1）检查蒸发器通道及冷凝器表面以及冷凝器与发动机散热器之间是否有碎片、杂物、泥污，要注意清理，小心清洗。

2）冷凝器可用软长毛刷沾水轻轻刷洗，但不要用蒸汽冲洗。换热器表面，尤其是冷凝器表面要经常清洗。

3）检查冷凝器表面是否有脱漆现象，注意及时补漆，以免锈蚀。

4）蒸发器表面不能用水清洗，可用压缩空气冲洗，如果翅片弯曲，可用尖嘴钳小心扳直。

（3）检查储液干燥器

1）用手摸储液干燥器进出管，并观察视液镜，如果进口很烫，而且出口管温度接近气温，从视液镜中看不到或很少有制冷剂流过，或者制冷剂很混浊、有杂质，则可能储液干燥器中滤网堵了，或是干燥剂已经松散并堵住出口。

2）检查易熔塞是否熔化，各接头是否有油迹。

3）检查视液镜是否有裂纹，周围是否有油迹。

（4）检查制冷软管

看软管是否有裂纹、鼓包、油迹，是否老化，是否会碰到尖锐物、热源或运动部件。

（5）检查电磁离合器及低温保护开关

断开和接通电路，检查电磁离合器及低温保护开关是否正常工作。

1）小心断开电磁离合器电源，此时压缩机会停止转动，再接上电源，压缩机应立即转动，这样短时间接合试验几次，以证明离合器工作正常。

2）天冷时，若压缩机不能起动，可能是由于低温保护开关或低压保护开关起作用，可将保护开关短路或将蓄电池连接线直接连到电磁离合器（连接时间不超过 5 s）。若压缩机仍不转动，则说明离合器有故障。

3）在低温保护开关规定的气温以下仍能正常起动压缩机，则说明低温保护开关有故障。

4）若有焦味，可能是电磁离合器烧坏。

（6）检查感温包保温层

检查膨胀阀感温包于蒸发器出口管路是否贴紧，隔热保护层是否包扎牢固。

（7）检查换热器壳体

检查蒸发器壳体有无缝隙，冷凝器导风罩是否完好，冷凝器与发动机散热器（水箱）之间距离是否合理，蒸发器箱体内是否有杂质。

（8）检查电线连接

检查电线接头是否正常，连接是否可靠。

（9）检查压缩机带盘及连接带

1）检查带张紧力是否适宜，表面是否完好，配对的带盘是否在同一平面。带新装上时正好，运转一段时间会伸长，因此需要两次张紧。带过紧会使带磨损，并导致有关总成的轴承损坏，过松则使转速降低，制冷量、冷却风扇风量不足。

2）若用一般V带，新装上的带张紧力应为40～50 N，运转后张紧力应为25 N左右。

3）齿形带的张紧力若不足，将会降低齿形带的可靠性。但张紧力过大，带会发出“吱吱”的啸叫声，一般调整在15～18 N比较合适。

调整齿形带轮张紧力的办法是：把齿形带张紧后直到运转时听到啸叫声，然后逐渐减小张紧力直到啸叫声消失为止。

4）保证带在同一平面内运转是非常重要的，可用加减垫片的方法调整轴向位置。

（10）检查风机

检查风机工作时是否有异常声响，是否有异物塞住叶轮，是否碰到其他部件，尤其要检查冷凝风扇电机的轴承是否缺油、咬住，压缩机运转时，冷凝辅助风扇是否同步转动。

（11）定期检查压缩机油面

压缩机有视油镜的，观察油面是否在标志线以上。在侧面有放油塞的，可略松开放油塞，如果有油流出就是油量正好；若没有油流出，则需要添加冷冻机油。如果有油尺的，根据说明书规定用油尺检查。

三、汽车空调制冷系统主要部件的检修

1．进行汽车非独立式空调系统的拆装与检修作业时的注意事项

（1）用于R134a系统的检修工具及零部件不能和用于R12系统的工具及零部件混用。

（2）打开制冷系统时，必须戴手套及防护眼镜，以免制冷剂冻伤皮肤或眼睛，一旦皮肤上或眼睛溅到制冷剂，要立即用大量冷水清洗，千万不可用手揉。

（3）在拆卸空调设备之前，使用冷媒回收与加注设备将制冷剂抽空。

（4）制冷系统打开后，一定要及时加盖或包扎密封，防止空气的潮气或杂质进入。

（5）更换制冷部件后，要先为系统补充冷冻机油（注意：不同品牌的冷冻机油不

能混用，且冷冻机油要随时盖严，以免吸收空气中的水分），然后再加注制冷剂。

（6）拧紧或拧松螺纹接头时，必须同时使用两把扳手。

（7）在对电器装置进行修理工作之前，要注意断开蓄电池的接地线，保证作业的安全。

（8）工作完成后连接蓄电池，注意要按照维修手册或操作说明检查车辆装备。

2．压缩机及电磁离合器的检修

由于压缩机的零配件购置困难，且装配要求又高，一般汽车修理厂只承担电磁离合器打滑、线圈烧坏、压缩机卡死、压缩不良、泄漏、异响等常见故障的修理，如有上述故障可以直接更换电磁离合器或压缩机缸体部分。

（1）电磁离合器的拆装与检修

电磁离合器常见故障是离合器打滑、分离不彻底、不能吸合、线圈烧坏等。离合器打滑可能是由于前板与带轮之间的间隙过大，可用垫片调整，也可能是压缩机故障。分离不彻底可能是前板与带轮间隙过小。不能吸合的原因可能是电路故障、断路等，也可能是压缩机卡死。线圈烧坏可能由线圈短路造成，也可能是压缩机卡死。

在对电磁离合器进行修理时，一定要注意不能将制冷循环打开，而且在某些特殊情况下，不拆压缩机也可对电磁离合器进行修理。如果必须拆下压缩机维修电磁离合器，在拆卸之前，用专用冷媒回收与加注设备将制冷剂回收，断开蓄电池的接地线。在维修结束且连接蓄电池后，还要按照维修手册检查车辆设备。桑塔纳 3000 空调压缩机电磁离合器的拆装与检修方法如下：

1）桑塔纳 3000 空调压缩机电磁离合器的拆卸（见图 8—2—3）

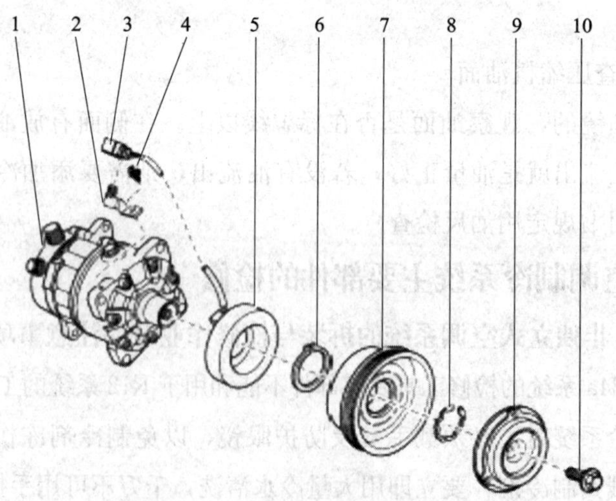

图 8—2—3　桑塔纳 3000 空调压缩机电磁离合器的拆卸

1—空调压缩机　2—插头固定支架　3—螺栓　4—线束插头　5—电磁线圈　6—挡圈
7—带盘　8—卡环　9—离合器吸盘　10—六角组合螺栓

①拆卸空调压缩机传动带。用扭力扳手拆卸六角组合螺母，取出离合器吸盘。

②拆卸内部轴承卡环（见图 8—2—4）。用卡簧钳将卡环取出。

③拆卸带盘（见图 8—2—5）。将专用工具组合成图 8—2—5 所示的二爪拉马形式，轻轻钩住带盘的下沿。注意两侧夹持部位应在同一水平面上。顺时针转动，使带盘脱出。

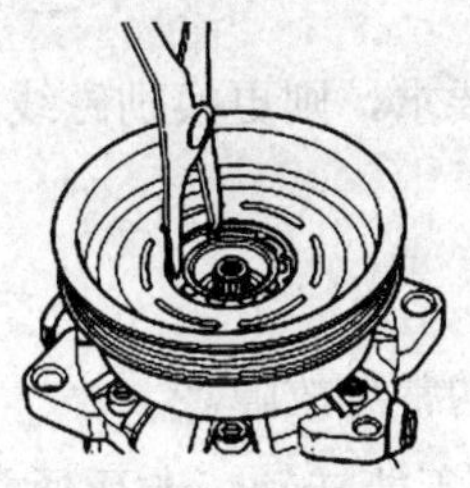

图 8—2—4　拆卸内部轴承卡环

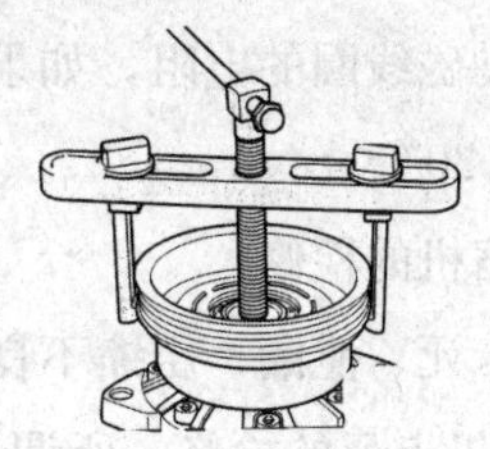

图 8—2—5　拆卸带盘

④拆除前盖挡圈（见图 8—2—6）。用卡簧钳将挡圈取出，取出电磁线圈。安装时线圈凸缘须与压缩机前盖上的凹槽相配，防止线圈移位，并正确放置导线。

2）桑塔纳 3000 电磁离合器的安装

安装顺序与拆卸相反。

①安装带盘（见图 8—2—7）。将专用工具组合使用，并置于中心部位，用锤子轻击四周，使带盘安装到位。

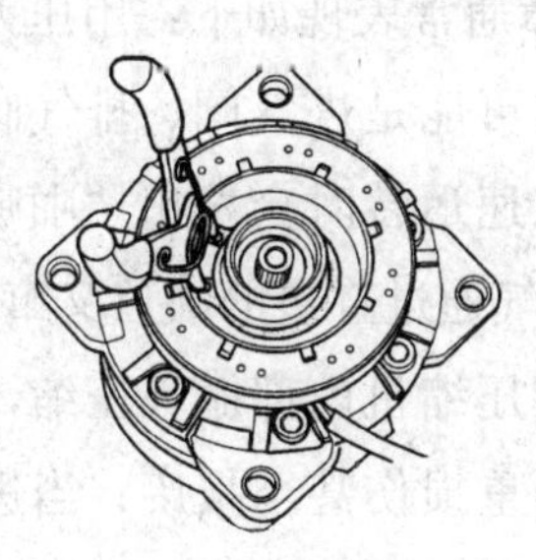

图 8—2—6　拆除前盖挡圈

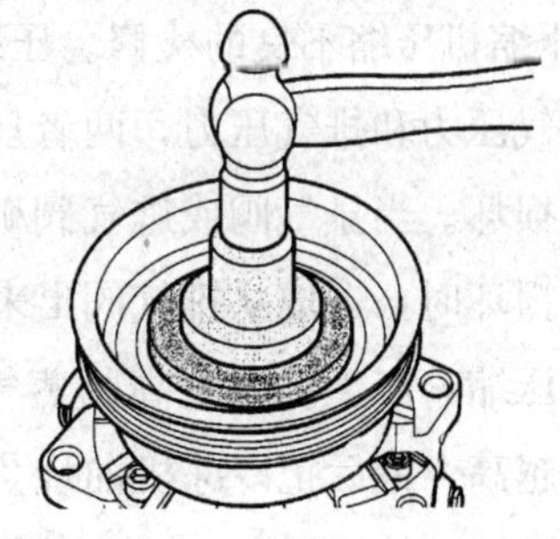

图 8—2—7　安装带盘

②安装离合器吸盘。将专用工具压在离合器吸盘中心孔部位，用锤子轻击，使离合器吸盘安装到位。

3）桑塔纳 3000 电磁离合器的检修

①检查压盘是否变色、剥落或损伤。如果有损坏，更换离合器装置。

②用手转动传动带，检查带轮轴承的间隙和阻力，如果出现噪声或间隙过大、阻力过大，则更换离合器。

③用百分表测量带轮与压盘之间的间隙，将百分表归零，然后给电磁离合器施加

蓄电池电压。在施加电压时，测量压盘的位移。如果间隙不在规定的范围内（间隙为0.35～0.6 mm），需要使用调整垫片进行调整。调整垫片有多种厚度可供选择，如0.1 mm、0.3 mm和0.5 mm等。

④测量带轮与压盘之间的间隙，可以使用塞尺来测量，之后选择不同的垫片来增大或减小间隙。

⑤测量励磁线圈的电阻，如果电阻不符合技术要求，则更换励磁线圈。电阻为4～5 Ω，温度为20℃。

（2）压缩机的检修

压缩机卡死、泄漏、压缩不良及异响是压缩机的常见故障。

1）压缩机卡死的检修。所谓卡死，就是压缩机不能转动，卡死通常是由于冷冻机油润滑不良或者冷冻机油的故障引起。如果电磁离合器或传动带打滑，可能是压缩机卡死所致。这时应立即将空调关掉，检查系统是否有泄漏。若不是，则可能是冷冻机油油路出现问题。

2）压缩机泄漏的检修。压缩机常在缸盖、缸垫、轴封、垫片、“O”形圈、管接头缸体裂纹等处发生泄漏。在“想一想”所描述的压缩机上有明显的油迹，就是由于压缩机泄漏造成的。对于这种类型的故障可以先用观察法初步查找泄漏点，一般在泄漏的部位有油迹。如果查找不到，可以用检漏仪及其他方法进行查找。如有泄漏点可以更换压缩机。

3）压缩机压缩不良的检修。压缩机压缩不良故障通常表现如下：用压力表检查压缩机的吸气压力和排气压力，两者压力几乎相同。这可能是进气阀、排气阀、气缸衬垫等零件损坏。当排气阀或进气阀破损时，压缩机怠速运转时会发出“啪嗒”声；当气缸衬垫损坏时，造成从排气阀出来的高压、高温蒸气通过缸垫的缺口又窜回吸气室，进行再次压缩，产生温度更高的蒸气，这样反复地在压缩机内部循环压缩，蒸气温度便会越来越高，最后把冷冻机油烧焦，造成压缩机严重损伤甚至报废；当进、排气弹簧片破损或者变软时，会造成压缩机不压缩制冷剂或者压缩不良，这种故障的表现只是吸气压力和排气压力相同或相差不多，而压缩机不会发热。

4）压缩机异响的检修。尖叫声主要由离合器吸合时打滑引起，或者由于传动带过松和磨光而打滑所引起。压缩机及轴的振动也是噪声过大的来源之一。先要检查其支承是否发生断裂，紧固螺栓是否松动。引起压缩机振动的原因还有传动带张力过紧和带轮轴线不平行。离合器带轮轴承的润滑不良会引起噪声过大。

出现上述故障，如果是压缩机或电磁离合器的原因，可直接更换压缩机或电磁离合器。

3. 冷凝器及蒸发器的检修

（1）冷凝器的常见故障与检修方法

1）冷凝器的常见故障。冷凝器的常见故障有冷凝器散热片脏污、堵塞、变形或破损，冷凝器管路连接处有破损、泄漏等。

2）检修方法

①用观察法或检漏仪器等方法检查冷凝器是否有泄漏。

②检查冷凝器散热片表面是否脏污；若有，用刷子刷洗。不要用蒸气或高压水枪冲洗，以免损坏冷凝器散热片。

③仔细检查冷凝器表面有无脱漆、变形、破损等。如果有破损、裂纹或变形，会影响冷凝器密封性及内部制冷剂的正常流通，需更换冷凝器。

④检查冷凝器管路内是否清洁，有没有出现管路变形现象。

⑤检查导风罩是否完好，冷凝器与水箱之间的距离是否合理（两者之间的距离应不超过 5 cm，否则空气在这中间循环会产生紊流，影响散热）。

（2）蒸发器的常见故障与检修方法

1）蒸发器的常见故障。蒸发器的常见故障有蒸发器脏污、堵塞、变形或破损，蒸发器管连接处有破损、泄漏等。

2）检修方法

①使用检漏仪器或其他方法检查蒸发器是否有泄漏。

②仔细检查蒸发器表面有无破损、裂纹和变形等；若有，应予以修理或更换。

③检查蒸发器表面是否脏污；若有，用软毛刷刷洗。

④观察蒸发器管路是否清洁、通畅。

⑤检查膨胀阀毛细管与蒸发器出口管路是否贴紧，隔热保温层是否包扎牢固。

⑥检查膨胀阀动力头的毛细管连接处是否有泄漏，进出口滤网是否堵塞。

4．储液干燥器及集液器的常见故障与检修方法

（1）储液干燥器及集液器常见故障

储液干燥器及集液器的常见故障是滤芯被脏物堵塞或吸水饱和，从而使制冷剂流通不畅，造成制冷系统制冷不足或不制冷。

（2）检修方法

对于储液干燥器来说，可以用手触摸储液干燥器进出管路，并观察视镜。如果进口很烫，而且出口接近大气温度，从视镜中看不到或很少有制冷剂流过，或者制冷剂很浑浊，可能储液干燥器中的滤网堵塞或干燥剂散开并堵住干燥器出口，在集液器的出口应该较冷，甚至有水凝结；如果是因为储液干燥器或集液器的故障而造成的空调制冷不足或不制冷，则必须更换储液干燥器或集液器。更换安装完毕后确认前后接口无泄漏，检查易熔塞是否熔化，各接头处是否有油污，还要检查视镜是否有裂纹，周围是否有油污等，同时整个空调系统安装维修好后应从视镜处密切注视制冷剂的流动情况。

5. 节流减压装置的常见故障与检修方法

（1）热力膨胀阀的检修

1）热力膨胀阀的常见故障。膨胀阀出现阻塞或节流作用失效的故障，会造成系统不制冷或制冷不足。常见的故障有膨胀阀及膨胀阀温度敏感元件或膜片失效、毛细管安装位置松动移位等，其可能原因是干燥剂失效脱落、系统有污物等。

2）检修方法

①将压力表连接到制冷系统中，起动发动机，并使其转速在 1 000～1 200 r/min 稳定运转，在冷凝器前放一大风扇，以模拟汽车行驶时的气流。

②打开空调制冷开关，并将控制开关调节到最大制冷位置，使系统工作 10～15 min；观察压力表的示值，低压表压力应为 130～180 kPa。如果在检测中发现低压表压力过低，则将膨胀阀阀体置于 52℃恒温的温箱内，看低压表压力是否升高；如果低压表压力升高，说明系统内有湿气，应进行除湿操作；如果低压表压力不升高，则进一步检测。

③将感温包从蒸发器中拆下，放置于 52℃恒温的温箱内，看低压表压力是否升高。如果压力升高，说明感温包安装不当，应重新安装，并重新对系统进行检测；如果低压表压力不升高，则说明膨胀阀已失效或堵塞，需拆检或更换膨胀阀。

④如果在检测中发现低压表压力过高，则将感温包从蒸发器中拆下，放置于 0℃的冰水中，观察低压表压力是否降低；如果低压表压力降低到正常或接近于正常值，则可能是感温包绝热性能不好或安装位置不当，应重新包裹或安装，并重新对系统进行检测；如果压力不降低，则说明膨胀阀已失效，需更换膨胀阀。

（2）节流孔管的常见故障与检修方法

1）节流孔管的常见故障。节流孔管的主要故障是堵塞，一旦发生堵塞，只能更换，同时还要更换集液器。

2）检修方法

①将歧管压力表组与空调系统连接，发动机转速调至 1 000～2 000 r/min，将空调控制器调至最冷位置，系统运行 10～15 min。

②查看低压表读数，若无其他问题，制冷剂量合适，低压表读数偏低，说明节流孔管可能有堵塞。

③将低压开关短路，在节流孔管周围包上约 52℃的温湿布。

④若低压表读数上升至正常值或接近正常值，说明系统内有水，节流孔管正常，应更换集液器；若低压表读数仍然偏低，甚至出现真空，则说明节流孔管有脏堵，应更换节流孔管。

教学互动

对汽车空调制冷系统进行一次全面的检查，并记录下检查过程中各部件的工作情况。

四、汽车空调系统检修工具及检漏方法

在汽车空调系统维修中，经常要对其进行抽真空、检漏、充注或者排放制冷剂等，这要求必须全面了解汽车空调检修中需要的专用工具，如歧管压力表组件、真空泵、电子检漏仪、制冷剂注入阀、制冷剂回收与充注设备等，同时还要掌握汽车空调系统的检漏方法。在此基础之上，依据不同的设备和方法，进行具体的操作。

1. 汽车空调系统常用检测维修工具

（1）歧管压力表组件

1）歧管压力表组件的作用。歧管压力表组件是维修汽车空调系统必不可少的重要设备，空调系统维修的基本作业，如充注制冷剂、添加冷冻机油、系统抽真空等都离不开歧管压力表组件装置，汽车空调系统故障诊断与排除中也需要此设备。

2）歧管压力表组件的结构（见图 8—2—8）。歧管压力表组件由两个压力表（低压表和高压表）、两个手动阀（高压手动阀和低压手动阀）、三个软管接头（一个接低压工作阀，一个接高压工作阀，一个接制冷剂罐或真空泵吸入口）组成，这些部件都装在表座上，形成一个压力计装置。

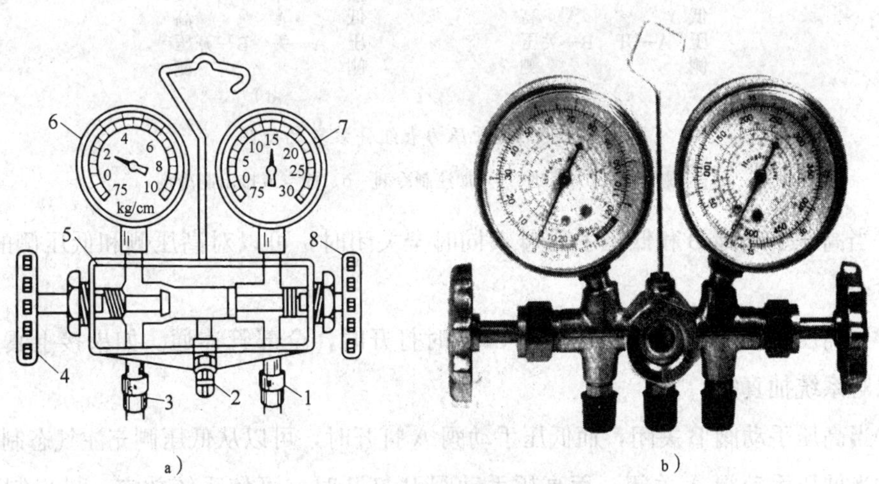

图 8—2—8 歧管压力表组

a）结构 b）实物图

1—高压接头 2—制冷剂罐或真空泵吸入接头 3—低压接头 4—低压手动阀 5—阀体 6—低压表 7—高压表 8—高压手动阀

低压表用来检测系统低压侧压力，也称组合压力表，可以读出压力和真空度。压力表公制单位为 kPa，英制单位为 psi，1 psi 等于 6.895 kPa。低压表的真空度刻度为 0～102 kPa,压力刻度为 0～827 kPa。低压表的结构设计可以保证当压力达到 1 724～2 413 kPa 时不损坏压力表。在空调系统工作时，低压表的压力一般不高于 551.5 kPa。低压侧系统工作压力一般为 103～241 kPa。

高压表用来指示系统高压侧压力。在正常情况下，高压侧压力很少超过 2 068 kPa，但为了安全，高压表的最大刻度一般要远高于此值。高压表虽然在 0 kPa 以下没有刻度，但抽真空时不会损坏。高压侧系统工作压力一般为 1 103～1 517 kPa。

3）歧管压力表组件的使用。歧管压力表组件装置使用时功能如下（见图 8—2—9）：

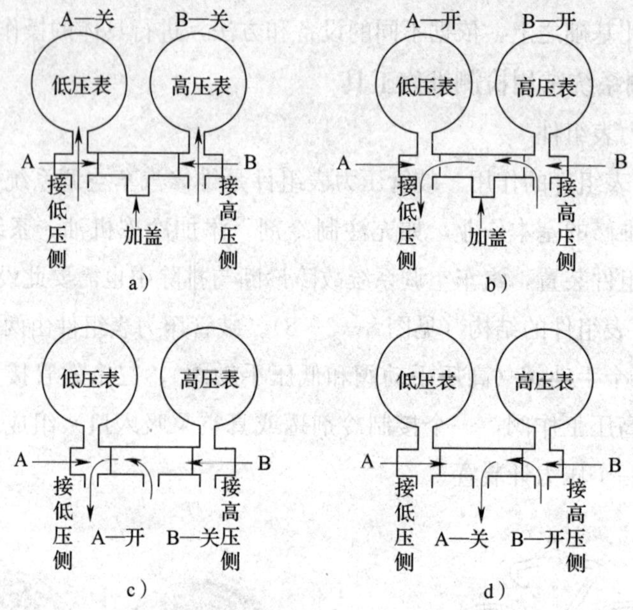

图 8—2—9 歧管压力表组件装置的使用

a）检测压力 b）旁通 c）加注制冷剂 d）放空或排出制冷剂

①当高压手动阀 B 和低压手动阀 A 同时全关闭时，可以对高压侧和低压侧的压力进行检查。

②当高压手动阀 B 和低压手动阀 A 同时打开时，全部管连通。如果接上真空泵，便可以对系统抽真空。

③当高压手动阀 B 关闭，而低压手动阀 A 打开时，可以从低压侧充注气态制冷剂。

④当低压手动阀 A 关闭，而高压手动阀 B 打开时，可使系统放空，排出制冷剂，也可由高压侧充注液态制冷剂。

【注意】

①歧管压力表组件是一件精密仪表，必须细心维护，不要损坏，且要保持清洁。

②不使用时，要防止软管中进入水分和脏物。

③使用时要把管内空气排尽。

④压力表接头与软管连接时，只能用手拧紧，不能用工具拧紧。

(2) 真空泵

真空泵是汽车空调制冷系统安装、维修后抽真空不可缺少的设备，以去除系统内的空气和水分等物质。常用的真空泵，有用油密封和用水密封的两种，用油密封的分滑阀式和刮片式两种，用水密封的有水环式。

如图 8—2—10 所示为常见真空泵外形。

(3) 制冷剂注入阀

制冷剂注入阀是打开小容量制冷剂罐（200～400 g）的专用工具，它利用蝶形手柄前部的针阀刺破制冷剂罐，通过螺纹接头把制冷剂引入歧管压力表组件组件。制冷剂注入阀如图 8—2—11 所示。其使用方法如下：

图 8—2—10　真空泵

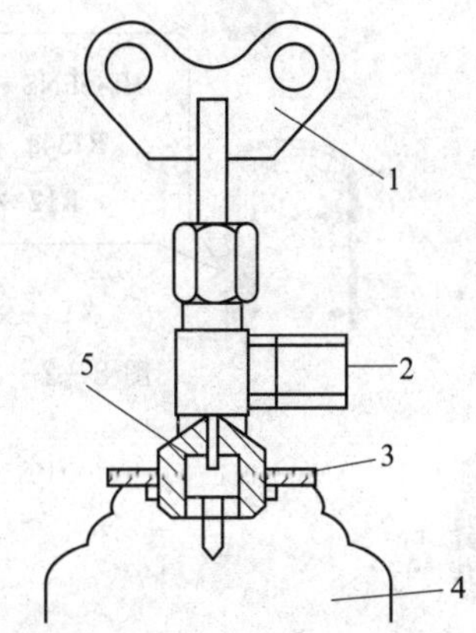

图 8—2—11　制冷剂注入阀

1—手柄　2—注入阀接头　3—板状螺母

4—制冷剂罐　5—阀针

1）在制冷剂罐上安装制冷剂注入阀之前，应按逆时针方向转动蝶形手柄，使其前端的针阀完全缩回；再逆时针转动盘形锁紧螺母，使其升高到最高位置。

2）把注入阀装到制冷剂罐顶部的螺纹槽内，顺时针旋下盘形锁紧螺母，并充分拧紧，使注入阀固定牢靠，把注入阀接头与歧管压力表组件上的中间软管接头连接起来（歧管压力表组件事先与空调系统连接好）。

3）确认歧管压力表组件上的两个手动阀均处于关闭状态。

4）顺时针转动蝶形手柄，用针阀在制冷剂罐上刺一小孔。

5）如果此时需要加注制冷剂，应逆时针转动蝶形手柄，使针阀收回，而且同时要打开歧管压力表组件的相应手动阀，让制冷剂注入汽车空调制冷系统。

6）如要停止充注制冷剂，应顺时针转动蝶形手柄，使针阀下落到制冷剂罐上刚开的小孔上，使小孔封闭，而且同时关闭歧管压力表组件的相应手动阀。

（4）电子检漏仪

电子检漏仪分为 R12 电子检漏仪、R134a 电子检漏仪和多功能电子检漏仪等。一般检测 R12 泄漏的电子检漏仪对检测 R134a 是无效的，检测 R134a 泄漏情况要使用一种专门适用于它的检漏仪，或使用可检测 R12 及 R134a 的多功能电子检漏仪。目前最常用的是多功能电子检漏仪，如图 8—2—12 所示，它既能检测 R12，又能检测 R134a。

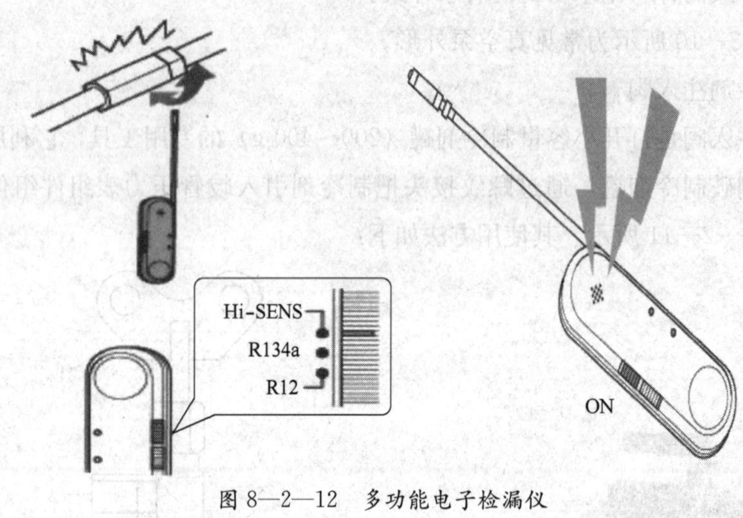

图 8—2—12　多功能电子检漏仪

制冷剂回收加注机

制冷剂回收与充注机（简称制冷剂回收加注机）可以对制冷剂进行回收并再利用。目前有 R12 和 R134a 两种回收与充注装置，或同一装置中有两套管路，分别供 R12 及 R134a 回收之用。各种回收与充注装置的操作方法不完全相同，但基本方法一致。制冷剂回收加注机如图 8—2—13 所示。

1. 制冷剂回收加注机的功用

（1）制冷剂回收。依靠本机系统内部的压缩过滤装置把空调管路内的冷媒回收到工作罐内。

（2）制冷剂再生。可分离空调系统内的冷冻机油和水分，达到再利用的标准，保证冷媒的纯净，从而使冷媒可循环使用。

图 8—2—13　制冷剂回收加注机

(3) 制冷剂加注。设定加注冷媒量，向车辆加入相应量的同类型冷媒。

(4) 空调检漏。检测空调冷媒管路是否存在泄漏，确保冷媒管路密封良好。

(5) 抽真空。给空调管路及设备管路抽真空。

(6) 加注冷冻油。设定冷冻机油量，向空调系统加入冷冻机油。

2. 功能特点

(1) 集回收、再生、抽真空、加注、检漏等多功能于一体。

(2) 所有操作由计算机自动控制，减少操作失误。

(3) 全中文大屏幕液晶显示。

(4) 键盘式操作。

(5) 单回路，双电子秤。

(6) 具有罐满、罐空、超压报警功能，报警后自动停机。

(7) 独特的分离再生系统，可分离空调系统内的冷冻机油，不凝气体和水分。

2. 汽车空调系统的检漏方法

(1) 观察法检漏

观察法检漏是指用眼睛观察制冷系统（特别是制冷系统的管接头）部位有无冷冻机油渗漏痕迹的一种检漏方法。因为制冷剂通常与冷冻机油互溶，所以在泄漏处必然也带出冷冻机油，因此系统管道有油迹的部位就是泄漏处。

(2) 肥皂泡沫法检漏

肥皂泡沫法检漏就是在怀疑泄漏的区域，涂上肥皂液，如有泄漏点，该处必然起皂泡。此法简单易行，是目前修理行业经常用的一种方法，但现在汽车各种构件布置得越来越紧凑，有些部位及检修死角，用此法不易检查出来。

检漏步骤如下：

把肥皂溶液涂在所有接头处和（或）怀疑有泄漏的地方，出现气泡的位置便是泄漏处。

重点检查渗漏的部位是：

1) 各个管道接头及阀门连接处。

2) 全部软管，尤其在管接头附近察看有否鼓泡、裂纹、油渍。

3) 压缩机轴封、前后盖板、密封垫、检修阀等处。

4) 冷凝器表面被刮坏、压扁、碰伤处。

5) 蒸发器表面被刮坏、压扁、碰伤处。

6) 膨胀阀的进出口连接处，膜盒周边焊接处，以及感温包与膜盒焊接处。

7) 储液干燥器的易熔塞、视镜、高低压阀连接处。

8）歧管压力表组件（如果安装的话）的连接头、手动阀及软管处。

（3）卤素检漏灯检漏

卤素检漏灯是早期的一种检漏设备，主要是针对制冷剂 R12 设计的，不能用于 R134a，现在已被电子检漏设备所替代。因而它的结构原理以及使用说明在这里不再阐述。

（4）电子检漏仪检漏

电子检漏仪是根据电子检漏仪产生闪光信号的强弱或者蜂鸣器的报警声来标定泄漏的多少，从而测出制冷剂的泄漏部位及其强度的。检漏时发动机要停止转动。不能将探头置于制冷剂有严重泄漏的地方，这样会使检漏仪的灵敏元件受到损坏。

使用电子检漏仪检漏时，要按照检漏仪厂商的说明书进行检查，检漏步骤如下：

1）旋转 ON/OFF 开关到 ON。

2）将灵敏度开关拨至“LEVEL1”（R12）或“LEVEL2”（R134a）。

3）平衡调节。调节平衡调节直到听到最大警报声，再往回调节直至听到缓慢连续的滴嗒声，最下面的指示灯有一个闪亮。

4）开始搜索泄漏。把测针慢慢靠近被检测处的下方，如果检测仪发出警报声，说明此处存在泄漏。

【注意】电子检漏仪应在有良好通风的地方使用，避免在存放爆炸性气体的地方使用。

（5）染料示踪法检漏

将加有染料的制冷剂注入系统，如系统有泄漏的情况，由于有染料，泄漏点可以明显地被发现。但此法用得较少，考虑到染料的残留物与制冷剂的相容问题，一些厂家不同意用此法检漏。

（6）加压法检漏

加压法检漏是指将少量制冷剂及一定压力的氮气加入制冷系统中，再用观察法、肥皂泡沫、卤素检漏灯或电子检漏仪进行检漏的一种方法。这种方法常用于空调制冷系统中的制冷剂全部漏光时的检漏。要注意的是，在高压条件下操作时，尽量不要用空气压缩机打压或制冷系统本身的压缩机打压，因为这样会使制冷系统带入一部分水分。

（7）真空法检漏

真空法检漏是指对制冷系统抽真空以后，保持系统真空状态一段时间（至少 60 min），观察系统中的真空压力表指针是否移动（即指针是否发生变化）的一种检漏方法。如真空指示没有变化，则说明系统无泄漏，如真空指示回升，则说明系统有泄漏。

要指出的是，采用真空法检漏，只能说明制冷系统是否泄漏，而不能确定泄漏的具体部位。

五、制冷剂的回收与充注

1. 加压检漏

当检修或拆装制冷系统管道或更换零件之后，都必须进行气密性检查，防止制冷剂泄漏。检漏方法有三种，即加压检漏、充制冷剂检漏和真空检漏。本节主要介绍加压检漏。

加压检漏时，首先应正确连接歧管压力表组件，如图 8—2—14 所示。

高压软管接在高压管道上，低压软管接在高压管道上，操作时注意：将歧管压力表组件与压缩机高、低压检修阀连接时，只能用手（不能用工具）拧紧其螺母，以防止损坏。还应正确判断压缩机高、低压侧。判断方法如下：

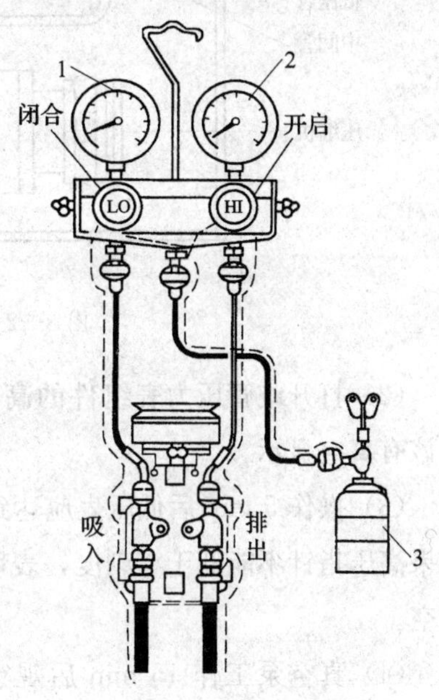

图 8—2—14　加压检漏

1—低压计　2—高压计　3—氮气罐

（1）按制冷剂流向判断：从压缩机流向冷凝器的方向的是高压侧，从蒸发器流向压缩机方向的是低压侧。

（2）按管道的冷热判断：将压缩机工作几分钟以后，停止运转，用手触摸压缩机向外连接的管道，热的为高压侧，冷的为低压侧。

（3）按制冷剂管的粗细判断：与粗管道连接的检修阀是高压阀，与细管道连接的检修阀是低压阀。

打开高低压检修阀，向系统中充入干燥的压缩氮气。当压力达到 1.5 MPa 左右时，停止充气。经过长时间后，如压力无明显下降，说明系统无泄漏处。

2. 系统抽真空

汽车空调制冷系统修理之后，由于接触了空气，必须用真空泵抽真空，排出制冷系统内的水分和空气，以维护空调制冷系统的正常工作。抽真空并不能直接把水分抽出制冷系统，而是系统抽成真空之后，降低了水的沸腾点，水在较低温度下就会沸腾，以蒸汽的形式被抽出。

抽真空之前，应进行泄漏检查。抽真空也是进一步检查系统在真空情况下的气密性能。抽真空的具体步骤如下：

（1）把制冷系统、歧管压力表组件以及真空泵连接好，压缩机高、低压检修阀处于微开位置，歧管压力表座上高、低压手动阀处于闭合位置。抽真空时管路的连接如图 8—2—15 所示。

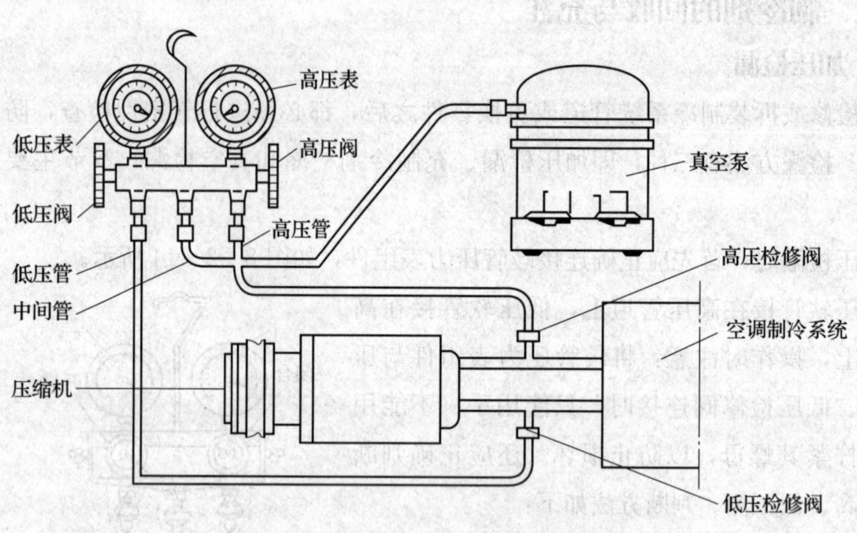

图 8—2—15　抽真空时管路的连接

（2）打开歧管压力表组件的高、低压力手动阀，起动真空泵，观察低压表指针，应该有真空显示。

（3）操作 5 min 后低压表应达到 33.6 kPa 的真空度，高压表指针应略低于零刻度，如果高压指针不能低于零刻度，表明系统内有堵塞，应停止操作，排除故障后，再抽真空。

（4）真空泵工作 15 min 后观察压力表，如果系统无泄漏，低压值应达 20.05～13.28 kPa 的绝对压力。

（5）如果达不到此数值，应关闭低压侧手动阀，观察低压表指针，如果指针上升，说明真空有损失，要查泄漏点，进行检修后才能继续抽真空，这一步也就是真空试漏法。

（6）抽真空总的时间不应少于 30 min，充分排出系统中的水分之后，才可以向系统中充注制冷剂。

3. 制冷剂的充注

充注制冷剂的方法一般有以下两种：

（1）高压端充注液态制冷剂（适合给新系统加注制冷剂）

1）当系统抽完真空之后，关闭歧管压力表组件的高、低压两侧手动阀。

2）将中间软管的一端与制冷剂注入阀的接头连接起来，如图 8—2—16a 所示，打开制冷剂罐开启阀，再拧开歧管压力表组件软管一端的螺母，让制冷剂溢出少许，把空气赶走，然后再拧紧螺母。

3）拧开高压侧手动阀到全开的位置，把制冷剂罐倒立，以便从高压侧注入液态制冷剂。

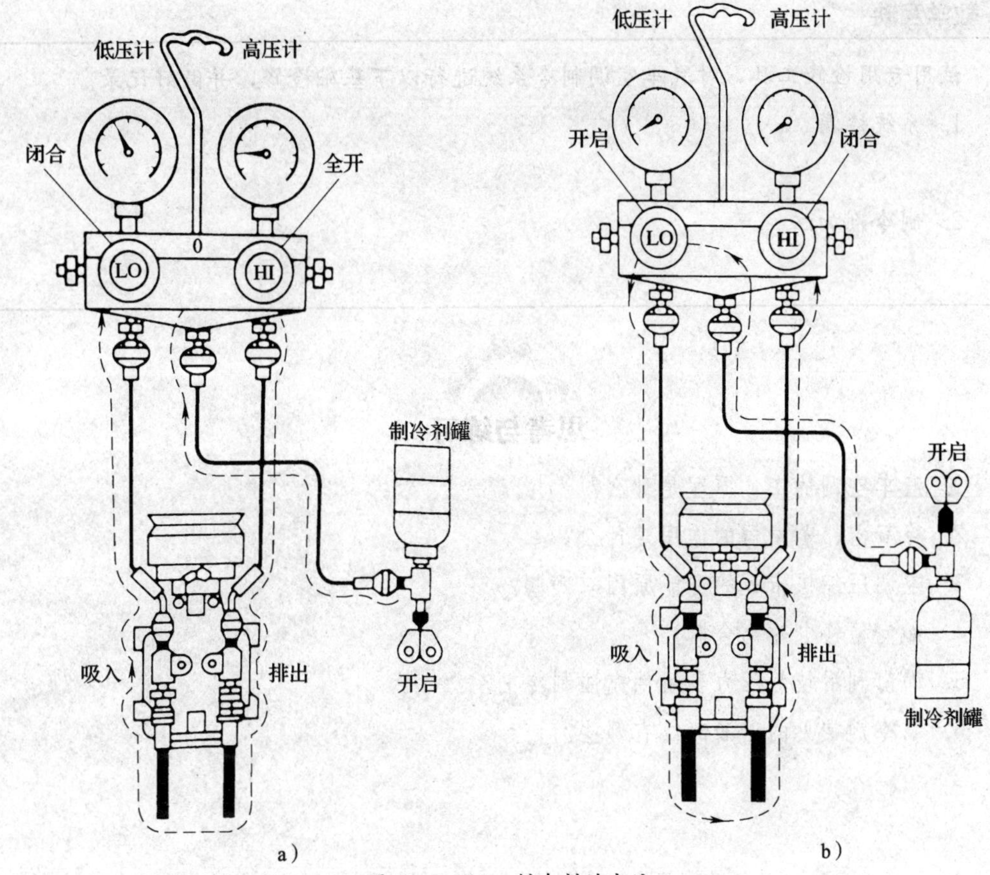

图 8—2—16　制冷剂的充注

a）从高压端充注液态制冷剂　b）从低压端充注气态制冷剂

4）从高压侧注入两罐以上液态制冷剂，或按规定的量注入。特别要注意：从高压侧向系统注入制冷剂时，千万不能开动发动机，而且充注时不能拧开低压侧手动阀。

（2）低压端充注气态制冷剂（适合给空的或部分空的系统补充加注制冷剂）

1）如图 8—2—16b 所示，把歧管压力表组件与压缩机和制冷剂罐连接好。

2）打开制冷剂罐，拧松中间注入软管在歧管压力表组件侧的螺母，直至听到制冷剂蒸汽有流动的声音，然后拧紧螺母。其目的是将注入软管中的空气赶走。

3）打开低压阀，让制冷剂进入系统。当系统的压力值达到 420 kPa 时，关闭低压手动阀。

4）起动发动机，把空调开关接通，把风机开关和温度开关都开到最大。

5）再打开低压侧手动阀，让制冷剂继续进入冷气系统，直到充注量达到规定值。

6）充注完毕，关闭歧管压力表组件的低压侧手动阀，关闭装在制冷剂罐上的注入阀，使发动机停止运转，从压缩机上迅速拆除制冷剂软管接头。此时要特别注意：高压侧管路里的制冷剂处于高压状态，操作必须十分小心，防止损伤眼睛和皮肤。

教学互动

试用专用检修工具，对汽车空调制冷系统进行以下基础检修，并做好记录。

1. 系统检漏

2. 制冷剂加注

思考与练习

1. 汽车空调的工作原理是什么？
2. 冷凝器、蒸发器的作用是什么？
3. 空调压缩机卡死的可能原因有哪些？
4. 如何检修电磁离合器？
5. 如何利用歧管压力表组件充注制冷剂？
6. 制冷剂常见的泄漏部位有哪些？

汽车电路

课题一　汽车电路基础

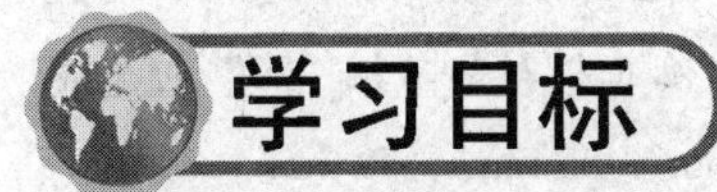

◆ 了解汽车导线、插接器及线束的组成及工作原理。

◆ 了解汽车开关、电路保护器件及继电器的组成及工作原理。

◆ 掌握汽车电路元件的检修方法及线束的维护方法。

◆ 能够对汽车电路中的元件进行检修，并排除其故障。

在图 9—1—1 所示的汽车电路维修工具中，哪一种工具是电路故障检修中用得最多的？分别写出它们各自的名称。

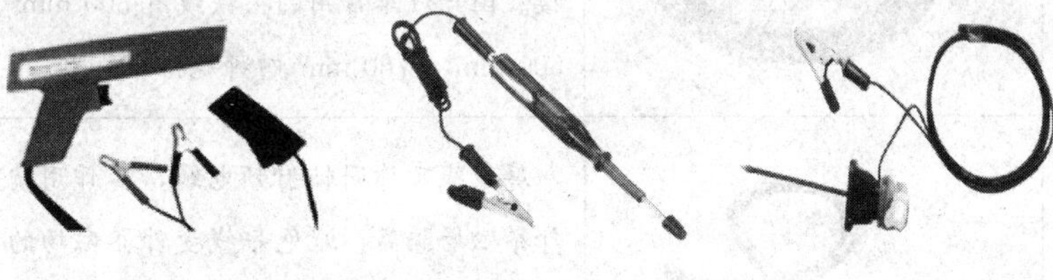

名称：____________　____________　____________

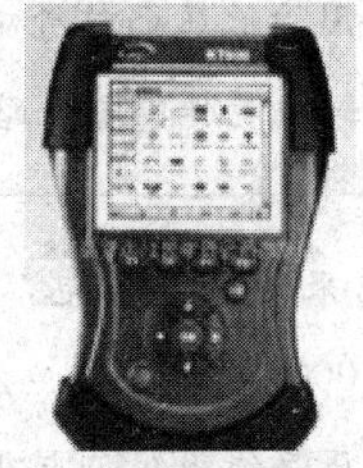

名称：____________　____________

图 9—1—1　汽车电路维修工具

一、汽车导线、插接器及线束

汽车导线、插接器及线束的说明见表 9—1—1。

表 9—1—1　　汽车导线、插接器及线束的说明

名称	实物图	说　明
普通低压导线		普通低压导线为铜质多股软线，根据导线外皮绝缘包层材料的不同又分为 QVR 型（聚氯乙烯绝缘包层）和 QFR 型（聚氯乙烯—丁腈复合绝缘包层）两种
起动电缆		起动电缆是带绝缘包层的大截面积铜质或铝质多股软线，连接蓄电池正极与起动机“30”电源端子，截面积有 25 mm^2、35 mm^2、50 mm^2、70 mm^2 等多种规格，允许电流高达 500～1 000 A。为了保证起动机正常工作并能产生足够的驱动力矩，要求起动线路上每安培电流产生的压降不得超过 0.1～0.15 V。所以，起动电缆的截面积比普通低压导线的截面积大得多
搭铁电缆		蓄电池搭铁电缆俗称搭铁线，常用的有两种：一种是铜丝编织成的扁形软铜线，另一种是外形同起动机电缆，覆有绝缘层。搭铁电缆常用于蓄电池与车架、车架与车身、发动机与车架等总成之间的连接。国产汽车常用的搭铁线有 300 mm^2、450 mm^2、600 mm^2、760 mm^2 四种规格
屏蔽线		屏蔽线又称同轴射频电缆，其作用就是将导线与外界磁场隔离，避免导线受外界磁场的影响而产生干扰。在导线绝缘层中带有金属的纺织网和套装护套。屏蔽线常用于低压弱信号电路，如在氧传感器信号电路、曲轴位置传感器电路中普遍使用
高压导线		高压导线用来传送高压电，由于工作电压很高（一般都在 15 000 V 以上），电流强度较小，线芯截面积很小。高压导线绝缘包层很厚，其绝缘材料有全塑料与橡皮之分

续表

名称	实物图	说　明
插接器		为了便于接线，汽车线束中各导线端头均焊有插接器，并在导线与插接器连接处套以绝缘管，经常拆卸的插接器一般取开口式，而拆卸机会少的插接器则常采用闭口式
汽车线束		为了使全车线路不凌乱、安装方便和导线绝缘层不致损坏，除高压线、收音机天线、蓄电池电缆以外，一般都将同区域的不同规格的导线用棉纱编织成线束或用薄聚氯乙烯带半叠缠绕包扎成线束

1. 导线

汽车电器线路中的导线分低压线和高压线两种。低压线包括普通导线、起动电缆、搭铁电缆、屏蔽线，高压线包括铜芯线和阻尼线。

普通低压导线的截面积主要根据用电设备的工作电流大小进行选择，然而，对功率很小的用电设备，如果仅根据工作电流大小来选择导线，有些导线由于其截面积太小、强度较低，容易折断，因此汽车电器线路中所用的导线截面积最小不得小于 0.5 mm^2。我国汽车低压导线的允许负荷电流见表 9—1—2，汽车 12 V 电气系统主要电路导线截面积的推荐值见表 9—1—3。

表 9—1—2　　　　汽车低压导线的允许负荷电流

导线标称截面积（mm^2）	允许负荷电流（A）
0.5	
0.8	
1.0	11
1.5	14
2.5	20
3.0	22
4.0	25
6.0	35
10	50
13	60

表 9—1—3　　汽车 12 V 电气系统主要电路导线截面积的推荐值

电路名称	标准截面积（mm^2）
尾灯、顶灯、指示灯、仪表灯、牌照灯、刮水器电动机、时钟等	0.5
转向灯、制动灯、停车灯、分电器等	0.8
前照灯的近光、电喇叭（3 A 以下）等	1.0
前照灯的远光、电喇叭（3 A 以上）等	1.5
其他 5 A 以上的电路	1.5～4
柴油机电热塞电路	4～6
电源线	4～25
起动电路	16～95

随着汽车电器的增多，导线数量也不断增加。为了便于维修，低压导线常用不同颜色来区分。其中，导线截面积在 4 mm^2 以上的采用单色线，而截面积在 4 mm^2 以下的采用双色线，搭铁线均采用黑色导线。汽车用低压导线的颜色与代码见表 9—1—4。汽车各电气系统的导线主色见表 9—1—5。

表 9—1—4　　汽车用低压导线的颜色与代码

导线颜色	代码	导线颜色	代码	导线颜色	代码
黑	B	绿	G	蓝	Bl
白	W	黄	Y	灰	Gr
红	R	棕	Br	橙	O

表 9—1—5　　汽车各电气系统的导线主色

序号	系统或部件名称	导线主色	颜色代码
1	电源系统	红	R
2	起动、点火系统	白	W
3	雾灯	蓝	Bl
4	灯光、信号系统	绿	G
5	防空灯及车身内部照明系统	黄	Y
6	仪表、报警系统、喇叭系统	棕	Br
7	收音机、电子钟、点烟器等辅助电气系统	紫	Pu
8	各种辅助电动机及电器操纵系统	灰	Gr
9	搭铁线	黑	B

在汽车电器线路中，导线上一般都标有数字和字母符号，用来表示导线的截面积和颜色。如 2.0 RY、1.0 RW 等。其中数字 2.5、1.0 表示导线的截面积，单位为 mm^2；第一个字母 R 表示导线主色（标准色），第二个字母 Y 或 W 表示导线的辅助颜色，即轴向条纹状或螺旋状的颜色，如图 9—1—2 所示。

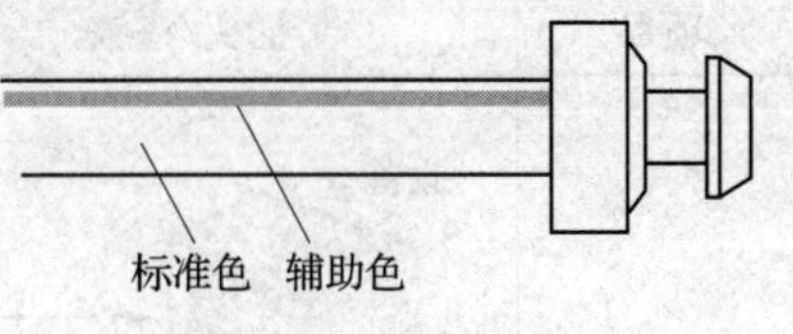

图 9—1—2　汽车导线颜色的识别

2. 插接器

插接器由插头与插座两部分构成，通常用涂黑表示插头，不涂黑表示插座；有倒角的表示插头插脚呈柱状，直角的表示插头插脚为片状，插接器的表示见表 9—1—6。

表 9—1—6　　汽车电路中插接器的表示（以三菱汽车为例）

项目	插头/搭铁	形象图标	内容
端子及插头的表示	凸形端子 凸侧插头	凸形端子	在端子的形象图标中，插入的端子叫作凸形端子，被插入的端子叫作凹形端子，以左图所示方法表示。此外，装有凸形端子的插头叫作凸侧插头，装有凹形端子的插头叫作凹侧插头
		凸侧插头 1 2 3 4 5 6 7 8	
	凹形端子 凹侧插头	凹形端子	
		凹侧插头 1 2 3 4 5 6 7 8	

续表

项目	插头/搭铁	形象图标	内容
表示插头形象的符号	设备	1 2 3 4 / 5 6 7 8	与设备的连接采用设备侧插头形象，中间插头采用凸侧插头形象，备用插头及检测用插头因未装设备，所以采用线束侧插头形象分别予以表示
	中间插头		
	备用插头、检测用插头	1 2 3 4 / 5 6 7 8	
插头连接方式的表示	直插式		与设备和线束侧插头的连接，分为直接插入设备的方式（直插式）和与设备侧线束插头连接的方式（附属线束式），以左图所示方法表示并代表不同的应用方式
	附属线束式		
	中间插		

续表

项目	插头/搭铁	形象图标	内容
搭铁的表示	车体搭铁		搭铁方法有车体搭铁、设备搭铁及控制装置内搭铁等，各自以图示方法表示，并代表不同的应用方式
	设备搭铁		
	控制装置内搭铁		

3．汽车线束

现代汽车的线束总成由导线、导线端子、插接器、护套、熔断器座等组成。导线端子一般由黄铜、紫铜材料制成，它们与导线的连接一般采用冷铆压的方法压接。

二、汽车开关、电路保护器件及继电器

1．汽车开关

汽车开关用来控制汽车电路中各种用电设备。汽车开关按照操作方式可分为手操纵式和脚踏式两种；按其结构原理可分为机械开关和电磁开关；按其用途分为点火开关、起动开关、电源开关、灯光开关和小型直流电动机开关五种，具体说明见表 9—1—7。

表 9—1—7　　汽车开关的种类及说明

名称	实物	说明
电源总开关		电源总开关是用来接通或切断蓄电池电路的，其形式有闸刀式和电磁式两种，其中电磁式较少使用。闸刀式电源总开关一般用于蓄电池搭铁线的控制
点火开关		点火开关是点火系统的开关（通常要使用钥匙），可自由开启或关闭点火线圈的主要电路，也适用于其他系电路
组合开关		为了保证行车安全，操作方便，在汽车电气系统整体结构设计中，多将转向开关、危险报警开关、小灯与大灯开关、变光开关、刮水器开关、洗涤器开关、喇叭开关等组装在一起，又称组合开关
灯光开关		用来控制前照灯、仪表灯、牌照灯、超车灯及变光、转向信号指示灯等

2. 汽车电路保护器件

汽车电路保护器件用于电路或电气设备发生短路及过载时，自动切断电路，以防止线束或电气设备烧坏。汽车上常见的电路保护器件有易熔线、熔断器及电路断路保护器，具体说明见表 9—1—8。

表 9—1—8　　　　汽车电路保护器件的种类及说明

名称	实物	说明
易熔线		易熔线是一种截面积小于被保护电线截面积的、可长时间通过额定电流的铜芯低压导线或合金导线。当电流超过易熔线额定电流数倍时，易熔线首先熔断，以确保线路或电气设备免遭损坏。易熔线常用于保护总电路或大电流电路。易熔线的多股胶合线外面包有聚乙烯护套，比常见导线柔软，一般长度为 50～200 mm，通过插接器接入电路，易熔线一般位于蓄电池和起动机或电器中心之间或附近。易熔线不能绑扎于线束内，也不得被其他物品所包裹
电路断路保护器		电路断路保护器简称断路器（俗称双金属片式保险器），常用于保护电动机等较大容量的电气设备，是当电流负荷超过用电设备额定容量时将电路断开的一种可重复使用的电路保护装置
熔断器		熔断器常用于保护局部电路，其限额电流值较小，一般在熔断器上都有标注。熔断器的主要元件是熔丝（片），其材料是锌、锡铅、铜等金属的合金。常见的熔断器按外形可分为熔片式、熔管式、绝缘子式、插片式等
中央控制盒		为便于诊断故障、规范布线，现代汽车常将熔断器、断路保护器、继电器等电路易损件集中布置在一块或几块配电板上，配电板背面用来连接导线，这种配电板及其盖子就组成了中央控制盒

3. 继电器

汽车用继电器可分为功能继电器和电路控制继电器两种。闪光继电器、刮水间歇继电器等是功能继电器；电路控制继电器是单纯实现电路通断与转换的继电器，它的作用主要是减小开关的电流负荷，保护开关触点不被烧蚀，即用流经开关的小电流，控制用电装置的大电流。这种继电器在汽车上常见的有卸荷继电器、前照灯继电器、雾灯继电器、起动继电器、喇叭继电器、鼓风机继电器、空调压缩机电磁离合器继电器等。

继电器按外形区分有圆形和方形两种。按插脚多少分，有三脚、四脚、五脚、六脚多种。继电器由电磁铁和触点等组成。为防止线圈断电时产生的自感电动势将电子设备损坏，有的继电器磁化线圈两端并联泄放电阻或续流二极管。

根据触点的状态不同，继电器又分为常开（动合触点）型、常闭（动断触点）型和开闭混合型三类，如图 9—1—3 所示。常开型继电器的触点平时是断开的，继电器动作后触点接通，接通控制电路。常闭继电器的触点平时是闭合的，继电器动作后触点断开，切断控制电路。混合型继电器常闭触点平时是接通的，常开触点断开，如果继电器线圈通电，则触点处于相反的状态。

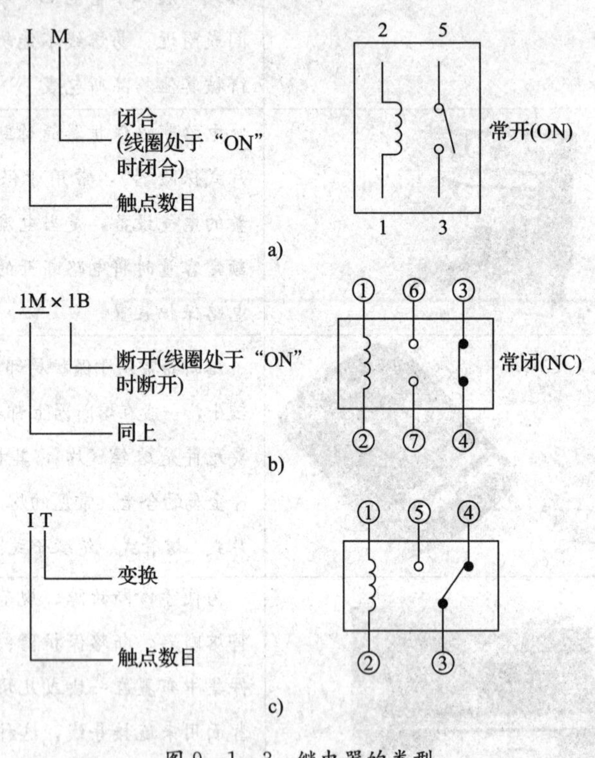

图 9—1—3 继电器的类型

a）常开型继电器 b）常闭型继电器 c）混合型继电器

有的继电器具有两个线圈。双线圈继电器大致有两种类型：一种是两线圈同时通电时触点才动作；另一种是只要有一个线圈通电触点就可以动作。

继电器的工作电压分为 12 V 和 24 V 两种，分别应用于相应标称电压的汽车上。两种标称电压的继电器不能相互使用。JD 系列小型通用继电器的外形、引脚排列与内部电路如图 9—1—4 和图 9—1—5 所示。

图 9—1—4　JD 系列小型通用继电器的外形

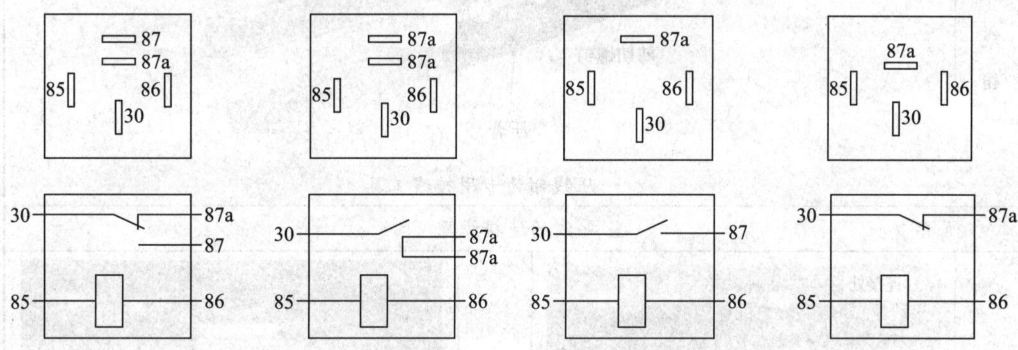

图 9—1—5　JD 系列小型通用继电器的引脚排列与内部电路

三、汽车电路元件的检修

1. 导线的检修

（1）剥线

剥线是维修导线时常做的工作。现代汽车电气系统变得越来越复杂，汽车电器也越来越高级，这些高级电器对和它有关的任何部件要求都很苛刻，其中就包括给它们提供信息通道和能源的导线。如果剥线时没有按规定操作，不慎将导线拉长或削去部分导线，都有可能带来严重后果或安全隐患。例如，传递信号的导线，如果维修时被拉伸，导线的电阻就会增大，从而影响信号的传递。剥线时应该使用专用剥线钳，对于不同型号的导线要使用剥线钳的不同部位或不同的剥线钳。剥线过程如图 9—1—6 和图 9—1—7 所示。

图 9—1—6　剥线过程（一）

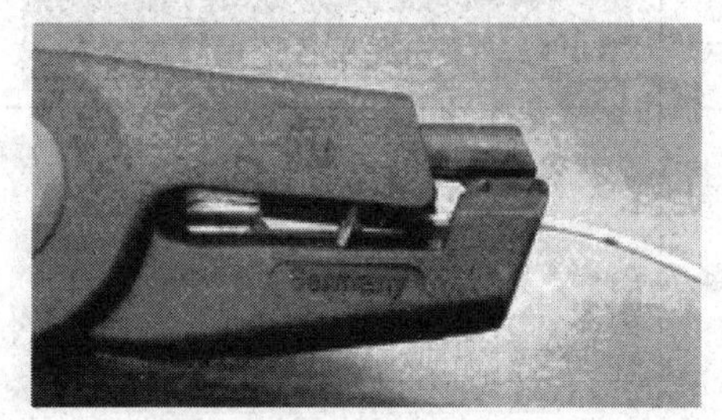

图 9—1—7　剥线过程（二）

（2）连接

维修时，通常要将一根断开的导线或两根导线连接在一起。正确的接线方法是利用专用接线材料和专用接线工具（压线钳）进行连接。导线连接工具和连接步骤如图9—1—8所示。

压线钳	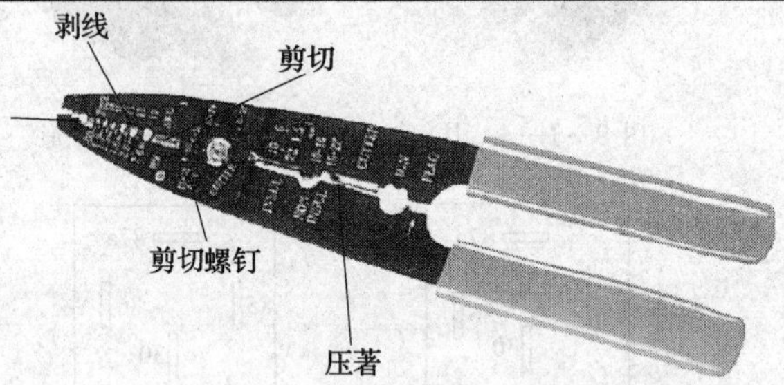 剥线 剪切 剪切螺钉 压著 压线钳为专用接线工具		
导线的连接步骤			
步骤1	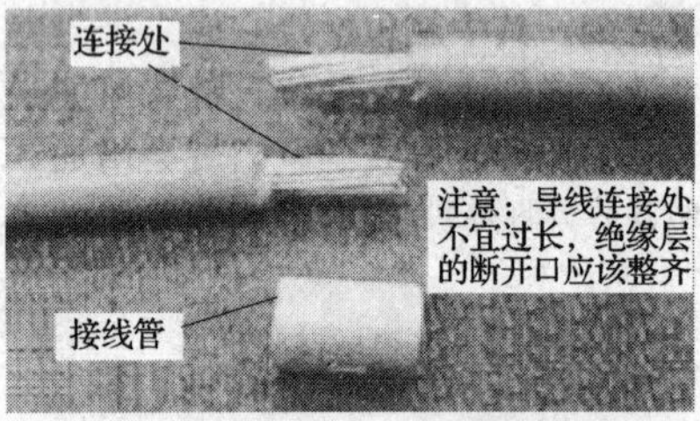 连接处 注意：导线连接处不宜过长，绝缘层的断开口应该整齐 接线管	步骤2	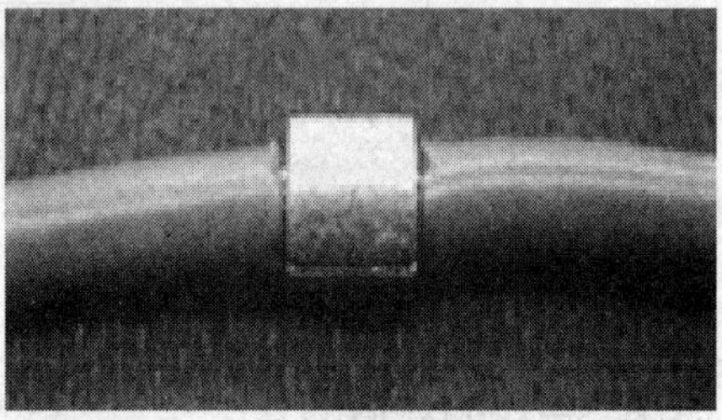
步骤3		步骤4	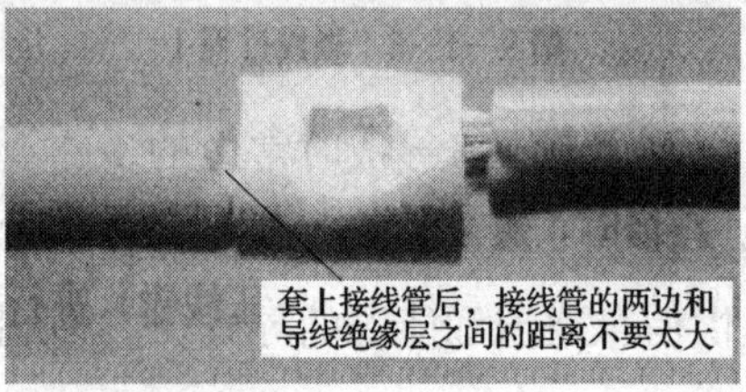 套上接线管后，接线管的两边和导线绝缘层之间的距离不要太大
步骤5	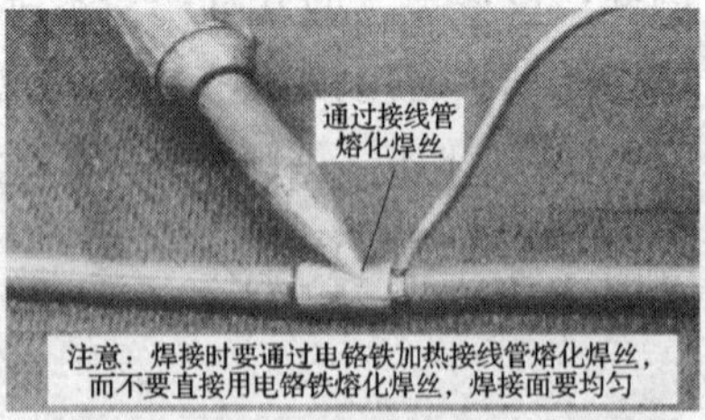 通过接线管熔化焊丝 注意：焊接时要通过电铬铁加热接线管熔化焊丝，而不要直接用电铬铁熔化焊丝，焊接面要均匀	步骤6	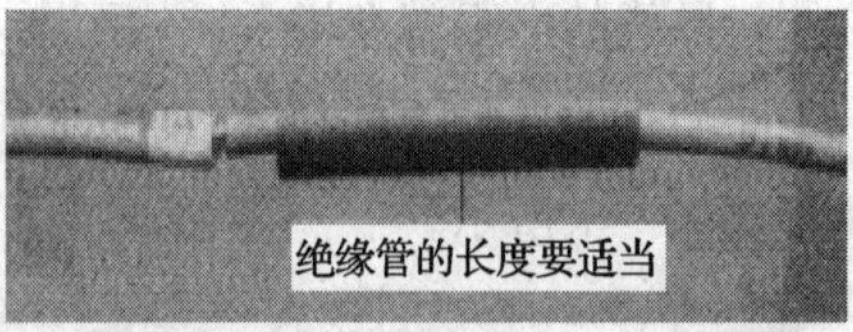 绝缘管的长度要适当
步骤7	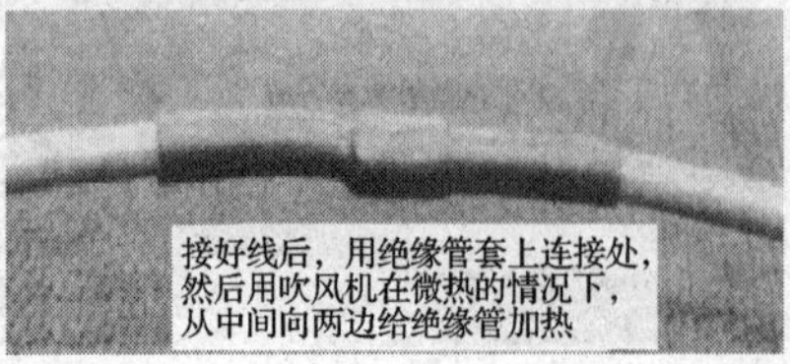 接好线后，用绝缘管套上连接处，然后用吹风机在微热的情况下，从中间向两边给绝缘管加热	步骤8	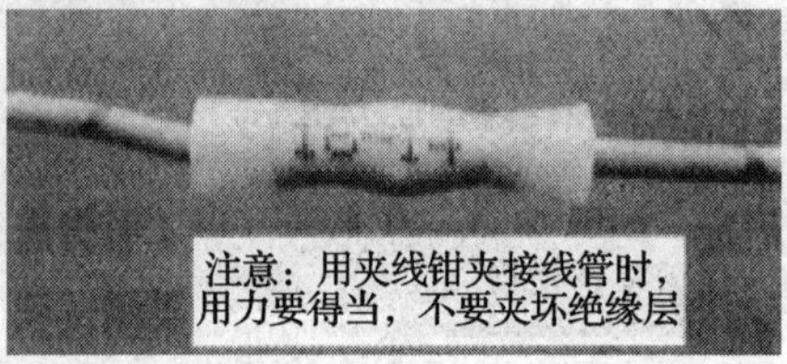 注意：用夹线钳夹接线管时，用力要得当，不要夹坏绝缘层

图9—1—8　导线连接工具和连接步骤

(3) 焊接

焊接是连接导线的基本方式之一。焊接使用的专用工具是电烙铁。根据不同情况，要选取不同功率的电烙铁。

焊接时应注意以下事项：

1）焊接时不要直接用电烙铁加热熔化焊接材料，而是通过加热导线接头，同时把焊接材料放到需要焊接的区域，间接熔化焊接材料。因为只有这样，才能使熔化的焊接材料充分和导线熔为一体。否则，因为导线温度比焊接材料低，会造成焊接不牢。

2）要确保焊接点在导线的金属头上，而不能在绝缘层上焊接。

3）如果用接线夹，要确保焊接材料均匀覆盖夹子。

4）不要使用太多焊接材料。要圆滑焊接，不要让焊接材料产生棱角；否则，棱角会刺穿绝缘层，引起漏电或者短路。

5）不要长时间给导线加热，以免烧毁导线和绝缘层。

6）维修导线时，一定要断开电源。

2. 插接器的维修

插接器导线端子常因大气侵蚀或电火花而发生蚀损，因机械振动而使导线端子断裂。保持端子接触良好，修复损坏线头是线束维护的基本作业。

插接器接合时，应先将其导向槽重叠在一起，使插头和插孔对准且稍用力插入，这样就可以十分牢固地连接在一起。

为了防止汽车行驶过程中插接器脱开，所有插接器均采用闭锁装置。当要拆下插接器时，应先压下闭锁，然后再将其拉开，如图 9—1—9 所示。不压下闭锁时，决不可用力猛拉导线，以防止拉坏闭锁或导线。

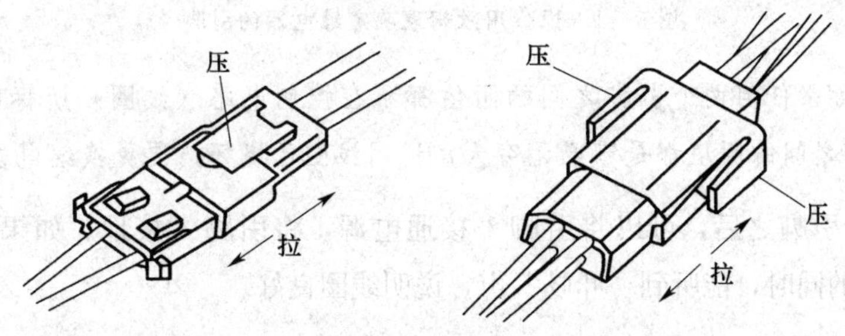

图 9—1—9　插接器的拆卸

若发现插头、插座损坏或锈蚀严重，可用小螺钉旋具自插口端伸入撬开锁紧环，拉出线头。对锈蚀严重的线头，用细砂纸磨去锈层，若损坏应更换插头、插座。

3．继电器的检查

诊断继电器的主要方法是测试继电器的电路。测试继电器的首要问题是要分清楚继电器的各个引脚。一般情况下厂家会在继电器的外壳上标明继电器的引脚和内部接线图。通过标志可以辨别控制电路和负载电路的引脚。继电器引脚识别如图9—1—10所示。

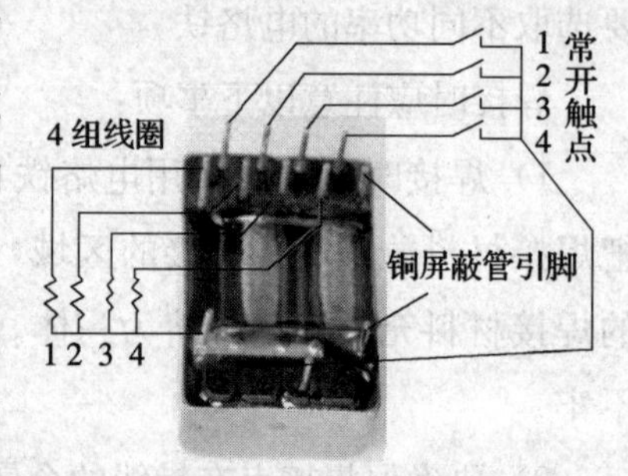

图 9—1—10　继电器引脚识别

（1）用欧姆表确定继电器的引脚

如果厂家没有标明引脚，可以用欧姆表测试确定，如图 9—1—11 所示（以 4 引脚继电器为例）。通常控制电路（线圈）两个引脚之间的电阻为 50～120 Ω。如果测试到两个引脚之间的阻值在这个范围内，那么这两个引脚就是控制电路（线圈）的两个引脚。如果控制电路之间的电阻小于 50 Ω，大于零，那么要查阅相关资料，确认线圈是否有问题。然后检查另外两个引脚之间的电阻，阻值应该是零（常闭继电器）或者无穷大（常开继电器）。

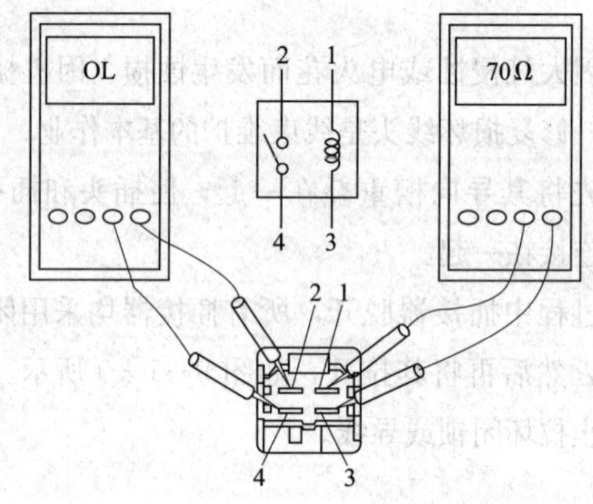

图 9—1—11　用欧姆表确定继电器的引脚

【注意】 如果任何两个引脚之间的阻值都不在控制电路（线圈）所标明的范围内，或者所有引脚之间的阻值都是零或无穷大，说明线圈已烧坏，要更换继电器。

确定各个引脚之后，可以将引脚 1 接通电源，将引脚 3 接地。如果在控制电路（线圈）通电的同时，能听到“咔哒”声，说明线圈良好。

【注意】 此时只能确定线圈良好，还不能判定继电器是否良好，还需要进一步测试开关的另外两个引脚之间的电阻。如果为零或者无穷大，说明继电器良好，如果不是，说明继电器存在高电阻故障。

如果在控制电路（线圈）通电的同时听不到“咔哒”声，说明控制电路（线圈）

损坏，要更换继电器。

【注意】事实上，实际应用中的继电器要复杂得多。许多继电器内部接有二极管和电阻。测试内部有二极管的继电器时要特别注意，不要接反电源的极性，否则，会损坏继电器。测试复杂的继电器时，要参阅相关资料，确认继电器的内部结构，按正确程序测试。

（2）用测试灯检测继电器（粗略检测）

在确定继电器各个引脚的前提下，在引脚 4 上连接一个测试灯（见图 9—1—12），测试灯的另一端接地。按图 9—1—12 所示方法将控制电路（线圈）通电，会听到“咔哒”声（如果听不到“咔哒”声，说明控制电路有问题）。在控制电路产生的磁场作用下，负载电路（开关）被接通，此时测试灯会点亮。切断控制电路的电源后，测试灯熄灭。如果测试灯像上面描述的那样，说明继电器正常；否则需要更换继电器。

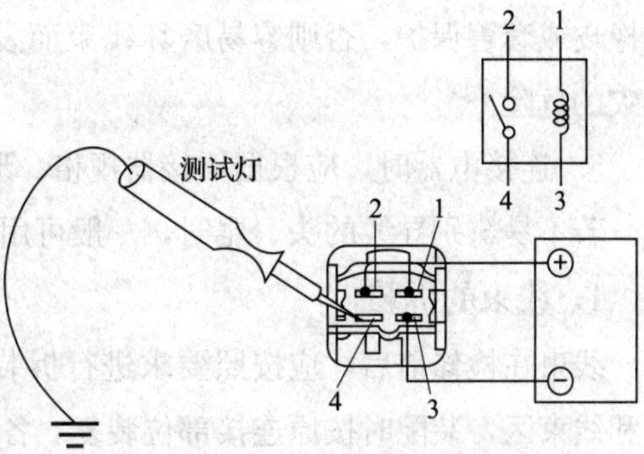

图 9—1—12　用测试灯检测继电器

（3）用电压表检测继电器

可以用电压表代替上面步骤中的测试灯来检测继电器。电压表能更准确地测试开关两端的电压，但不足之处和测试灯检测继电器一样，不能很好地确定开关的触点是否有烧坏即高电阻现象。在引脚 4 上连接一个电压表（见图 9—1—13），电压表的另一端接地。按图 9—1—13 所示方法将控制电路（线圈）通电，会听到“咔哒”声（如果听不到“咔哒”声，说明控制电路有问题），

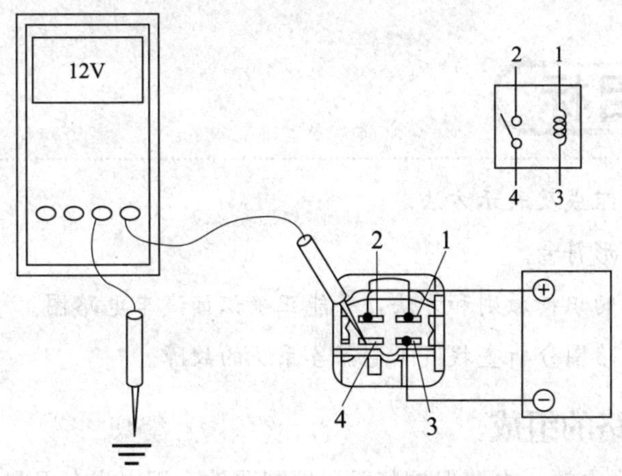

图 9—1—13　用电压表检测继电器

在控制电路产生的磁场作用下，负载电路（开关）被接通，此时电压表会显示电源电压。切断控制电路的电源后，电压表显示0 V。

四、汽车线束的维护

汽车线束由于直接受到机械振动、颠簸、温变、刮擦的作用及油和水的侵蚀，长期使用易使线束包皮损坏、线头断开或接触不良，这就需要检修维护和更换导线、接线头或线束。

安装线束时应注意以下事项：

1. 线束应用夹箍或线卡固定，以免松动或磨损。

2. 线束不可拉得过紧，尤其在拐弯处更应注意，在绕过锐角或穿过金属孔时，应用橡皮或套管保护，否则容易磨坏线束而发生短路、搭铁，并有烧毁全车线束、酿成火灾的危险。

3. 连接电器时，应根据插接器规格、形状，导线颜色或接头处套管的颜色正确接线。若不易辨别导线的头、尾时，一般可用试灯区分。

1. 线束的拆装

线束在检修前后，应按照要求进行拆装，在拆卸过程中要记下各插接器的连接部位和线束区，装配时按原连接部位装复。各车型的线束都按设计要求包裹好。

2. 线束导线的维修

线束导线的维修可以按上述方法进行。

课题二　典型汽车线路图的分析与识读

- 了解汽车电路的组成及表示方法。
- 掌握汽车电路图形符号。
- 掌握汽车电路图的识读原则和方法，并能正确识读汽车电路图。
- 能够根据汽车电路图分析查找汽车电器各系统的故障。

一、汽车电路的组成

汽车电路主要由电源、电路保护装置、控制器件、用电设备及导线组成，如图9—2—1所示。

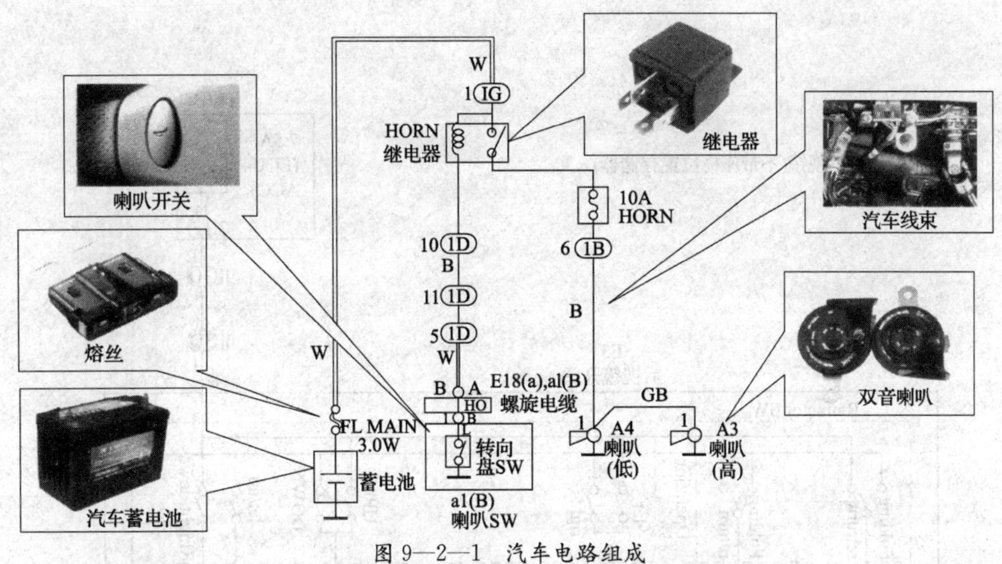

图 9—2—1 汽车电路组成

二、汽车电路的表示方法

汽车电路常见的有接线图、线路图、电路原理图、线束图四种表示方法。

1．接线图

接线图是一种专门用来标记接线与连接器的实际位置、色码、线型等信息的指示图，专门用于检修时查寻线束走向、线路故障及线路复原，并不论及所接连电器的工作原理及型号。虽然接线图中的导线以接近于线束的形式从相应的连接点引出，便于维修时按线按色查找线路故障，但却不便于进行电路分析。由于许多车型中所附的电器线路图为接线图，因此掌握接线图的读法和分析方法，对进口汽车电路中线路故障的查寻会有很大帮助。接线图可以是整车电路的接线图，也可以是各系统的接线图。

2．线路图

线路图是传统汽车电路的表示方法，由于汽车电器的实际位置及外形与图中所示方位相符，且较为直观，因此便于循线跟踪地查找导线的分支和节点，国内现仍有不少厂家沿用。但由于线路图线束密集、纵横交错，故图的可读性及电路分析过程相对较为复杂。

3．电路原理图

电路原理图是包含所有电器元件在内的、表明其工作原理的参考图。它可以是各系统的电路原理图（此时多为详图），也可以是整车电路原理图（此时多为简图，电器则用简明图形符号表示）。原理图与线路图有所不同，它是将线路图高度简化后得到的，故图面清晰，电路简单明了，通俗易懂，更好地反映了各个电路系统的组成及电路原理，对分析系统的电路工作原理及电路故障诊断十分方便。遥控后视镜电路图（2010 款凯美瑞）如图 9—2—2 所示。

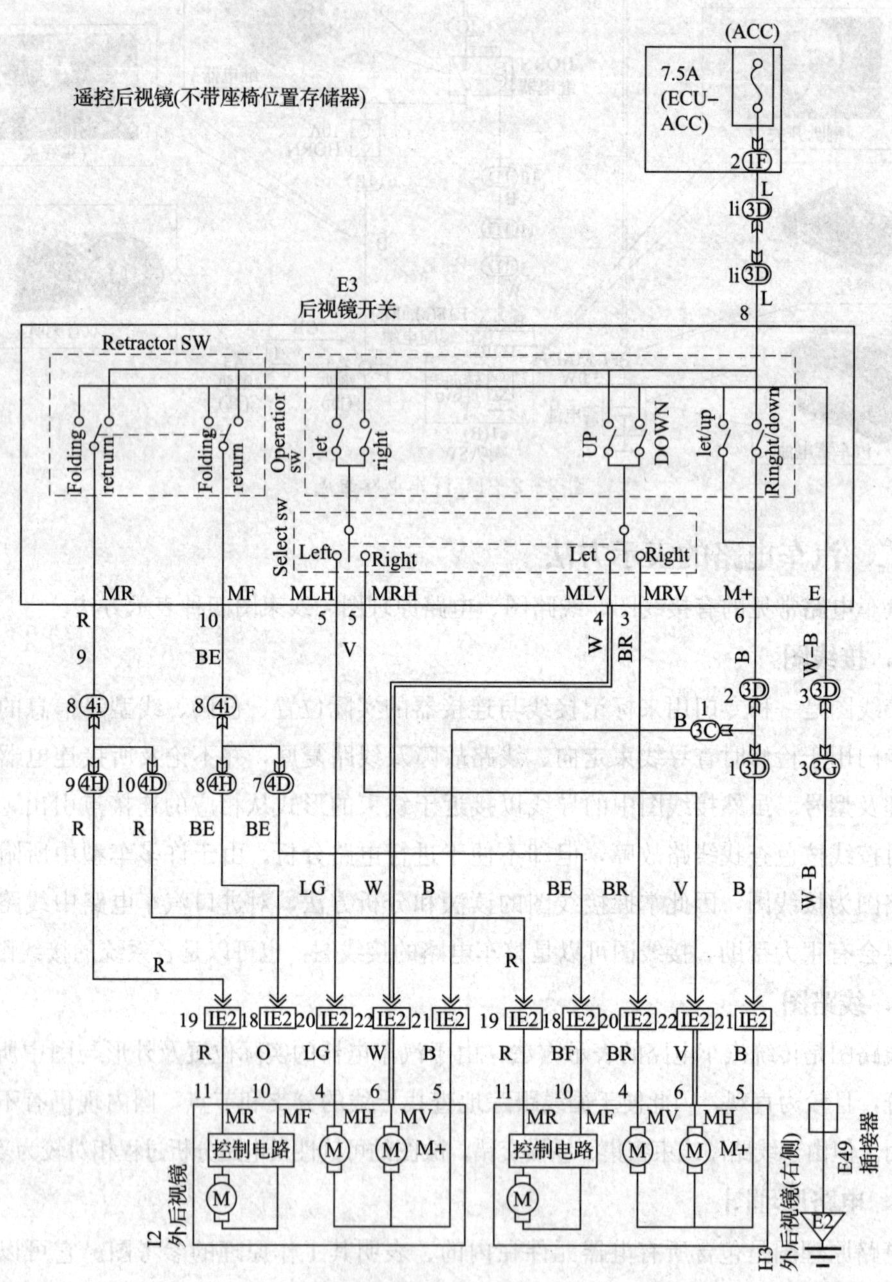

图 9—2—2　遥控后视镜电路图（2010 款凯美瑞）

4. 线束图

线束图主要用来说明哪些电气设备的导线汇合在一起组成线束，从何处进行连接，为实车布置和电气设备安装提供方便。汽车线束与元件位置分布图如图 9—2—3 所示。仪表线束连接端口图（2011 款奇瑞 E5）如图 9—2—4 所示。

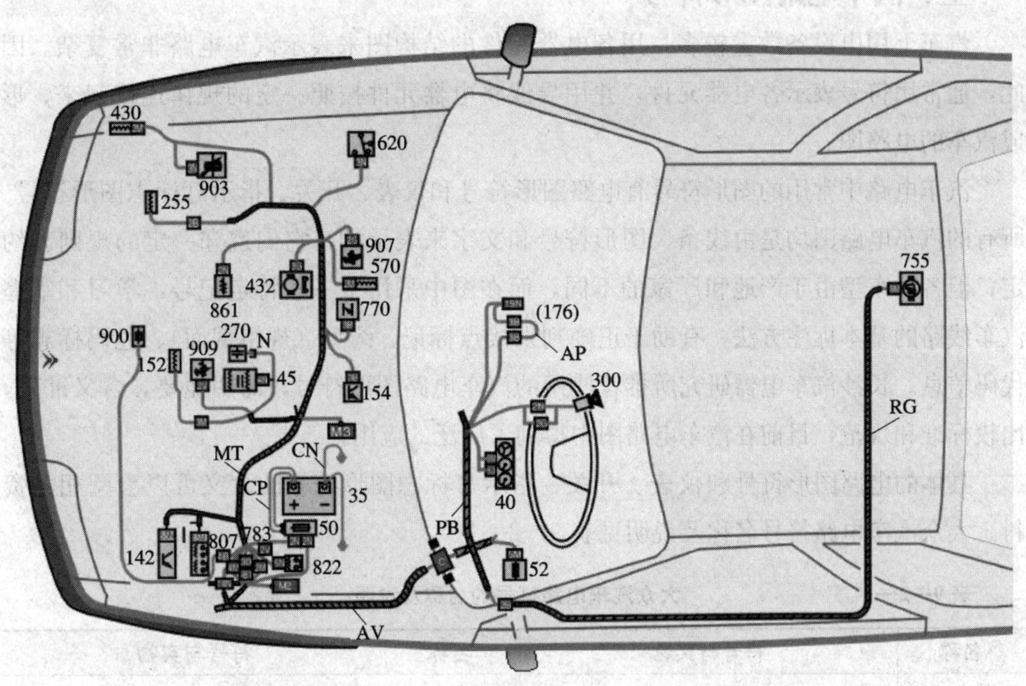

图 9—2—3　汽车线束与元件位置分布图

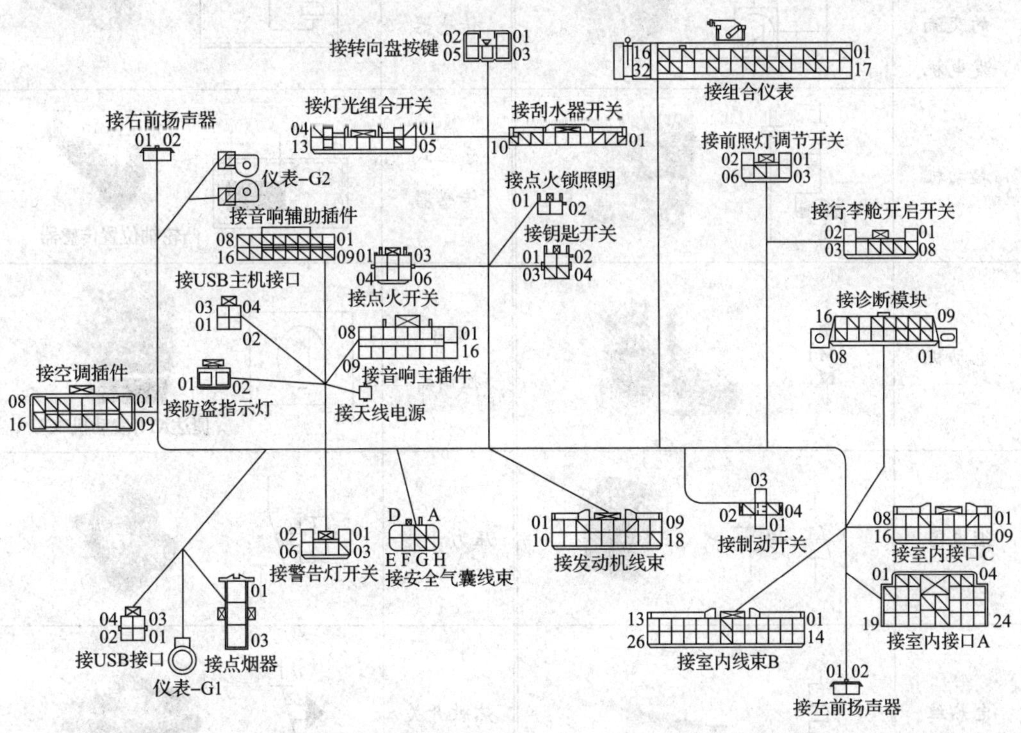

图 9—2—4　仪表线束连接端口图（2011 款奇瑞 E5）

三、汽车电路图形符号

汽车上用电设备数量较多，用各电器元件的结构图来表示汽车电路非常复杂。因此，通常用符号表示各电器元件，并用导线将电器元件按照一定的规律连接起来，形成汽车的电路图。

汽车电路中常用的图形符号有电路图形符号和仪表、开关、指示灯标志图形符号。所有的汽车电路图均是由线条、图形符号和文字来表示的，它们遵守一定的规则和约定，但各种车型由于产地和厂家的不同，而在图中采用了一些特定记号，学习和掌握汽车线路的基本标注方法，有助于正确判别接点标记、线型（规格截面）、色码标志等代码信息。长沙汽车电器研究所推荐使用的汽车电路图形符号，简明扼要，含义准确，比较标准和规范，目前在汽车电路图中得到了广泛的应用。

具体的电路图形符号和仪表、开关、指示灯标志图形符号的含义可以参阅相关资料。大众汽车电路符号名称及说明见表 9—2—1。

表 9—2—1　　大众汽车电路符号的名称及说明

名称	符号与实物	名称	符号与实物
带电压调节器的交流发电机	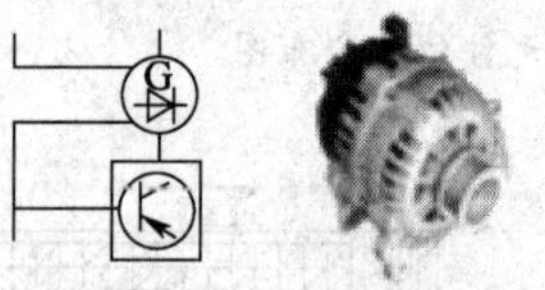 G	爆燃传感器	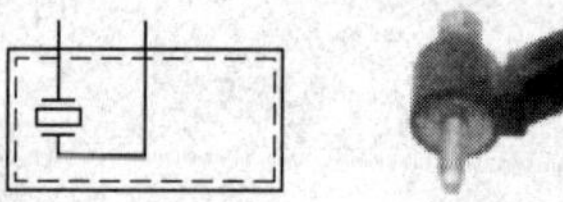
起动机	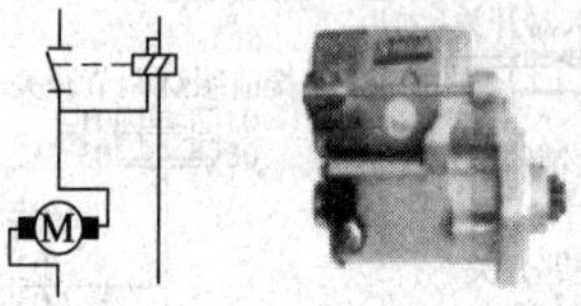 M	感应式传感器	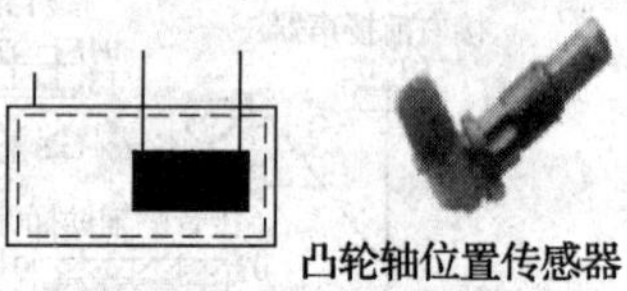 凸轮轴位置传感器
电动机	 M	电子控制器	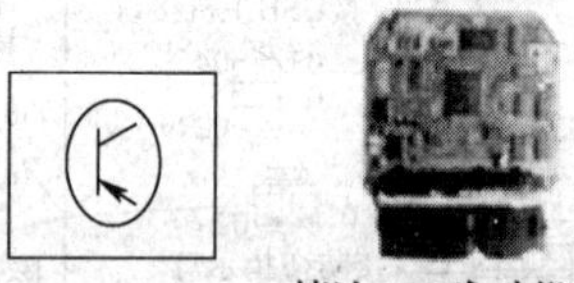 捷达ATK发动机ECU
继电器	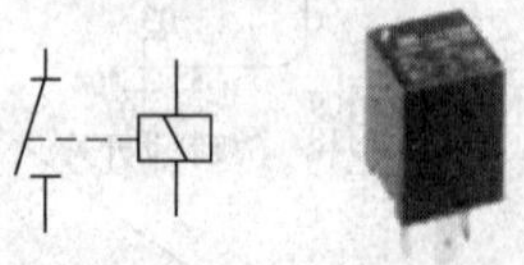	压力开关	
电热丝		热敏开关	 θ

续表

名称	符号与实物	名称	符号与实物
电磁阀	喷油器 活性炭罐电磁阀	显示仪表	90 130℃
可变电阻		发光二极管	EPC
熔丝		电阻	
蓄电池		后窗除霜器	
接线插座		电磁离合器	
点火线圈		数字式时钟	8
火花塞和火花塞插头		多功能显示器	8888

续表

名称	符号与实物	名称	符号与实物
灯泡		双丝灯泡	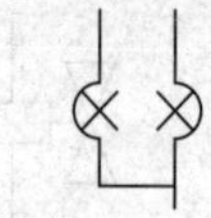
插头连接	 点火线圈插口	多挡手动开关	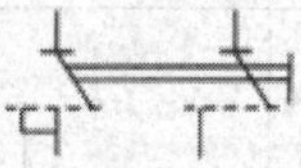
氧传感器	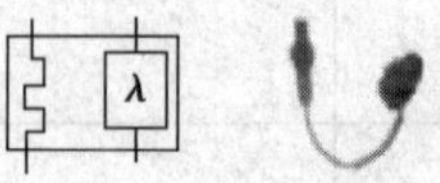 λ	机械开关	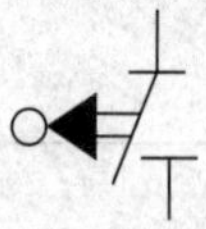
喇叭	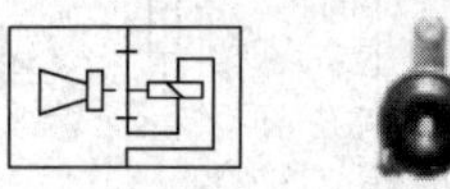	手动开关	
扬声器	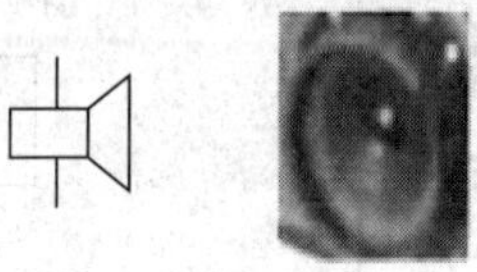	按键开关	

四、汽车电路图的识读原则和方法

要看懂汽车电路图，首先要具备一定的电工和电子学基本知识，熟悉汽车电器与电子设备结构原理，了解我国规定的以及进口车型采用的汽车电路图所用图形符号（包括导线、端子和导线的连线、触点与开关、电器元件、仪表、传感器、电气设备和一些限定符号）的意义和汽车电器线路的结构特点。

在对复杂电路图进行分析的时候，首先应该看全图，在对汽车整车电路全局了解后，再根据工作特性对电路按系统进行分解，运用掌握的知识对分解系统进行分析研究，这样可以将电路简化，减小识图难度。按照整体到部分，部分到整体的顺序，就可以对一个复杂电路图结构进行充分地认识。现在大多数汽车的电路图都是按照各个电路系统进行绘制的，阅读起来相对容易一些。

在对线路图和接线图进行分解和研究的时候，要充分利用“回路原则”。一般来说，各个电气系统只有电源和总开关是共用的，任何一个电路系统都是一个完整的电气系统，包括电源、开关、熔断器、连接器、电气设备、导线、搭铁等。具体方法是可以沿着工作电流的流动方向，由电源查向用电设备，即从电源正极出发，又回到同一电源的负极；也可以逆着工作电流由用电设备查向电源。如果分析得正确，就会形成一条封闭的回路，否则分析可能不正确。尤其应注意一些开关和继电器的特点和工作状态，一条比较简单的回路，经过一个或多个开关或继电器控制后会变的比较复杂，要善于从多个并联回路中分解出独立完整的回路来。

识别电路图可以从节点入手，有些节点是许多电气设备或电路分支的共用部分，如点火开关、熔丝、电流表等，掌握了这些组成在电路中的作用，就可以将许多相关电路有机地联系起来，而有一些节点可能是电路的连接与转换部分，如继电器触点就可以作为相应电路的电源端。

所有的汽车电路图均是由线条、图形符号和文字来表示的，它们遵守一定的规则和约定，但各种车型由于产地和厂家的不同，而在图中采用了一些特定记号，学习和掌握汽车线路的基本标注方法，有助于正确判别接点标记、线型（规格截面）、色码标志等代码信息。

现代汽车的电路图越来越复杂，很难全部画在一张图上，为了便于查找，有些电路图分成许多区域，沿横向分为 1、2、3…区，沿纵向分为 A、B、C…区，这样就可以根据标记方便地找到相应的分区电路图。

在电路图中，大量使用一些文字和符号，文字通常是使用缩略语的形式表示的，不同厂家的缩略语并不完全相同，学习一些缩略语会有助于电路图的阅读。各厂家的电路图符号也各有特点，但也有其相似之处，大都是采用一些形象的通用电路符号表示的。

教学互动

汽车电路原理图与线路图有什么区别？

五、丰田汽车电路图的识读

1. 丰田汽车电气系统图的特点

丰田汽车整车电路原理图根据功能不同分为各个单元电路，在电路图相应的上方标出该单元电路名称。每个单元电路都连同电源电路一起画出，使各个单元电路既能清晰地表达出独立的电路回路，又能反映出彼此间构成整车电路的关系。

电路中一般直接标出器件的名称，导线颜色则用相应字母表达。部分器件还画出内部电路，使读图更为方便。

2．丰田汽车电路图的识读（见图 9—2—5）

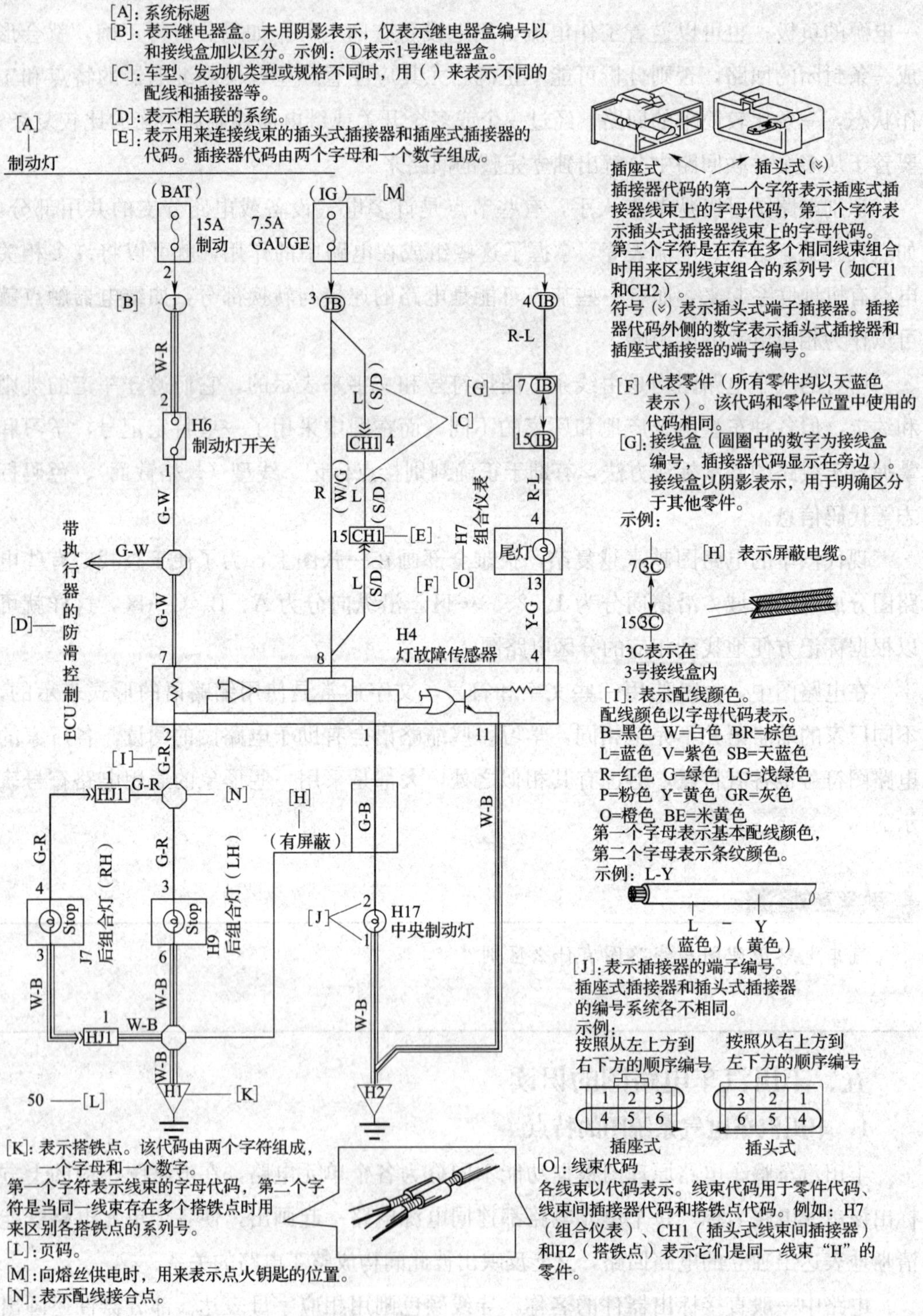

[A]：系统标题

[B]：表示继电器盒。未用阴影表示，仅表示继电器盒编号以和接线盒加以区分。示例：①表示1号继电器盒。

[C]：车型、发动机类型或规格不同时，用（ ）来表示不同的配线和插接器等。

[D]：表示相关联的系统。

[E]：表示用来连接线束的插头式插接器和插座式插接器的代码。插接器代码由两个字母和一个数字组成。

[A]
制动灯

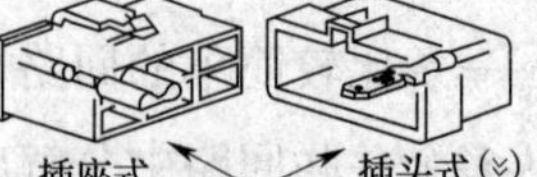

插接器代码的第一个字符表示插座式插接器线束上的字母代码，第二个字符表示插头式插接器线束上的字母代码。第三个字符是在存在多个相同线束组合时用来区别线束组合的系列号（如CH1和CH2）。

符号（≫）表示插头式端子插接器。插接器代码外侧的数字表示插头式插接器和插座式插接器的端子编号。

（BAT） 15A 制动
（IG）—[M] 7.5A GAUGE
[B] ① 2 W-R 3 IB 4 IB R-L
2 H6 制动灯开关 1 G-W
L （S/D） [C] CH1 4 R （W/G） L （S/D）
[G] 7 IB 15 IB R-L
15 CH1 —[E] H7 组合仪表 4 尾灯 13 Y-G
G-W 带执行器的防滑控制ECU [D]
L S/D [F] [O] H4 灯故障传感器
7 8 4 2 G-R 11 W-B
[I] 1 HJ1 G-R [N] [H] （有屏蔽） G-B
G-R 4 Stop 3 J7 后组合灯（RH） G-R 3 Stop 6 H9 后组合灯（LH）
[J] 2 1 H17 中央制动灯
W-B 1 HJ1 W-B W-B W-B H1 [K] H2
50 —[L]

[F] 代表零件（所有零件均以天蓝色表示）。该代码和零件位置中使用的代码相同。

[G]：接线盒（圆圈中的数字为接线盒编号，插接器代码显示在旁边）。接线盒以阴影表示，用于明确区分于其他零件。

示例：
7 3C
15 3C
3C表示在3号接线盒内

[H] 表示屏蔽电缆。

[I]：表示配线颜色。

配线颜色以字母代码表示。

B=黑色 W=白色 BR=棕色
L=蓝色 V=紫色 SB=天蓝色
R=红色 G=绿色 LG=浅绿色
P=粉色 Y=黄色 GR=灰色
O=橙色 BE=米黄色

第一个字母表示基本配线颜色，第二个字母表示条纹颜色。

示例：L-Y
L – Y
（蓝色）（黄色）

[J]：表示插接器的端子编号。插座式插接器和插头式插接器的编号系统各不相同。

示例：

按照从左上方到右下方的顺序编号	按照从右上方到左下方的顺序编号
1 2 3 / 4 5 6	3 2 1 / 6 5 4
插座式	插头式

[K]：表示搭铁点。该代码由两个字符组成，一个字母和一个数字。第一个字符表示线束的字母代码，第二个字符是当同一线束存在多个搭铁点时用来区别各搭铁点的系列号。

[L]：页码。

[M]：向熔丝供电时，用来表示点火钥匙的位置。

[N]：表示配线接合点。

[O]：线束代码

各线束以代码表示。线束代码用于零件代码、线束间插接器代码和搭铁点代码。例如：H7（组合仪表）、CH1（插头式线束间插接器）和H2（搭铁点）表示它们是同一线束“H”的零件。

图 9—2—5　丰田汽车电路图识读说明

六、大众汽车电路图的识读

1．大众车系电路图的特点

大众车系电路图遵循德国工业标准 DIN725527，其特点是图上部的灰色区域表示汽车的中央接线盒的熔丝与继电器。灰色区域内部水平线为接电源正极的导线，有 30、15、X 等。图最下端是标注图中各线路位置的编号，各线路平行排列，每条线路对准下框线上的一个编号。线路如在图中中断，断口处标注与之连接的另一段线路所在的编码。同时也在线上注出各接地点。所有电器元件均处于图中间的位置。图中起连接作用的细实线表示接线柱、接线铜片及绞接等的非导线连接方式。

2．大众汽车电路图的识读（见图 9—2—6）

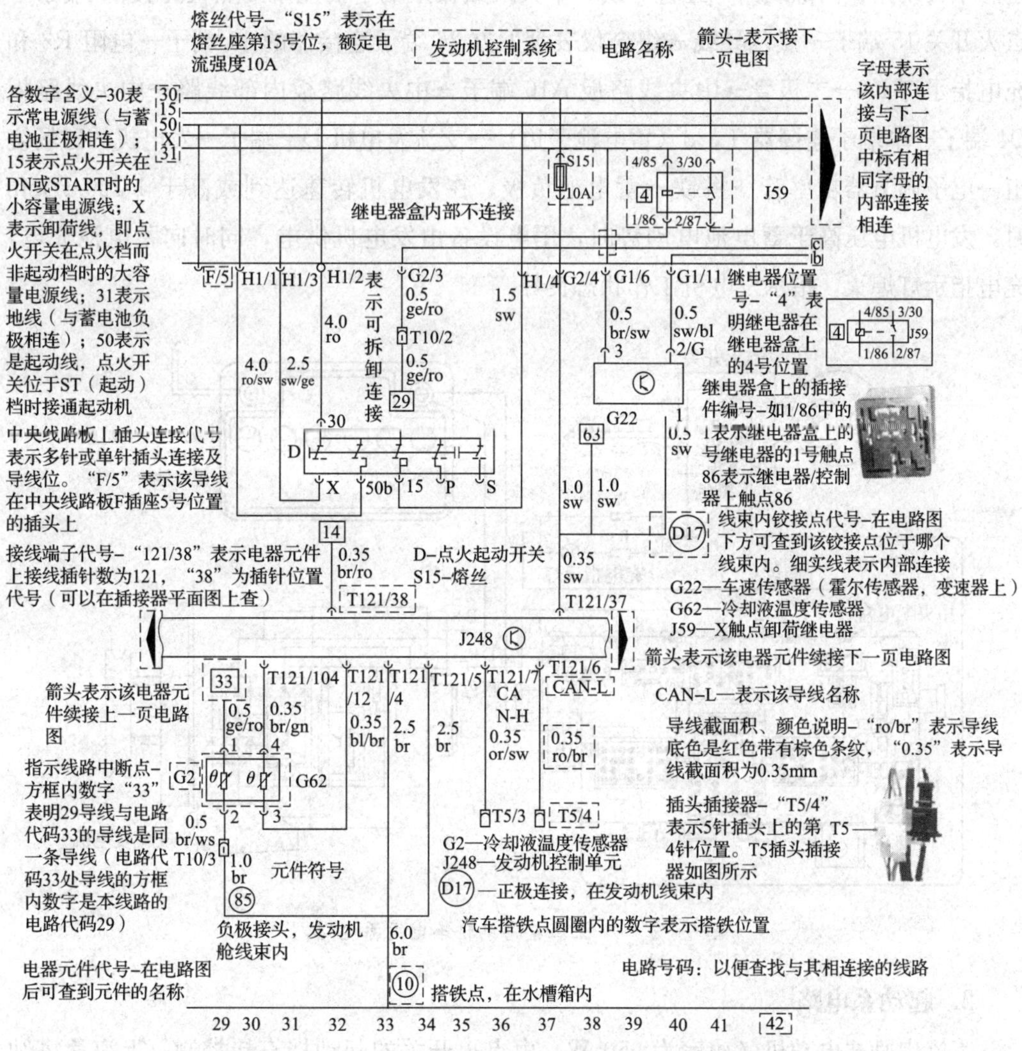

图 9—2—6　大众汽车电路图识读说明

七、系统的工作原理及线路连接分析

以上海桑塔纳轿车为例，分析其电源系电路和起动系电路。仪表及进气预热电路、照明系电路、转向信号灯与报警灯等电路分析方法与思路可以参考电源系电路和起动系电路。

1. 电源系电路

上海桑塔纳轿车的电源，由负极搭铁的 12 V 蓄电池（容量为 54 A·h）与内装电子电压调节器的硅整流发电机并联组成，如图 9—2—7 所示。当点火开关 D 置于 1 挡，发电机转速低于 1 200 r/min 时，蓄电池担负着向用电设备供电的任务，同时向发电机提供励磁电流，其电路如下：蓄电池正极→红色导线→中央线路板单端子插座 P 端子→中央线路板内部线路→红色导线→中央线路板单端子插座 P→点火开关 30 端子→点火开关 15 端子→黑色导线→组合仪表盘下方 26 端子连接器的 11 端子→电阻 R2 和充电指示灯 K2→二极管→中央线路板 A16 端子→中央线路板内部线路→中央线路板 D4 端子→单端子连接器 T，d（蓄电池旁边）→交流发电机 D+端子→发电机的磁场绕组→电子调节器功率管→搭铁→蓄电池负极；在发电机转速达到或高于 1 200 r/min 时，发电机电压高于蓄电池电动势时，用电设备由发电机供电，同时向蓄电池充电，充电指示灯熄灭，指示发电机工作状态良好。

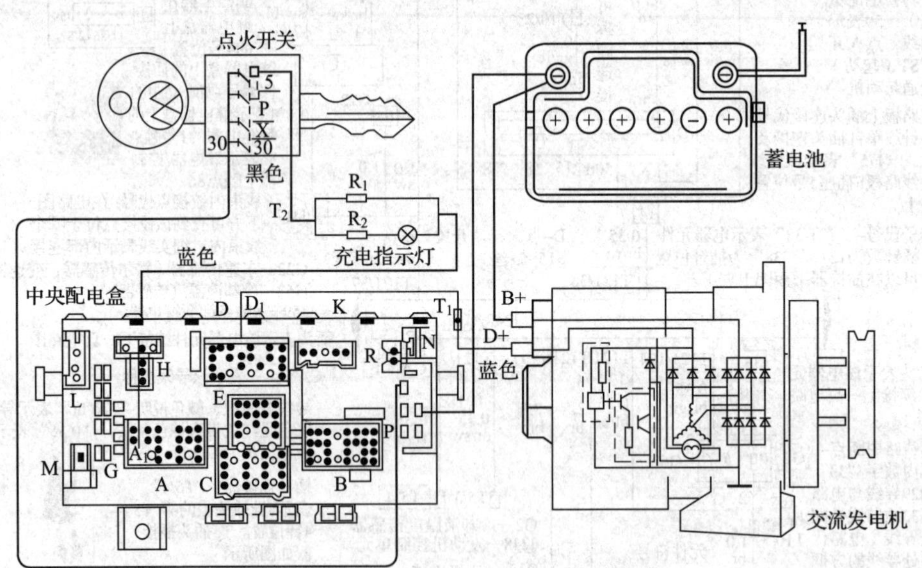

图 9—2—7　上海桑塔纳轿车电源系电路

2. 起动系电路

直流串励式电动机（功率为 950 W）由点火开关的起动挡直接控制。上海桑塔纳轿车起动系电路如图 9—2—8 所示。当点火开关置于起动挡时，接通起动机电磁开关内的吸拉和保持线圈，其电路为：蓄电池正极→红色导线→中央线路板单端子插座 P 端子→中央线路板内部线路→中央线路板单端子插座 P 端子→红色导线→点火开关 30 端子→点火开关 50 端子→红黑双色导线→中央线路板 B8 端子→中央线路板内部线路→中央线路板 C18 端子→起动机 50 端子→进入电磁开关→搭铁→蓄电池负极；产生电磁力接通起动机主电路，其主电路为：蓄电池正极→黑色导线→起动机接线柱→电磁开关接触盘→起动机→搭铁→蓄电池负极。

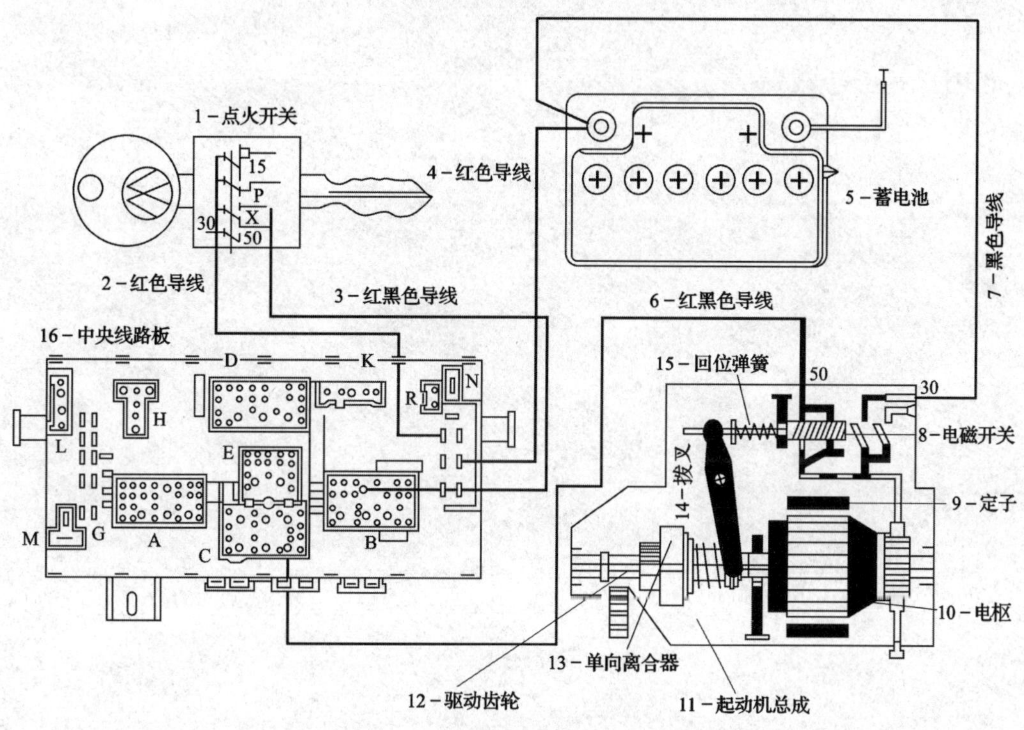

图 9—2—8　上海桑塔纳轿车起动系电路

思考与练习

1. 焊接导线时应注意哪些事项？
2. 如何用电压表检测汽车用继电器？
3. 安装线束时应注意哪些事项？
4. 如何拆卸插接器？
5. 汽车电路图的识读原则和方法是什么？
6. 汽车原理图与线路图有什么区别？